ウィルフレッド・R・ビオン

長い週末 1897-1919

Chris Mawson
クリス・モーソン［編］

Fukumoto Osamu
福本修［監訳］

Tachikawa Mizue
立川水絵［訳］

福村出版

監訳者まえがき

映画のようなタイトルの本書『長い週末』は、現代の精神分析に大きな足跡を残し、今なお強い関心の的となっているウィルフレッド・R・ビオン（一八九七–一九七九）による自伝的な遺作である。原書は彼の死後に、フランチェスカ・ビオン未亡人の整理によって一九八二年に刊行された。二〇一四年には、それを第一巻に収録した『W・R・ビオン全集』が全十六冊一括で出版されており、本書はその全訳である。そのため、冒頭に全集全体への「序文」と第一巻への編者序文があり、次いで元々の『長い週末　1897–1919』が始まるという構成になっている。この本を手にしている読者の多くは心理臨床領域の関係者で、ビオンの仕事については既に或る程度の知識をお持ちかもしれないが、そうでない人たちにとっては全集の内容構成の記述から、彼の仕事の広がりを垣間見られるだろう。戦場での経験に限って言えば、全集第三巻に、彼がその当時に書いた記録や、その後も折を見て一人称で書いたり三人称にしたりしつつ、表現を模索していたありさまを見ることができる。また、イギリス統治下のインド、イギリスのパブリックスクール、第一次世界大戦などへの興味から本書に出会った方には、この機会に、ビオンが精神分析を通して何を探究していたのか、考えてみていただければと思う。自分自身と自分の経験を書いていても、彼の関心がそこから離れることはなかっただろう。

しかしながら、副題が示すように本書で語られるのは第一次世界大戦の終わりまでであり、彼が復員した一九一九年からのことは扱われていない。実際にその後のことは、今回同時に訳出刊行される『我が罪を唱えさせよ　人生のもう一つの部分』で描かれている。だから彼が精神分析にどう関わることになったか、どう関わっていたのかは、ここに全く書かれていないし、自分の二〇代初めまでの人生について、彼がそうした概念を用いて描写したり説明したりするところもほとんどない。稀に、執筆している七〇代の自分の感想と感慨が混ざることがあるのみである。そこに奇妙な緊迫があるのはおそらく、執筆している彼にはこれから何が起きるのか、すべて分かっているが、避けようもないからである。そのような経験は一般に、外傷的と呼ばれる。但し彼はそのような概念で問題を要約したことはなく、考察するにしても、事態を構成する要素を見出そうとすることで行なった。

それでは、彼はなぜ自分の人生を自伝的著作という形で振り返ろうとしたのだろうか。本文を読み進めると、彼の失敗談や勘違い、周囲との違和、把握し難い自分の心身の変化と、普通は思い出したくもなさそうなエピソードのオンパレードで、わざわざ書き記し発表する動機は、窺い知れないように見える。しかし彼の説明は、彼が書いた一行目にあると思われる。「本書において、私は真実のままに書くことを意図した」（序）。真実のままに――それは「誤魔化し deception」に関して、自分のものであれ世界のものであれ、見過ごせないことを含む。それから、「私は、『私』について書いている。私が故意にそうしたのは、私が自分は何としてでもそうするべきだと自覚しているからである」（同）。彼の認識がどう深まっていったかは、ここで論じる余裕はないが、自分として一貫して当事者であることに、彼の姿勢の特徴を認められるだろう。

書名に戻ると、その由来については、著者自身による説明も編者からの解説も見当たらない。「長い週末」は通常、土日に加えて金曜日や月曜日が祝日であることによって長くなった休みのことである。著者のビオンにとって、それはいつのことだろうか。インドで生まれ育った彼は、八歳でイギリスに渡ると戻ることはなかった。寮生活も志願した兵役も、週末つまり活動の休みではなかっただろう。補助線を引くと、ロバート・グレーヴズとアラン・ホッジが二つの大戦の間を指す際に用いた表現を倣った可能性がある（"The Long Week-End: A Social History of Great Britain, 1918-39"）。グレーヴズはビオンの二歳年上で、第一次世界大戦での従軍経験を含む自叙伝『さらば古きものよ』を書いており、彼が知らなかったとは思えない。ただ、二人の文章は別物である。「長い週末」が大戦間の時期を指すなら、本書は、自分が何者になるのかも分からず、長い雌伏の時を迎えることになる彼の人生の、序章を描いているようである。

最後に、訳者の立川水絵さんには、イギリス生活にもインド文化にも精通している専業の翻訳者でなければ叶わない出来栄えに仕上げていただいたことに、お礼を申し上げたい。また、この自伝翻訳企画を具体化していただいた福村出版の故松山由理子氏、引き継いだ佐藤道雄氏、進行管理の労をお取りいただいた佐野尚史氏には、深く感謝申し上げます。

福本 修

目次

インド 11

英国 51

戦争 155

【凡例】

①訳註には通し番号を付け、見開き頁内で参照できるよう左頁に一括して記載した。
②本文内の〔　〕内は訳者による訳註である。
③英語原文のイタリック体表記の語句には、傍点を付した。全集版のイタリック体の箇所は「、」、初版においてのみイタリック体の箇所は「・」とした。
④ビオンの内的会話は斜体で表した。
⑤大文字で始まる単語、例えばMountainは、〈山〉のように〈　〉を付けて表した。
⑥大文字のみで書かれている部分、例えばCHRISTIAN UP AND SMITE THEMは、キリスト者よ、立ち上がり彼らを打ち砕けとゴチックで表記した。
⑦原書の索引は全集の最終巻第十六巻に一括で収録されているが、本訳書では読者の便を考え、索引と年表を巻末に横組みで付した。

序文

『W・R・ビオン全集』の収録内容と構成

ビオンの全著作を一つに纏めることにより、またそのデジタル版の提供によって検索とリサーチの可能性が加わることで、かつては不可能だった幅広さと深さで、彼の思考に迫ることが可能となる。編纂に当たり私は、ウィルフレッド・ビオンの原編者であるフランチェスカ・ビオンと綿密に相談し、未発表・未発見の資料にも取り組むことができた。後者には、彼が臨床上および理論上の考えの中核を表現した既存のものの繰り返しが多く見られるが、同じ主題でも形を変えたり、「アプローチの角度」を違えたり、一見するとわずかな違いを「複眼視」で見比べたりする中で、追加的な意味を拾い集められる例は多い。これは、ビオンが口頭でも記述でもコミュニケーションに際して企図していたことに関する彼の信念とも一致する。

本全集には――今述べた理由ばかりからではなく、完全な収録を期して――全ての自伝的著作およびインタビュー資料を収録することとした。記事および論文のうち、ビオンが共著者または副次的な著者であるもの、あるいは貢献の度合いが不明なものについては除外した。

構成はほぼ発表年月順としたが、例外として、『再考』に収録の一九五〇年から一九六二年の論文は、（同書のままに）一括して収めている。それは、一九六七年の同書出版の際に付加された重要な「注釈」と論文を、一体的に収録するためである。「注釈」は、初期の諸論文を振り返りつつ、その時点までのビオンの臨床的思考の進展を詳説している。

この編成を選択したことにより、元の出版物で一緒に収められていた一部の論文は、巻立ての都合上、別の論文と共に収録されることとなった。一例として、「〈記憶〉と〈欲望〉についての覚書」（一九六七）は、『思索ノート』（一九九二）の末尾に収められていたが――ビオン『全集』の方針に従い――一九六〇年代の論文という括りで、『再考』および『注意と解釈』と共に収録した。

ビオンの『再考』の第三章に登場する「統合失調症の理論についての覚書」（一九五四）は、一九五五年に『精神分析の新しい方向性 *New Directions in Psycho-Analysis*』（メラニー・クライン、ポウラ・ハイマン、ロジャー・マネー＝カール編）の一論文として出版された「言語と統合失調症者」とほぼ同一である。だが、一九五五年の論文には先行版と異なる点が一、二あり、またその最後から二番目の節にいくつかの重要な臨床記述が加筆されていることから、それも（発表年月順に従い、第四巻に）収録した。

一九八七年版の『臨床セミナーと四つの論文 *Clinical Seminars and Four Papers*』として初めて出版された四本の論文は、ビオンの最後の論文「悪条件下で最善を尽くすこと」（一九七九）を含んでいるが、私はこれらをブラジリアやサンパウロでのセミナーとは切り離した。それはビオンの全てのセミナー、講演、討論および談話を、より効果的にまとめるためである。同じく上記の一九八七年版の中で初めて発表された、一九七六年春にロサンゼルスにある復員軍人援護局病院で四回行なわれた、各二時間のセッションに基づく四つの討論記録についても、私は同様の扱いをした。

ビオンの「グリッド Grid」――一方の軸（垂直軸〔原文は水平軸だが、誤りと思われる〕）は、彼が述べたように、分類しようとする精神分析のある特定の要素の生成段階を表し、もう一方の軸（水平軸〔原文は垂直軸だが、誤りと思われる〕）はその使用法を表す――を参照しやすいように、私は全集の中でこれらのカテゴリーに関するビオンの論考に言及した著作を収録したすべての巻の冒頭に、グリッドの写しを掲載した。その一つが第四巻で、グリッドは『経験から学ぶこと』の中では明示的に言及されておらず、同書の索引にも載っていないが、ビオンが同書の後半、第二十章以降において推し進めた思索が、後にグリッドとして具体化したと見ることができるからである。そこで彼はアルファ機能を、彼が「モデル」と呼ぶもの――前概念形成／先入観、現実化、概念形成［懐妊］の――へと定式化したが、このモデルは、容器と内容の関係のいわば「入れ子式」の繰り返しによって、情動的に備給された思考を心的構造の中でより抽象化された水準へと引き上げ、心の成長の一局面を形作る。この理由から、正式なグリッドが原書に掲載され、カーナック版の表紙デザインにも使われた。

未発表の著作については、ビオンの一九四三年の「集団について」を除き、第十五巻に収めた。彼の方法論についてのこれら初期の覚書は、「ノースフィールド実験」として知られるようになった画期的な集団研究および治療構想を理解する上で有用である。この論文は、一九六〇年代、一九七〇年代の三つの未発表著作とともに後の巻に入れるよりも、集団の方法や集団心理についての既刊論文と一緒に収めるのが自然だと、容易に認められるだろう。「記憶と欲望」（一九六五）は、ごく最近にようやく文字起こしされたもので、第六巻に収録している。

一九九七年に出版された『野生の思考を飼い馴らすこと』は、フランチェスカ・ビオンの編集になる五八ページの短い小冊子で、それまで未発表だった著作二点から成る。最初の論文は、「グリッド」というタイトルで一九六三年十月に英国精神分析協会に提出されたものである。二つ目は、一九七七年五月二十八日から二十九日の週末にかけてビオンが書斎で語った二つの録音を文字起こしした無題のもので、当時彼はその年の七月に予定されていたローマ訪問について思案していた。最初の文字起こしは、ビオンが「迷い出たstray」あるいは「野生のwild」と呼ぶ、まだ家を当てがわれていない――言い換えると、まだ心的容器を見出していない思考に、思いを巡らせることから始まっている。この考えは、彼の思考作用に関する理論において中心となる発見的装置として使用した原理から来ており、そこからフランチェスカは同書のタイトルを思いついた。

ビオンは『精神分析の要素』（一九六三）および『変形』（一九六五）の中でグリッドを論じていることから、グリッド論文は『野生の思考を飼い馴らすこと』から取り出して、この二冊と併せて全集の第五巻に収録するのが理にかなっている。私は一九九七年の本のパーセノープ・ビオン・タラモによる序文から、関連する部分を抽出して、第五巻の新たな位置に収めた一九六三年のグリッド論文の序論とした。彼女の序文のうち、二つの無題の文字起こしに関わる部分については、それらの序論として第十巻の終わりの方に、一九七〇年代中期から後期のその他の論文とともに収めた。

『思索ノート』（第十一巻）には一九七一年に書かれた一編の覚書が含まれるが、これはビオンが一九四七年の論文「危機の時期の精神医学」を再検討したもので、後者は一九四八年に『英国医学的心理学誌 *British Journal of Medical Psychology*』に発表された。この論文は第四巻に収録したため、『思索ノート』の覚書の方は重複を避け割愛した。

本全集の内容構成は、以下のとおりである。〔＊は邦訳あり〕

第一巻

『長い週末　１８９７–１９１９』[*1]（The Long Weekend 1897-1919: Part of a Life）

第二巻

『我が罪を唱えさせよ　人生のもう一つの部分』[*2]（All My Sins Remembered: Another Part of a Life）

『天才の別の側面　家族書簡』[*2]（The Other Side of Genius: Family Letters）

第三巻

『戦争回顧録　一九一七年から一九一九年』（War Memoirs 1917-1919）

第四巻

「『神経戦』というもの」（The 'War of Nerves' (1940)）
「集団について」（On Groups (1943)）
「指導者《リーダー》不在集団の計画」[*3]（The Leaderless Group Project (1946)）
「危機の時期の精神医学」（Psychiatry at a Time of Crisis (1948)）
「集団治療の方法」[*3]（Group Methods of Treatment (1948)）
「言語と統合失調症者」（Language and the Schizophrenic (1955)）
『さまざまな集団での経験、その他の論文』[*3]（Experiences in Groups and Other Papers (1961)）
『経験から学ぶこと』[*4]（Learning from Experience (1962)）

第五巻

『精神分析の要素』[*4]（Elements of Psycho-Analysis (1963)）
『野生の思考を飼い馴らすこと』1．「グリッド」（Taming Wild Thoughts: [I] The Grid (1963)）
『変形：学ぶことから成長への変化』[*5]（Transformations: Change from Learning to Growth (1965)）

第六巻

「記憶と欲望」（Memory and Desire (1965)）

「破局的変化」（Catastrophic Change (1966)）

『再考：精神分析論文選集』[*6]（Second Thoughts: Selected Papers on Psycho-Analysis (1967)）

「〈記憶〉と〈欲望〉についての覚書」（Notes on Memory and Desire (1967)）

「注意と解釈：精神分析と集団における洞察力への科学的接近方法」[*5]（Attention and Interpretation: A Scientific Approach to Insight in Psycho-Analysis and Groups (1970)）

書評集

第七巻

『ブラジル講義』[*7]（Brazilian Lectures）

一九七三年　サンパウロ（1973 São Paulo）

一九七四年　リオデジャネイロ（1974 Rio de Janeiro）

一九七四年　サンパウロ（1974 São Paulo）

第八巻

『臨床セミナー』[*8]（Clinical Seminars）

ブラジリア　一九七五年（Brasilia 1975）

「パネルディスカッションへの寄稿：ブラジリア、新たな経験」（Contributions to Panel Discussions: Brasilia, a New Experience (1975)）

サンパウロ（São Paulo（1978））

『ニューヨークとサンパウロのビオン』（Bion in New York and São Paulo）

ニューヨーク（New York (1977)）
サンパウロ（十回の講話）（São Paulo (Ten talks) (1978)）

第九巻

『タヴィストック・セミナー[*9]』（The Tavistock Seminars (1976-1979)）
『イタリア・セミナー』（The Italian Seminars (1977)）
「パリ・セミナー」（A Paris Seminar (1978)）

第十巻

『二つの論文』（Two Papers）
「グリッド」（The Grid (1971)）
「中間休止《セズーラ》」（Caesura (1975)）
『四つの対話[*10]』（Four Discussions (1976)）
『四つの論文[*10]』（Four Papers）
「情動の乱流」（Emotional Turbulence (1976)）
「フロイトからの引用について」（On a Quotation from Freud (1976)）
「証拠」（Evidence (1976)）
「悪条件下で最善を尽くすこと」（Making the Best of a Bad Job (1979)）
アンソニー・G・バネットJr.によるインタビュー（Interview by Anthony G. Banet Jr (1976)）
『野生の思考を飼い馴らすこと』2.（無題）（Taming Wild Thoughts: [II] Untitled (1977)）

第十一巻

『思索ノート』（Cogitations）

付録：アンドレ・グリーンによる『思索ノート』への書評（Review of Cogitations, by Andre Green）

第十二巻

『未来の回想』第1巻（A Memoir of the Future: Book 1）

第十三巻

『未来の回想』第2巻（A Memoir of the Future: Book 2）

第十四巻

『未来の回想』第3巻（A Memoir of the Future: Book 3）（用語解説付き）

第十五巻

未刊行著作[*11]

「人間をどう概念化するか〔人間の概念化〕」（The Conception of Man (1961)）

「貫く沈黙」（Penetrating Silence (1976)）

「新しくて改良された」（New and Improved (1977)）

「続・思索ノート」（Further Cogitations (1968-1969)）

付録A——「私たちの人生の日々」フランチェスカ・ビオン（The Days of Our Years (1994), by Francesca Bion）

〔原文ママ。正しくは The Days of Our Lives〕

付録B —— ウィルフレッド・R・ビオンの役職一覧（Offices and Appointments Held by Wilfred R. Bion）

付録C ——「『破局的変化』と『変形された容器と内容』：一つの比較」クリス・モーソン（'Catastrophic Change' and 'Container and Contained Transformed'：A Comparison, by Chris Mawson）

付録D —— ハリー・カーナック編纂によるウィルフレッド・R・ビオンの著作の標準版目録（Standardized Bibliography of the Works of W. R. Bion, by Harry Karnac）

第十六巻

参考文献

総索引

編集上の判断についての覚書

既刊のいくつかの著作には、録音から収集された資料と同様、編集の手を加える必要があった。例として、『変形』および『再考』は、広範囲にわたる作業を要した。原文に手を加える際は、あらゆる場合においてフランチェスカ・ビオンと詳細に議論して助言を得た。

ビオン独自の特徴的な表現の仕方は、文法よりも優先された。ただし、明らかな誤りがあり、彼が明らかに意図していたことの意味にそれが影響を与えていた場合には、この限りではない。彼の意図が不明瞭な箇所については、原文のままとした。誤植は、繰り返しも含めて修正した。完結していない文章は、草稿がある場合やフランチェスカ・ビオンが記憶していた場合には補完した。すべての場面において、私はフランチェスカ・ビオンが一九八七年に記した次の原則を指針とした。「話し言葉を活字に移す過程で必要とされた編集によって、ビオンの発言内容や彼の表現スタイルが改変されることは一切ありませんでした。私は、自分が過去に彼の承認を得て採った手法を、今回も使用しました」。◆

長い注釈も、それが適当な場合には本文の該当箇所に入れ込んだ。これは角括弧［ ］で示してある。

全体を通じて、「精神-分析 psycho-analysis」という用語およびその派生語の中のハイフンは、取り除いた。ただし、自伝的著作と、出版物のタイトルにこの語が含まれる場合、例えば『精神分析の要素 Elements of Psycho-Analysis』などは例外とした。[1]

編集者による注解は、必要最小限にとどめた。序文を付した場合、それは内容の要約を試みたものではない。私はそれぞれについて、何かしら著作の背景と関連性のあること、また読者が本編を読む前に知っておくと興味深いと思われることを一、二点述べるよう努めた——そうした点は大概、本文を読めば分かることではある。例外は『経験から学ぶこと』の編者序文である。私はこの大きな影響力を持つ本の出版五十周年の節目に、幾分多くを書き綴った。

全体としての狙いは、介入や解釈、説明を最小限にして、ビオンの非常に独創的な著作を読んでいただくことにある。

◆…原註『臨床セミナーと四つの論文』(1987)の「序論」(全集第八巻参照)。

1…邦訳ではハイフンを用いていない。

『W・R・ビオン全集』の邦訳一覧

＊1『ウィルフレッド・R・ビオン　長い週末──1897-1919』（本書）
＊2『ウィルフレッド・R・ビオン　我が罪を唱えさせよ──天才の別の側面／家族書簡』福村出版　二〇二四
＊3『さまざまな集団での経験』福本修訳　岩崎学術出版社　近刊
＊4『精神分析の方法Ⅰ〈セブン・サーヴァンツ〉』福本修訳　法政大学出版局　一九九九
＊5『精神分析の方法Ⅱ〈セブン・サーヴァンツ〉』福本修・平井正三訳　法政大学出版局　二〇〇二
＊6『再考：精神病の精神分析論』松木邦裕監訳　中川慎一郎訳　金剛出版　二〇一三
＊7『ブラジル講義』福本修訳　誠信書房　近刊
＊8『ビオンの臨床セミナー』松木邦裕・祖父江典人訳　金剛出版　二〇〇〇
＊9『タヴィストック・セミナー』福本修訳　岩崎学術出版社　二〇一四
＊10『ビオンとの対話　そして、最後の四つの論文』祖父江典人訳　金剛出版　一九九八
＊11『ウィルフレッド・ビオン未刊行著作集』福本修訳　誠信書房　二〇二四

編者について

クリス・モーソン[2]は、英国精神分析協会所属の訓練分析者かつ訓練スーパーバイザーであり、精神分析者として個人開業をしている。彼は当初、児童および青年との仕事を、はじめはタヴィストック・クリニックで、その後、当時子供たちに集中的《インテンシブ》な精神分析的治療を提供していた、パディントン・グリーン小児病院の児童精神科部門で行なった。彼の最初の訓練は臨床心理士としてで、注意および躁うつ病の調査研究に関心を寄せた。

彼は精神分析の臨床実践に加えて、精神分析の視点から、特に〈英国集団関係《グループリレーションズ》[3]〉の方向付けが追究している、集団と組織の研究に関心を抱いている。

彼は〈精神分析新蔵書 New Library of Psychoanalysis〉シリーズの一冊『今日のビオン Bion Today』（二〇一〇）の編者である。著作には、ほかに「学校での問題行動の理解にプレイ技法を用いること The Use of Play Technique in Understanding Disturbed Behaviour in School」（『精神分析的心理療法誌 Psychoanalytic Psychotherapy』, Vol. 2, No. 1, 1986）、「傷ついた子どもたちとの仕事において不安を包容《コンテイン》すること Containing Anxiety in Work with Damaged Children」（『組織のストレスとコンサルテーション——対人援助サービスと職場の無意識 The Unconscious at Work』アントン・オブホルツァー、ヴェガ・ザジェ・ロバーツ（編）、1994）、「擬似自由連想：洗練された分析患者と「かのような」関わり方 Pseudo-Free Association: The Sophisticated Analytic Patient and "As-If" Relating」（『英国心理療法誌 British Journal of Psychotherapy』 vol. 18, No. 4, 2002）などがある。

フランチェスカ・ビオンは、ウィルフレッド・ビオンの未亡人で、彼のセミナーや講話、多くの出版物を書き起こし、最初の編集作業をしている。彼女は、精神分析の伝播に重要な貢献をした功績によって、英国精神分析協会の会友に迎えられた。

謝辞

私は、ウィルフレッド・ビオンの妻であり、著書の初版時の編集者でもあるフランチェスカ・ビオンに、感謝の意を表したい。私は彼女との緊密な協働の下で、いくつかの著書において初版の際に編集の過程で見落とされた誤りを発見・訂正し、また十五の巻に著作をどの順番で収録するかを決定した。

ウィルフレッド・ビオンは、一九五〇年代から亡くなる一九七九年までの間、精神分析に新たな考えをもたらした、主要な貢献者だった。フランチェスカが介在しなければ、彼の著作の多くは出版されなかったことであろう――それらはビオンの単なる草稿にとどまり、おそらく一定期間が過ぎて彼にとって用済みとなれば、処分されていたに違いない。死後の出版物も――『思索ノート』を例に挙げれば、既刊本では記されなかった「つなぎ」の部分の多くを明らかにする覚書が収められている――日の目を見ることはなかったであろう。一九四三年から一九五二年に書かれた論文は、『さまざまな集団での経験』としてまとめられて一九六一年に出版されたが、これらでさえ、フランチェスカがそれらを一つに纏めて出版する上で主要な役割を果たさなければ、共通点のない断片的な寄稿論文として、さほど読まれることもないまま埋もれていたことであろう。

私は、ビオンの著作の主な出版元であるカーナック・ブックスのオリバー・ラスボーンにも感謝したい。オリバーはこの企画の牽引役であり、そのために必要な措置を講じる上で、計り知れないほどの援助を与えてくれ

2…二〇二〇年秋に六十七歳で急逝した。メラニー・クライン・トラストのホームページの紹介・追悼記事を参照（https://melanie-klein-trust.org.uk/writers/chris-mawson/）。

3…タヴィストック研究所（https://www.tavinstitute.org/group-relations）を中心に行なわれる、個人と組織の関係性についての体験的研修。http://www.grouprelations.com/も参照。

た。私はまた、書籍・雑誌の企画管理の専門家であるコミュニケーション・クラフツのエリック・キングとクララ・キングにも、この作品を出版物として整える上で彼らから受けた貴重な、また忍耐強い助けに感謝したい。長年ビオンの著書を手掛けてきた彼らの経験のおかげで、『全集』の制作は非常に円滑に進んだ。彼らの献身的かつ誠実で丹念な仕事ぶりに謝意を表する。彼らは膨大な作業にもひるむことなく取り組んでくれた。私は、これほどの優れた仕事は、他の誰にも成し得なかったと確信している。

最後に、その業績と私自身の分析の仕事へのスーパービジョンを通じて、私にビオンの中核的な考えが持つ価値と臨床での有用性を直接示してくれた分析者たち——特に、ハナ・シーガル、ベティ・ジョゼフ、マイケル・フェルドマン、ロビン・アンダーソン、ロナルド・ブリトン、そしてルース・マルコム——に感謝の意を表したい。これらの十五巻に必要な編集上の選択を行なう上で、彼らから計り知れないものを得ている。

長い週末　1897-1919——或る人生の一部

一九八二年

『長い週末』はフリートウッド・プレスより一九八二年に初版が発行され、一九八五年に増刷された。その後、一九八六年にフリー・アソシエーション・ブックス社より、また一九九一年および二〇〇五年には、フランチェスカ・ビオンならびにマーク・パタスンとの取り決めのもと、ロンドンのH・カーナック（ブックス）社より再版された。

編者序文

『長い週末』は、一九八二年に初版が発行された。同書にはフランチェスカ・ビオンによる有用な前書きがあったが、それはここにも掲載している。

フランチェスカの視点から見たビオンについてのより詳しい記述は、彼女が一九九四年四月にカナダのトロントおよびモントリオールで述べた式辞、「私たちの人生の日々 The Days of Our Lives」を参照されたい。この式辞は、一九九五年に『メラニー・クラインと対象関係誌 *Journal of Melanie Klein and Object Relations*』(Vol. 13, No.1) に発表され、本全集では第十五巻に収録されている。

フロイトが自分個人についての情報源の多くを破棄したのに対し、ビオン本人の手になる自伝的情報は豊富に公開されている。フランチェスカは、上記の式辞の中でこう書いている。「人間の行動や人間の心の分野で独創的な考えを生み出した人々の著作を研究するのに先立ち、彼らのパーソナリティがどのような影響や経験によって形成されたのか、それを彼ら自身の目を通して知っておくことは、有益であるに違いありません。ビオンの生涯の最初の五十年間について彼自身の印象を記録した『長い週末』と『我が罪を唱えさせよ』が存在するのは、私たちにとって幸運なことです」

ビオンの著作と彼の背景との関係は重要なので、私は伝記的な資料で入手可能なものを本書の重要な構成要素として収録した。そうする根拠は、メグ・ハリス・ウィリアムスによる自伝的著作群についての幅広い注解(Williams, 2010) が明瞭に例示しているとおりで、自伝的著作を研究している読者は同書を読まれるように勧めたい。それは特に、ビオンの『未来の回想』を理解する上で有用である。

長い週末　１８９７‐１９１９——或る人生の一部

ビオン家の紋章

「*Nisi dominus frustra*〔主がなされるのでなければ虚しい〕」

「エホバ家をたてたまふにあらずば建《たつ》るものの勤労はむなしく
エホバ城をまもりたまふにあらずば衛士《えじ》のさめをるは徒労《むなしきこと》なり」[1]

詩篇一二七篇一節

1…和訳は『文語訳新約聖書詩篇付』（岩波文庫）より

はじめに

ウィルフレッド・ビオンは、インドの連合州[2]のマトゥラーで一八九七年に生まれました。彼の家族（ユグノーの家系）は、何世代にもわたりインドで勤務していました――宣教師として、インド帝国警察で、また公共事業局で。八歳のときに、彼はプレパラートリースクール[3]に入学するために英国へ送られ、その後二度とインドに戻ることはありませんでした。生涯を通じて、彼は自分が生まれた国への強い愛着を持ち続けました。彼は一九七九年十一月、予定されていたボンベイ〔現ムンバイ〕訪問の二カ月前に亡くなりました。

彼の自伝は未完成のまま残されましたが、本書に書かれた期間は、彼が復員して歴史学を学びにオックスフォード大学に入学するまでの、一つの特異な時期を形成しています。当時彼は、不確かな基礎の上に生活を再開しなければならないと感じていました。彼は自分自身を、無教育で、学校と軍隊以外の世界に疎く、戦争中の体験によって意気消沈していると考えていました。とはいえ、水泳やラグビーで見せた彼の抜きん出た運動能力は、彼の窮地を救ってくれました――学校時代にもそうだったように。

彼は、戦争のせいで自分は大学が提供してくれた機会を生かせなかったと感じていましたが、彼は哲学者のH・J・ペイトンと交わした会話のことを、いつも感謝を込めて回想していました。一九二四年には、彼は自分の関心がどこにあるのかをはっきりと認識していました――精神分析です。彼は、ロンドン大学ユニバーシティ・カレッジ病院で医学を学び、外科学で金賞を授与され、一九三〇年に医師免許を取得し、その後、精神分

2…現在のインド北部ウッタル・プラデーシュ州。

3…パブリックスクール（上流階級の子弟のための私立の寄宿制中等教育学校）に入学する前の子供が通う準備 preparatory 学校。小学校に該当。

析的な訓練に入りました。ユニバーシティ・カレッジ病院で、彼はもう一人の傑出した人物、外科医で『平時と戦時における群れの本能 Instincts of the Herd in Peace and War』（一九一六）の著者であるウィルフレッド・トロッターと親交を持ちました。ペイトンもトロッターも、彼の知的発達において大変大きな役割を果たしました。

第二次世界大戦中、彼は陸軍省選抜局の上級精神科医として働き、終戦後は終生を精神分析の実践に捧げました。彼はこの分野で、また集団行動研究において独創的な考え方を生み出す第一人者の一人となり、広く講演を行ない、精力的に執筆を続けました――幾多の論文と十四冊の書籍を著し、その多くは訓練機関で必読書とされています。

彼は、一九四五年にロンドンのタヴィストック・クリニック執行委員会委員長、一九五六年から一九六二年までロンドン精神分析クリニック院長、そして一九六二年から一九六五年には英国精神分析協会の会長を務めました。

一九六八年に舞い込んだロサンゼルスでの仕事の依頼は、彼が言うところの英国での「我が家の居心地の良さ」から抜け出す好機となりました。合衆国西部に広がる大地は、彼が子供時代を過ごしたインドの記憶を甦らせました。しかしながら、米国の文化は彼にとって全く未知のものでした。そのことが、彼を伝統主義の束縛から解放し、「野生の思考」をめぐらせることを可能にしました。彼の生涯の最後の十年間、彼の心は、若いころと同じように初めて出会う印象を自由に取り入れていました。こうして、異国の、活気に満ちた、危険ながらも表面的には牧歌的なカリフォルニアという環境の中で、彼はあの三部作、『未来の回想』という、精神分析に関わる自伝的な幻想的作品を書くことを思いついたのです――彼の著作の中で最も論争を呼び、最も理解されていないものです。

彼の勇気とリーダーの資質は、二十歳の頃には既に顕著に表れていましたが、それらは精神分析者としての彼にとっても大変役立つものでした。彼は、独創的な考えを持つものの常として、多くの敵を作りましたが、どれだけ敵意を向けられても、自分自身と自分の信念に忠実でいようとする彼の決意は、決して揺らぎませんでした。

当初は三、四年滞在するだけのつもりでカリフォルニアに渡りましたが、結局彼は一九七九年まで英国には帰りませんでした。彼は帰国して二カ月後、窓から「夢見る」尖塔が見えるオックスフォードの病室で息を引き取りました。

幸運にして彼の英知と情愛のこもった思いやりに心を動かされた者たちは、二度と元の自分には戻れません。彼をよく知っていた者たちは、彼の一部を心に抱いて、その後の人生を生きてゆくのです。

一九八二年

フランチェスカ・ビオン

アビンドン、オックスフォードシャー州

序

本書において、私は真実のままに書くことを意図した。これは、大それた野望である。長い経験を積んできて、私は、せいぜい「比較的」真実のままに、としか主張できないことを知っている。言葉の定義を試みるよりも、私は自分が言う「真実」とは「美学的」真実、また「精神分析的」真実を意味するのだと理解されるのに任せたい。この後者を私は、科学的真実の一つの「等級」にあるものと考えている。言い換えると私は、一部分においても全体としても、物自体に可能な限り近い、現象の定式化を目指している。

文中には多くの名前が出てくる。空白を「事実」で埋めようとする推測を止められないことは、経験が示す通りである。そうした「事実」は、私の選択ではなく、あれこれ思う人の目的に適うようにどうとでも合わせられる。誰にでも、私がどの学校、連隊、同僚、友人のことを書いているのか「知る」ことはできる。それは、最も表層の部分を除き、全て誤りであろう。私は、「私」について書いている。私が故意にそうしたのは、私が自分は何としてでもそうするべきだと自覚しているからである。それに、私が自分の野望に近づく見込みは、もしも私が他の誰よりも一番良く知っている人物――私自身――について書くならば高まるだろう。

この本は、それ故、一人の人物の人間関係について書いたものであり、名前が出てくる人々や共同体、集団についてではない。もしも抽象化という手段に訴えることができたならば、私はそうしていただろう。そのような処理は、何の前準備もなく施せば、読者を専門語の無意味な操作に取り組ませることになっただけだっただろう。

W・R・B

インド

一

うちのアーヤー〔英領インドの現地人乳母のこと〕は皺だらけの小さな老婆で、仮にも年齢に結びつけようとすると、父や母よりもはるかに年嵩の大層な年寄だと、妹も私も思っていた。二人ともこの老婆が大好きで、ひょっとすると両親のことよりも好きだったかもしれない。いや、そこまでではないかもしれないが。母には、少し怖いところがあった。それは一つには、年を取りすぎていて、今にも死んでしまうかもしれないことだった。もっとも、母はアーヤーほど老いてはいなかった。アーヤーは、妹と私の一致した見解によれば、優に二百歳、ことによると三百歳は超えていたが、それほどの高齢でもまだ当分死にそうには見えなかった。一方で母は、奇妙だった。母に抱き上げられ、温かくて安全で心地よい膝の上に座ると、いつも妙な気持になった。それが突如として冷淡さと怖さに変わったが、何年も後に、学校で礼拝が終わって扉が開いたとき、説教の間に温もったチャペルの空気の中を一陣の冷たい夜風が、溜息のように通り抜けるさまに似ていた。説教、校長先生、神様、全知全能なる父よ、なんとかにましますアーフ・アーファーよ、[1] どうぞ僕を良い子にしてください。私は逃げるように母の膝からすべりおりると、妹を探しに行くのだった。

　夕べの時間には、携帯用ハルモニウム〔リードオルガン〕の周りに家族が集まった。石油ランプの灯りの下で母が一音一音確かめながら奏でるメロディーに合わせて、妹と私が歌うのは、緑の丘――いま暮れたばかりのその一日の、乾いた灼熱のインドとはあまりに対照的な、青々とした丘――そしてその宝石をちりばめた可愛い城壁の歌だった。可哀そうな緑の丘、なぜ城壁を持っていないのだろう？[2] 拙い作詞家が書いたその歌詞について、私は、そもそも丘の周りに城壁はないのだと理解するのに数年、緑の丘は城壁の外にあるのだと気づくのに——信じられないかもしれないが——さらに数年を要した。

私はこの疑問を——「ゴールデンシロップ[3]って、本当に黄金でできているの？」などとともに——最初は母に、やがて父にも執拗に投げかけたが、どちらからも満足のいく答えは得られなかった。母は答えようと懸命に努力はしてくれたが、私と同じくらいに当惑しているように見えたので、母は本当は知らないのだろうと私は結論づけた。父の方は、もっと複雑な反応だった。説明してはくれるのだが、私がなかなか理解できないでいると、うんざりした様子だった。山場は、私がゴールデンシロップについて「百回目」の質問をしたときに来た。父は相当腹を立てていた。それを聞いた妹は、「すごーい！」といたく感心した。

それからは、「ペルソナ・ノン・グラータ[4]」の意味を知りたくなったときにも、ほかの同種の質問とともに自分の胸にしまっておいた。私は実際に算数を習って百まで数えられるようになるよりもずっと前に、「百回目」を察知する第六感を発達させた。その頃でさえ私は、応用数学と純粋数学の間には大きな隔たりがあると確証していたようで、百という数と例の「百回目」の関係に——昔も今も——納得できないでいる。

私はべそをかきながら、その場を離れた。「すごーい！」の一声の後は、妹にはもう用はなく、私は母のと

1… 原文では Arf Arfer Oo Arf in Mphm。元々はキリスト教の代表的な祈祷文「主の祈り」の冒頭の Our father, who art in heaven（天にまします我らの父よ）を、幼いビオンがこう聴き取って再現したもの。Arf Arfer については、第二章以下参照。

2… 讃美歌『みやこの外なる緑の丘よ』の歌詞、“There is a green hill far away, without a city wall” について、幼いビオンが without の意味を取り違えて生じた誤解。

3… 製菓・料理に使う糖蜜。英国では一八八一年に発売され、今でも広く普及している。英国編第三章に、インドのビオン家ではこの空き缶を物入れに使っていたとの記述がある。

4… Persona non grata（ラテン語）。好ましくない人物、特に駐在国政府にとって好ましくない外交官の意味。

ころに着いたときには、何のために来たのか忘れてしまっていた。どのみち、母は「忙しい」のだった。これも「百回目」と同様に、警告と受け止めるべき言葉だった。私の母が、とてもたくさんの大人たちと同じく「奇妙」だったことは、妹によって証明された。ある日、妹は母の前に「休め」の姿勢ですっくと立った。そしてはっきりと正確な発音で、「お便所、お便所、お便所」といった。結果は大いに愉快だったが、後から考えてみると期待外れなものだった。妹は横面を叩かれるには至らなかった。母は「そんな子には、お母さんがどうするか……」とまでは言ったが、実行には移さなかった。

母のお説教が終わると、私は妹を部屋の隅へ連れて行き、下されるべきことをきちんと行なった。「おまえは本当に、本当に悪い子ね」と、出来る限り母の口調を真似て言った。そして、念を入れて妹の横面を叩いた。

その結果は、天地がひっくり返るような悲鳴だった。信じがたいほどの声量に私は驚き、「いったいどうしたの？」と思わず尋ねた。母がすぐ後ろに怯えたアーヤーを従えてやってきて、使用人頭もついてきたが、彼はアーヤーに追い払われた。その間に妹は、好奇心によって悲鳴を抑えてしまわないほど落ち着きと呼ぶしかないものを取り戻しており、私の方は、思わず黙ってしまった。そこで妹は、全身全霊を傾けて、痛そうに泣き叫んだ。背筋を伸ばして座った妹は、居丈高に私を真っ直ぐに指差した。

「本当に困った子ね」と母は怒り心頭の様子で言った。「何をやったの？」

悲鳴に耳を塞がれ、すっかり怯えきった私は「何も」と答えた。

「何も、ですって？」母はすごい剣幕だ。「だって、ご覧なさい！」

言われた通りに私は妹を見た。憤然とした妹の様子や非難を込めて向けられた指先を見る（と言うか、狙い定めた銃のようなその指を見「通す」）と、私の否認は到底通用しないと認めざるを得なかった。

アーフ・アーファー――その時から彼をそう呼んできた――が現れた。他の誰かは「忙しく」て、そのため今にも爆発しそうな不安定な状態にもあったのだ。母は私を揺さぶっていた。

「もう、この子をどうしたらよいか分かりません」

「私に任せなさい」父が厳しい顔で言った。

「ああ、勘弁して！」私は言葉が出ず、心が動かないと感じた。

「この子たちときたら」母が言った。それから、一瞬の隙を突いて、私だけでなく妹にも向かってこう言った。

「どっちも同じくらい悪い子だわ！」

この時点で私は、妹の悲鳴は止みつつあると思っていた。「わが衷《うち》になおき霊を新たにおこしたまえ」[5]と私が無言で祈ったとしたら、それの向きは間違っていた。妹の悲鳴が新たにおこった。私と妹は引き離された。

父は優しく寛容な構えで、私を膝に乗せた。そのおかげか、私の悲鳴――だったか妹のだったか――は前ほど私の耳に響かなくなっていった。私は次第に平静さを取り戻した。何度も忍耐強く訊ねられて、私はようやく自分がなぜ妹をぶったのかを思い出すことができた。

「あいつは悪いことをしたんだ」一気に記憶が明るみに出てきた。「それで……えーと……だから……」私は口ごもった。妹のしたどんなことが、どのように悪かったのか、思い出せなかった。

「何だい？　続きを言ってごらん」父は辛抱強く言った。

私は続けられなかった。何も思い浮かばなかったのだ。

不穏状態は爆発した。父は私をうつ伏せに抱えると、お尻を「したたかに打ち据えた」。もっとも、自分ではそれについては知らなかった。後で父が母にそう話すのを聞いただけだった。まだ怒りが収まらない父の眼は、私を睨んでいた。


5…旧約聖書詩篇五十一篇十節「ああ神よ、わがために清心をつくり、わが衷になおき霊を新たにおこしたまえ」の後半部分。なお、聖書書名・聖句引用の和訳について、特に断りのない場合、本文中は『文語訳新約聖書詩篇付』（岩波文庫）、訳註では『新共同訳聖書』（日本聖書協会）に拠る。

その日から私は両親を憎んだ、「心から魂を込めて永遠に。かくあらせたまえ」。それは数分のこと？ 数秒？ 何年間も？ しばらくすると、このことは私も両親もすっかり忘れてしまった。だが、両親が確かに気づいたように、私も妹も、この一件から教訓を得た。両親の方もそうで、特に私が親を避けたり、妹からできるだけ離れようとしたりしたときには、決まり悪そうだった。「なぜ二人で遊ばないの？」母は不思議そうに尋ねるのだった。

二

アーヤーの大きな取り柄は、大人でありながら、こちらのいいようにあしらえることだった。妹は、ひどく腹を立てたときには、アーヤーの注意を逸らそうとした。何から？ 私には分からない——理由は忘れたが、私は妹に対するときは、極めて用心深かった。

オオヅルの長い鳴き声がきっかけだった。「おや、聞いてごらんなさいな、きれいな『小鳥ちゃん《ディッキーバード》』が鳴いていますよ」アーヤーは鳥の声に同調するようにうっとりとして言った。すると、泣きわめいていた妹は、魔法にかかったようにぴたりと泣き止み、それから突然狂ったように笑いだした。「よたよた鳥、[6]よたよた鳥！」妹は、笑いが収まって口がきけるようになると、たっぷりと嘲りを込めて囃し立てた。私は妹の機嫌をとるように、深入りしない範囲で慎重に距離をとりながら、声を合わせた。私には何のことかさっぱり分からなかったが、少なくともこのいまいましい子は拳骨を食らったはずである。

日当たりの良い部屋で、私は黄色い花を生けた花瓶を父に見せて、アレンジメントの腕前を褒めてもらおうとした。

「うん」父は言った。「とてもいいね」

「でも、お父さん、もっとよく見てよ」

6…原文は「小鳥ちゃん」と同じく dicky bird。dicky には（身体が）弱い、壊れそうな、の意味もある。

「見ているよ。素敵だね」私はこれでは満足しなかった。「本当にきれいでしょう？」

「そうだね」と父は相槌を打った。「きれいだね」

「嘘じゃないよ、本当に全部ひとりでやったんだよ」

この一言で父は凍りつき、動揺した。「なぜそんなことを言うんだ？」

「何のこと、お父さん？」

「私はお前が嘘をついているなんて思ったこともないよ」

「うん、嘘はついていないよ」答えながら、私はアーフ・アーファーが現れるのではないかと心配になった。アーフ・アーファーは非常に恐ろしかった。大人同士の話をそばで聞いていると、彼らは時々意味もなく爆笑していた。「アーフ！　アーフ！　アーフ！」という調子で。これは特に、妹や私が何か言ったときに起きた。そんなとき、妹と私は目を見開いて、真面目に彼らを凝視するのだった。それから、別の部屋へ行って練習を始める。私が「アーフ、アーフ、アーフ」とやる。すると、妹がより甲高い声で加わり、「アーフ、アーフ、アーフ」、最後にはあまりのばからしさに二人とも笑いだしてしまう。

なぜ大人はそんなに大きいのか、なぜ彼らは私たちをまるで「ばか」扱いして話すのか、それが分かったとしても困惑することもあるだろう。そういうとき妹は、両手を背中で組み合わせ、大人の一人の前に仁王立ちして、はっきりした大きな声で「アーフ、アーフ！」と叫ぶのだった。すると、空気が抜けていく風船のような大きな赤ら顔の男は、妹を眺め下ろした。男は怒っている様子であり、私は彼がアーフ・アーファーに変身してしまわないかと怖くなった。私は妹を引っ張ってその場から逃げた。「あんなことしちゃだめだよ――いけないことだよ」私は、妹が叫びださないかと一瞬、恐怖におののいた。妹は考えを変えた。「天にましますアーフ・アーファーよ」と言うと、笑い出した。ほっと胸をなでおろし、私も一緒に笑った――急にまた思い出すまでは。私は真面目になって、ふざけるのをやめた。少なくとも、やめる努力はした。だが、妹はまだ私と遊びたかった。「アーフ・アーファー！」私はあわてた。私は妹に、もうおしまいにしてほしかった。それが面白いことだとは考えたくなかった。アーフ・アーファーは侮ってよい相手ではないのだから。

　時折、私は夢の中でアーフ・アーファーが吠えるのを聞いた気がした。身の毛もよだつような恐ろしい声だった。あるとき、ジャッカルの群れが輪になって座っているのを見たが、その中の一匹が「フィヤーオゥー」と長鳴きした。それは血も凍るような声だった。「あれがアーフ・アーファーだ」と思った。

　アーフ・アーファーは、微かにだがイエス・キリストにも関連していた。キリストは私たちの夕べの讃美歌とも一緒になっていた。

「イエスさまは私を愛しておられる　聖書にそう書いてあります[7]」

　夜のその時間帯に、私は聖書を気にしてなどいられなかった。外は暗くて恐ろしいし、動物の遠吠えも始まっていたからだ。動物たちは、日没とともに一斉に吠え出すのだった。私はイエスさまの考えが正しいと思ってはいたが、その力でアーフ・アーファーを何とかしてくれるとは全く信じていなかった。人の罪を贖わせるためにその「忘れ子[8]」を遣わして下さったという神についても、私はあまり信用していなかった。だが、その頃には、私は夕べの時間のあれこれについて追及することに慎重になっていた。密かに私は、緑の丘とキリストはひどい扱いを受けていると感じていた。

　どちらも私が毎夜、父の前で跪いて祈る際に登場した。そのとき私の眼は、父のチョッキの前で揺れる懐中時計に釘づけになっていた。「我の純市[9]を哀れみ給え」。随分たってから私は、気の毒な〈純市〉は一体どんな不

7…讃美歌『主われを愛す Jesus loves me, this I know』
8…幼いビオンが「神の一人子 His begotten child」を「忘れ子 forgotten child」と勘違いしたものと思われる。
9…原文の表記は Simply City。子供の讃美歌『Gentle Jesus, meek and mild』の歌詞 Gentle Jesus, meek and mild, Look upon a little child, Pity my simplicity, Suffer me to come to thee. にある純真 simplicity を聞き違えたものと思われる。

幸に見舞われたのかを母に思い切って尋ねてみた。母は困惑した様子だったが、私もこの疑問の出所を明かすことは恐ろしくてできなかったので、結局母は私に教えることができなかった。その後、解明への糸口を掴みかけたと思った瞬間があった。それは父が、もし私が良い子にしていたら「電市」で動くおもちゃの機関車をあげる、と言ったときだ。すっかり興奮した私は、「電市」について父を質問責めにした。父は、息子にはないとだいぶ前に諦めていた知性を、私が突如驚くほど示したことに驚喜した。父は私が機関車のことで興奮しているのだと思い、やがて私が電気に魅了されていると分かって驚いた――そのうちに父は、私がそれほど心惹かれているのにもかかわらず、その名称をなぜ正しく発音できないのかと訝しく思いはじめた。

「そこを鉄道が走っているの?」

「そうじゃなくて、機関車の中を通っているんだよ」

「それは緑色なの?　もう一つのやつと同じように」

「いや、そうだな、色はついていないんだよ。でも、緑だといえなくもないな――とても鮮やかな青みがかった緑色だ。そうだね、緑色と言っていい」と父は一縷の望みを抱いてそう答えたが、息子が見せた知性の微かな煌めきは、実は万に一つの偶然に過ぎなかったのではないかと感じ始めた。

私はというと、この列車の一件が恐ろしい行き違いに発展しつつあると危ぶみ始めた。

「速いの?　すごく――世界中のどんな列車よりも速いの?」

「それはもちろん、とても速いさ。でも、分かってるだろうが、本物の列車じゃないんだ。小さいやつだよ」

憂鬱感が私を包み始めた。都市が青いだなんて、訳が分からない。ましてや……「とっても鮮やかなの?　鮮やかって、あの鮮やか?」私は尋ねた。

父はげんなりして、もうこの会話は終わらせようと決めた。「届いてのお楽しみだよ」父はこわばった表情で明るく冗談めかして言った。私は、もうこの話は二度としたくないという気持ちになった。

「列車がほしいのだろう?」父は心配そうに尋ねた。おもちゃの電気機関車は当時かなり高価だったはずで、両親は裕福ではなかった。

「はい」私は気のない返事をして、こう尋ねた。「もう、あっちへ行って遊んでもいいですか?」

このタイミングで何よりも言ってはいけない致命的なせりふを、私は口にしてしまったらしい。父は感じやすい人であり、私はとんでもないことになったのが感じられた。父は狼狽していたが、その理由は私には分からなかった。父は、行ってよいという穏やかな合図として、私の頭に手を置いた。「あの子にはまだ早すぎるのかもしれない」後で父が母にこう話すのを聞いた。私はその話をもう聞きたくなかった。〈純市〉、〈電市〉、我らが愛しき主イエスが我らを救うためにそこで「十字架にかかあって」[11]死んで下さったという、あの遠き緑の丘よ。

もしかすると、物によっては大人にも手に負えないものなのかもしれなかった。何年も後になってやっと私は、手に余ることがあるときには、誰か権威ある立場の人の助けを求めてもよいのだと気づいた。

あるとき、厳めしく偉そうなインド人が私たちの宿営地にやって来て、私を訪ねてきた。私は、礼儀正しくしなければいけないと悟っていた。実際、私は日頃から来客に礼儀正しくすることには慣れていた。いつもと違っていたのは、このインド人の客の方も私に対して礼儀正しく接しようとしたことだった。彼は私にイスラム式の挨拶をした。私が立っていると、その人は銀の杯を一つ取り出した。たしか、高さ四インチ〔約十センチメートル〕くらいのものだった。それを彼は、丁重なお辞儀とともに私に手渡した。そのまま彼は引き下がってしまったので、私はその杯を返さなくてもよいのだと理解した。父は杯を預かっておいてくれると言い——それでこの一件は終わった。

10… 原文の表記は Electric City。「電気 Electricity」を勘違いしたものと思われる。
11… 原文では crucerfied。「磔刑になる Crucified」のインド訛りの発音を書き取ったもの。

インド人が帰ると、私の質問責めが始まった。「あの人はなぜ僕のところに来たの?」「あの杯は何のためのもの?」「あの人は誰?」「どこに……?」だが、両親は一切教えてくれなかった。

「返さなくちゃいけないの?」こう尋ねたのは、我が家の絶対厳守のルールとして、父母、妹、私、使用人、誰であろうと、いかなる贈り物も決して受け取ってはいけないことに、私は慣れていたからだった——いくつもの大きな盆に盛った甘い菓子や果物、花などの贈り物が頻繁に届けられては、例外なく丁重に送り返されていた。だが、今回は違うと告げられた。贈り物を受け取らないと、あの人はひどくショックを受け、気分を害するからとのことだった。この出来事は私に強い印象を残したに違いなく、その後何度もあの杯について尋ねては、その都度はぐらかされた。今日に至るまで、私はあの杯を二度と目にしていない。

私の想像では、両親は何かしら「異教の迷信的行為」との接触を許せば、私が我が家の純粋で穢れのない清教徒的な信条や、宣教師だった祖先と相容れない「考えを膨らませる」と懸念していたのではないかと思う。その固さは、恐ろしく頑丈で妥協の一切ない鋳型からきていた。後から分かったことだが、伯父のハリーと母は、お互い口を利かない関係だった。それは伯父が母を「あばずれ女」だと糾弾したからだった。これは刺激的で興味をそそられた。私の好奇心は実を結び、そのいきさつは判明した。喧嘩の発端は、ある日曜の礼拝に母のかぶっていった帽子が、ハリー伯父の教会が掲げる禁欲精神に照らすと派手過ぎるとして、伯父の逆鱗に触れたことだった。私はその帽子がとても気に入っていて、母の味方をした。その帽子の広いつばには房成のバナナや梨やその他の鮮やかな果物の飾りがついていて、インド人たちが競って父に贈ろうとしていたあの盆盛りに似ていた。中でも圧巻だったのは黒々とした葡萄の房で、何かの透き通った素材で、信じられないほどリアルで園芸学的に正確にできていた。私は母がそれを遺言で私に残してくれるのを願っていた。残念なことに流行は変わり、あの帽子は私が葡萄をもらえる年齢に達するはるか前に、処分されてしまった。

三

ある日、大物狩りが催され、射撃の名手だった父は招待されてそれに参加した。かなり前から準備は始まっていたが、宿営地の内側の妹と私は、私たちの小さな世界を乱すことなく現れては消えるその特別な日について、何も知らなかった。私の家族は父の任務に伴って各地を移動して暮らしていたので、宿営地――政府が雇ったインド人のスタッフによって毎度手際よく設営・撤収された――はかなりの大所帯で、五十名ほどの技師たちと、より高給で働く我が家のような専門技術者の家族、その他の者で構成されていた。母や妹、私は「上官」の身内ということで、地方のしがない王族のような存在だった。他に子供はいなかったので、私たちがはぐれないように、手の空いているインド人がいつも私たちをよく見ているように言いつけられていた。

狩りの日は、私の誕生日、あの電気機関車が届く日に当たっていた。私が不器用な手で包みをいじくりまわすと、列車はようやく姿を現した。それは美しい機関車だった――ロンドンを走る最新型の車両の一つで、ロンドンの電気機関車第一号のモデルだったのかもしれない。熱い興奮の中、ありがたいことに妹が無関心でいる間に、それは組み立てられ、バッテリーが装着され、父が軽く指でスイッチに触れると、モーターは回り始めた。

その最初の揺れが、列車の達成しえた最高速度だった。私はみじめにのろのろと進む列車を見ながら、それが景色の中を飛ぶように駆け抜ける姿を想像しようと試みた。列車がついに、何年も後の私の戦車のように止まってしまわなければ、想像は成功していたかもしれない。だが列車はそのまま停止した。

「ストップしちゃったの？」私はいぶかしげに尋ねた。父も私に劣らず動揺していて、車両を手に取って点検し始めた。私は父の表情の変化から、列車が確かにストップしたことを理解した。そばで母に読み方を教わっていた妹が、俄かに嬉々として言った。「フルトップ？」[12]

フルトップとはよく言ったものだ。「大丈夫だよ」父は明るく言った。「後でちゃんと動くようにするから。お父さんは郵便物が届いているか見に行ってくる」そう言って父は、事務所の天幕へ出かけて行った。

私は、大の仲良しだが技師ではない給仕係に、そのことを話した。彼は私に心配はいらないと言い、宗教的信念を動員しながら、電車を手に食料補給所へ向かった。彼はそこで車体にたっぷりとギー[13]を塗りたくった。「一番上等のバターだったんだ」と三月ウサギは言った。[14]それから彼は機関車を炎天下にさらし、こうして一時間ばかり置いておけば、すっかり直って勢いよく走りだしますよ、と言った。

「走るようになる？——本当にちゃんと、ものすごく速く？　まるで……」何のようにと言えば十分速いことになるのか私には思いつかなかったが、彼がそう言うのなら確かだろうと思った。

一時間かそこらして、私がそれを眺めているところに父がやってきた。「さあ、貸してごらん。すぐに……これは一体何だ？」父は、指についたべっとりするものを拭うために機関車を置いた。

「お前がやったのか？」

ありがたいことに、やったのは僕ではなかった。アーフ・アーファーが巨大な黒い翼を羽ばたかせて、日の光を遮ってしまった。私は畏縮した。怯えていた。私は仲良しの給仕係に、逃げろ、命が惜しければアーフ・アーファーにやられる前に逃げてくれ、と伝えたかった。

「僕は何もやってないよ」私はべそをかきだした。

いつも最悪のタイミングで登場する妹も、すでに泣き喚いていた。私は気が昂ぶったほんの一瞬に、犯人は妹だと指差してやりたい衝動に襲われたが、すぐにそれは抑え込んだ。

同時に泣き喚いている悪童二人は、父の手に余った。こんどは父の方が逃げ出した。私は父が泣きだすのではないかと心配になった。実際、父はひどく落胆したはずだった。

私は気にしなかった。空は晴れ、太陽が輝いていた。アーフ・アーファーは去った。

結局、給仕係も奇跡的に無罪放免となった。というのは、彼は使ったバターが最上級だったと主張することはできなかったが、あの治療法の出元はアーヤーだと白状したからだ。そもそも電気「キィカンシャ」[15]のことを給仕係に話したのも、彼女だった。父の嵐が吹き荒れる中でアーヤーの頭は小刻みに揺れていたが、風にそよぐ葦のように、彼女もその猛威をやり過ごした。

その晩、アーフ・アーファーは恐怖とともに「王の中の王のごとく」[16]やって来た。昼間の狩りで仕留められた虎は、宿営地に持ち帰られていた。その虎とつがいのメスが、虎を取り返しに来たため、それからの二晩、天幕の周りには虎除けのたき火や松明が煌々と灯された。メスは、自分の位置を隠すために大きな頭と口を下に向けながら、追悼の唸り声をあげた。私の恐怖でさえも、天幕の内側から聞こえてくるかのような大きな咳払いと、それに続く浪々たる喪の咆哮が掻き立てた畏敬の念に飲み込まれた。それがその日、次の日と続いたので、勇ましい番犬たちですら震え、歯をむき出して唸り、身をすくめた。日が暮れて熱帯夜の獣たちの楽団が解き放たれると同時に、その中にあの虎の旋律が混じっていることに私たちは気づいた。

12…母親に読み方の手ほどきを受けていた妹が、習いたての終止符 full stop という語をこう言い間違えたものと思われる。

13…インドで料理によく使われる、牛の乳から作った液状のバター。

14…ルイス・キャロル（一八三二〜一八九八）著『不思議の国のアリス』の「おかしなお茶会」のシーンで、三月ウサギが故障した懐中時計を直そうとしてバターを塗った、というくだりでの、三月ウサギのセリフ。

15…原文は terain。使用人たちがインド訛りで train を発音したのが、こう表記されたものと思われる。

16…讃美歌『日暮れて四方は暗く Abide with me』の一節。「来たりたまえ、恐れではなく、王の中の王として、親切と善良さをもて、御身の翼に癒しを載せて」

「あのメス虎は僕たちを食べないよね、お父さん？　絶対大丈夫なの？」

その二晩の間、私たち子どもは両親の天幕の中で安全に眠った。虎は三日目の晩も来たが、長居はしなかった。メス虎は真夜中を待たずに去り、二度と現れなかった。

それから何日か後の晩、私は母にイエス様はあのメス虎を愛していると思うかと尋ねた。母は初め驚いた様子だったが、少し考えてからきっと愛しておられると思うわ、と答えた。私は虎に一人ぼっちでいて欲しくなかったので、それを聞いて嬉しかった。

「あのメス虎は今どこにいるの？」

「知らないわ、坊や――多分、ずっと遠くにいるでしょう。なぜそんなことを訊くの？」

エジンバラにある戦争記念館には、「賤しき獣らをも忘るるなかれ」[17]と刻まれている。

遙か遠く、「聖人らが栄光のうちに立つ、昼間のごとく輝く栄光のなか」[18]。そこであの虎は、どんなふうに暮らしていくのだろう？　うちには一枚の美しい絵があった。それには一頭のライオン、一匹の子羊と、ほかの様々な動物たちが描かれていて、寝間着姿の小さな少年、あるいは少女だったのかもしれないが、その子がライオンの首に腕を回して立っていた。動物たちもその子も、特に何をするでもなく佇んでいた。ちょうどピカソの「サルティンバンコ」の中の人物のように。何もしていない。私が何もしていないと言っても、誰も信じてくれなかったが。

「今頃何をしているかな」

「誰のこと？」母は一体何の話をしていたのだったかと戸惑った。

「イエス様――じゃなくて、あの死んだ虎だよ」とたんに私は決まり悪さを感じ、子羊について聞けばよかったと後悔した。もし虎が天国にいるのなら、それは筋が通るように思えたが、今頃はうちの犬のブートルズのように動物たちを追いかけて楽しい時を過ごしているに違いない。もっとも、ブートルズはとてものろまで、相手が何であっても追いつけなかったのだが。あるときなど、足先の毛の中にねずみが隠れたままにしているので、私たちは笑いが止まらず、それを見た犬も機嫌よくそのまま立っていたことがあった。

「いらっしゃい、坊や」母は私にキスしながら言った。「ここでいつまでもお話ししている暇はないわ――お母さんは忙しいの」

　天幕の垂れ布を通して太陽は地面に激しく照りつけ、芝生の色を奪い、日光の輪の外側にあるものすべてを強烈な黒で染めていた。

　強烈な明るさか、強烈な黒か。その中間は一切なく、薄暗がりすらなかった。厳しい日差しと静寂か、漆黒の夜と荒々しい騒音か。蛙が鳴き、鳥がブリキの箱をつつき、鐘が鳴り、金切り声、わめき声、咆哮、咳込む音、喚き声、真似た鳴き声。そういう夜、それこそが、本物の世界であり本物の音だ。いつか、超《スーパー》小賢しい猿たちが、自分たちの超《スーパー》小賢しい道具で自らの肉体を吹き飛ばして、次代の万物霊長のスーパー・マイクローブ〔微生物〕・サピエンスに上等な食料として提供するときには、地球の厄介物である人類は、最高の栄誉すなわち朽ちて悪臭を放つ腐肉の豪華な色を達成し、新しい貴族制を育てるだろう。

17…英国エジンバラ城内にあるスコットランド国立戦争記念館には、戦地で運搬等の役務に動員された馬、ロバ、犬などの生き物を追悼する一文が刻まれている。原文：Remember also the humble beasts.
18…讃美歌『あまつみくには There is a happy land, Far far away』の一節。

四

そうしたばかげた考えを頭《ヘッド》から追い出すために、学校に行く時がきた――当時の私にはまだ、心《マインド》はなかった。「頭」だけだった。そこには、薄暗がりの段階はあった。いや、それは夜明けだったというべきだろう――知性の夜明けである。それはこんなふうにやってきた。私はアーヤーに手を引かれ、昼食を入れた小さな箱を持って、長い一本道を歩いていった。ランチボックスの中身は、当時私が度外れて気に入っていたグアヴァチーズ[19]だった。そこまでは問題なかった。「学校」は順調な滑り出しだった。

ウッドストック校は、大きな兵舎のような建物で、私の知っているどの家屋とも違っていた。アーヤーは、子供が三人ばかり集まっているところに私を置いて、帰って行った。一番背が高くて眼鏡をかけた女の子は、悲惨に見えたが、他の二人から身を守るように、祈祷のような平板な口調で、

「棒や石なら痛いけど
言葉で傷つくことはない[20]」

と繰り返していた。

その子は異様なほど哀れな様子だったが、断固としてこの押韻詩を繰り返し、他の二人は――男の子だったと思うが――その子に頭突きをしたり手で押したりして、からかっていた。二人はなかなか止めようとしなかったが、ベルが鳴ると私の手を取り――「行くぞ!」と――子供たちで騒がしい大きな部屋へ入っていった。「おまえさ」そばにいた一人が私に話しかけてきた。「耳に『ボックス』が欲しいか?」

私は、好物のグアヴァチーズが入ったランチボックスを思い浮かべ、何であれボックスなら良いものに違いないと思った。

「うん」と答えるや、その子は私の頭を拳骨で思い切り殴った。[21] ショックを受け、私は動転の叫びを上げた。そのとき教室内では、騒ぐ子らを抑えようと、一人の大人の男が、手にした定規の届く範囲にいる悪餓鬼の頭を、それで手当たり次第に叩きまわっていた。

「そこのおまえ」その男は私に向かっていった。「何故泣いているんだ?」

「あの子がぶったんです」私は泣きながら訴えた。

「学校には泣き虫は要らん。それから、告げ口もいかん」

「告げ口屋、告げ口屋」周りにいた何人かが、大声で教室中に言いふらした。先生の注意は、あっちの方でわめいている悪童に定規を届かそうとすることに向かい、教室を静かにさせる方へと戻った。私は静かにすすり泣いた。嵐のような騒ぎの中で誰にも気づかれないようにと願いながら。実際、誰も気づきはしなかった。私の小さな箱は、いつのまにかなくなっていた。だが、私は気にしなかった。教室は最初に比べれば静かになってきており、今ここで波風を立てたくはなかった。

私は自分がどうやって教室を出たのかも、どうやってまたアーヤーと、同じ道を家に向かって歩いていたのかも、よく分からない。道々、やはりウッドストック校から出てきたらしい二人の少女が、私の目に留まった。二人は互いに顔を近く寄せ合い、舌を突き出していた。相手を愚弄するためにではなく、うきうきと嬉しそうに。


19…インドの家庭でよく作られる、グアヴァの砂糖煮をゼリー状に固めたもの。ペクチンが多く、冷めると堅くなることから、チーズと呼ばれる。ビタミンC、食物繊維などを多く含み、栄養価が高い。

20…英語圏の子供が、悪口や罵りなど言葉の攻撃を受けたときに言い返す決まり文句。

21…box は、Give ~ a box on the ears で、「~の横面を殴る」を意味する。

そして、お互いの舌を舐め合っては弾かれたように笑い、また舐めて、を繰り返していた。私はすっかり心を奪われ——ウッドストック校のことはすっかり忘れ——許されるならば、いつまでもその様子を眺めていたいくらいだった。だがアーヤーは狼狽した。明らかに、それは支配階級である白人の子供がするべきことではないと考えていた。アーヤーは私を引きずるようにしてその場から連れ去ったので、二人の遊びの結末を見届けられなかった——当然いずれは終わったはずだが、どのようにして終わったのか、私には想像がつかなかった。

今度は、私は父や母にその疑問をぶつけることはしなかった。「支配人種」は、ああした振舞いをするものではなかった。

「まだ四歳ですもの」母が言った。「英国の学校に行くときになれば、きっと変わるでしょう。四年の間には色々ありますもの」

というわけで、また別の問題があった——八歳になって「英国」に行く。そこはウッドストック校とは違う。私はもうすぐ八十歳になり、それは八歳よりはずっとましだが、ここまでくるのに長い間待ったし、母が言ったように「四年の間には色々ある」のだった。

その前の年のクリスマスに、両親は私にプレゼントは何がよいかと尋ねた。私は英国旗《ユニオン・ジャック》と決めていた。だが、実際にもらってみると、一体それで何をしたらよいのか分からなかった。ただ振るのは、ばかげていると思った。クリスマスを待っているときの方が、わくわくとしてはるかに楽しかった——喩えるなら、ラクナウ包囲戦[22]において、一人の勇敢な少女が地面に耳を当ててバグパイプの響きを聞き、「キャンベルさんたちが来る」[23]と気づいたときのように。ただ、誰一人として少女の言うことを信じなかったが。そこに援軍が到着し、ティッパ・サーヒブ[24]という名の邪悪な——事実ではないかもしれないが、いずれにしても邪悪ということになっていた——男は逃げ出した、いやおそらくは行進しながら、去っていった。私の英国旗の場合、到着は問題の解決にはならなかった。突っ立って旗を振っていても仕方がない。「お帰りなさい、みんな。お帰り！」

と叫びながら国旗を振り続けた、あのつまらない老婆[25]のように。それは後年のこと――ずっと後の、まだこのときには起きていなかったことだ。それは歴史だった。私は八歳になる前に歴史を習わされた。数学も、そしてタルソスのパウロ[26]も。いや、それは歴史ではなく、聖書の時間だった。聖書と、イエスさまは私を愛しておられる聖書にそう書いてあります、の時間。聖書の授業は嫌いだった。英国の授業も――それは地理だった。母は、英国が背中に子をおぶった熊のような形をしているのを見せてくれた。もう一頭、ワイト島という名の小さな子は、それの……から出て……そのことは、地理の問題ではないと私は分かっていた。そのことも含めて、ウッドストック校を去ってからの全てが、私を悲しませた。成長すること、もう大きいのだからと言われること、英国……。

22…一八五七年インド大反乱（いわゆるセポイの乱）の激戦地の一つ、北部の都市ラクナウでは、町を反乱軍に包囲され、英国軍および女性・子供を含む民間人数百名が総督府の建物に約半年にわたり立て籠もった。

23…反乱鎮圧の総司令官キャンベル中将率いる二度目の援軍が、包囲を破り英国人の救出に成功した。バグパイプは、救援軍にハイランド（スコットランド）歩兵連隊がいたことを示唆するものか。

24…十八世紀南インド・マイソール地方の支配者で、植民地化を狙う英国東インド会社と四次に亘る戦いの末に戦死。勇猛・冷酷で英国への敵愾心が強く、「マイソールの虎」として英国人の恐れと反感を集めた。同じく英国人にとっての「悪人」である、インド大反乱の主導者の一人で「カーンプルの虐殺（降伏した英国軍を全員殺害）」当事者のナーナー・サーヒブ（反乱鎮圧後、国外へ逃亡）と混同したものか。

25…戦争編第四十三章参照。

26…一世紀のキリスト教伝道者で、新約聖書著者の一人。キリスト教に改宗する前は、パリサイ派ユダヤ教徒としてキリスト教を迫害し、「タルソスのサウロ（ヘブライ語名）」として知られていた。

五

二年という長い、「夜のとばりが空をおおう」[27]時間。母は それを感じていたし、私も気づいていた。

「何?」

「別に何でも」

母は、以前とはどこか違う優しさで、私の頭を撫でるのだった。あの妹ですら、意地悪女ぶりは鳴りを潜め、むしろ目を見開いたままの非人間的なロボットのようになりつつあった。何が原因なのかは、誰にも分からない。私だけが知っていた。それは、何やら底知れない雰囲気の、辛抱強い教師の前に立たされているかのようだった。「さあ」先生は、私が宿題を暗唱するのを待っているかのように言う。「次は何だったかな?」沈黙。私は、何か非常に難しくて苦痛で未来にあることを、思い出そうとするかのように言う。「英国では……」「その調子だ。さあ、次は?」上手くいかない。「分かりません」「忘れてしまったのではないかね?」確かに忘れてしまっていた。「よく考えなさい!」

母は私の頬を撫でては、恐れではなく悲しみを漂わせ、夢うつつにぼんやりとしていることがあった。私にはそれが耐え難かった。

「お母さん! 悲しんでいるの? 違うよね」

「悲しい?」母は笑って言った。「もちろん違うわ! 悲しむ訳などないでしょう」

母が悲しむ訳があっただろうか? 私には思いつかなかった。ばかばかしいと思った。悲しい? そんなことは有り得なかった。

　にもかかわらず、母は悲しんでいた。

ニコルソン。[28] ホドソン騎兵連隊のホドソン。[29] ニッケル・セーン[30]――インド人は何と変な名前をしていることか。笑ってしまう――私の母のように。インド人の方だって、臆病な白人の悪童の中に怖がっている者がいると知ったら、やはり笑うだろう。あるインド人は、ニコルソンの天幕の中に入ったが、彼があまりに怖かったので恐れ死にしてしまったそうだ。何とも傑作ではないか。とんでもない、この話のせいで私は[31]恐れ死ぬほど怖い思いをした、夜に森の中からニッケル・セーンが、命令を下すような権威のある声で吼えるのが聞こえたときに。それにアーフ・アーファーがいる。それから残忍な嘴と皿のような眼をした鳥が、嫌な英国人の悪童らを心底震え上がらせられるので、鐘を鳴らしては面白がる。ママ！　キリスト様！　叫んでいたのは一体誰だ？

　もうすぐ私は英国へ行くが、そこにはハヴロックやウートラム[32]のように勇気ある少年たちが山ほどいるのだ――私なんかではなく。「シーッ……」母の声がした。「ただの夢よ。いい子だからお眠りなさい」

27…子供の就寝前によく歌われる讃美歌『Now the day is over』の歌詞の一部。

28…ジョン・ニコルソン（一八二二～一八五七）は英印軍人、行政官。独特の威圧的な風貌と行政官として公正な統治と厳格・冷徹な姿勢から、現地の人々の畏怖と尊敬を集めた。一八五七年のインド大反乱鎮圧を指揮し、デリーで負傷し落命。

29…英印軍中尉ウィリアム・ホドソン（一八二一～一八五八）の下、一八五七年の反乱鎮圧のために結成された騎兵連隊。乗馬と剣の腕で知られたホドソンの名を冠した騎兵連隊は、彼の死後もその名を残して継続した。

30…ニコルソンの名を、現地の人々はインド訛りでこのように発音していた。

31…以下、初版でのみ原文がイタリック体となっている箇所については、傍点「・」で表記した。

32…ジェイムズ・ウートラム（一八〇三～一八六三）、ヘンリー・ハヴロック（一七九五～一八五七）は、いずれもラクナウ包囲戦で援軍を指揮した英印軍の将校。

私は自分に勇気がないことは自覚していた。その一年ほど前、私は銃を持っていた。空気銃で、弾を込めるには——本当に簡単なのだが——銃身を膝に当ててこんなふうに折る——もちろん本当に折るのではないが、真っ二つに折れて真ん中の蝶番でつながっているように見える状態だ。それから弾を取って……だが弾が見つかるより先に、二つに折れていた銃身の開口部が突然閉まり、銃は私の親指に食いつきぶら下がっていた。キリスト様！　誰が叫んでいるんだろう？　絶叫、絶叫、絶叫。ああ神様、手がうずきます！　母がやって来た。「一体、何の……」そして母は理解した。あれから七十年以上を経た私の推測によれば、母は私の親指を解放してくれる。父もそこにいる。両親は私に見せようとしないが、そこら中が血だらけだ。ほうら、そんなに痛くないでしょう？　それに、本物の包帯なんて、本物の兵隊さんみたいでしょう。

だが、指はうずく。ズン、ズン、ズンと。なぜ僕の心臓は、親指の中でそんなふうに打っているのか？

「シーッ」母が言う。「ただの夢よ。いい子だから、お眠りなさい。」七十年後の今でも、親指の傷痕はくっきりと残っている。心の傷の方は大したことはなかったと思う。というのも、私は記憶にある限り、常にいくじなしだったからだ。ウートラムとハヴロック、バグパイプの音を聞いたあのラクナウの少女、そしてニコルソンのあごひげとあの冷酷な眼差しが、私を恐怖で締めつけた。国王と祖国が諸君を必要としている、とキッチナーが告知板から叫んでいる[33]——だがそれは、まだ何年も何年も後のことだ。

六

私は自己を強く意識するようになったが、自分が意識している自己——臆病で気難しい——は、私自身に相応しくなかった。私は、喜び一杯に笑いながら疾走している自分の写真を大切にしていた。たぶん父か母に追いかけられていたのだろう。私はそれが自分の姿だと思いたかった——陰気で憂鬱なやつを、長年見続けたが、私がそれ以外を見ることは決してなかった。だが、あのスナップ写真があった。私のあんな姿は、生涯で一、二度きりの一瞬のことだったのだろう。私の性格は、その片鱗が見えてみると、ひどいものだった——私の願望とは違って。

妹と私は、互いに相手の注意を引こうとすることはあっても、一緒に遊ぶことはなかった。お互いが相手にとって邪魔な、感覚を有した家具のような存在だった。私が床に腹ばいになって身体をくねらせるという自慰の快楽を発見したときも、妹には全く理解できなかった。妹は試してみたが、結局うまくできないと言った。私は、母にも自分の発見の重要性を認めてもらおうとした。母は父に言いつけたようで、私にも両親にも非常に気まずいことに、二人が私の部屋へ忍び入って来たとき、私はやっている最中だった。こうして二人は、私が妹に何を伝授しようとしたのかを現実に発見した。いや、両親はしている私を見つけたというより、現場を押さえた

33…第一次世界大戦開戦時に作成された英国の募兵ポスターで、当時の陸軍大臣キッチナーが正面を向き右手で真っ直ぐに見る者を指差す図柄にこうした文句が添えられていた。'Your King and Country Needs You'

のだ。私はひどい罪悪感を覚えた。私は両親が見つけたのが一体何なのか調べたい衝動に駆られたが、二人に見られている恐怖感が、差し迫った危険からくる罪悪感に勝り、素早くそれを察知できなかった。一方で私は、本当に危険なはずはないと分かっていた。私は抱き上げてキスされたので、明らかに両親が見とがめた対象は、そのときの私ではなかった……そのときとは、何のときか？　二人の表情は、私がそれまでに見たこともない形で固まっていた。それは恐怖でも失望でもなく、静粛で、劇的ではなかった。

この経験には、服の毛玉のように、奇妙で付着的な性質があった。聖書の中にも——最もありそうにない場所だが——同じ性質の「何か」があった。「くすくす笑い」もそうだ。それは例の何かと一緒になっていた。大人たちはくすくす笑いをしなかった。彼らは奇妙な笑い方をした。私の両親はくすくす笑いをしなかった。彼らは真面目だった。

あるとき、皆で揃って讃美歌『キリスト者が祈るとき、ふいに光が現れ』[34]を歌っていた。母が讃美歌の本を脇へ置いて、父に言った。「そんな経験をした人のことは聞いたことがないわ。あなたはどう、フレッド？」母は悲しそうだった。父はしばらく考えてから、ぎこちなく、「うん、あると思うよ。だが私自身は経験していないな」と答えた。

私は真剣に観察し、耳を傾けていた。二人は何故、そんなに悲しそうだったのか？　私は母の手に自分の手を重ねて、慰めようとした。二人はそれまで私の存在に気付いていなかった。魔法は解けた。母は私の髪を撫で、その話題はそれきりになった。変だ。私はその後何度も、あれは一体何のことだったのだろうと考えた。

「なぜ悲しそうなの、お母さん？」私はあとで母に尋ねた。母は私の見方を笑い飛ばした。「ううん」私は食い下がった。「悲しそうだよ。ほら——ふいに光が現れ」。私は母に思い出させようとした。

「あなたにもいつか分かるわ——大きくなったらね」と母に言った。

「でも」私はなおも続けた。「お母さんは大人でしょう、でも分かるって言わなかったよ」。母は微かに顔を赤らめて笑った。ぎこちない笑い方！　アーフ、アーフ、アーフ、アーフという、私がクラブで男性の誰かにアイスクリームをねだったときのようなものではなかった。あのときは、父を怒らせてしまった。人は急に前触れもなく怒りだすもので、アイスクリームや床での腹ばいや「のたくり」みたいな、特に何か素敵なことに対して、怒るのだった。私も、「ふいに現れる光」には近寄らない方がいいと思った。

だが、私はやはり質問するのが好きだった。それは人に、アーフ、アーフ、アーフをさせた。あるとき、私の質問を大人があまりに面白がるので、私は怯えて腹を立てた。身体中が熱くなり、私はもう疑問があっても、自分のだけ中にとどめておこうと決心した。

「お前は、口をつぐんでいられるようになりなさい」と父は厳しい口調で言った。

私は唖然とした。「でも、お父さん、僕、口はいつもつぐんでいるよ！　なんでつぐんでいないといけないの？」

「ほら、また始まった！　今だめだと言ったばかりだろう！」

この一言が私を打ちのめした。私はもう一つ父に質問するところだったが、気づいたらそうではなくて泣いていた。私は逃げ出し時だと思った。父は、私が愚かな泣き虫になるのを嫌った。

両親が床でのたくっている私を見つけてから間もなく、恐ろしい事がもう一つ起きた。二人は、私の浴槽を持ち出してきたのだ——寝る時間でもないのに、これは奇妙だった。私は口をつぐんでいるよう言われたことを思い出したので——何とか間に合った——好奇心で破裂しそうになった。何のためにお湯と水を混ぜているのだろう？　お湯の中に入れた奇妙なものは何だろう？　なぜ指でお湯を触っているのか？　私はすっかり心を奪われた——教会で説教の最中に汽車ごっこをしていて、音を立ててはいけないのを忘れて、ものすごい叫び声を上げたときのように。それは私の機関車が別の機関車と衝突しそうになって、乗客みんなの命を救うた

34…原文は、Sometimes a light surprises the Christian when he prays。

めにすぐに汽笛を、出来る限りの大音量で鳴らさなければならなかったからだった。今回は、そんな馬鹿なことはしないよう気をつけていた。さらに驚くことに、私は掴まれ、母に服を脱がされると、浴槽の中に放り込まれた！　私は、出ようともがいた。「むぐ……」私は注意深く口をつぐんだまま、叫んだ。両親は私を押さえつけ、私は父の時計で三分間、お湯の中に座らなければならなかった。それから母が私を引き上げ、身体を乾かしてくれた。

それなら母はなぜわざわざ私を濡らしたのだろう？　私は元から乾いていたのに。これはその後も二日続けて行なわれた――だが私は初回の経験に学んでいた。私は口をつぐんでいたが、この異常でどこかむかつく戦いには、全力で立ち向かった。そのうち、両親もばかばかしいと感じだした。その後、それは二度と行なわれなかった。私は、彼らは、我々は、癒された。キリスト者が遊ぶとき、ふいに風呂が現れる。

七

両親に読み聞かせしてもらった経験は、概してよいものではなかった。『不思議の国のアリス』は、私の質問癖と欲求不満への耐えられなさのせいで台無しになった。あのネズミの尾話《テール》[35]を聞いたときは、私もあの動物たちと同じ気持ちになった。なぜそれが乾《ドライ》いていたの？　フューリー[36]って誰？　なぜ？　フューリーは何に怒っているの？　どうして尾はだんだん細くなっていくの？　うん、でもなぜネズミの尾は……？　父は辛抱強くありたい気持ちと、読み進みたいという願いの板挟みになっていた。「この後、もっと面白くなるから」と父は言ったが、そうはならなかった。私はドードー鳥が好きではなかった。私は、あの動物たちはダイナ〔アリスの飼い猫〕の名が出るたびに逃げ出さずに、ちゃんと座っていればいいのに、と思った。なぜアリスは愚かにも何度も口に出すのだろう——あの、例の名前を。何故この子は口をつぐんでいられないのか。

その後、話が活気づいて、ようやく面白くなりそうというところで、父はもう寝る時間だから、と本を閉じるのだった。アリスがどうにか庭に入った時でさえ、話はひどく退屈で、父が自分の面白いと思うジョークについて話し続けるので、ますます退屈になった。

35…ルイス・キャロル著『不思議の国のアリス』（本文中の和訳は河合祥一郎訳、角川文庫、二〇一〇年より引用）第三章で、体が小さくなったアリスが、ネズミや他の小動物と一緒に水から上がると、濡れた体を乾かすためと称してネズミがdry（「乾燥した」と「退屈な」の意味がある）な物語taleを聞かせる場面。アリスはtaleを尻尾（tail）と思い、話がかみ合わなくなる。

36…Fury（怒り）は、ネズミが尻尾のようにくねって徐々に細くなる図形詩の形で語る身の上話に登場する犬の名前。

アリスの不思議の国での冒険話を聞かされるのにも辟易したが、リトル・メグという少女の本[37]に比べれば、だいぶましだった。その話の冒頭で、彼女の両親は死んでしまう。リトル・メグは、幼い弟妹の面倒をみなければいけなくなった。愚かにも彼女は、よりによって――「街角で」、箱入りマッチを売ろうとした。街角は、ジャングルの中とは違って、そこには家がたくさんあるようだった。だから、人もたくさんいると思うだろう。ところが、そうではなくて、彼女のマッチは全く売れなかった。それから、とても金持ちの男がやって来て……ここで私の妹が、本人にしか分からない理由で、家中に響く大声で叫びだした。私は、妹をなだめようとするほど愚かではなかった。妹には近寄らないに越したことはなかった。私は、また浴槽に入るのは御免だったので、妹が私をにらみつけたとき、私もただ妹をにらみ返した。とうとう私も叫びだしたのは、リトル・メグの話が一向に進みそうになかったからで、妹は父の膝から逃げようともがき、その叫びは絶叫に変わり、それを聞きつけた母が部屋に入って来た。父がいみじくも言ったとおり、もう「とにかく、寝る時間」だった。

次の晩はさらにひどかった。あの金持ちの男か、あるいは彼が呼んだ警官が、リトル・メグと弟妹を牢屋に連れて行こうとしたのだ！　このときだけは、妹と私の意見が一致した。私たちは揃って泣き出した。妹がわめけばわめくほど、私は一層怖くなった。恐ろしいアーフ・アーファー的な感じが、喉に上がってきた。「一体、何が……？」母が、私が今度は何をやったかと見に来て、言いかけた。さいわい母は、今回は私は無罪だと気づいた。

その次の晩、妹と私は父があの忌まわしい本を脇に抱えて来るのを見たとたん、叫び出した。これがあれの読み聞かせに終止符を打った。私はその後も時々、リトル・メグのことを考えた。あの子はエリックと、それともリトル・バイ・リトル[38]と、結婚したのだったか？　私はそちらの本には、学校に上がるまで出会わなかった。リトル・メグの子どもたち――それに私の母と父の二人の「美しい子」たちのことは、もうたくさんだった。

私たちはたしかに美しい子どもだった。妹は木製のオウムを持っていて、それを明らかに大変気に入っていた。それは色鮮やかに塗られた奇怪な物で、ぎょろりとした大きな目がついていた。インド特有の暑さと極度の退屈から、私は本来寝室にこもって眠るべき昼寝の時間に、ちょっと刺激を与えようと思いついた。「ぎょろ目」。私は言った。反応はなかった。もし当時の私に宗教の素養があったならば、この経験を「悪魔が私の中に入ってきた」と表現したかもしれない。「ぎょろ目」。私は、オウムを指差して言った。「ぎょろ、ぎょろ、ぎょろ、ぎょろ目」。妹は私を見て、それからオウムを見て、何のことか悟った。妹は、口数は少ないが、行動に移すのは早い人間だった。一瞬にして、三歳の愛くるしい子供は、怒りの火の玉へと変身した。

父はかつて私に、熊がなぜ抱きしめたくなるような可愛い外見にも拘わらず、あれほど危険な動物なのかを教えてくれた。「熊は、こっそり動こうなどと思わないんだ。トラック一杯の空き缶くらいの無頓着さで、森の斜面をうろつき回る。人は熊よりも高いところにいないといけない、熊は前触れもなく玉のように丸まって襲い掛かってくるからね――その毛むくじゃらの怒りの砲丸の軌道から逃れられなかったら、もうおしまいだ」。私はその意味が分かったし、妹の考えていることも分かった。だが私には思慮が足りなかった。「ぎょろ、ぎょろ……」。一瞬前までは私の妹だった、その絶叫する地獄の炎に向かって、私はまた言いかけたが、そのとき、見

37…「リトル・メグ」は、英国の小説家ヘスバ・ストレットン（一八三二～一九一一）著『小さなメグの子どもたち Little Meg's Children』（一八六八年）の主人公。実際の物語には、メグがマッチを売る場面はなく、船員である父親は死亡したのではなく行方不明であるなど、ビオンの記述と異なる部分もある。

38…フレデリック・ファラー（一八三一～一九〇三）著『エリック、あるいは少しずつの《リトルバイリトル》変化Eric, or Little by Little』（一八五八年）。主人公エリックは、ビオンと同様、インドで生まれ育ち（著者ファラー自身も）、十二歳で英国のパブリックスクールに送られるが、喫煙や借金など規則違反を重ね、学校を飛び出し、最後は体を壊して若死にする。十九世紀後半、ヴィクトリア朝時代の英国で少年たちに広く読まれた学校物語の中でも代表的な作品。本書の英国編でも度々登場する。

ている人がいることに気づいた。ドアのところで、父はずっと見ていた。

父は私が何をしていたのか訊こうとさえしなかったので、私には「何も！」と言う間もなかった。父はすぐに「お尻から知恵を叩き込んだ」[39]。私は反応が鈍かったが、それでも、罪悪感を根深い不満と恨みと潔白だという頑固な思いに変えられないほどではなかった。「正義の武具をもて鎧うべし」と、聖パウロは言った[40]。この聖句に私は大いに慰められた――道徳の鎧に不備を感じるまでは。「何も」の一言で片づけられるのは驚くべきだったが、この鎧は一度身に着けると、やめるのは大変だった。

多くの苦痛な経験をして、私が学んだのは、自分を雪のように潔白な固い玉に変え、その中心に一片の角張った氷を抱いて、敵に突撃することだった。「おお、素晴らしき日々よ、遠く大いなる喜びに満ちて」、インドのむせかえるような暑い日差しにうだる空気の日々よ[41]。

私たちは喧嘩をした。私が腹ばいになってのたくる快楽を発見したときに一瞬現れた、つかの間の喜びや協力関係も、いまや完全に消滅していた。私は妹を避けるようになり、妹の方は、自分と遊ぶよう私に傲慢に要求するようになった。これに関しては、父が有用な味方となることに妹は気づいた。父は、お互いに優しく誠実に不朽の情愛で愛し合う二人の子供、兄と妹が欲しいという大望を抱いていた。母の態度は父よりもっと愛情――純粋な愛情――に満ちたものだった。父のものは「身構え」だったが、母のそれは全くそうではなかった。母は私たちを愛していた。父は、自分がイメージする私たちを愛していた。母は自分の子供二人が悪童だと承知していて、その事実を容認できた。父は、自分の作り物を破壊する現実の脅威に激しく憤った。よその人（私たち二人の存在に気づいても構わない人に私たちが会っていたならば）に対しては、短くて表面的な接触を通じては、私たちの好ましい印象をかき乱すものを何も示さなかった。私たちは容姿が良かったことにも助けられた。今から思うと、私たちは経験を重ねて、目上の人が期待することをそつなく素早く察知してそれに応えるすべを身に着けた、練達の嫌味な二人組の嘘つきになっていた。もっと良いやり方があると知っていることが、言葉にされず言葉にできない惨めさの原因だった。私たちの卑劣さ全般に、それが加わっていた。今日まで私は、同年代の連中がどれほど危険で感じが悪かろうと、私の方がもっと卑劣だと確信してきた。私は自分の方がもっと危険だと言う自信はない。私の悪意は、臆病さで和らげられているからだ。その産物である狡猾さには、それなりの価値があった。私はおそらく自分で認めてきた以上に、この狡猾さに助けられている。

39… 原文はフランス語で「faire la sagesse entrer par le cul」

40… 新約聖書エフェソの信徒への手紙六章十一節「悪魔のわざに向かいて立ち得んために、神の武具をもて鎧うべし」より。

41… ハーロウ校をはじめ英国の多くのパブリックスクールで校歌として歌われている『四十年の後 Forty Years On』(一八七二年、エドワード・ボウエン作詞、ジョン・ファーマー作曲)という歌の歌詞"Oh the great days. in the distance enchanted, Days of fresh air, in the rain and the sun,"の後半部分(雨の日も晴れの日も爽やかな)を替え歌にしたもの。

八

夜がアーフ・アーファーの不吉な気配とともに近づき、私を包んでいる完全だが脆い、昼間の鎧兜を貫いた。両親はごく稀に、町の近くに滞在して、友人を食事に招くことがあった。男たちは早晩声を立てて笑い――アーフ、アーフ、アーフ――私は怯えて目を覚ますのだった。アーフ・アーファーが来た！ 大きなぎょろ目と色塗りの顔、明るい、明るい……「お手て、お手て」私は泣き叫んだ。父がその大きく力強い手で私の手を握ってくれると、私は眠ることができた。だが、来客があるとそうはいかなかった。そういうときは、母でさえいつもと感じが違った。母は様子を見に来ても、見慣れない服を着ていて冷たく、まるで聖人らが栄光のうちに立つ、明るい、明るい真昼のような場所に似ていた。[42] そこは私には楽しいどころか、当時知っていたとしたら、もっとイープル戦線突出部に似た、閃光が走る、寒い、寒い場所だった。「正義と栄光の導くところへ[43]」

「しーっ、坊や、何が問題なの？」

ニッケル・セーンが問題だ、ホドソン騎兵連隊のホドソンも問題だ、そんな何もかも全部が問題だった。「あっちへ行け」私は泣きながら言った。「あっちへ行け！」

にもかかわらず、私はインドが大好きだった。燃えるような耐えがたい日差し――なんと素晴らしかったことか！ 真昼の静けさ、淀んだ空気の中、巨木の葉が微動だにせず垂れ下がる様子、チャバラカッコウの繰り返しながら次第に高まっていく「ブレイン・フィーバー、ブレイン・フィーバー、ブレイン・フィーバー……[44]」という鳴き声、それからまた静寂。

私は、そこが汽車ごっこに最適の土地だと気づいた。強烈な暑さのおかげで、白く細かい土埃がふんだんにあった。私が何の気なく地面を蹴ると、埃が大きな雲のように舞い上がった。もう一度やってみた。考える間もなく、私は、前方に雲のような……蒸気……を蹴り立てて、巨大な「イー・アイ・アール」機関車[45]のように走りまわっていた。悪魔が私の中に入った。悪魔は、アーフ・アーファーとは違って私の大親友だった。「いいよ！もう一回やってごらん」。悪魔は言った。「われらを試みに遭わせず[46]」私はそう祈るように教わったが、本気でそうは願わなかった。試みは天国と違って、とても愉快だった。私の走る限りない速さ、自分の前方のピストンから吐き出される、陶酔させる激しい煙——素晴らしい！　それに、電市や、のろまでバターまみれの機関車よりも、はるかに上等だ。

「一体、何をしていたの？」母が尋ねた。「自分を見てごらんなさい！　真っ白……頭からつま先まで！」

私は「自分を見る」ことはできなかったが、母の言おうとしていることは分かった。私は少しばかり埃を被っていた。母は哀れにも、私が喉を潤しに中へ入って来たのだと思ったが、事実は、堂々たる東インド鉄道の急行列車の機関車が、タンクに水を補給しに立ち寄ったのであって、インド横断最速走行記録に挑戦中で一刻の猶予もなかったのだ。私は、自分がすぐに外へ戻る必要があることを母に理解させようとした。母は、かなりの時間

42…「聖人らが……」は、讃美歌『あまつみくには There is a happy land』の冒頭の歌詞「遠く遠くに楽しいところがある　聖人らが栄光のうちに立ち、明るい明るい真昼のような There is a happy land, Far, far away, Where saints in glory stand, Bright, bright as day.」の一部。

43…Quo fas et Gloria ducunt（ラテン語）。英国陸軍砲兵隊の標語。

44…主にインド亜大陸に生息するカッコウ科の野鳥。英語の一般名は、鳴き声がそう聞こえることから、brain fever（脳炎）bird という。

45…東インド鉄道 East Indian Railway の頭文字。英領インドでは十九世紀半ばから全国的に鉄道建設が進められたが、東インド鉄道会社はデリーを含む北東部を中心に展開。

46…キリスト教の代表的な祈祷文「主の祈り」の一部。

をかけて――今もって信じがたいことだが――この遊びを二度とやってはいけないことを私に理解させた。二度と！

「何考えているの！　しかもこんなに暑い日差しの下で、走り回っていたなんて」

「日差しって？」私はぼんやりと訊いてしまった。日差しになど、全く気づいていなかった。

その後、私はまたそれをやってしまった。悪魔が私の中に入って来たが、アーフ・アーファーも一緒に入って来たのだと思う。急カーブを高速で走りながら、線路に勾配がないことと遠心力を打ち消そうと、身体を傾けた瞬間、私は思わず「自分を見た」。私はすでに少し埃っぽくなっていた。私は自分ではそれを払い落とせなかったので、母にみつかる前にアーヤーを求めて中へ入っていった。妹がのたくりを理解できなかったのと同様、母にも盲点があり、私がいくら説明しても、母が「暑い日差しの中で、狂ったみたいに走り回る」と言うのは間違いだと分かってもらえなかった。その後、モンスーンが来たとき、母にはそれも不思議なほど見えていないことに気づいた。

「雨って？」　私はあまり期待せずに訊いた。私は、母の言葉を借りれば、「ぬれねずみになって」母の前に立っていた。さらに悪いことに、私は母が笑っている――心の中で――ように感じた。

「お母さん、笑っているでしょう？」私は言った。「いいえ」母はとても厳めしい顔で答えた。そう、母は悲しくはなかった。そして笑ってもいなかった。

九

私も、悲しくもなければ、笑ってもいなかった。メルヴィンもそうだった。メルヴィンとは誰か？

メルヴィンとシリルは兄弟で、私の父は、児童書に登場する二人組を連想させるからと、彼らをバッジとトッド[47]と名付けていた。シリルの方がバッジで、大柄で不器用で、山羊の鳴き声に似たぞっとする耳障りな声で笑った。メルヴィンつまりトッドは、私の英雄だった。彼はいたずら好きで好感が持てた――バッジや、彼らの妹で、いつも男の子たち――男の子なら誰でも――のことを、彼らの父母であるウォルター伯父やヘレン伯母に言いつける、告げ口屋のベリルとは大違いだった。

私たち子供はみな、パンケーキが大好物だった。母はコックに命じて私たちの昼食のご馳走にパンケーキを作らせた――一人二枚ずつだから五人で十枚、おまけで二枚足してちょうど一ダース、と母は言った。メルヴィンは食べ物のこととなると効く鼻の持ち主で、給仕係に目をつけた。うちの給仕係はいい人で、子供好きだった。九歳のメルヴィンには天性の魅力があり、その強みを最大限に生かす術も身につけていた。その結果、昼食が供されると、母の目の前には四十枚のパンケーキが積まれていた。給仕係は、この桁外れの計算間違いの理由を問われて、奥様が指示された適量を、坊ちゃま《チョータ・サーヒブ》が修正なさったのだと気まずそうに白状した。メルヴィンは恥じ

47…米国の小説家ジョン・ハバートン著『ヘレンの坊やたち Helen's Babies』（一八六七）に登場する腕白な兄弟。従兄らの母親がこの作品の母親と同じヘレンという名であることからついたあだ名か。

る様子もなく、私が口に運んでいたパンケーキの端をちぎり取ってまで、自分の取り分を増やした。母は笑ったが、私は面白くなかった。父は、食卓では行儀よくするようにとたしなめた。

メルヴィンは花壇を作っており、私と妹もやっていた。彼は自分の花壇の周囲に兎除けの金網で柵を巡らせて、私たちの出来映えに差をつけていた。私はそれがとても羨ましかった。だから、バッジ、トッド、ベリルが英国へ発つ日に、私は彼の柵をもらって私の花壇の周りにつけてもよいかと訊いた。「あんな柵、お前の頭の周りにつけようが、僕は構うもんか！」が、こちらを当惑させる彼の返答だった。彼は英国に行きたくなかった。私は自分の英国行きまであとわずか二年だったので、メルヴィンですら動揺する英国という場所が恐ろしく、一体どんなところなのかと思った。

私の恐れは、私がまだ悲しさを知っていても悲しくはなかった頃、つまり父に連れられてグワーリヤル[48]の藩王[49]が住む城塞を訪れたときよりも、明白だった。私は、父が言い聞かせたこともあり、自分たちがこれから藩王国の外来者として、その法域に入るのだと認識していた。私は、あるインドの神の木彫り像を見せられ、それが異教徒の神だと聞かされた。その彫りの深い顔立ちを見ていると、強い日差しで陰影がより黒々と不気味に際立ち、私は恐怖を感じた。藩王もこんな姿をしているのだろうか？　私は嫌だった。グワーリヤルに入って行きたくなかった。私はもう口をつぐむことを学んでいたので、質問をしたり、「お手て、お手て」と言ったり、怖いと言ったりしたくなっても、閉じた口を一層固く閉じていた。

グワーリヤルに近づいて行くと、頑丈なつくりの木製の檻があった。長さ十五フィート〔一フィートは約三十センチメートル〕、高さ十フィート、幅四フィートくらいだったはずだ。それは入り口にある台を踏んで中に入ると、木製の重い格子の戸が落ちてくる仕掛けになっていた。私はこの虎捕り罠のことを、怖いとは思っていなかった。インド人の案内人が、檻の入り口から最も遠い部分の柵に、粗末な木箱が檻の外側から取り付けてあるのを指差すまでは。虎は一体どうして檻になんか入るの？　それはね、と父が言う、虎は怠け者な生き物だからさ。

あの木箱の中の子山羊を見つけると——つまり木箱はそのためにあった——虎はいきなり飛び掛からずに、ぐるりと檻の入り口まで回る、そして中に入ると、バン！　と落とし格子が降りてきて、虎は捕まるというわけさ。わかるかい？　それは理解できた。可哀そうな子山羊は一体何をやったの？　私は口ごもった。そうだね、もちろん、何かやったわけではないんだよ、わかるかな、だって罠の中に虎と一緒に居るわけじゃないからね……。私はもうたくさんだと思った。おうちに帰ってもいい？　僕、帰りたいんだ。でも……お前、わからないかな？　子山羊は全く安全なんだよ……。

　私は、自分がその子山羊だったらと思うと恐ろしいばかりでなく、自分がひどい泣き虫なことも知っていて、あの城塞にこれ以上近づけば、自分は泣き出すだろうと分かっていた。気の毒な父！　父は有名な大型獣の狩人で、コルベット[50]や国王ジョージ五世[51]、アイアンサイド将軍[52]といった人たちと一緒に狩りをしていた……一方の私は、虎捕り罠を見ただけで怯える弱虫だった。あの父と母からどうしたらこんな……こんな……こんな何だ？　私には分からなかった。あののたくりが関係あるに違いない。あれは、いつも恐ろしいことを招いた。

48…インド中部、現在のマディヤ・プラデーシュ州北部にある都市（州都）。当時はグワーリヤル藩王国の主都。町の中心部の丘陵上には要塞があり、城壁の下にある洞窟寺院にはヒンドゥー教やジャイナ教の神像が多数刻まれている。

49…英国の植民地統治時代、英国の直轄統治領とは別に、英国統治に協力することを条件に存続が認められていた、半独立的王侯（藩王）の領地があった。

50…ジム・コルベット（一八七五〜一九五五）。英国人の軍人、ハンターで、インドで多くの人喰いトラを仕留めたほか、自然保護活動にも取り組んだ。

51…ジョージ五世（一八六五〜一九三六、在位一九一〇〜一九三六）は、一九一一年にインド皇帝としての戴冠式のためインドを訪れた際に猛獣狩りを行っている。

52…ウィリアム・エドマンド・アイアンサイド（一八八〇〜一九五九）男爵。英国陸軍の軍人、政治家。一九二八年から一九三六年インド駐在。

グワーリヤルの話はここまでだった。それきり虎の話は出なかった。灌漑や他の何か、私には怖くない退屈な話だけ——少なくとも家に帰りつくまで。その頃には私はもう忘れていることになっていた。だが、今でも忘れていない。

英国

一

デリー、自動車、金持ちたち、声の大きな英国婦人たち――「想像してごらんなさい！　天の王国にどんな人たちがいるか……」うちのアーヤーや友だちの掃除人ドゥニヤのような人たち？　私はそう願ったが、実際にはそんな低い身分《カースト》の者や不可触民《アンタッチャブル》ではなく、あの美しい、笑っている英国婦人のような触れ難い《アンタッチャブル》人たちだと分かっていた。彼女らは語るも恐ろしい《アンスピーカブル》人たちでもあったと、今なら分かっているが、知るのが遅すぎてあまり役に立たなかった。ワイブラウさんもトンプソン夫人も、私にそれを教えられなかった。それを学ぶ機会を得るだけでさえ、私は十二年も待たねばならなかった。

だが、デリー。ニューデリー！　素晴らしいではないか？　それで学校にも行かなくていいのなら良かったが……。

列車は、時折西ガーツ山脈の急勾配にあえぎながらも着実に進み、終点のボンベイ[1]駅に到着した。鉄道駅は、他の英国統治下のインドの記念碑的建築物と同様に、飾り立て過ぎの田舎趣味と英インド帝国の家庭的なものを併せ持っていたので、私は思い出しても胸が締め付けられるような郷愁を覚える。時を経て私は、この気持ちが他人の言う「ホームシック」に代わるものだと思うようになった。ただし、私には恋しく思う家はなかった――ただ人々や物事があるだけだった。こうして私は、英国のプレパラートリースクール[2]で、母と涙のない別れのキスを交わした校庭で一人になると、私と母そして広い外界との境界線である道との間を隔てている生垣の上を、母の帽子が上下に揺れながら、まるで妙に凝った細工を満載したケーキが生垣の緑の波に運ばれるように動いて行くのを見ていた。そして、行ってしまった。

感覚が麻痺したように茫然としていると、私は目の前の明るく油断のない顔に気づいた。

「お前、どっちだ？——AかBか？」顔が言った。他にも顔が集まってきていた。

「A」私は彼らが早く知りたがっているのを感じて、慌てて答えた。

「違うね！　お前はBって言わなくちゃいけないんだぞ。何も知らないくせに！」

まったく、そのとおりだった。

「B」私はおとなしく従って言った。

「お前は卑怯な嘘つき野郎だ！」最初の子が言った。他の子たちに熱心に訴えかけて、「こいつ、さっきAだって言ったよな。そうだろう？」それは私も認めざるを得なかった。

「もう取り消しはできないぞ」Bの支持者が言った。「Bのままでいろよ。さもないと、お前は汚い裏切り者だぞ」彼は興奮して叫んだ。

「わかったよ。Bのままで」

喧嘩が始まった。最初の子が怒鳴るのが聞こえた。「こいつは、汚い裏切り者なんだ。それに、どっちにしろ

1…現在のムンバイ。アラビア海に面した大都市で、当時は英国航路の船が出入りする「インドの玄関口」であった。

2…パブリックスクールに入学する前の子供が通う準備preparatory学校。略して、プレップスクールともいう。小学校に該当。

パブリックスクールは、歴史とキリスト教の伝統に彩られた、寄宿中等教育学校（通常十三歳〜十八歳）。もともと十四世紀に貧しい子供達を対象にした無料の神学大学準備校として始まった為、『パブリックスクール』と呼ばれている。現在はその高額な学費から、富裕層の行くエリート校という位置付けになっている。ビオンが在籍していた二十世紀初頭のパブリックスクールは、国の中枢を担う紳士階級のエリート層（政界、学界、教職等）育成機関として、精神と肉体の鍛錬による人格陶冶、寮生活や集団スポーツを通じた規律やリーダーシップ、フェアプレーの精神の涵養等に重きを置いていた。

嘘つきだ。こんなやつは要らないよな、みんな？」この時点で、Aの一派は圧倒的多数に、六、七人には膨れ上がっていた。「要らない」彼らは大声で答えた。

「あいつらを気にするな」二人目の子が言った。「君はBでいればいい」。私はそのとおりにした――その後、一生ずっと――だが、私がパブリックスクール本校はいくつかの寮《ハウス》に分かれていると知ったのは、その随分後で、知ったところで理解できなかった。[3]学寮《スクールハウス》の建物は、他の寮より大型で学寮Aと学寮Bに分かれ――競い合っていた。これが目下の争点だったが、私が未来永劫Bとなって決着がついた。

嵐は収まり、誰もさっきのことに関心がなかったかのようだった。Bだ、Aではなく。Aではない――Bだ。それが、私が憶えるべきことだった。

惨憺たる一日がやっと終わり、私は寝具の下にもぐってすすり泣くことができた。

「どうかしたの？」私と同室の三人の少年のうちの一人が尋ねた。

「分からない」私は声をたてて泣いた。彼は同情したようだった。彼は、何が起きているのか少し思案した。

「ホームシックなの？」

「うん」。すぐに私は、自分がどんなに大変な間違いを犯したのか気づいた。「違った、Bだ」私は急いで言った。彼は寝台に戻った。これで一日が、本当に終わった。

それ以降、寝床に入り上掛けを頭まで被って涙を流せるこの幸せな時間が、私の大切なひとときとなった。そのうち誤魔化しの技が上達すると、声を立てずに涙を流せるようになり、やがて私は母のように、笑ってはいない、泣いてもいない人間になっていった。それは苦痛を伴う道のりであり、私ははしごを一段一段登りながら、何度も失敗した。時には、馴染みのある問題もあった――嘘のように。「嘘じゃないよ！」私は自分が生けた花を父に認めてほしくて、明るく言った。母なら、あんな滅茶苦茶な生け方をするのは私しかいないと一目で分かっただろう。父は優秀な技師だったが、〈電市〉や〈純市〉のことでは不思議なほど血の巡りが悪かった。

だから、あの不運な瞬間に、私はもう一度褒められたいという貪欲さから、「嘘じゃないよ」の一言を加えてしまった。その途端、晴れ上がった朝は雲に覆われ、太陽は輝きを止め、暗黒と灼熱に変わり、父の言葉は奔流となって私を飲み込み、流れた。涙は、熱を冷ましも生気を回復させもせず――やけどをさせた。どこでそんなことを思いついたのだったか、分からない。花は庭で摘んだ。きっと素敵になるだろうと私は考えたのだった。
経験――「視感《ジャビュ》」現象――が私に用語集を与えてくれた。その例は次の通り。

Q　お前は何をしていたのか？
A　何も。
Q　お前はどこに行っていたのか？／どこへ行くのか？
A　外に／どこにも（使い分けが必要）

私の新たな世界には、ニッケル・セーンやホドソン、ハヴロックのような者たちが棲み、みな少年の姿を借りていて、私への質問も――質問者と同様――「お前はAか？　Bか？」のように、知っているようで違うものや理解不能なものが多かった。中には、私の武器庫にある回答では対応できない質問もあり、それらに即興で答えると余計に面倒なことになった。
「君の妹の名前はなんていうの？」

3…パブリックスクールの寄宿生は、通常敷地内にある複数の寮（ハウス）に分かれ、教師である舎監や寮母の監督の下で共同生活を送る。池田潔『自由と規律――イギリスの学校生活』（岩波新書）によれば、どこの学校も創立当初は教室と住居が一体となった一棟の建物（スクールハウス）に校長以下教員、学生全員が寝起きしていた。「学寮（スクールハウス）」という呼称はその名残りと言われ、校長住宅に接続していた。学寮Aと学寮Bは上級生用だったと思われる。

「エドナ」

「エドナ？」尋ねた子が不信感も露わにそのまま繰り返すと、周りではすぐに嘲笑が起こり、それは「アーフ、アーフ」とは違う、もっと鋭く甲高い声で――ハヴロックに夜のジャッカルを加えたような感じだった。

「お父さんは何の仕事をしてるの？」

「技師《エンジニア》」。私は相手の反応に身構えていると、突然予想外の敬意を返されて、拍子抜けした。

「すごい！　本当に？　なんて運のいい奴だ！　君のお父さん、本当に機関車《エンジン》を運転してるの？」[4]

　何と愚かな私。なぜ、どうして説明などしたのだろう？　相手の顔から、輝きが失せた。用水路？　水？　そんな仕事なら本人もしけた奴に違いない、僕のような者を生み出したくらいだから。

「もういいよ」相手はこの話題が落ちるところまで落ちたことに気づき、寛大にも言った。「飴はどう？」私は、彼もBだと知った――生涯の友だ。その一、二時間後、彼はもう私を憶えていなかったことが分かり、私は傷ついた。私はしばらくの間、私に飴を差し出したことを彼が思い出してくれればと願っていた。多分思い出すことはなかっただろう。

二

毎週水曜日、近くの丘の上にある聖マイケル教会の鐘が鳴って、礼拝を知らせた。人によってはそれを、「聖歌隊の練習」と言った。鐘の音は、やがて来る日曜日を想起させ、私を恐怖で満たした。当時読み始めていた『エリック、あるいは少しずつの変化』では、いつも鐘が鳴っていた。その本には『あるいは学校の世界』という副題[5]があり、その学校では少年たちが蝿のように次々と死んでいくようだった。だから、毎週水曜日になると、私は誰かが死ぬのだと思い出した。日曜日には、私自身が死にそうになった——毎週必ず。当時自分がそんなに惨めだったことを、今でも恥ずかしく思うが、それが現実だった。宗教心が芽生えていたことを、この時はまだ私は気づかなかった。

日曜日の朝、生徒たちはイートンスーツ[6]に、鮮やかな青の房飾りの付いた式帽をかぶって教会へ行ったが、朝食前に磨いたみんなの靴は、出かける時間には奇跡のようにぼろぼろになってしまっていた。「この靴に一体何をしたんですか?」口やかましい寮母は尋ねるのだった。「あなたの親御さんは貧乏なのに。

4…ビオンが「技師」の意味で言ったengineerには、「機関士」の意味もある。

5…この副題がついているのは、『エリック、あるいは少しずつの変化』(インド編第七章訳註を参照)の作者ファラーの、別の作品『セント・ウィニフレッド校、あるいは学校の世界 St. Winifred, or the World of School』。

6…英国の名門パブリックスクールであるイートン校の低学年用制服を模した、少年向けスーツ。原型は、短い上着に長ズボン/半ズボン、シャツの大きな四角い襟を上着の上に出すのが特徴。十八世紀から二十世紀前半まで、学校制服や少年のよそ行きとして着られていた。

新学期の度に新しい靴を買う余裕などないのよ」

私の両親が貧乏だと誰が言ったのだろう？　両親からは聞いていない。そんなの、『エリック、あるいは少しずつの変化』や『小さなメグの子供たち』みたいだ。私は泣き出した。

「泣いているの？　こんな大きな男の子が！　汽車ごっこをしていたんですって？」

そうなんです。でも土埃はなくて、砂利だったんです。

「今度見つけたら、承知しませんよ！　その考えは――靴を見てごらんなさい。擦り減って穴が開きそう、一週間前には新品だったのに！」

寮母は、身なりが良く小柄で……とにかく、神よ、彼女の霊を休ましめたまえ、私は自分がひどい子供だと自覚しており、どれほど懸命に祈ろうと、神は私を良い子にしてはくれないと分かっていた。神はこれまで一度も私の祈りを聞いてくれたことはないと思う。本当にそう思う。

他の生徒たちが周りを囲み、私たちを眺めていた。目を大きく丸く見開き、堅く無表情な顔つきで。「来たまえ、恐れではなく、王の中の王として、親切と善良さをもて、御身の翼に癒しを載せて」[7]神様お願いです、どうぞ僕を良い子にしてください。絶対にしてくれなかった、絶対に、絶対に。寮母による身だしなみ検査は、いつも私が泣き、いやな感じにブラシを掛けられ服装を正され、言いようもなくみすぼらしくなって終わった。

教会は、問題がなかった。説教でさえ、四十分より短いことは決してなかったが、苦しみの元から一時的に逃れられる時間だった。私は、聖句の「我知る我を贖う者は活く、後の日に彼かならず地に立たん」[8]の正しい訳は「これ、我知る我がために仇を報ずる者は活く、後の日に彼かならず我が墓の上に立たん」だったと知ったときの安堵感を憶えている。礼拝が終わると――時々、「すすめつわもの」[9]や、「あなたは疲れて、力なく…何とかかんとか……苦しんで」[10]、といった素敵な讃美歌を歌ったが――苦難の時間が始まった。三十分間、「聖句を探そう」をやった。それは小冊子で、聖書のある書の中の聖句が空欄とともに印刷してあり、私たちはその聖句を探し出して、空欄に何章何節と記入する。私には見つけられなかった。他の生徒たちにはできた。神は役立たずよりも悪かった。私は祈った。ある日、説教を聞いていて、謎が解けた。「私たちはこう考えることがあります」説教者が言った。「神は祈りに答えてくださらないと。だが、本当は答えてくださっているのです」。この言葉に、私は耳をそば立てた。「それはつまり」彼は言葉を継いだ。「神のお返事は『否』だ、ということなのです」。私は耳を元に戻した。

ローストビーフとヨークシャープディング[11]がディナーに出て――これは大層良かったが、その後に来るもので台無しになった――それから、おやつ箱《タック・ボックス》[12]が保管してある体育館へ行った。たいていの子の箱には、「おやつ」は入っていなかったが、一人、どんよりした緑色の目に赤毛の太った子の箱にはいつも何か入っていた。体育館の上の方の、私にはめまいがするほど高く感じられたところに、一本の長い棒が部屋一杯の長さで水平に張られてあった。下級生たちは、その棒に跨って端から端まで渡らされた。私は長らくその下級生の一人だった。はるか下方のコンクリートの床をこわごわと眺めながら少しずつ進むと、下では見物人が、私たちの誰かがあれこれ投げつけられふらついて落ちないかと観ていた。私の在学中に怪我人は出なかったので、それはさほどひどいことではなかったのだろう。だが、私の夢の中では――ああ、私の夢！――ぎょろ目のオウムやピンク色の丸い顔が私の周りを漂い、私は叫び声とともに目を覚ました。叫んでいたのは、誰だったのか？

7…讃美歌『日暮れて四方は暗く Abide With Me』の一節。葬儀でよく歌われる曲。
8…旧約聖書ヨブ記十九章二十五節。
9…『見よや十字架の旗高し Onward, Christian Soldiers』の歌い出しの歌詞。
10…『つかるるものみな Art Thou Weary, Art Thou Languid』
11…小麦粉、牛乳、卵を合わせ、型に入れてオーブンでこんがり焼いたもの。英国ではローストビーフには定番の付け合わせ。
12…寄宿生が家庭から差し入れられる菓子などを入れておく保管箱。

ポリオで麻痺の残った或る下級生が、丸一日これを免れたことがあった。ただ一度のある日曜日、彼に頼まれた両親が――彼らは本当に貧乏だった――おやつ箱に一杯のお菓子を届けたからだった。その日、心配そうに目を光らせながらお菓子を配る彼を、みんなは「なかなか親切なやつ」だと評した。お菓子の効果は一時間続き、時間切れとともに彼の栄光も終わった。

私はこうしたいじめには関与しなかったと思いたい――ただ恐怖のあまり、自分の番がいつ来るかと気が気ではなく、その結果加わらずに済んだのだろう。それは間違っても、優れた良識のお陰ではなかった。

日曜日のもう一つの目玉は、〈散歩〉だった。指導は、ハーストという名の、無口で怖い感じの校長が行なった。いつも同じ――およそ三マイルの行程だった。道草を防ぐため、校長よりも二分を超えて遅れて門に帰り着いた者は、罰として二乗計算を十問やる規則だった。五分を超えて遅れると、二十問になった。記憶の限りでは、五分を超えた者は誰もいなかったし、それに近く遅れる者も稀だった。週明けの月曜日に二乗計算十問の苦行――四桁の数を二乗する――と考えると私は気が滅入り、それが散歩を憂鬱なものにしていた――自分は散歩道に沿って走る素敵な小鉄道を持っているのだ、という空想を始めるまでは。客車に乗れるのは私の友達だけだ。むろん、私が機関士だった。それ以来、私は散歩に何の苦労も疲労も退屈も覚えず、月曜日の二乗計算もくらわなかった。これには、神は関与しなかったと思う。自分自身で考えついたことだった。だが、仮に神が私の頭に吹き込んだのだとしたら、それはなかなか親切で、第一級の素敵な考えだったと言えよう。週に一度、三マイルを歩く間だけ、私は完璧に文句なしの「良い子」でいられたからだ。

六時になると、一時間の礼拝式のため本校へ行った。私はこれが好きだった。『あなたは疲れて力なく』は歌わなかったが――これは残念だった――一度、『すすめつわもの』のときに、オルガンを弾いていた音楽教師が『兵士諸君、炊事場に集まれ！』[13]の壮快な旋律を伴奏に取り入れたことがあった。本物の軍楽を導入したことで、その場がぐっと感動的な雰囲気になった。また、「気高き軍勢、男らに少年たち、婦人と乙女も」という一節のある讃美歌[14]にも心惹かれた。〈婦人〉は別にいなくてもよかったし、乙女が一人だけというのは少し意地悪な気がしたが、それを除けば素晴らしい光景が思い浮かぶ歌だった。『み使いの翼で天国へ、お召しに喜んで従い』[15]というのも気に入っていた。成長して力がついてきて、私が「み使いの翼」のことを歌うときに皆に卑猥な視線を向けられるようになるまでは。

汝が主に捧げし日は暮れた。[16] やっと寝床に——あと少しで——入れる。だがその前に、私たちは祈らねばならなかった。各自、寝台の足元に跪いて祈った。私は、機関車のことを考えながら、この必要だが退屈なひと時をやり過ごしていたに違いない。あの二度と蹴立てることのできない土埃とも、校庭のコンクリートや砂利とも違い、また散歩中のように間抜けな誰かが話しかけてきて邪魔される危険もなく、ここでなら思う存分水蒸気や煙を吐いても、上等な靴を傷つけてリトル・メグの両親を破産させる心配はなかった。虫にも食われず、砂利でも擦り切れない平和の福音に守られて、私は眠りにつこうとしていた。私は寝床に飛び込み、もしあまり軋まないようであれば、のたくりを始められた。あまりの気持ち良さに、新たな危険が忍び込んできた——私は笑ってしまうかもしれなかった。危険は切実だった、というのも、誰も私が笑うのを聞いたことがなかったからだ。

13…英国陸軍で兵士の食事時間を知らせる集合ラッパの節に、歌詞を当てたもの。Come to the cook-house door boys, come to the cook-house door.

14…讃美歌『The son of God goes forth to war』。引用された歌詞は、'A noble army, men and boys, the matron and the maid'。Matron には、「寮母」の意味もある。

15…讃美歌『主よめぐみもて Lord dismiss us with Thy blessing』の歌詞の一部。成長して歌った際に周囲の「卑猥な視線」を浴びたのは、天に昇る（オーガズム）の連想からか。

16…讃美歌『この日も暮れゆきて The day Thou gavest, Lord, is ended』の引用か。「主よ、あなたが下さった一日は暮れました」の意味だが、原文では 'The day Thou gavest Lord is ended'（Lord の前後の「,」がない）と表記されており、ビオン少年が本文のような意味に解釈していたことが示唆されている。

ある日の授業中に、教師が私ののたくりに気づいた。気づかれないと思ったことが、今考えると不思議なくらいで、なぜなら私ののたくりは、森の中を移動するインドの熊と同じくらい、目立たないとはとても言えなかったのだ。先生はとても優しかった。「それをやってはいけないよ、ウィルフレッド」先生は言った。「でないと、君をどこかへ遣らなくちゃいけなくなる」。私は自分の耳を疑った。他の生徒たちは、私が譴責を受けるのを、エレファンタ島の石窟[17]の神像のように、無表情で無邪気に凝視していた。

ある晩、フレディ・セクストンと私は、就寝前のお祈りの時間に遅れた。一番端にある彼と私の寝台を除くすべての寝台の足元に、それぞれ生徒が跪いていた。ぷっくりとしたピンク色の七対の足の裏が並ぶ光景に、フレディは我慢できなくなった。彼は私と違い明朗快活な少年で、鋭い笑いの感覚の持ち主だった。突如彼は、片足で床を、もう片足で並んだ足の裏を踏みながら、部屋の中をよたよたと進んだ。足を踏むたびに彼は、まるで自分の不器用な失敗から、今が神聖な時間だと思い出したふうに、「おっと、ごめんなさい！　おっと、ごめんなさい！　おっと、ごめんなさい！」といった。彼の狙いが分かり、私は笑った。

神が悪魔を見習って、並んで祈っていた七人の小さな偽善者たちの心に入り込んだ。だが、フレディは自分の立場を守り抜いた。

「それに、お前笑ってたよな！」一人が憤って言った。

「そんな、笑ってないよ」――だがもちろん泣いてもいなかった。

「お前、なんで笑っていたかどうか分かるんだよ」フレディが私に加勢して言った。「お前、目を閉じていなきゃいけないはずだっただろう！」

この一言が急所に命中したようで、彼は黙った――ほんの一瞬だけ――だが、この信仰復興派的傾向[18]の強いウエールズ人の少年は、頭の回転が速かった。

「笑い声が聞こえたんだ！」彼は反論したが、すでに遅かった。

「お前は目を開けてたんだ！」フレディは激して、その顔や目に道徳的な情熱を浮かべながら言った。「目を開けてたんだ！」

ベヴァンは敗れた。彼の穏やかで柔和で、優しく敬虔な性質は、私がそれまで出会ったことのないものだった。それは後に、私の失墜をもたらした。フレディの目の輝きは、ベヴァンにとっても未知のものだった。

私はフレディが怖かったが、この一件で私は他人の不幸を喜ぶ感覚に目覚め、それはその後も、道徳的、宗教的な高潔さを要する場面でさえも、完全に消えることはなかった。だが、気の毒なフレディは急性虫垂炎の診断が遅れて、永遠に消えてしまった。

17…ムンバイ湾の小島エレファンタ島には五つの石窟があり、八世紀頃のものとされるヒンドゥー教の神の彫像、浮彫、シヴァリンガ（シヴァ神の象徴としての男根像）などが祀られ、観光名所となっている。

18…（キリスト教の）信仰復興運動（revivalism）。英国では十八世紀にジョン・ウエスレー（一七〇三〜一七九一）が主導した運動を発端に非国教会派のメソジスト派など諸会派が生まれた。ウエールズでは、この当時（一九〇四年から一九〇五年頃）大規模な運動が起こっていた。

三

その一年後、私はお遣いの途上、フレディが埋葬された教会墓地を通りかかった。誰かが——ベヴァンだった——彼の墓前に跪いて祈っていた。私が近づくと彼は祈りを止め、私を見て、美しい声で淀みなく、よくフレディの墓に祈りに来るのだと言った。

「彼には一度、痛い目に遭わせられたな」彼は瞑想するように言った。「だけど僕は、彼の罪が許されるよう祈ったんだ」

もし、宗教的情熱が〈全能の神〉への道を楽なものにできるなら、ベヴァンの祈りは神に聞き届けられただろう。フレディにさえ届いたかもしれない。天使も彼の冗談を気に入るだろう、「おっと、ごめんなさい！」

フレディによる、〈全能の神〉の領域への奇襲——私の神学理論によれば、その領域の住人は〈神 God〉、〈ゴード Gawd〉[19]（当時のバプティスト派）、〈ガッド Gud〉（英国国教会所属、私立学校を経てケンブリッジ大卒、公務員）、〈悪魔〉（色々なものに偽装するが、悪い奴ではない）、各種の魔物（ニッケル・セーン、ホドソンあるいはホドソンの馬——ホドソンが馬を所有していたのか、その逆か、私にはよく分からなかった）、そして何より恐るべきアーフ・アーファーだった——だけが、私を苦しめるものの力を削ごうとする反乱ではなかった。

二週間に一回、讃美歌の歌唱指導があり、女の先生に教わっていたが、この人は不吉な名前にもかかわらず良い人だと私は思っていた——グッド Good 先生という名だった。彼女は寮母のように洒落た服装でもなく、讃美歌に登場する乙女とも違い、良い服を着るのは日曜日だけだった。彼女は校長のニガーと同じく頭が良かったが、不思議かつ恐ろしいことに、私に「のたくり」感を呼び覚ました。私が「やっていない」ときに――「本当に、正真正銘」――だがそれを誰が信じるだろうか。

讃美歌の中には、私の神々を増やすものもあった。たとえば、ギデオン――あの「うろうろと、うろつき回り」の歌だ。[20]ギデオンがうろつき回るのは少し不穏だし、私には彼がAかBかよく分からなかった――〈暗黒の勢力〉か、その反対の集団か。いずれにせよ、これは優れた讃美歌だった。「彼ら」がうろうろと、うろつき回るという部分は***ppp***[21]でうんと弱く歌い、次に備えて大きく息を吸い込んだら、**キリスト者よ、立ち上がり彼らを打ち砕け**では***fff***[22]で持てる力のすべてを出し切った。あれには「彼ら」も肝をつぶしたはずだと私は思った。夜になると、ギデオンや〈暗黒の勢力〉が寮の寝室の中や私の寝台の下をうろつくのが嫌だった。

讃美歌を歌っていたこの時期は、私に大きな喜びと、あるときは驚きをも与えてくれた。讃美歌『あなたは疲れて力なく』は美しく悲しげな曲で、私はこの曲におおいに慰められた。他の五、六人の低学年の生徒がこの曲を気に入っていて、彼らも私と同じように、疲れて力をなくし、ひどく苦しんでいたことが分かった。大人は、残念なことにグッド先生も含めて、私たちが疲れて力をなくすことなど有り得ないと思っているようだった。だが私たちは本当にそうだと気づいていた――ほとんどいつも。この曲ともう一つ、『輝く夏の日』が私のお気に入りだった。『あなたは疲れて』の方は、歌いたがる子が常に五、六人はいたので、自分で言う必要はなかった。

19…神Godの名をみだりに唱えるのを避けるための、婉曲語の一つ。Gudも同様。

20…讃美歌『Christian, dost thou see them』（旧約聖書士師記六～八章）。ヘブライ人が神に背いたため、神はミディアン人に彼らを蹂躙させる。ギデオンは神に選ばれたヘブライ人の指導者としてミディアン人と戦い、討ち果たす。「うろうろと」の歌詞は、「彼ら（＝ミディアン人）」がヘブライ人の家畜や作物を荒らしにやってくる様子を歌ったもの。次行「暗黒の勢力」も歌詞の一部。

21…音楽の演奏記号で、「極弱音で」。

22…音楽の演奏記号で、「極強音で」。

『夏の日』はあまり人気がなかった。私が自分で言わないと歌うことにはならなかった。その日は、霧雨がいつものように断固として没個性的に降っており、それは私が雨と呼ぶものに比べたら、中に菌類が繁殖しているようなものだった。私は手を挙げた。

「なあに？」グッド先生は、私にはあまり歓迎していないと感じられる態度で言った。

陰鬱な、笑っていない、泣いていない、嬉しくない、悲しくもない天気に促され、またあの素晴らしい燃えさかる太陽や、暑さにしおれた大きな木の葉、想像を絶する鮮やかさで咲き誇る花々への思いに駆り立てられて、私は『夏の日』と言った。

一瞬、呆然とした沈黙があった。「まあ、ウィルフレッド！」そして、私を諭しはじめた。「またなの！　見てごらんなさい――土砂降りでしょう！　こんなときにその歌はないわ！」

言われる前に私は見ていた。土砂降りなどではなかった。どこに雨が？　ただの汚い……とにかく、雨ではない。雨！　雨というのは――ああ、本当に雨が降れば――遠くから木や草地の上を唸り、威嚇し、呻き、溜息をつきながら接近するのが聞こえ、突然――やってきた！　それこそが雨だ！　それこそが太陽だ！　だが、ここにはバターカップ[23]があった。次の日曜日に母に会ったら、私はバターカップを摘んで大きな束にして母に見せるつもりでいた。「我らの栄華はひ弱な夏の花のよう、風が吹けば飛ばされる」[24]――これも良い讃美歌だった。

「さあ、どうする？」グッド先生がまた言った。私は緊張し、不安で頑固になっていた。

「『輝く夏の日』」私は、聞き取れないほど小さな声で言った。先生は寛大にも、それ以上追及しなかった。他の生徒たちはみな、私を見ていた。彼らは、歌っている間も不思議で仕方ない様子で、また私がほとんど歌っていないことに気づいていた。私は二度と『輝く夏の日』を頼まなかった。

日曜日が来ても、私はバターカップを摘まなかった。母は、私がバターが好きかどうか、バターカップの花に聞けば分かる、と言った。母が私の顎の下に一輪当てると……ほらね！　花で私の顎が黄色く色づいたので、私はバターが好きということだった。母自身もあまり信じていないようだった。私も同じだったが、疲れて力をなくしていた。もしかしたら、「ひどく苦しんで」もいたかもしれない、学校に戻ると思うと——学校を離れてまだ一時間しか経っていなかったが。この謎のことはどうでもよかった。私には、誰にも気に留められることなく草地一杯に咲き誇る、この素晴らしい、驚くべき、想像を絶するバターカップのことなど、考えられなかった。

帰る時間になった。母と一緒に、宿舎の面会室にいた。母は私に贈り物を用意していた——半ポンド〔二二七グラム〕入りのライル社製ゴールデンシロップの空き缶で、インドにいた頃は贅沢品を色々と保管していたが、その中にチョコレートを一杯詰めて持って来てくれた。私は首を横に振った。

「あなたときたら、おかしな子ね。欲しくないの？」

「欲しいよ」私はぼそっと答えた。

「だったら、持ってお行きなさい」

だが、私は抵抗した。また首を振った。あの……体育館に……学校に持って帰るのはいやだった。

学校が楽しくないの、と母が尋ねた。そうじゃない。じゃあ、学校は好きなのね？　私は頷いて、うん、と答えた。それでも、私はそれを持って帰りたくなかった。

23…キンポウゲ科キンポウゲ属の草花で、英国の野原や里山に多く自生する。バターに似た黄色の小さな多弁花をつける。

24…讃美歌『たたえよ、王なるわれらのかみをPraise, my soul, the King of heaven』の一節。

四

宗教は、辛い試練だった。もし神が私の存在に気づいていたならば、私は自分が神にとっての辛い試練となる確実性を否定できなかった。時折、フレディが祈る少年たちの足を踏んで歩き、私がそれを笑ったあのときなどに、私は神が私の関与を、実際よりも能動的だったと考えているのではと思った。ファラー首席司祭[25]は、私に神を疑わせることに一役買っており、神への疑念ゆえに私は――「何もやっていないよ、本当だよ」――あの生徒死亡率の高さなら当局も見過ごさないはずのエリックの学校を、ぞっとしながらも現実的に感じていた。

不気味な禍の気配を現実にしたのが、校長の、私たちの理解を超える悲劇的な人生だった。彼は、私の父や他の親たちに非常に好感を持たれていた。父がどういう経緯で校長を知ったのか、父がそう頻繁には英国に来ることはなかったので、私には思い当たらないが、実際にそうだった。本校の方の教師たちは、頻繁に彼の元を訪れていた。特に一人の教師は、週に一度小型ビリアード台で彼と対戦していた――それは彼が持つ唯一の贅沢品だった。週に一回聞こえる、ビリアードボールがぶつかる音は、不思議なほど私たちの関心を引き、その音が聞こえると忍び笑いが広がったが、私にはなぜみなが笑うのか分からなかった。

一人の少年が流した噂では、ハースト校長は二十代のはじめに二十一歳の女性と結婚したが、この妻は直ちに精神科病院に収容されたとのことで、私は何年も後にそれが事実だったと知った。私と同年代の九歳か十歳の生徒たちにとって、この逸話は「ニガー爺さん」――我々生徒は彼をこう呼んでいた――にまつわる話題の一つに過ぎなかった。例えば彼が絨毯地の室内用スリッパを履いていたとか、新しいネクタイをしていたとか――ある日、私が寝室へ向かい階段を駆け上っていて、ニガーのズボンの脚と気づかずに手すり替わりに掴みながら、周りに大声で知らせたように――「ニガーがさ、明日は半日休みだって言ってるよ！」「いいや、そんなことは言ってないぞ」掴んだズボンが、ぶっきらぼうに言った。私は慌てて手を離した。「あの、先生《サー》、すみません、先生《サー》！」私はそう言ってうろたえたが、怯えはしなかった。校長は人に恐れられるタイプではなかった――私は「のたくり」をしたらどこかへ遣られる、と言われたときには、彼が怖いと思ったが。まあ、自分の妻がどこかへ遣られたのだから、事情が分かって言っていたに違いない。のたくりが原因のはずはない。私の妹はのたくりが出来なかったのだから。あるいは逆に、ハースト夫人には出来たのかもしれない。だとすれば、それが原因でどこかへ遣られ、そのためにハースト校長はあんなに悲しそうだったのかもしれない。彼は悲しそうだった。それは疑う余地がなかった。ちょうど水曜日の教会の鐘の音が、私に前の週と今度の日曜日のことを思い出させたように、彼の悲しみは私に何かを思い出させた。「ホームシックなの？」寮であの少年は尋ねた。彼は、私がAかBかと訊いたのではなかった――それははっきりしていた。だが、教会の鐘の音や、『学校の世界』の中のセント・ウィニフレッド校、ニガー・ハースト――これらはどれも、「ホームシック」とは違ったが、では何なのかは、私には分からなかった。「聖句を探そう」がそれに近かった。もう一つ近かったのがウィリー・ベヴァンで、彼は孤児だった。誰もがそれを、声をひそめて言っていた。

ある日、私はそれを声に出して言ってみた。「お前なんか、孤児のくせに！」私は彼に向って叫んだ。一瞬、私はそれの答えを見つけたと思った。ウィリーは突然様子が変わり、宗教的になった――ただし、目は開けたままで。目を閉じたか閉じたふりをして祈るときとは違っていた。彼の友達のピケットがその場にいて、ピケット

25…『エリック、あるいは少しずつの変化』の著者フレデリック・ファラーのこと。聖職者であったファラーは、晩年カンタベリー大聖堂の首席司祭 dean を務めたことから、この敬称で呼ばれる。

は私がそれを言うのを聞き、それを周りに訴えた。もとより私は、彼にも聞かせるつもりだった――だから大声で言ったのだ。

こう書くのに掛かる時間より速く、私は皆に取り囲まれた――それから彼らは動きを止めて黙ってじっと見ていた。ぎょろ目のオウムたち、大勢のミディアン人、[26]あるいはギデオンたち。「こいつ、狩ってやれ」ピケットが言った。「いや、今はまだだ。〈山〉に連れて行ってからだ」と、モーガン。「あそこなら、スタンプ[27]が使えるからな」。皆が賛成した。この提案に、ベヴァンも立ち直ってきた。誰もが元気づいた――一同に楽観的な雰囲気が広がると、私まで気分が良くなってきた。

ベヴァンは、一時は宗教に乗っ取られていたが、「スタンプ」と聞いて、まだ悲し気ながらも、さっき「孤児」の一言で宗教の渦に飲まれたときと同じ勢いで、一転して強気になった。私も一緒に、楽しみの期待に浸ろうとしたが、冷たく突き放された。「このブタ野郎を見ろよ」ピケットが言った。「こいつ、自分のやったことを少しも悪いと思ってないぞ」。かなり恐ろしい状況だった――かつてウッドストック校で尋ねられたときに欲しいと答えた、あの「耳に『ボックス』」と同じように。私は歓喜を引っ込めた。

〈山〉というのはわが校のクリケット場で、その名のとおり地面は起伏に富んでいた。生徒はそこでフットボールやクリケットをすることになっていた。そこに着く頃には、愉快な気分がさっきの剣呑な空気を消散させたかに思えたが、それもピケットとモーガンが「いくぞ、みんな！　こいつをやっちまえ！」と言うまでの間だった。彼らのうちの六人が一試合分のスタンプをそれぞれ一本ずつ手にして、「逃げろよ、豚野郎！」と叫んで私を追いかけてきた。私は逃げた。

私は依然一番小さかったので、選択の余地はなかった。身体的には、二、三カ所に痣が出来たが、大した害はなかった。ほとんどの子は、きっかけが何だったかなどすっかり忘れていたが、ベヴァンには頑固な宗教があった。彼が誰かを「許す」ときには、中途半端な許し方はしなかった。私の方も、「許してもらった」ことを簡単には「忘れ」なかった。そのことが、アーフ・アーファーやその侵入を避けようという私の固い意志を、さらに強固なものにした。

だから、それから程なくして「無断で侵入する者は訴追される」[28]ことを知ったときには、狼狽させられた。それがスタンプを使ってか抜きでなのかは、あえて質問しなかったが、明らかに孤児たちからも教会の鐘からも、またベヴァンが就寝前に限らずいつも祈りを捧げていた神からも、十分に距離を置くべきだった。

それから間もなくのある日曜日に礼拝のため本校へ出かけたとき、驚くべき出来事があった。次の学期であったことは間違いない。暗い中を、隊列を組んで歩いた記憶があるので、季節は冬だったはずだ。これはいつもなら、楽しい行事のはずだった。なぜなら出掛けてしまえば、あとは月曜日の朝までは、特段ひどいことが起きようもなかったからだ。悪夢と、〈散歩〉のときの汽車ごっこを習得するまでは何度も課された二乗計算を除けば。上級生たちは大きく堂々としていたが、馬に乗ったホドソン[29]や神とバグパイプを信仰していたハヴロックのようには、怖くも邪悪でもなかった。

講堂のガス灯は仄暗く、炎は不気味に青みを帯びて燃えていた。いつも説教が終わると同時に、一陣の冷たい風が立ち、唸り声とともに講堂を吹き抜けていったが、その晩の風は重苦しい意味を含んでいるようだった。「誰も一言も私に知らせなかったというのは、非常に間違ったことだ。一言も、一度もだ」

26…第三章で言及のある「うろうろと、うろつき回り」の讃美歌の中で、イスラエル人の敵としてギデオンによって討伐されたのが、ミディアン人（第三章訳註参照）。

27…クリケットで、ピッチの両端に立てる、高さ七十センチ程の三本柱の門をウィケットといい、ウィケットを構成する柱をスタンプと呼ぶ。

28…'Trespassers will be prosecuted'。私有地の境界などによくある立て看板の定型文。Trespass には宗教上の「罪」の意味もある。

29…ホドソン、ハヴロックは、英印帝国で英雄視された軍人で、幼少時のビオンに恐怖感を与えた存在（人物の詳細については、インド編第五章訳註参照）。

私は、突然我に返った。それは、校長が説教するときの聞きなれた口調ではなかった。抑揚のない単調な話し方、退屈な教訓、それらは私が知りかつ恐れていたもので、聞きながらいつも新たな一週間の試練に向けて心の準備をしていた。この時間にそれ以上のものを予想してはいなかった。

「だが」校長は続けた。「もし諸君が、君たちの誰かが、ある生徒が他の生徒の食事に毒を盛っていると知ったならば、それがどんなにスポーツや学業の面で優れた者であっても、諸君は必ずや教師のところへ行ってそれを告げるだろう。それなのに、誰かが他の誰かの精神に毒を盛っていても、諸君は何も言おうとはしない」

全員が沈黙し、空気が張り詰めた。そのことで、この成り行きは我々プレパラートリースクールのみんなの興味を一層掻き立てるものとなった。礼拝が終わるや、抑え込んでいた好奇心が一気に噴き出した。

「その子は死んじゃったの？」私は尋ねた。

「誰のこと？」友達が言った。

「例のやつが、毒を盛った相手だよ」

「違うよ、鈍いやつだな。先生はそういう毒のことを言ったんじゃないよ」

「でも、毒って言っていたじゃないか。どんな種類の毒なの？」私は訊いた。

友達は困惑して、周りに聞かれたくない素振りをみせた。「後で教えてやるよ」。そう言って、彼は走り去った。だが、彼が教えてくれることはなかった。ある名前が口にされ、それは本校の生徒だった。彼は放校処分になったとのことだった。「放校処分」とは、恐ろしい響きだった。その後、長い間、ちらちらと揺らめくガス灯の炎、薄暗闇、校長が毒の話をしたときの、寒気がするような深刻な声が、私の心から離れなかった。だが、私はそのことについて話す勇気はなかった。それを知ってからは、話題にすることが……何を？　それに、私は間抜けとか鈍いやつなどと呼ばれるのは嫌だった。

「放校処分」。大いに結構！　追放！　アダムとイブもエデンの園から追放された——神か、炎の剣を持った大天使かによって。[30] そのとき、私は不意に、死の瞬間のように、「一瞬のうちに」[31] 理解した。当然じゃないか！ のたくりのせいだ！ もっと早く気づかなかったのが愚かに思えた。だが、疑念が生じた。ハースト校長は、私がどこかへ遣られる、と言っただけだった。それも恐ろしいが、「放校処分」ほど恐ろしくはなかった。私は、自分の思考の方向性が正しいと確信していた。「罪の報いは死なり」[32]。明らかに私はもうおしまいで、子猫のように、早晩「殺処分《プットダウン》」されるのだ。だが一方で、降ろされる《プットダウン》のは、「権勢ある者」[33] のはずで……まったく、あまりに退屈で気が滅入ることだった。私は諦めて放り出した。だが、向こうは私を放そうとはしなかった。

30…旧約聖書創世記三章二十四節「（神は）こうしてアダムを追放し、命の木に至る道を守るために、エデンの園の東にケルビム〈上位天使〉と、きらめく剣の炎を置かれた。」

31…死者の復活について記した新約聖書コリントの信徒への手紙一、十五章五十一～五十二節「わたしはあなたがたに神秘を告げます。わたしたちは皆、眠りにつくわけではありません。わたしたちは皆、今とは異なる状態に変えられます。最後のラッパが鳴るとともに、たちまち、一瞬のうちにです。ラッパが鳴ると、死者は復活して朽ちない者とされ、わたしたちは変えられます」より。

32…新約聖書ローマの信徒への手紙六章二十三節

33…新約聖書ルカによる福音書一章五十二節「権力ある者をその座から引き降ろし、身分の低い者を高く上げ」

五

私の人生におけるあのおぞましい一時期を振り返ると、今となっては、かつてのように自分が悪かったとは感じていない。同期生たちも、地域の学校教育当局も、悪くなかった。親たちや教職員も含め皆が、宛先のない脅威という蜘蛛の巣にかかっていたのだ。性、それもどんな形のものであれ「のたくり」だけが、私たちの生活の救いだった。それは何かの原因ではなかった。それが執拗に目を引いたのは、輝いていたから——あの恐るべき暗闇の中で慰めをもたらすものなら、何でもそう見えただろう。それは目立つが故に、敵意のこもった注目の的になった。私はそれが「のたくり」のことだと、徐々に分かったのではなかった。急に明かりが灯ったように実感したのだ。はじめに暗闇、理解不能な状態、それから私の頬の紅潮とほてり——彼らは私よりも先に知っていた。いつもそうだった。「何も！　何も！」と私が言う、「僕は何もやってない！」と。

何年も後に、私は口の中が痛んでいたとき、それをある尊敬すべきキリスト教徒の老婦人に訴えると、それは喫煙が原因ではないのかと尋ねられた。私は喫煙していなかったので——初めてたばこを吸ったときは吐き気を催した——私は苦も無く「いいえ」と言った。すると、彼女が私をじっと見据えているのを見て、私は何か間違えたのだと気づいた。「いいえ吸っていません」と言いながら、私の顔は上気していった。ほてりで、私の頬はますます赤くなった。「本当です！　吸っていません」。私は怯えると同時に、怒りも感じていた。もちろん、彼女は私を信じた。私を、あの静かで寛大なキリスト教徒らしいやり方で信じ、それは彼女の顔全体を輝かせるほどの明るい笑顔にも表れていた——それは同時に、私の顔をも輝かせたかもしれない。私が良い子でさえいれば、そう、感じの良い子、薄汚いのたくり屋の忌まわしい悪い子ではなくて。少なくとも、私は他の生徒の食事に毒を入れたりはしていない、断じてしていない。だが、どうしようもなかった。「このように物思う心が、われわれを臆病にしてしまう」[34]。誰も教えてくれなかった、これが私の有罪を証明しているのではなく、単に我々はみな臆病者だという意味だったとは。私の口は痛んだ。私の心も痛んでいたのかもしれない。私は徐々に学んでいった――例の食事に毒を入れる一件の忌まわしい真実を知ったことが、その学びの道の一里塚だった――世の中の決まりというものを。最初に、君が助けを求める。すると、大人は「何をやっていたんだ？」と鋭く突き返す。地獄の劫火がこの時点で君の頬で燃え始める。次の段階は、当人の俊敏さ次第だ。つまり、次の段階を予測して動けるかどうかにかかっている。幼い少年にとってこれは、「何もやっていないよ！」のような道徳のぶどう弾[35]を、大人に罪状を固める暇を与えずに撃つことだ。一方、相手は――特に経験豊富な大人の場合――罪の否認を見越して、同じく多機能的な寛容さ、すべての罪の赦しという弾を撃って先手を取る、少年がまだ自分の罪状もわからず、自分の立場を擁護できないうちに。だが、このときの私は何年も前にこの戦いから卒業していたので、助言は必要なかった。真実の鎧とは、聖パウロに言われるまでもなく、潔白であること――可能ならば本当に――に加えて、しらばくれと嘘つきの装置によく注油し、円滑に動くよう常に手入れしておくことだった。

一般原則はこれで明確だった。それを厳密な意味で素早く実行に移せるように公式化するのは、もっと複雑な

34…シェイクスピア『ハムレット』第三幕第一場、To be, or not to be. で始まる長い独白の一部。小田島雄志訳

35…複数の小銃球を木製の軸の周りに布や針金などで止め付けて房なりのブドウ状に成型した、大砲用の散弾。十八世紀から十九世紀に、主に海戦で使用された。

作業だった。詩篇二十三篇に、こういう一節があった。杯から溢れでる[36]ほどに頭に香油を注がれてという。そう都合よく手元に杯があればだが。「(油で) 滑らかな unctuous」という言葉だ。[37]「究極の」注油は、見かけほど簡単ではなかった。通常は「潔白」に賭けておけば安全だったが、他の者たちが道徳的、宗教的に全力を出し始めた場合は、そうではなかった。私は怯えた。私は可能な限りのたくりから遠ざかっていようと決心したが、ハースト校長が「どこかへ遣られる」(そして私は、それが「放校処分」と大差ないことに気づいていた) 危険を語ったあの時以来、不運続きだった。私がのたくりと決別する決意でも、のたくりの方はお返しをしてくれなかった。それどころか、私はのたくりをした後、ずっと気分が良くなり――道徳的な面でもずっと向上し――誘惑にも前よりよく耐えられるようになるのだった。私はほぼ毎回、これからは自分の「おちんちん」をそっとしておくという過分な契約を、〈全能の神〉と結んだ。私は時折、聖パウロのいう「肉体の棘[38]」とは、彼のものの隠喩ではないかと思った。私の「おちんちん」は、私の肉に恒久的に刺さったままだった。

「性」もまた同様に、過度な美化の対象になっていたのではないかと、さまざまな時と場所で経験を重ねた今の私には分かる。当時、私は何が脅威なのか分からなかった。よく響く声で印象的に語られる校長の言葉や、「すすめーつわーものー　いーくさにー」が呼び覚ましたのは、確実なものがない中で確かな何かを掴もうとする、未熟で時期尚早な試みだった。もしも私が崇拝のために原始的な男根的視覚像を掲げたかったとすれば、それはカーゾン[39]のように、無力な背骨による負担を支える外骨格である、革製の鎧に包まれていたことだろう。

変化の機は熟した。ようやく私は十二歳に近づき、本校の自由大気の中に解き放たれる希望が見えてきた。本校から発せられる「自由」は、私のプレパラートリースクール最終年に射し込み、充満していた。これは、今振り返っても当時としては開明的で先進的だった、本校の特質によるものだった。この啓蒙と安堵の複合状態の最初の兆候は、突飛で警戒を催すものだった。それは意外なかたちで現れた。

先に述べたように、私が主に感じていたのは、当時は明確に言葉にできなかったが、宛先のない脅威だった

——それは潜在的なものだった。これの表面への現れが汽車遊びへの熱中で、それは集団での遊びの中でも抜きん出ていた。遊びは誰からともなく自然発生的に始まり、生徒たちが二つのグループに分かれることで形になり、そこは例の「A」と「B」を連想させるが、各グループには主要な鉄道路線の名がついていた——グレート・ノーザンと、学校の最寄路線であるグレート・イースタンだった。どちらも同じ「鉄道網」、つまり校庭の地面に描かれたトラックの上を走った。私たちに気づかれずに私たちを観察していたグッド先生は、私が後で知ったところでは、私たちが楽しく夢中になって一緒に遊んでいると見ていた。虫瞰図の視点——私の——から、私はその遊びを羨ましそうに眺めていた。あの輝きに満ちた土埃の記憶に駆りたてられて、私は試しに遊びに加わってみた。すぐに、私には機関車としての傑出した才能があることが判明した。靴をめぐる不幸な経験も警鐘とはならず、思いがけず両グループから「望まれ」て、私は調子に乗ってしまった。栄光は、その後にも先にもなかったが、私をのぼせ上らせた。私は選ばれてモーガンが率いる一方のグループに入ったが、もう一方の

36…旧約聖書詩篇二十三篇五節。ダビデ王が、神を羊飼い、自身を羊になぞらえ、神が自分を守り導いてくれるとうたう部分。「わたしを苦しめる者を前にしても、あなたはわたしに食卓を整えてくださる。わたしの頭に油を注ぎ、わたしの杯を溢れさせてくださる」。聖書の時代、寄生虫や病気から守るために、羊の体に油を塗ったことから、キリスト教で神の祝福を示すために頭に香油を注ぐ「注油 unction」が始まったともいわれている。

37…「unctuous」には、「極度の敬虔さを装った、おもねるような」の意味もある。

38…新約聖書コリントの信徒への手紙二、十二章七節。「また、あの啓示された事があまりにもすばらしいからです。それで、そのために思い上がることのないようにと、わたしの身に一つのとげが与えられました。それは、思い上がらないように、わたしを痛めつけるために、サタンから送られた使いです」

39…ジョージ・ナサニエル・カーゾン（一八五九〜一九二五）は、英国保守党の政治家。インド総督兼副王（在任一八九九〜一九〇五）。青年期の落馬で脊髄を損傷し、生涯コルセットを着用していた。ビオンがよく用いる、内側から支える内骨格と外的な硬い構造に依存した外骨格の対比の例。

首領はピケットだった。すっかり夢中で周りが見えなくなった私は、それまで注意深く隠していた〈散歩〉の時間の汽車遊びの世界から外へ出て来てしまった。私が自分で気づくより先に、ピケットに——彼はそれをモーガンに指摘したが、モーガンも言われるまでもなく気づいていた——私は「うぬぼれ」て「見せびらかし」ていると見做された。私の栄光は潰えた。それはウィリー・ベヴァンに向かって「孤児」と叫んだのと同じくらいまずかった。私はスタンプで追い回されたくなかったので、自分の閉ざされた世界へ帰っていった。言われたことをやるだけの、取るに足らない役割に復帰した。だが私は、求められる——ほとんど有名でしかも好かれるという——者の味を知ってしまった。それと違ってピケットとモーガンは、どちらも体格が良く、有名人になって恐れられることを自ら選んでいた。二人とも愚かで卑劣だったが、私はその評価を決して口には出さなかった。自らの選択の結果、彼らは何カ月もの間、高い地位を保持した。だから、ある日突然、私たちが十人か十二人くらいで二人を攻撃したことは、彼らにも私たちにとっても驚きだった。金切り声や怒鳴り声を上げながら、私たちは二人に飛び掛かった。私は決して目立った働きはしなかったと記憶しているが、当時はすでに入学後三年経っており、取るに足らないからという言い訳は通用しなかった。拳骨が振るわれた。私たちは無秩序に叫ぶ暴徒の一団となって、モーガンに襲いかかった。ピケットがどこにいたのかは知らない。そして暴動は、始まったときと同様に唐突に止んだ。私が覚えているのは怖く感じたこと、自分がモーガンに何をされるかと怯えたことだった——私には「私たちが」何かをされると想像することはできなかった。やがて私には、私たちが怯えているのだとはっきり分かった——モーガンも含めて。不意に音は止み、叫び声も消えて、私たちが服についた埃を払う音だけが聞こえていた。多分、ハースト校長が止めに来たのだろうが、その前に私たちが自主的に止めていたことは確かだ。もしそのとき、何をやっているのかと聞かれていたら、私は「何も」と答えたに違いない。

　一時期、デリーにいた頃に英国人の乳母を雇っていたことがあった。彼女に関する記憶は何もない——あるのは、その人が貴婦人のように高慢だったという漠然とした印象と、私の両親は劣っているという強い感覚だけだ。ある日、口論が起きた。何か、その人の絵の具の使い方に関することだった。母は妹と私に、その人が何をしていたのかと尋ねた。私は怖くなった。妹も怖かったのかもしれない。母は、どちらからも一言も引き出せなかった。私は「何も」と答えることすらできなかった。

　次に来た英国人の乳母は、私はこの人は好きだったが、私たちを連れて羊が殺されるところを見に行った。それは黒い羊で、喉を掻き切られた。妹は怖がらなかった――まだ幼すぎて理解できず、まして逃げ出すこともできなかったのだろう。私は恐怖に駆られ、逃げることができたので、逃げ出した。私は母に報告し、私の話は間違いないと確認された。乳母は、羊の首の周りに赤いスカーフが巻き付けられただけだと主張した。彼女はその場ですぐ解雇された。私は彼女がどこかへ遣られるのは嫌だった。だが母の怒りは激しく、その若い女性は――母が相手の優位に屈せず疑義を唱えた、あの堂々たる貴婦人然とした乳母に比べると、彼女は相当に若かった――追い出された。

　英国人の乳母はそれでおしまいとなり、その後はずっとアーヤーだった。私に関していうなら、それは私の大好きなアーヤーやドゥニヤのような人々を虐げる、ニッケル・セーンとその同類の終焉でもあった。

　そして、あの特定のモーガンにも終わりがきた。私は長い時をかけて学んだのだが、あのモーガンの出処、つまりこの世のモーガンのような者の源には、あの手の連中がもっと大勢いるのだ。モーガンは、プレップスクールに置いておくには「大きすぎる《ビッグ》」――つまりひどい《ビッグ》いじめっ子――として、本校に進級させられた。その後の彼の消息は知らないが、モーガンの仲間で彼よりもしつこい卑劣さの持ち主であるピケットについては、多少耳にすることがあった。

　何がモーガンの取り調べと進級につながったのか、私は知らない。何年も後にグッド先生が私に語ったところでは、彼女もハースト校長もワイブラウさん〔寮母の名前〕も、あの暴動が起きた日まで、おかしいことがあるとは全く気づいていなかった。あれは、男子生徒らしい遊びに興じているだけだ――私たちが一緒に楽しく、自然発生的、自発的にやっていた、あの汽車遊びの延長だと思われていた。彼女にはそれ以上何を知り得ただろうか？　まったく、彼女や、私生活が生き地獄である気の毒な「ニガー」に、一体どれほど知り得たというのか。

私たちは時々、〈上のグラウンド〉に本校生徒たちの試合を見物しに出かけた。グラウンドには、プレップスクールに続く小道との間に、鉄製のスイング式門扉がついていた。門から学校までは、二マイル〔約三・二キロメートル〕近く離れていた。私たちは三、四人で、扉の鉄柵の部分に足をかけて立ち、門扉を揺らしてみることにした。私たちの重みで、鋳鉄製の門柱が折れた。私たちは壊れた門を見て狼狽し、辺りを見回すと駆け出し、無事に学校の中へ逃げ込むまで一度も止まらず夢中で走った。

私たちは何をやってしまったのか？　数時間後、私はニガーの書斎へ行って告白する役目を押し付けられた。先生は面白がっていたのかもしれない。そうだとしても、そのそぶりを見せなかったが。私たちは壊したものを弁償しなければならなかった。費用は一人当たり半クラウン[40]で、私の場合は週三ペンスの小遣いから捻出しなければならなかったので、十週間小遣いなしで過ごした。得られた非常に大きな安心に比べれば、それはたいした代償ではなかった。あの時私たちは、ひどく怯えながら数日間を過ごした。これから一体どうなるのだろう？と。その答えを、私は未だに見つけていない。

私たちが創作したホラー物語に出てくる学校は、有り得ないほど酷いところだった。それが、私たちを襲った恐ろしい嵐の源泉だったのだろうか？　あれほどの大災害級の惨事は、とても言葉では説明できない。それらは、今でも私を苛む。今もそれを書かねばという気持ちに駆られているが、私が書いたことは、文字になったとたん、過度の特権を与えられた悪童らの生活の中の、退屈な瑣末事となるのだ。

六

ワイブラウさんは、私たちの花壇を審査して、最も優れたものに賞を与えていた。他のもっと有名なメリット勲章[41]と同様、その賞には何ら利点《メリット》はなかった。だが、私は当時まだ、自分にとって見たことのない珍しいものが持つ新鮮さや活力に触れる経験に、慣れていなかった。

私には二人の「友達」がいた。ヨークシャー[42]の農場主の息子で百戦錬磨の小柄な少年ヒートン・ローズと、ジョン・ダドリー・ハミルトンだ。私たちは友達同士ということで合意ができていた。AかBか、のようなものだった。一旦決まれば——神に誓って——ずっとそのまま、死ぬまで。ローズの花壇は、手入れが行き届いていて見事だった。それは他の追随を許さぬ出来で、彼が優勝することは誰の目にも明らかだった。反対に、赤毛のジョン・ダドリーが敗者だということも——もっとも、あんな園芸術への重大な冒涜たる案山子のねぐらを審査しようという者がいればだが。ハミルトン夫人は、私が恋に落ちてしまった相手だが、我が子の努力の成果を見ると、この上なく魅力的で美しい笑い声をたてた。ジョン・ダドリーは全く気にする様子もなく、植えてあった

40…英国旧通貨制度の硬貨。半クラウンは、二シリング六ペンスに相当（一シリング＝十二ペンス）。

41…Order of Merit。エドワード七世により一九〇二年に創設。科学、芸術、文化振興などの分野で顕著な功績があった人物に贈られる。勲騎士団Orderという名称でありながら、ナイト爵位を伴わない勲章である（サー／デイムの称号は使えない）。

42…イングランド北東部の地方。ただし、ローズ家の居宅は、学校（南東部ハートフォードシャー州）の近隣にある。

ゼラニウム――唯一の、だったと思う――を引き抜くと、放り投げた。母親に向けてではなく、花壇の外へ。

審査の時がきた。ワイブラウさんは目を鋭く光らせて巡回しながら、どんどん勿体ぶった様子になっていった。ようやく彼女は、エデンの園で神との霊的対話を通じて学んだ秘儀に精通し熟達した者として、ツタンカーメン王の棺の発見でも発表するかのように、優勝者を発表した。そう！ 優勝者は他ならぬJ・D・ハミルトン！ J・D本人は、これはまずいことになりそうだ、という顔をした。ハミルトン夫人は息子の勝利に、痛ましいほど顔を赤らめた。B・H・ローズは気性が激しかったが、その場では何も言わなかった。後で彼は私たちに、ワイブラウさんはハミルトン夫人の自動車を見て、乗せてもらうために「ごまを擦った」のだ、と言った。いかにもありそうなことだった。ハミルトン家は、学校の保護者の中で唯一、自動車を所有していた――レオン・ボレー[43]。

何年も後になって、ハミルトン夫人は、ワイブラウさんは低学年の少年たちには最も不適切な寮母だと思う、と私に言った。そう語る夫人の頬が少し赤かったのは、あの花壇コンテストの一件を思い出していたから、というのは私の思い過ごしだろうか？

ヒートン・ローズとダドリー・ハミルトンは、これ以上ないほど違っていた。ヒートンは小柄で頑強な少年で、彼がどうやってこんな私に我慢していたのか、見当もつかない。彼は明敏、聡明で厳しかった。私の記憶では、本校のある教師が我々の学年に授業を行なっていたとき――その教師は毒舌家で、この機会に十一歳のヒートンをだしに笑いを取ろうとした――ヒートンは、教師の仕打ちや、彼がやられる様子にクラスメートが追従笑いするのにも、募る怒りで真っ赤になりながら、よく耐えた。皮肉の流出が途切れたとき、彼は数ヤード離れた席の友達に向かい、はっきりと大きな声で、教師がまるで蓄音機か何かの機械仕掛けの物体でもあるかのように、「あれで受けてるつもりなんだぜ」と言った。この決め台詞の痛烈さを、それを発した人物の小ささが一層際立たせていた。口論するときには彼の声は苛立ちで震え、また語句の切れ目に「いいや nay[44]」が入ったが、私の知る範囲では私の両親も含めて、彼以外の誰もが「いいえno」と言っていたので、私は興味をそそられた。

ダドリーはそれに引き替え柔和で背が高く、情動の幅が広くて柔軟な表現力の持ち主だった。彼ほど本をむさぼり読む者を、私は他に知らなかった。彼は比喩的にばかりではなく、本当に本をむさぼり食った。私が彼と関わり始めた頃の経験の一つは、気がついたら彼が私の『キャプテン』誌[45]の全ページをあらかた食べ尽くしていたことだ。私は悲痛な泣き声を上げて、この人間イモ虫による略奪行為の非道を周囲に訴えたが、彼は猛烈に赤面しつつも私の存在を無視することでこれに応じた。他の生徒はみな、私の存否には全く無関心だったので、私は自力で彼と対峙するしかなかった。彼の方が身体が大きく、私に勝ち目はなかったので、私は彼が私の『キャプテン』のページを読んでは食べするのをただ眺めるしかなかった。

彼が園芸コンテストに優勝した当時、私たちは親しいといえる関係になっていた。私の考えでは、プレップスクールの年頃の少年たちは、未成熟な愛の域を越えることはない。私たちももちろんそうだった。ローズとハミルトンの「うちの人たち」が、時折——今思うと、非常に気前よく頻繁に——休暇に私を自宅に招いてくれた。不運な息子たちが親の軽率さのせいで我慢を強いられるように、親たちも私が彼らの友達だからという約束事を受け入れて何かと譲歩した。

私は、友人たちに親や兄弟姉妹との諍いがあると、こんな具合に駆り出された。

ダドリー：テューイー、出ていけよ。

43…フランスの自動車メーカーによるガソリンエンジン車。二十世紀初頭当時、自動車はまだ一部の富裕層のみが持ちうる贅沢品だった。原文ではLéon Bolletと綴られているが、正しくはLéon Bollée。
44…ヨークシャー方言と思われる。
45…*The Captain*。この頃人気のあった月刊少年雑誌の一つ（一八九九年から一九二四年まで発行）で、学校物語などの小説を掲載していた。

ステュアート：やだよ。
ダドリー（息巻いて）：出ていけ！　お前、臭いんだよ。
ステュアート：臭くないもん。
ダドリー：臭いよ。そうだよな、ウィル？
私：ええと……。
ダドリー：そらみろ！　分かっただろう？　僕ら二人とも、お前は臭いと思ってるんだよ。
ハミルトン夫人とローズ夫人は、それぞれ違う形ながら、ともに私のプレップスクール最終年を、今思うと私を閉じ込めていた苦悩の耐えがたい外骨格を打ち破り始める、転機の一年にする手助けをしてくれた。私は両親には会わなかった。ハースト校長は、彼自身が私たちには癒せない苦悩を抱えていて、それゆえ近寄り難く、ワイブラウさんはハースト校長の不幸な状況を自らの野心のはけ口にしようとし、またフレディ・セクストンのような人好きのする生徒をえこひいきしていた。私には、プレップスクールが冬だとしたら、ハミルトン夫人の人柄は春のように感じられたに違いない。
ハミルトン氏は優れた実業家、良き雇用主で、そのことは従業員らが彼に示す敬意から窺われた。彼の抜け目のない感じが私には怖かったが、それでも私は彼の才気煥発さには敬服していた。
ある日の食卓で彼が、賭けで一儲けしようと樽の中に入ってナイアガラの滝を下った人の話をした。「その男が成功したら、次に続く愚か者は紙袋にでも入って下るしかないだろう」。私は、これがあまりに可笑しくて、自分が小さな少年、しかも訪客で、大人の前で口をきいてはいけない立場であるにもかかわらず、大っぴらに爆笑してしまい、それを見たハミルトン氏やハミルトン夫人、その友人の大人たちも釣り込まれて笑い出した。「紙袋！」私はそう繰り返すと、また笑いだし、その様子にまた笑いの渦が起こるのだった。
あの休暇は、新たな発見のときだった。それまで私は、自分があれほど幸せな気分になれるとは思っていなかったはずだ。だからローズ家の居宅であるアーチャー・ホールへ移るときがくると、私は嬉しくなかった。私は自動車で連れて行かれた――それは自動車とは呼ばれていなかったが。その、まさに天国の粋を集めた真鍮飾り付きの神々しいクリーム色の逸品は、〈ザ・レオン・ボレー〉と呼ばれていた――私たちの世界にとって唯一無二のもの、我々の間にそれが存在するだけで光に包まれる私たちの世界にとって。

アーチャー・ホールは丘の頂上にあり、そこへは田舎道を折れてリブ川沿いの谷を通り、丘を登る長い私道を通って辿り着いた。その上り坂はレオン・ボレーにはきつかったようで、こういう表現が適切ならば、それは断末魔の叫びを上げた。車は、方向転換して走り去る際に、私だけでなく黒い油の斑点をも置いて行った。この斑点のおかげで私は、レオン・ボレーが文字どおりにも比喩的にも「臭い」ものだとされる新たな文化圏に入ったことを知った。「見ろよ!」ヒートンが斑点を指差して言った。彼の侮蔑は断固としたものだった。彼はそれ以上何も言わなかった。言う必要もなかった。その斑点の責任が私個人にあるかのような罪悪感を覚え、私は得意になっていた気持ちを押し止めて、ヒートンから暗記するほど聞かされていたプリンスの元へ向かった。

七

プリンスは、桁外れの巨躯に優美さを備えた荷役馬で、体高は九ハンド、いや十、十五、二十ハンドで、その名のとおり気高く、その美しさは言葉では言い表せない――シェイクスピアでもない限り。だが残念！　プリンスは作業に出ていたが、それでも私たちはしばらくの間、主のいない神殿でプリンスを崇めた。

ヒートンによれば、素晴らしいのはプリンスだけで、あとは尻つぼみとのことで、紹介されたキャスリーン、フェイス、マーシー、そのほか五人の弟妹は多すぎていちいち憶えられず、それからローズ夫人、この人はさすがのヒートンでも粗略には扱えなかった。夫人はふくよかな母親らしいタイプで、非常に威厳があり、愛情豊かだが侮ってはいけない人物、という様子を隠さなかった。ローズ氏同様、夫人もヨークシャーの旧家の出で、どちらの家系も三百か四百年は遡れるということだった。

ヒートンは、家族の成員や各自の家中での役割を紹介するのは時間の無駄で、早くプリンスに会いたいという気持ちを隠さなかったが、それでも辛抱してやってくれた――食料貯蔵室を手始めに。

ローズ夫人には、甲高く弾けるような笑い声を立てたかと思うと、すぐに止める癖があった。私に歓迎のキスをしたときもそうだった。夫人は、両親は元気かと尋ねたが、私は両親のことはすっかり忘れていた。親を思うのはホームシックと直結していた。だからこの手の質問には、いつも「おかげ様で、とても元気です」と答えることにしていた。『輝く夏の日』はもう沢山だった。実際、母は妹を連れて年初にインドに戻り、今は両親ともインドにいた。両親は厄介の種だった――週に一回手紙を書かねばならなかったからだ。

アーチャー・ホールでの暮らしには、私にとっては目新しい質素さがあった。ハミルトン家というと、私はいつも彼らの家の芝生の上に堂々としたレバノン杉の巨木が影を落とす夏の光景を思い浮かべる。ローズ家の方は、愛情に満ちた居心地の良い家庭には違いなかったが、そこでの生活は、冬の肌を刺す冷たい風の印象が勝っていた。遮るもののない丘の頂上では風が厳しかったが、夏の盛りは別で、その時期に私は時折ヒートンと一緒に学校から自転車で館を訪れた。玄関には鍵が掛かっておらず、中には誰もいないように見えた。私たちは食料貯蔵室に直行し、ケーキを勝手に取ってたっぷり食べた。そうして元気を回復すると、農場をうろつきながらヒートンのお気に入りの場所へ向かった。やがて、正確な腹時計が頃合いを知らせると、我々はローズ夫人に表敬訪問するべく母屋へ戻った。

夫人は、あの短い笑いで私たちを迎えてくれた。「あなたたちが来たと聞きましたよ」夫人は言った。「でもね、聞くより先に、食料貯蔵室の様子から私には『誰かさん』たちが来たって分かっていたの。大丈夫——ちゃんと作り足しましたからね」。その頃は、食べ物はいつでも「まだまだたっぷり」用意されていた。キャスリーンはいつも私たちの来訪を喜んだが、恥ずかしそうにしていた。美形のフェイスは不機嫌で、私たちの侵入に不快感を隠さなかった。

食卓にティー[47]の用意がされた。「二人とも構わないでしょうね？」ローズ夫人が遠慮がちに訊いた。「ティーに玉子を一個 an egg 出しても」。私たちは構わないと答え、頭の中で「玉子を一個 an egg」と言ったが実は「玉子二個 two eggs」、と注釈をつけた。一個は「アンノーフ un oeuf」[48]、だが二個だと「ドゥ・ゾウ」。差し迫る帰

46…馬の体高の計量に用いる、手 hand の幅に由来する単位。一ハンドは四インチ（約十センチメートル）。
47…「ティー tea」は、ここでは夕方に取る軽食。
48…フランス語。

りの時間に私たちの気は重かったが、自分たちの食べっぷりが心を軽くしてくれた。

これが夏の訪問の思い出で、楽しかったが、こうした機会は例外的だった。私が見るアーチャー・ホールは、農地にぽつんと建つ人気のない、冬の眠りに就いている広壮な農家屋敷だ。ローズ氏は風雪に鍛えられた顔で農地から農地へと大股で巡り歩き、時折立ち止まっては農場労働者と話すその姿は、繁栄を謳歌する英国にあって、厳しく禁欲的な農場生活の性質を象徴しているように思われた。英国はたしかに繁栄してはいたが、繁栄という決して破れない安らぎの衣をもってしても、この容易ならざる生活の苦労は覆い隠せなかった——ハミルトン家の富のようには。「臭いやつ」とヒートンは自動車のことを、鼻を歪めて呼んだ。だが、彼を含め農場の誰もが、それを妬むというより、単に暮らし方の違いと捉えている様子だった。多分、私は彼らを理想化しているのだろう。私は農場生活というものを、彼らが純粋に楽しんでいるようには楽しめない、と感じていたことは確かだった。

ヒートンは、豚をつぶすところを私が見たがるに違いないと考えた。私は、あの羊の惨事の記憶が残っており、自分にはとても耐えられないと分かっていた。だがそれを知られたくはなかった。キャスリーンが、私は見たくなどないだろうと言った。ヒートンは、私が恐れていたとおり、私のことを断るような意気地なしのわけがない、と言った——何と言っても、女の子ではないのだから、と彼はキャスリーンに言った。だが実のところ、私は自分がどんな女の子よりも女々しいと分かっていた——フェイスやうちの妹にも確実に劣っており、キャスリーンだって、少なくともヒートンに立ち向かったし、私から見て決して臆病者ではなかったので、彼女よりも下だったと言っていい。私は見に行った。だが、それで自分の男らしさを証明したなどとは思わなかった——少なくともキャスリーンに対しては。私は目を閉じたりそらしたりしていたので、ヒートンを誤魔化せたかどうか分からなかった。

この一件に比べると私個人の恐怖の程度は低いが、ヒートンにとっては強烈に屈辱的だったのが、牝牛をめぐる出来事だった。「お前たち二人、暇だろう」ある朝、ローズ氏が明るく言った。それは、観察した事実を定式化して報告するというより、定義的仮説を述べているようだった。「カーリーをマンデン家まで追って行ってくれ」。ヒートンは、大好きな従兄のボブに会えるという期待から、父親と話すときのいつもの警戒心をこの時は緩めて、行くことに同意した。

カーリーは、私道がリブ川を横切る辺りにあるバートラムの農地にいた。それはローズ氏が教えてくれた。彼が私たちに言わなかったのは――彼が言っていたとしたら、ヒートンの警戒心は目覚めないはずはなかった――カーリーが最近子牛を出産したという事実だった。もしローズ氏が私たちに伝えていたのだとしたら、ヒートンの洞察力を試すためにぼかした言い方をしたのに違いない。午前八時、私たちは首尾よくカーリーを見つけ、のん気にも子牛抜きでカーリーを追ってマンデン家へと出発した。私たちの読みでは、というより私には見当もつかなかったのでヒートンの、という方が正しいが、この仕事は大した苦労もなく二時間ほどで終わるはずだった。私道へ出る門までの最初の五十ヤード〔約四十六メートル〕が順調かつ迅速に進み、私たちが油断した隙に、カーリーは門を通過すると鋭く向きを変え、斜面を上へ――つまりマンデン家とは逆方向に――家へ向かって速足で駆けだした。

上り坂を走るのは楽ではないが、高い運動能力とは無縁そうな牝牛ごときに引き離されるのは、不愉快な驚きだった。カーリーはヒートンを大きくリードし、私にはさらに大差をつけて、我が子のいる農場構内に入った。それから約十五分間、この牝牛は自分が私たちよりも体力的のみならず知的にも勝っていることを見せつけた。カーリーは構内を知り尽くしていて、自分がこの農場で生まれ育ったと自負するヒートンをも驚かせた。私たちはやっと牝牛を追い詰めた、いや正確にはヒートンが私を立たせて隙間を塞いだのだが、私は、自分が立っていても実はそこは難なく通れるのだということをカーリーに見抜かれぬよう願っていた。空しい願いだった。牝牛は角を正面に向けて私の方に一直線に突進してきた。一瞬もためらわず――そんな時間はなかった――私は道をあけた。カーリーは嬉々として尻尾を振りながら、向こうへ飛び出して行った。ヒートンは怒りで我を忘れそうになったが、私に悪態をつかなかった。「なんで止めなかったんだよ、馬鹿野郎」と、震えて歯をかちかちいわせながら言うのがやっとだった。

カーリーはここで一息入れた。というのは私たちの負け惜しみで、三者のうちカーリーの疲労度が一番低いのは明らかだった。私たちが近寄ると、牝牛は逃げた。その繰り返しで、さらに十五分ほど過ぎた。ついにヒートンの怒りが爆発した。彼は牝牛に向かって土くれを一つかみ投げつけた。見事な狙いで、土くれはカーリーの頭に命中した。これにはカーリーも怯えた。速足で駆け出した牝牛を、私たちは程なくもと居たバートラムの敷地の門の内側に閉じこめた。四十五分間の激しい運動の末、マンデン家には一歩も近づけなかった。

ちょうどそのとき、カーリーの忌々しい子牛がモーと鳴いた。それを聞いたカーリーは、垣根の隙間を突破すると、我が子の様子を見に斜面を駆け上って行った。ヒートンが後を追った。牝牛の持ち主ではない私は、これ以上無関心を隠せなくなっていた。私は「どうどう」と時折静かに声を掛けた――カーリーを刺激したくなかった。私としては、もうヒートンとカーリーで好きなだけ農場中を駆け回ってくれて構わなかった。だが、クリケットの守備で地面近くでボールを追っていてボールが目に当たったときのことや、カーリーが頭を下げ鋭い角を向けて突進してきたときのことを思い出し、自分が立っている限り、農場内のその位置と周辺だけはカーリーに譲るまいと決めた――カーリーがそこを切望しない限りは。正午までにヒートンは、むろん私の助けもあり、カーリーをバートラムの農地に戻すことに成功した。彼は暑そうだった。私は自分も激しく息をして見せるのがせめてもの礼儀だと思った。

私たちは門に鍵をかけたが、なるべくカーリーを刺激しないよう注意した。そこはマンデン家ではなかったが、取り逃がすよりはバートラムの農地の方がまだましだ、と我々は結論づけた。気づかれないことを願って、私たちはそこを後にした。

午後、ローズ氏と顔を合わせた。「それでヒートン、どうだったか？　マンデン家までどのくらいかかったか？」

ヒートンは父親を用心深く一瞥し、目を伏せた。「子牛を生んでいたんだ」

「そうかね！」ローズ氏の興味は本物に思えた。「生まれてどのくらいたつ？」

「三週間」

専門的な会話が始まった。そこには少しの皮肉もなく、繁殖への関心以外に何の含みもなかった。私にはローズ氏がカーリーとその子牛のことを知らなかったとは到底思えず、自分の耳を疑った。当のヒートンは疑念を持ったとしても忘れているようだったが、一度は疑ったはずだと私は思った。

それから、「お前ならあの子牛をいくらで買うか、ヒートン？」

「えっ、わからないよ」

「言ってみろ」

「乳離れする頃になったら、考えるよ」

「お前にとっておいてやるぞ。一ポンドでどうだ？」

ヒートンは気色ばんだ。「いいやnay！」――お馴染みの「いいや」をそれに相応しい場面で聞くのは不思議な感覚だった。「いいや！　それは無理だ！」

「一ポンドは出せないって？　おい、ヒートン、あの子牛のどこが悪いんだ？」

「僕は子牛は見ていないんだ」ヒートンは譲らなかった。

「だが、母畜は見ただろう。あれはいい牝牛《カウ》じゃないか」ローズ氏は懐柔にかかった。

この議論は三十分も続いただろうか、父と息子がお互いを負かそうとして、機嫌を取ったり甘言を弄したり、怒りで赤くなったり、不公平に騙されたと文句を言ったり。それは真剣なやり取りだった。私はそんな会話はそれまで聞いたことがなかったが、その後もう一度聞く機会があった。ついにローズ氏がもう十分と思ったのか、うんざりした老猫がわが子を追い払うように幕引きに入った。

「カウ爺さんが」――驚いたことに、それがその牧夫の名前だった――「明日カーリーをマンデン家へ連れて行く。お前も一緒に行って、やり方をよく見ておいで」そう言うと、ローズ氏はゆっくり歩き去った。

私たちは行った。それは行なわれた[49]――いとも簡単に。だが、私たちにはどうやったのか分からなかった。

カウは、札付きの酔っぱらいだった。私は彼とローズ氏の会話を耳にしたことがあるが、それはあの父子の会話と同様、私には驚きだった。牛の話をするときは、カウ爺さんはいくら酒が入っていようが酔っぱらっていなかった。ローズ氏は農場主として、自分の言葉は守られるべき掟だという立場で話した。カウは牛を熟知した者として、自分の所見は尊重されるべきものという立場で話した。各々が、自分の領域では主人だった。各々が、境界線の位置をわきまえていた。カーリーも、熟練の牧人とただの人間の幼獣との境界線を尊重していたのかもしれない。

従兄のボブが、マンデン家で私たちを迎えた。鳩小屋には、「散らかったのを、まだ片付けていない」から、入れてやれないとのことだった。

「散らかったって、どういうこと？」

「いや、あれはひどかったよ！　うちの農夫頭の一人が、昨晩銃をもって小屋に入って、自分の頭をぶっ飛ばしたんだ。ひどい有り様だったよ」

今度ばかりは、ヒートンも私もそれを見たくはなかった。

日差しは朝もやを明るい黄金色に染め、鳩は胸を反らせて歩きながらクークーと鳴き、ボブは穏やかにヒートンと私に語りかけていたが、その間も「あの中」は「取っ散らかった」ままだった。私たちは母屋に入って昼食をとったが、とりとめもなく中途半端に重々しい会話は、何も厳粛なことが語られなかったために、余計にちぐはぐに感じられた。カーリーのせいで私たちのボブへの最初の訪問が台無しになり、農夫頭が二回目を台無しにした。とても平和的で創造的な農業は――「良心的兵役拒否者に最適だ」――私には暴力的で残酷なものだった。農場主は息子を厳しく教育する。農場主、父親と息子たち、母親と娘たち、彼らはそもそもお互いを愛していなかったのか？　言い換えると、もし彼らがお互いを愛していたとしたら、その他の我々は一体何なのだろうか？

一カ月ほど後に、ヒートンが従兄のボブに訊いた。「すっかり片付いたんだろう？」一瞬ボブはきょとんとして、それから前回途切れた会話の続きを話した。「ああ、あれか。やれやれ、片付いたよ」。あれで済まされた。その人はなぜ自殺したの？　知ったことじゃないよ。あの男のことは、もう話題にもならないさ。

前にも述べたように、それは天気の良い日だった――「悲しみのように柔らかく、古い名声のようにあざやかに」[50]雄鶏たちは草地に座り、私たちが近づくと面倒くさそうに羽をばたつかせて道をあけた。「こいつら物乞いみたいに居座りやがって」ヒートンは愛情を込めて言った。「銃があれば一発でどかせられるのにな」

「そうだな」ボブが言った。「俺は杖を銃のように構えてみたけど、やつら見向きもしなかった。鳩はもっとたちが悪いよ――有害だし。雄鶏は役に立つからね――二人とも、それじゃ、また近いうちに」

私たちは彼の家の敷地の境界で別れ、アーチャー・ホールに向かい大股で歩いて行った。

49…牛の種付けのことと思われる。

50…ヘンリー・ニューボルト（一八六二〜一九三八）の詩『帰航 Homeward Bound』の一節。原詩の該当部分は Soft as old sorrow, bright as old renown（本書原文では old sorrow を sorrow と記述）。

八

ローズ家で過ごす日曜日には、スタンドン[51]にある教区教会に行くことになっていた。ヒートン、キャスリーン、フェイス、マーシーと私は歩いて出掛け、終わると同じ道を歩いて戻った。私たちはみな、それが嫌だった。ある日、頭脳と気概を備えたキャスリーンが、ローズ夫人はじめ家族がいる場で、ローズ氏に向かって、教会に行くのは馬鹿げていると言い放った。みな仰天した。ローズ夫人はいつも私にモナリザを思わせ、夫人の怖さはレオナルドも知っていたに違いない根源から来るものだったが、そのローズ夫人は唇をわずかに引き締め、目からは微笑みが消えた。あるいは、それ以外に私が描写し得る変化はなかったのだから、そう思ったのは私の想像にすぎないのかもしれない。夫人は、なぜかと尋ねた。キャスリーンはひるまなかった――私は、彼女の勇気を称えて不朽の記念碑を建てることを唯一許された宗教詩人になりたい――そして、氷の塊と化した母親とは対照的に燃えるような瞳で、「私、フィルソンさんは馬鹿だと思う。訳の分からないことを早口で話しているだけだもの」――これは事実だった――「まるでオウムみたいに」

キャスリーンの非難演説が終わると、ローズ夫人は彼女に自分の部屋へ行くよう命じた。その日が終わるまで、彼女は部屋を出なかった。ヒートンと私は――男どもは――この成り行きを楽しんだが、何もしなかった。私たちに何ができたのか、私には分からないが……まあ、しょせんは彼女自身の問題で、私たちには関係なかった。私はこのときの自分の小心ぶりを、後年、簡単には笑い飛ばせない状況で思い出すことになった。私はキャスリーンに恋をしていたのだろうか？ そうかもしれない、ただし「私流のやり方で」、あまり犠牲を払わずに済むならば、という条件つきで。

昼食後は、皆でラッチフォードのチャペルに行った――トタン屋根の小さな箱型の建物に「ゴシック様式」の窓、その一つにステンドグラスがまだらに入っている――「後期トイレ様式」とでも呼ぶべき代物だった。ローズ夫人がハルモニウムで讃美歌の伴奏をした。私たちは洗い立てて身綺麗に変身し、だが見れば本人と分かる状態でそこにいた。聖パウロが美しい言葉で表現していた。「視よ、われ汝らに奥義を告げん、我らは悉く眠るにはあらず、我らは化するなり」[52]。我々はまさにそのとおりだった！　私たちは笑い死にしても不思議ではなかったが、その勇気はなかった。変化には、何か宗教が関係していたに違いない。というのも、あるとき、パッカリッジ[53]にあるフォーダムの店で働いていた若い男が、その日の客員伝道者[54]だと判明したのだ。彼の外見があまりに異様だったので――彼は確かに異様だった――私たちは彼に挨拶することができなかった。彼が私たちよりもとんでもなく劣等だったので、パッカリッジで会っても無理だっただろう。にもかかわらず彼は、私たちに会ったことさえないかのような顔をして、牧師がいるべき位置に立っていた。私たちの変身ももちろん完全ではなかった――丸顔に鼻水を垂らした赤鼻のわんぱく坊主という私たちの真の姿は、石鹸で洗ってこすっても完全に消し去ることはできなかった。

教会区を越えて拡散する「聖なる」ジョークがあるように、世俗の世界に村境を越えて地域社会が共有する秘

51…学校があるビショップス・ストートフォードの西七～八キロメートルに位置する村。

52…新約聖書コリントの信徒への手紙一、十五章五十一～五十二節。

53…スタンドンの北に隣接する村。

54…非国教会派プロテスタントの一派メソジスト（ウェスレー派）には、牧師以外の信徒伝道者が教区内を巡回して説教するシステムがあり、このチャペルもその一つと考えられる。

密もあった。その一つとして、「まもなく彼方の流れのそばで楽しく会いましょう」[55]と歌うとき、私たちはその礼拝堂がリブ川のほとりにあるのだということを、牧歌的かつ神聖なる横目の合図で確認し合ったが、我らがフォーダム商店の若者のような客員説教者は、そのやり取りから排除されていた。彼は、あの気の毒な間抜け者は、リブ川という名さえ知らなかったに違いない。

ローズ夫人は淀みのない奏者ではなかったので、時折、夫人が次の音を探している間、私たちは譜面上の音符よりも若干長く音を延ばして待たねばならなかった。だが、何とか最後まで乗り切り、礼拝が終わると、今日一日の宗教上の務めを果たし終えたという認識が、一種の緊張緩和状態をもたらしたようだった。事実、この状態が、カウ爺さんを躓かせ、礼拝が課すアルコール飲料に関する厳しい節制を破らせる要因だと考えられていた。やがて爺さんは、躓きを未然に防ぐには、そもそも礼拝に行かなければよいのだと悟った。それ以来、礼拝堂に彼の姿はなかった。

クリスマスになると、農場は、私にも馴染みがある祝祭事で一色に染まった。寒かった。池には、ラッチフォードの子供が全員乗っても割れないほどの厚い氷が張った。ラッチフォードは小さな村だが、集落というには大きかった。その当時、村人の全員がローズ氏に雇われた男女で、それ故にローズ氏がよく知る者たちだった――「それ故に」は、その当時は絶対不可欠な連結を表した。

私がクリスマスに招待されたときには、その機会は気前よく与えてもらったが、ヒートンと私はクリスマスイブの昼前に学校から到着した。子供たちが全員集まり、各自の自宅や村のあちこち、そして農場屋敷を飾るための常緑樹を採集しに出かけた。それは汚れと凶暴さを伴う激烈な時間で、作業自体と、その後にあるものへの期待感が気持ちを高揚させた。これに先立ち、であったのはありがたかったが、豚が一頭あるいは何頭かつぶされており、ガチョウも数羽クリスマス料理のために犠牲になっていた。

クリスマスイブのこの遠足には三十人か四十人ほどが参加し、年齢は上は十四、十五歳から下は八、九歳までいた。みなナタ鎌や剪定鋏を持っていた——小さい子は決まって植物の代わりに自分の手を切ってしまうので、普通のペンナイフだった。一時間もたたないうちに、私たちは当初のやる気を使い果たし、ツタや、果樹園の放棄された木に付いたヤドリギ、それにヒイラギなどを山ほど切り終えた。ヒイラギは嫌われ者だった。葉の棘が刺さると、ペンナイフでできる血生臭くも立派な切り傷よりずっと痛かった。一番大きな束はローズ農場行きと決まっていた。それには、村の親たちが自宅のちり一つない応接間が木の葉で散らかるのを嫌がったことも、少なからず関係していた。ヒートンと私が一緒に農場用の枝束を引きずって帰ると、それを女の子たちが飾り用に加工した。私たちは彼女らに作業を任せて満足していた。彼女たちも、私たちがやらかしそうな「お手伝い」などなくて結構だった。

それで万事順調にいった。ヒートンと私は、彼女たちがもたらした変化を「きれい」だと認めた。キャスリーンが最年長者として采配を振った。広い石敷きの厨房が最初に飾られたのは、料理人と台所の下働きとローズ夫人には「やらなければいけないことがある」からだった。女の子たちの飾り付けが終わる頃には、厨房から流れ出る温かいココアや焼き立てのパンとケーキの香りが家中に充満していた。

間もなく、子供たちが集まり始めた。村の子らによるハンドベルの楽団とキャロル隊は、村中を練り歩いて疲れ、空腹と喉の渇きを抱えて最後に農場屋敷に辿り着くのが恒例となっていた。ほとんどの子はココア用のマグを持参していた。バターとジャムつきの焼き立てパンには、皿は不要だった。元気を回復すると、子供たちはキャロルを三、四曲なかなか見事に歌い、それからまた飲食を勧められた——今度はもう、声が出なくなる心配もせず存分に食べられた。

次はハンドベルの出番だった。彼らは有名なキャロルを二、三曲披露した——実に見事な演奏だった。これほ

55…讃美歌『まもなくかなたの Shall we gather at the river』（新約聖書ヨハネの黙示録二十二章一節）。

どの好演を次に聴いたのは、その五十年後、息子の学校でだった。それからまた、ココアとケーキと笑い声。ようやく子供たちは夜道を賑やかに帰って行った――もちろん、家に帰り着くときにはもう半分眠っていたに違いない。

翌朝、ヒートンと私は、高地の凍てつくようなクリスマスの日の出とともに起床した。朝食の時刻には、私たちが起きてから何時間も経っていたことを胃袋に教えられた。ありがたいことに、朝食は私たちの必要を十二分に満たしてくれた。始めに、ポリッジ[56]に砂糖とクリームをかけて食べた。私は、父の習慣に倣ってそれをバターと塩で食べないことに、まだ良心の呵責を覚えていたが、砂糖とクリームの誘惑には勝てなかった。次に、レバーとベーコン、または玉子とベーコンが出てきた。だが、この季節に最上位を占めたのは、何と言っても特大のポークパイだった。

まず豚がつぶされ、その後村のパン屋のかまどで二百個ものそうしたパイが焼かれると、クリスマスに間に合うようにローズ家の親戚や友人、それからクリスマスのご馳走を用意できない貧しい人々に届けられた。それに加えて、下ごしらえした丸ごとのガチョウ合計二十羽が、同様の宛先へ送られた。ローズ家では、彼らが黙々と示すこうした厚意の受け手がどれほど貧乏かなどという話は一切聞かなかった。そうした貧困の存在は、酷いことだった。ああした個人による寛大な行為がさりげなく行なわれるのは、立派なことだった。そして、ローズ夫妻が自動車もラジオも持っていないのは、驚くべきことだった。本といえば英国の奇人たちについて粗悪な文章で綴ったシリーズの一冊が、ページの端に指の跡がつくほど読まれ、笑いを提供しているくらいで、彼らから他に本を読んだと聞いた記憶はなかった。何度読んでも面白さは褪せないようだった。

食欲とそれを満たす機会があるとその結果何が起きるか、私は予見するべきだったが、できなかった。クリスマス・ディナーを心待ちにするはずの時刻には、ヒートンも私もすっかり気分が悪くなっていた――かなり重症だった。その病状の性質――食物への忌避感、切迫した死の予感、母性愛への渇望――は、私の場合、母がそこにいないことで一層悪化していた。私たちは洗面所へ駆け込み、胃袋の重荷を降ろした。その後お互い確認し合ったところ病状はすっかり消えており、二人ともクリスマス・ディナーを残さず食べられる状態になっていた。ローズ夫人は、私たちは食べ過ぎたのだと言った。その指摘は夫人にも私たちにも当たらないと思われた。

盛りだくさんの昼食の後に、再び同じ症状が、今度は軽めに、だがもっと長時間にわたって現れた。食事中のちょっとした配慮——ローズ夫人の指摘を真に受けたわけではないが——と、午後から村のみんなと牧草地へ繰り出して新鮮な空気を吸ったことにより、症状は改善した。

次の日は、食事の後にウサギ猟が控えていた。漠然とした不安で——『あなたは疲れて力なく』と同類だが、霊的なひらめきのない部類の——私は何が起きているのか把握できなかった。家でキャシーと一緒に暖炉の前で過ごす方がよかったが、私の胃袋は屋外の空気が必要だと叫んでいて、結局胃袋が心に勝った。ヒートンはキャシーが苦手だった。彼は、あんな「軟弱」な子とつきあう男はいないと思う、と公言して憚らなかった。とにかく、彼が言うには、彼女は怒りっぽいのだという。私はそうは思わなかったが、後で彼女がヒートンに向かって話すのを聞いて、彼の言う意味を理解した。

クリスマスの日の午前中、ディナーが始まる前に、ポニーを繋いだ軽量二輪馬車にラッチフォードの子供全員のための玩具が積み込まれた。それから馬車はひどく気乗りのしない様子のパックという名のポニーに引かれて村を巡り、玩具が配られた。受け取った側の反応がどうだったか、聞いた記憶はないが、多くの人は、契約外に支給される給与の一部と受け止めていたのだろう。私は彼らが、雇用主は「プレゼント」を買えるように給与の一部を奪っている、と意識的に考えていたとは思わない。彼らは十分に感謝していたが、私はそこに永続的な愛情を見聞きしたり感じたりすることはなかった。ローズ夫人は感傷的な考えの持ち主ではなかったが、私は他者

56…麦などの穀物を水または牛乳で煮て作る粥。

を純粋に気遣う彼女の素質を疑ったことはない。
ウサギ猟は、誰も強制しようとしていないことは避けるという自分の技能を用いて、私は参加せずに済ませたのだが、あれは手荒で激しい農場でのスポーツの一つだった。猟の大部分は、野ウサギや穴ウサギを追って農場を歩き回ることに費やされた。当時はまだ、兎粘液腫〔ウサギの致命的疾患〕によりウサギの生息数が激減する前で、粘液腫が発生しているときでも、免疫を持つ種のウサギであれば放置することが今日ほど危険ではなかった。

私は、惜しみなく示された親切を、空想で曇らせて振り返ることを覚えた。だとしても、やはり強く残っている印象は、質素で厳しい生活のことだった。あまりに多くの動物が殺され、あまりに多くのきつく容赦のない仕事が為されねばならなかった。農場の生活は気晴らしが少なすぎて、私にはそれを教育的だとか、心身の健康に良いとか、お手軽に「生命の営み」を学べる機会だなどと考えられなかった。

九

ハミルトン家の暮らしは、全く異なっていた。彼らの家業も農業ではあったが、ガラスの温室で栽培する大規模で実入りの良いものだった。あるとき、ハミルトン氏は文化的向上心を発揮してピアノラ[57]を購入したが、彼は教養が高すぎて、この高価な玩具がもたらした幻滅感に堪えられず、最初に一度演奏したきり止めてしまった。

ハミルトン氏が仕事に出掛け、家の人々が日課の掃除で忙しい隙をみては、ダドリーと弟のステュアートとコリン、それに私は、この機械を試していた。それの機械としての属性は、美的品質より明らかに際立っていたので、それを徹底的に試してみた。『月光ソナタ』を最高速度で演奏させたときは傑作だった。ダドリーと弟たちは、同じ曲を逆向きに演奏させる方法もみつけた。だが、新たな発見があった一方で、できることには限界があった。それにハミルトン氏に遊んでいるところをみつかる心配も相俟って、この実験は断念した。私たちがピアノラを鳴らして、無意識にせよその腹立たしい欠陥を例証したら、ハミルトン氏がピアノラへの敵意をこちらにぶつけることは大いに有り得た。現実感覚のある少年たちには、その可能性は無視できなかった。

57…米国エオリアン社が開発し、一八九八年に発売した自動演奏ピアノの商標名。ロール紙に音の高さと長さに応じた穴を開けたもの（楽譜）を回転させ、足踏み式のフイゴから送った空気の風圧で楽器を演奏する機構。当時、自動演奏ピアノは欧米の複数のメーカーが製造販売していたが、最も普及した「ピアノラ」が一般名称として定着した。

ハミルトン氏は、自分には社会的義務があると強く感じていた。彼はボーイズ・ブリゲイド[58]——略してBB、と私たちのような事情通は呼んでいた——の幹部を務めることでそれを表していた。ある日、私たちは何か重要な記念日のパレードを見物しに出かけた。ハミルトン氏がレオン・ボレーで私たちをパレードに連れて行こうと待っているときの、小さなピルボックス帽〔浅い円筒型の縁なし帽〕に幹部の制服を着た彼の軍人然とした姿に、私はうっとりしたのを憶えている。また、パレードそのものにも見とれた——黒い制服に白ベルト、頭上に傾げて載せたピルボックス帽を顎紐で止めた、何百人もの少年たち！

私には、何事も起こらないように感じられた。私は、ダドリーも同じように感じていたと思う——二人とも、何かやりたかった。

しばらくして、私たちはダドリーの父方の祖母に会いに行った。彼女は酸素を吸入させられていた。それがないと、ハミルトン夫人によれば、死んでしまうとのことだった。彼女は「イエロー〔黄色 yellow〕」と言う代わりに「ヤラー」と言った。私は、それは非常に教育のない人の発音だと思った。ハミルトン夫人は、それは違うと言った。「ヤラー」と言ったり、「ライラック〔薄紫 lilac〕」を「レイロック」と発音したりする人はいる。それは無教育だからではなく、たいへん育ちの良い人が使う発音なのだ、ということだった。私はハミルトン夫人に「アット」についての疑問をぶつけた。英国行きの船に乗る際に母から、「ヒア〔聞く hear〕」のつもりで「イア[59]」と言ったり、「ハット〔帽子 hat〕」の代わりに「アット」と発音したりするのを耳にするだろうが、そういう人たちの真似をしてはいけない、と教えられた。それなのに、「ヤラー」や「レイロック」は、間違いだが言うのは構わないということだった。

ハミルトン家の邸宅はとても大きく、立派な調度品で埋め尽くされていた——あの、誰も触れていないのに鍵盤が上下する様子が滑稽なピアノラよりも、ずっと立派な物たちで。広い庭があり、よく手入れされた芝生と一本の大きなレバノン杉の木があった。

私たちはよく庭で遊んだ。ある日、私たちは鳥もちを買ってきた。『チャムズ』誌[60]に、鳥もちを注意深く枝に塗れば、それにくっついた鳥を捕らえられると書いてあったからだ。待てども鳥はかからず、かかるのは庭師だけで、その庭師は気難し屋で、私たちが大きな植木鉢を壊すのを嫌がったので、嬉しくない獲物だった。庭師が嫌がるのが私たちには嬉しくなかった。というのは、それによって私たちのカワウソ猟[61]が台無しになるからだった。カワウソ猟には——この遊びのことは、ケネス・グレーアムが『夢見る日々』[62]の中で説明しているのを何年も後にオックスフォード大学で読んだが、当時は私たちが独自に編み出した遊びだった——猫の協力が必要だった。最初の頃、猫は私たちに友好的で、信頼した様子で寄ってきて、ダドリーやステュアートや私が抱き上げて機嫌をとると喉を鳴らした。それから、猫が座って喉を鳴らしながら微笑している間に、一人が庭師の物置小屋から一番大きい植木鉢を取ってくる。次の段階は、最初から少し厄介だった。というのは、抱いていた者が猫を地面に降ろして引き続き撫でていると、猫は散歩の時間だと思ってしまうからだった。それでも、あまり

58…キリスト教少年団Boys Brigadeは、一八八三年にスコットランドの大都市グラスゴーにある教会の日曜学校を母体として、ウィリアム・A・スミスらによって設立され、全国（海外にも）に広まった組織。軍隊式の組織・訓練を通じて少年たちのキリスト教徒としての男らしさ、規律と自尊心の育成を目指している。

59…語頭の「h」を発音しないのは、コックニー（労働者階級が多く住むロンドン東部の下町なまり）の特徴の一つ。

60…*Chums*。一八九二年創刊の少年雑誌。ロバート・ルイス・スティーブンソン著『宝島』（一八九四年）などの冒険小説の連載や、フットボール上達法などの記事で人気を集めた。

61…本物のカワウソ猟は、英国では十九世紀後半に盛んに行なわれたが、猟犬と槍を持った使用人が獲物を追い詰めてなぶり殺す残虐な手法から、二十世紀初頭には人道主義者などによる反対運動が起きていた。

62…『楽しい川辺』（一九〇八年）などの作品で知られる英国の児童文学者ケネス・グレーアム（一八五九〜一九三二）による、童話や自身の子供時代の思い出を綴った随筆など八編からなる短編集『Dream Days』。猫にいたずらをする「カワウソ猟」について言及があるのは、実際にはグレーアムのもう一つの短編集『黄金時代 Golden Age』に収録されている『泥棒 The Burglar』という作品。

手荒なことをせずに、植木鉢を猫に被せることができた。猫が動揺して、興奮が頂点に達する寸前という頃合いで、クローケーのマレット[63]を持ったもう一人が、それを振り下ろして植木鉢を叩き割り、猫を解放するのだった。だから猫には幸先よい散歩の始まりだったんだ——とダドリーと私はハミルトン夫人に説明しようとしたが、彼女は、猫をあんなふうに庭中追い回すのは残酷だと言った。私たちは、自分たちならあのくらい平気だと反論し、それを証明するために猫の代わりにコリンで試してみることにした。今度は植木鉢では大きさが足りないので、大型の——巨大な、と言った方が正しいだろう——観賞用の花瓶をコリン用に使った。計画が頓挫したのは、コリンが末弟の扱われ方を知り過ぎていたからだった。ダドリーやステュアートが何か優しいことを言ったり、「鼻つまみ」よりましな親称で呼びかけたりすると、直ちに彼の警戒心は最高潮に達した。この遊びは、庭師が植木鉢のことで苦情を述べ、猫もすっかり非協力的になったので、おしまいになった。ダドリーが言ったように、「どうせうまく行きっこなかったんだ」

鳥もちの方では、一定の成果があった。すっかり諦めていた頃に、繁みの中でスズメがとても奇妙な動きをしているのを発見した。羽ばたいているのに飛び立てない様子だった。私たちはその小鳥が病気なのだと思い、おおいに同情し、捕まえて元気になるまで看病してやろうと決めた。コリンが何とか捕まえたものの、すぐに嫌気の声を上げて放してしまった——小鳥の体じゅうにべたついた汚いものが付着しており、コリンはそれを自分の服でどうにかぬぐい取った。ダドリーがはっと気づき、「鳥もちだ！」と叫んだ。そうだとも！　それは私たちの最初の獲物だった！　ぼんやりしているコリンを押しのけて、私たちは小鳥を手に取った。さっきの同情は撤回し、即座に鳥の首を捻った。私たちは、これは本物の狩猟の獲物ではないから、吊るしておく必要はないと判断した。

コリンに焚き木を集めに行かせ、私たち三人は羽根をむしりにかかった。初めこそ鳥もちに手こずったが、十五分も奮闘すると羽根は塊りのようになり、ずっと扱いやすくなった。何とかむしり終わり内蔵を取り除くと、肉はほとんど残らず、その肉もあまり食欲をそそるとは言えないものだった。それでも私たちは不要な部分——「嘴やら臓腑やら」——を切り落として焼いた。コリンは食べようとせず、「どのみち、奴は取り逃がしたようなものだから」——残る三人で山分けした。私が脚を選んだのは、それが一番吐き気が起きないように見えたからだった。私たちはそれぞれの分け前を食べ、美味しかったと言明した。

63…クローケー球技で、ボールを打つのに使う、長い柄のついた木槌。先端の槌は一般的に一から一・五キログラムくらいの重さがある。

＋

ハミルトン夫人は、いつも目に輝きと微笑みをたたえていた。三人の息子の母として、躾の必要性について他人に教わる必要はなかった。思い返してみても、夫人がどうやって正気を保ちながら滑稽を解する心も持っていられたのか、不思議だ。おそらく、料理人と二人のメイドが、私たちの度を越した悪さを夫人に逐一報告していたのだと思う。でなければ、私たちが航空学の実験を開始しようとした瞬間に、夫人が屋上に現れたことの説明がつかない。

私たちは、飛行機を作り上げていた。その計画が極秘裡に行なわれたのには、ダドリーが自分の母親について、私とかなり異なる見方をし始めていたことが関係していた。彼は、母親が面白いことを受容する能力を失いつつあると考えていた。彼の見立てでは、夫人は怖気づきつつあった。たしかに、スズメを焼いて食べたことへの夫人の反応は、温かみに欠けていた。さらに、夫人の私への明らかな高評価は、私の最も好ましくない性質に基づいているようだった。

ぱちんこ用のゴムの一件があった。ダドリーと私は小遣いをもらっていたが——当時は週六ペンスだった——二人とももらった日の終わりには無一文になっていた。この状況の釈明を命じられ、ダドリーは、ぱちんこ用ゴムの値段がちょうどその額だったのだと言った。ハミルトン夫人は、そんな下らない浪費をするのは馬鹿げたことだと言い、都合の悪いタイミングでこう付け足した。「ウィルフレッドなら、そんなつまらない物にお金を使ったりしないに決まっているわ」

「ところが、使ったんだな！」ダドリーが勝ち誇った気持ちを隠さず言い放った。

真っ赤になりながら、私は、自分はまさにその種の愚か者なのだと認めざるを得なかった。ハミルトン夫人が私への評価を公言したことにより、ダドリーは、私が実は「軟弱者」ではないか——彼の母親をはじめ誰もが知っていたことだが——さらに、自分の母親も同様に、判断基準を根っからの「軟弱者」の方向に偏らせる、ある種の妙な性癖を患っているのではないかという疑念を持った。私は、彼らの双方に対して面目を失った。

それから、〈おもちゃの兵隊の戦争〉の一件もあった。私たちはそれぞれ、錫の兵隊を数体持っていたが、馬鹿らしくてわざわざ時間をかけて並べる価値もないからと、遊んでいなかった。ある日、何の変哲もないおもちゃ屋のショーウィンドーに、小さな真鍮製の大砲を見つけた。私たちは、菓子を買いに店に入ると——ピンクと白のココナツアイス[64]は、四分の一ポンド〔約百十グラム〕につき一ペニーで、主に経済的な理由から「必需品」となっていた——ダドリーが何の気なく、その大砲について尋ねた。値段は一つ二ペンス、メッキではなく本物の真鍮製で、「それに、ごらん」と店主が言うには、「発砲できるんだ！」それは本当だった！　信じがたく思えるが、砲尾に穴が開いていて、砲口から入れた爆竹やねずみ花火の導火線を、その小さな穴を通して外に出せるようになっていた。爆竹はとても安かった。山ほど、多分一ポンドほどの量を六ペンスで買えた。爆竹を一つ外して導火線の方から砲身に詰めると、それはすっぽり収まる長さで、導火線を砲尾の穴に通したら——店主が実演して見せた——導火線に火をつける。それには、当然マッチが必要だった。導火線から少量の火薬に着火した途端、小気味よい爆発音とともに爆竹の残りの部分が本物さながらに砲口から飛び出した！

これで決まりだった。「ココナツアイス、取り消し！」ゲーリングのような口調で言った。「大砲を二つ下さい。それにクラッカーを一ポンドと、マッチも一箱」。最後の一品を巡り、少しの間揉めた。私たちはマッチを

64…アイスクリームではなく、ココナツの粉末にシロップで甘みをつけ、ピンクと白の二層の板状に固め、一口大にカットしたもの。

持つのを許されていなかったからだった。ダドリーは、私が買えばいい、私は彼の母親のお気に入りだから「お叱りを受ける」ことはないだろう、と主張した。私が異議を唱えると、ステュアートが明白な解決法に思い至った。コリンが買ったことにすればいい、その場にいないから抵抗もできないと。私たちは大急ぎで家に帰り、屋根裏へ駆け上がった。

　これらすべては極秘裏に行なわれたが、あれだけ足音高く階段を上り、屋根裏部屋に着いたとたん急に静かになれば、何かあると気づかない方が不思議だった。私たちが兵隊を彼我に分けて配置すると、ダドリーが「お前のマッチを借りてもいいかな、コリン？」と言った。

「僕、マッチなんて持ってないよ」。だがもちろん、私たちは彼を無視した。

「どうもありがとう」。彼は礼を言われて驚いたはずだが、彼の疑念は開戦によりかき消された。

　それはまさに大会戦で、初めは装填や点火に予想以上に時間がかかる気がしたが、私が撃った弾が、まだ火を噴きながらダドリーの弾薬庫に命中すると、その苦労は報われた。最初は引火しなかったが、やがて燃え出すと屋根裏部屋は爆竹が飛び交う地獄絵図と化し、私の爆竹にも引火してさらに大変なことになった。「卑劣な告げ口野郎」のコリンは、強い義憤を込めて「僕のマッチ！」と叫び、母親を呼びながらドアに向かって行った。幸運にも彼は、料理人と怯えたメイドに行き会った。二人は、我々が静かなので何をしているかと様子を見にきたのだが、火薬の匂いに気がついた。

　彼女たちは火を消し止めた。ハミルトン夫人は、ユーモアを解する心を失いつつある最初の兆候として、唇を引き締めた表情で、私たちは家を燃やしていたかもしれない、と言った。夫人は、このときは私をひいきする気はなさそうだった。我々三人はコリンにひどく腹を立てており、ハミルトン氏に大砲を没収されても気にならなかった。コリンは、「僕のマッチ！」と叫ぶことがどんな危険を招くかも考えなかったので、禁制品を持っていた罰に尻を叩かれ、それを見て私たちの溜飲は下がった。この世にも多少の正義はあったのだと私たちはしみじみ思った。

一つの見方として、ハミルトン夫人のユーモアのセンスの衰退と、ダドリーの秘密保持能力の増進は、互いに平行だが非ユークリッド的な線を描きながら傾いて進み、我々と三十フィート〔約九メートル〕下方の庭を隔てる、高さ十八インチ〔約四十六センチメートル〕の手摺子上で終結した。私たちの飛行機は園芸用の竹棒を使って作ったが、庭師は棒がなくなっているのに気づき、ハミルトン夫人に然るべく報告していた。棒は「決してほどけない」ように縛り合わせられた。機体や翼に布は使わなかったが、それは買う金がないという十分な理由によるもので、ステュアートは、布などなくても、どうせ見た目だけの問題だと言い足した。そこで、我々はその状態のまま、速やかに屋上から離陸させることに決めた。コリンが乗客には最適だったが、マッチの一件で、彼は告げ口屋で信用できないことが判明していた。私たちは、三人で飛行機を頭上に掲げ、全員が無事に軟着陸するまで決して機体を放さぬよう手を握りしめ、合図に合わせて屋根から飛び立つことに決めた。コリンは「何かが見える」のをヒマラヤ杉のそばの芝生で待っていたが、私たちの姿は煙突の陰になり彼からは見えなかった。このことで彼は興奮し、質問したり癇癪を起したりして、危うくすべてをぶち壊しにするところだった。

私たちが最終的な微調整を行なっていると、背後で屋根裏部屋から屋上に通じる扉が開き、ドア枠の中にハミルトン夫人、深刻な顔をしたハミルトン氏と料理人の姿があった。一体、屋上で何を企んでいるのか、と彼らは尋ねた。ちょうど昼食時分で、普段からハミルトン氏は帰宅している時間だったが、彼の存在はそのやり取りに確固とした重々しさを与えていた。私は、自分がその場にいなければよかったと思い始めた。

お前たちは屋上に出てはいけないことを知らなかったのか？　まあ、もちろん知っていたが、そもそも答えを要する質問ではないように聞こえた。私たちは、「今すぐ！」階下へ来なければいけなかった。私たちは行った。私は、とりわけばつが悪かった。この「今すぐ！」は他の二人と同様、私にも向けられていた。私も皆の一員だったが、この時それが慰めにならなかったのは、彼らが本当に私を自分たちの「一員」だと思っている確信を少しも持てなかったからだ。一員には程遠かった。その日、後でハミルトン夫人が「平静に」話していると き、ダドリーに、あなたたち三人は危うく死ぬところだった、よくても大怪我は確実だった、それを分かっているのか、と尋ねながら彼の髪を撫でる夫人の様子が、悲しそうで、まるで彼の不在を寂しがっているようだった。彼とステュアート、コリンは、夫人のすぐそばにいた。私は自分が役に立つどころか邪魔者なのだと感じた。夫人が私に直接何か言ったわけではなかったが。私は久しぶりに母や父、妹のことを思い出し、ホームシックになった。さらに、私は初めて、ローズ夫人の元にいる方がましだ、とさえ思った。私はローズ夫人が怖かったが、夫人はフレディ・セクストンの死に動揺した。彼は学校で死んだが、死因となった虫垂炎は、彼がアーチャー・ホールに滞在した週末に感染したものと信じられていた。誰が敢えて自分に罪悪感や内省を課すだろうか、親のいない子のために？ 私は当時、自分を受け入れてくれる家庭がどれほど重い責任を負っていたのか、気づいていなかった。

あれは恐らく、猫の非協力と、戦闘用爆発実験や航空学、調理のための場の不足が私たちの想像力の源泉に圧力をかけていたこの時期のことだが、私たちは果樹園に我々四人が入れる大きさの立方体の穴を掘り、粘土層の壁の一方に小さな炉を作った。天井は板で塞いだ。全員で穴に入り、火を盛んに燃やすと、中は息苦しいほど暑くなり、そのせいかコリンが怒りだし、彼は臭いということになった。彼は追い出された。だが、彼はビリアードが得意で、それゆえ父親のお気に入りだった。今度は私たち三人が除け者になる番だった。私たちはビリアードをしなかったし、出来なかった。

私たちはハミルトン夫妻を引っ張って行って、自分たちの「家」を見せた。二人は心から、はっきりと分かるように感心した。翌日、ハミルトン氏の指示により、私たちに相談もなく、その穴は埋められた——あの天井板が、果樹園で働く人々にとっては巧妙に隠された落とし穴になるからだった。

これが私たちには打撃となり、私たちとハミルトン夫妻との間に敵対関係を生む一因となった。私たち全員の上に何か奇妙なことが起きていた。毎日がつまらなかった。何か面白いことができないか？ダドリーが、ダックと呼ばれるいかがわしい人物を言いくるめてウッドバインのタバコ[65]を一箱買って来させ、ハミルトン家の敷地に続く野原へ行って二人で吸った。スリルは突き放すような罪悪感によって損なわれ、私たちが吐き気を催したことでますます削がれた。「ありきたりな気晴らしでは、我々の気はもはや晴れない[66]」。要するに、私たちは退屈していた。

65…英国W.D. & H.O. Wills社製のタバコの銘柄。ウッドバインは、フィルターの付かない低価格品。
66…桂冠詩人ロバート・ブリッジス（一八四四〜一九三〇）編纂の詩選集『人間の精神 The Spirit of Man』（一九一六）の序文からの引用と思われる。

十一

私は、その退屈さは時折軽減されること、また罪悪感と退屈が混ざるともっと面白いものに変化することに気づいていた。宗教的な人なら、「悪魔が我々の中に入って来た」とか、初期の段階であれば「サタンが暇人の手に仕事を与えた[67]」と表現したかもしれない――含意のとおり――私たち自身で、何かやることを見つけない限りは。その「何か」は、面白いものであってはいけないことは明らかだった。だが、退屈しているときに、何か「別の」、だが同様に退屈なものを探し出すのは困難なことだ。

ある晩、私は寝間着を着て寝台に横たわり、ダドリーが自分の寝床に就くのを待っていると、彼は突然、自分の腰に巻いたタオルをはぎ取ると、格闘を挑むかのように私に飛び掛かり馬乗りになった。「さあ、どんな気持ちがする？」彼は尋ねた。私は身体的には何も感じなかった。精神的には退屈と失望感があり、それはダドリーにもすぐに伝わり、彼は何度か組討ちしようと試みて無駄だと分かると、離れた。私はひどく失望した。私には自分が何を求めていたのか分からなかったが、自覚していたのは――そして、その自覚は時とともに強まった――私がそれを切望していることだった。私は、ダドリーに続けるよう促せばよかった、そうすれば彼が何をしようとしていたのか分かっただろうに、と思った。だが今思うと、ダドリーも私と同じくらい分かっていなかったのだろう。

何年も後に、この話を私の精神分析者にしたところ、彼は、間違いなく私は分かっていたのだと言った。これは今の私が思うに、欲求不満というものが持つひどく不快で苦痛を与える特質や、それが恐れや罪悪感と一体となってあらゆる形態の性的なものに対して抱く絶対的な憎悪と嫌悪感に非常に大きく寄与していることへの、無理解であった。隠れてこそこそすること、罪の意識、欲求不満、それらが代わる代わる、あるいは全てが一度に——それが、私が何年もの間、人生の最も感じやすい年頃に経験したことであり、情熱的な愛情が迸り出るはずの母体であった。

ダドリーと私は、不毛な感覚を募らせながら、その後も勝負や格闘を続けた。唯一の公然かつ明白な情動的経験は、無意味さがお互いへの反感、正確に言うと憎悪へと発展したときだった。私はその後もまた彼のところに滞在した——過去の滞在との違いは、私たちが欲望を掻き立てるような状況を避けたことだった。私たちは、戦後にも一度会った。それが最後だった。私たちは学校では、距離を置いていた。

ハミルトン家での日々は、贅沢さ、温かさ、ほとんど享楽的といってよい快楽の典型だった。ただし、ハミルトン夫人は私たちに出来合いの娯楽を与えることを良しとはしなかったが。ローズ家もそれに劣らず裕福だった。彼らはヨークシャーとワイト島に農場を所有し、さらにハートフォードシャー州に居宅があった。「あの頃は」戦後にローズ氏が私に語った。「農業で儲けが出せた。今じゃ、ヒートンはやっていけないし、私がやったとしても無理だ」。私には、それが厳密に正しかったのか疑わしい。丘の上の農場屋敷の暮らしは、快適で贅沢以外の何物でもなかった。だが、夏の間でも、あのなだらかにうねって広がる農地や生垣が、冬の厳しい風の下で過酷なむき出しの姿に変わることが容易に想像できた。ヒートンも父親も、気性の中にその冬があった。マンデン家のボブにもあった。

ローズ家では、私は一人の少女への欲求を感じたが、その感じ方はハミルトン家にいる時ならば奇妙に思われるものだった。キャシーは美しい娘で、長身ですらっとしていた。彼女は物言いが直截で、気性が激しかった。

67…小人閑居して不善を為す、の諺。

私は彼女とその母親との際立った対照を記憶している。母親は炉火のそばにモナリザのような平静な表情で座り、キャシーが燃えるような眼をして父親と対決しているのを眺めていた。

ローズ夫人を、私は恐れていた。彼女の母性愛の深さには、どこか時を超越したところがあった。だが、私が母子の間にあるはずと思っていた情愛は、彼女と息子たち、娘たちとの接し方において、私にそれと分かる形では見られなかった。キャシーの紅潮した顔や輝く目は、私には理解できた。彼女の母親の冷たい凝視は、私には屋内の居心地のよい暖炉の灯りのそばよりも、屋外の農地に相応しいように思えた。私がアーチャー・ホールで学んだようで学ばなかったのは、育ちというのは容赦ないものだということだった。品の良さや礼儀正しさは、感情が不在あるいは一時停止しているときには、表面を美しい虹色の輝きで覆う。ダドリーとの間では、友好的な取っ組み合いは欲求不満や憎悪に変わった。ヒートンとの間では、友好的な取っ組み合いなどなかった。屠畜、流血、冷たさ、愛憎で生き生きと燃えるキャシーの目――これらが私が見て知ったものだった。だが、私は自分が見たものの意味を知らなかった。ハミルトン家とローズ家は、私にとって時間割には載っていない教育を与えてくれていた。我見たり、しかして負かされり。[68] 私には分からなかった。

十二

ローズ家とハミルトン家での家庭生活は、モーガンの退学への反感に端を発した解放を継続するものだった。これら一連の変動は、おそらく自由の感覚の根拠というよりは、思春期の兆候だったのだろう。その自由の感覚とともに、私は同級生らとともに本校へ進学した。

再び新入生をやることには不安があった。ローズはこれを上手く切り抜けて、フランキー・ロードとスパージョンという、分別があり親切な二人のシックスフォーマー[69]のファッグ[70]になった。ローズは持ち前の気力と意欲により、有能なファッグとなった。彼の友人と思われて――私自身の輝かしい美点のためではなく――私は、運動の得意なモーガンというシックスフォーマーと、彼と勉強部屋を共有する[71]ニコルスのファッグに選ばれた。モーガンの長所は、プレップスクールのあのいじめっ子の親戚ではなく、奴とは全く似ていないという点だった。彼は機敏で有能だったが、あろうことか私にも同じ特質を期待した。ニコルスは頭が良い一方で、運動で頭

68…ジュリアス・シーザーが戦勝を伝える際に書いたとされる有名なフレーズ「Veni, Vedi, Veci（英語でI came, I saw, I conquered、我来たれり、見たり、勝てり）」のもじりと思われる。

69…パブリックスクールで、最高学年の2年間をsixth formといい（高等学校に当たる十六〜十八歳）、この学年の生徒をsixth formerと呼ぶ。

70…パブリックスクールの慣例で、上級生が下級生を雑用係fagに指名し、寮の勉強部屋（次註参照）を整える、食事を勉強部屋へ運ぶ、洋服や靴の手入れをするなど、身の回りの世話や使い走りをさせていた。

71…最上級生には、勉強部屋として二、三人で共有する個室が与えられ、勉強のほか食事もそこで取ることができた。

角を現すには不器用すぎるとの評判で、私もそのとおりだと思った。私は身体が大きく、ぼんやりしていて、信じ難いほど無能で、また、自由を手にしたと言ったが、その途端に私は青年期の苦痛に嵌まっていた。私はファッグの務めを果たすのに苦労した。トーストを焼く――「また焦がしたのか、くたばっちまえ！」暖炉の火に気を配る――消えている？　いつもというわけではなかった。紅茶を淹れる。消耗品を補充しておくのも私の仕事だった。見通しを誤ると、頻繁に〈スイス・ミルク〉の缶を借りに走ることになる――私たちは缶入りの加糖練乳や無糖練乳をそう呼んでいた。私の声は太くなり、制御が難しくなっていた。私は「スイズ・ミルカはある？」と、判で押したように悲し気な調子で発するこの台詞で、一躍有名になった。私が登場すると、「スイズ・ミルカ」の掛け声が飛んだ。私は「ミルカ」を直そうと頑張ったが、だめだった。後に「コンデニー〔コンデンスミルクの俗称〕」と言い変えたが、すでに遅かった。私のあだ名は、上級学校に上がるまで「スイズ」だった。それ以降は、この呼び名を使うのは私の親友ダイヤーだけになった。

二学期間ファッグを務めると――それには特典もあったが――二人は我慢の限界に達した。私はくびになり、生徒談話室にいるその他大勢の一人に戻れて、大いに安堵した。私は役立たずだった――ここで落第したことに、私は深く感謝した。

学校における性的風土の特徴を言葉で描写するなら、〈非国教徒健全派〉というところか――そもそも、性が描写に相応しい対象と認められていたならばの話だが。この健全さは、第一に、学校を無傷な状態、一種の巨大な性の圧力調理鍋を沸騰点近くでふつふつと煮え続ける状態に保つことで達成され、そのために非の打ちどころのない誠意と用心深さを備えた二、三名の教師が監視の目を光らせていた。この男たちが、彼らほど手堅くはないが同様の監視眼を持つ生徒の組織を補佐として、名誉あるスパイ活動の中心的諜報網を構成しており、後に記憶されるところでは、校長は説教の中で、仲間を裏切ることが自分たちの義務になったことに気づいていない生徒のことを話して、それに少し触れた。この諜報網の役割は、もし鍋のどこかから少しでも蒸気が漏れようものなら感知し、直ちに然るべき筋に報告することだった。それを受けて、大砲が持ち出されたが、実際に発射されるのは、性についての心地よい会話という小火器用銃弾だった。私はこれを至近距離で目撃する特権にあずかった。と言うのも、驚いたことに私自身が嫌疑を受けたからだった。驚いたと言うのは、性的な禁欲主義のいかなる感覚からでもなく、私に突然訪れた光明が、「他の生徒の食事に毒を入れる」、どこかへ遣られる、のたくり、放校処分、そして多分――定かではないが――気の毒なハースト夫人の精神病院への収容は、どれもすべて同じことだと気づかせたためで、私は行った者が誰一人戻らないあの領域には、もう決して近づかないと決意した。

私は、ある教師ととても居心地のよい、思わず打ち明け話をしたくなるようなお茶の時間を過ごしていた。私はその教師を敬慕していたが、いつも遠くから拝むだけだった。彼は音楽教師で、ティドマーシュ先生といい、猛烈な規律主義者で、全卒業生の敬愛の的だった。同窓会の日には、彼の研究室は、私も聞いたことのある著名な卒業生が一人残らず立ち寄る場所となっていた。その部屋からは、風格のある明るい笑い声が聞こえた。まさにその部屋で、私は菓子パンやケーキ、炙ったスコーンとジャムの素晴らしいご馳走をたらふく食べていた。しかも、客は私一人きりだった。やがて、すっかり寛いだとき――私は、寒い冬の日に供される温かいバター付きスコーンの鎮静作用には、誰よりもよく反応する性質だった――生徒談話室からかすかに聞こえるざわめきを背景に、彼は私に「今まで、何か困ったことはなかったかね」と尋ねた。「いいえ」私は即答した。

暖炉の火灯りで、私は彼がこちらを見ているのが分かったが、それは食い入るようにでも物珍しそうにでもなく、同情的な眼差しだった。「いいえ」私は、こんどは彼が何のことを言っているのか分かっている自信があったので、意図的に、確実に嘘をついた。それを定式化することはできなかっただろうが。会話は、当たり障りのない話題に移った。暖炉のほかに灯りがなかったのは幸いで、さもなければ彼に私の赤い顔を見られていただろう。

一週間ほど経つと、私はもう罪悪感に耐えきれなくなった。私は彼に面会を申し込んだ。私は白状した。彼は非常に思いやりをもって対応してくれた。他にやっている生徒を知っているか？　これには私は嘘をつく必要はなかった。「いいえ」私は答えた。もし知っていたならば、あれほど耐え難くはなかっただろう。それはずっと続いていたのか？　どのくらいの期間続いたのか？　一年くらいです。それから徐々に減っていきました。私は彼に、どのくらい続けたら精神に異常を来すのか、と訊く勇気はなかった。私は、自分が当時すでに自分に許された期間を使い果たしていたことを知っていた。あと二年何とか持ちこたえれば、多分逃げ切れるだろうと思った。私は精神障害の兆候を見逃さないよう注意しようと決めた――あの恐ろしい初発症状！　あれがやって来た、あれが私を捕らえたと知るのは、何と恐ろしかったか。だが――とりあえず大丈夫だった。神よ感謝します！　私はその晩、熱意を込め、跪いてそう祈った。

私は、心地よい会話には二度と呼ばれないよう注意した。それで大丈夫だという思いは、長続きしなかった。私は集団スポーツに打ち込んだが、幸い私はそれらの競技に秀でていた。上手くプレーできることは重要で、下手だと、それ自体が悲惨なだけでなく、忌むべき堕落が進行している徴となるのだった。時とともに、私は宗教を憎悪するようになっていった。宗教は効き目がないのと同時に、性的快楽の妨げとなった。私の孤独が破られることはなく、そのことが、当時の私は気づかなかったものの、この疫病が私たちの間にいかに蔓延していたかを示していた。

このとき以来、性は一定の評価を得た、と言うのは不公平だし見当違いに思える。それは定期入場券のようなもので、持ち出せばほぼいつでも居心地のよいお喋りとたいそう美味しいお茶と菓子が与えられた。すべての教員がそう考えているわけではなかった。例えば、チャールズ・メロウズ先生は極上のお茶の時間でもてなしたが、性の話にしなかった。生徒が、そろそろ純粋にプラトニックな親密さへの、かすかに感情のこもった微妙に悪魔的な誘いがくる頃かと思うと、彼は立ち上がり、歯の間から息を吸い込み、体重を左右の脚に素早く交互に移し替えながら、生気のない放心したような目で、お茶の時間の終わりをほのめかすのだった。そうすると、生徒は出て行くしかなかった。

サットン先生――ボビーと皆に呼ばれていた教師――ならば、生徒を対等な相手とみなして会話した。性などの個人的なことも、望むならば、内密に話すことができた。一方で、本について語ったり、ベゴニアを鑑賞したり――彼は熱心な園芸愛好家だった――レコードをかけたりもした。

性は、しかし、そう簡単に笑って済ませられるものではなかった。ある寮《ハウス》は、特に悪評が高かった……何によって？ そこの寮監は大柄な男で、その豪快な快活さや、厳格なゲルマン的規律主義、美的感性ゆえに恐ろしかった。彼の内気な近眼の妹が、〈寮母〉を務めていた。その寮の生徒の幾人かは、彼の趣味に付き合う恩恵に浴していた。ある種の荒々しい狂信状態が、彼の神の安全な砦に乱入しろと皆を挑発していた――ただし、言っておくが、神といってもあの〈全知全能〉の、ではなく、寮監が前面に立ち、〈ほぼ全知全能の〉神は、必要なときにすぐ相談や助言ができる場所で控えている、ささやかな協力者という印象だった。彼は自分の寮の外では人気がなかった。寮の中では、彼は人気があると、もちろん当人によって、考えられていた。少なくとも、彼の寮生に媚びへつらいの能力は無用だという声は聞かれなかった。

その当時、本校全体の早朝の祈祷は、学寮《スクールハウス》の談話室で行なわれた。彼が堂々と、まるで巨大な戦艦が蒸気を上げて投錨地目指して近海へと航行するように登場すると、自然と歌声が沸き起こった。ティドマーシュ先生によって鍛えられた学校の聖歌隊は、熱心で非常に巧かった。イースト・アングリア地方の非国教会系の学校に相応しく、[72] 当然のように宗教的だった。つまり、そこには深く根付いた宗教的性質があったが、一流のパブリッ

72…イースト・アングリア地方（イングランド南東部諸州）は、非国教徒の比率が比較的高い地域で、十七世紀のピューリタン（清教徒）革命の拠点にもなった。

クスクールに発展してからは、騒々しさも熱意も減退してしまった。当時はまだそうなってはいなかった。〈偉大なる人物〉が航行すると、彼への賛美の歌が始まった。「〈栄光に輝く王〉とは誰か？　〈栄光に輝く王〉は彼なり、〈強く雄々しい主〉、〈雄々しく戦われる主〉よ[73]」

私には、彼がそのことに気づいていたのか、気づいていたとしたら、何らかの点で不適当なことだと思っていたのか、分からない。彼は水泳教師だった。学校の屋内水泳プールは――その当時のイングランドでプールを備えるほど開明的な唯一の学校だったに違いない――彼の支配領域だった。私たちは楽しむために泳いでいたので、学校で水泳に熟達した。彼が泳ぐのは、楽しみのためではなかった。彼は、言わば魚類学的に、泳ぐように出来ていて、泳がなければ死んでしまうかのように、泳いだ。彼は科学的に浮かび、両腕を伸ばし、両脚も伸ばし、つま先を水面から出し、毛深く、健康的で、〈神聖な〉、〈理想の肉体美〉そのものとして、プールの中央に横たわった。

気の毒な男。彼は長年忠実に職務に励んだが、ある日妹とともに忽然と姿を消した。解雇か？　辞職か？　その頃には戦争が始まっていた。私は、我々を取り巻く探知不可能で探知されていない地雷に辟易として、自分の性生活を「神よ、私を自涜からお守りください」という類いの投げやりな祈りにまで切り詰めていた。私はもう何が起ころうと構わないと思った。神にだって他に用事があるだろうと思った。

性や、居心地の良い性、非常に稀で興奮をそそる、「食事に毒を入れる」類いの大文字表記の性などとかかずり合う合間に、私はスポーツをやり、学校案内によく記載されているような学科に取り組んだ。私はこれらの、より一般的に認められる活動を疎かにはしない。私がここで言っているのは、学校とそこにいる個々人の精神生活のことだ。

73…旧約聖書詩篇二四篇八節。讃美歌『門よ　かまちを上げよ Lift up your heads』の一節か。

十三

この学校は、品行の良さで知られており、そのしるしの一つは、悪態語が聞かれないことだった。ある生徒は「ブラム」[74]というのを考案して使っていた。「ちくしょうblast」は、度を越さない範囲で許容された。「ちぇっdrat」[75]は、教師も使った。校長はどんな状況下でも平静な表情を崩さなかったが、あるとき校長が数学の授業を行なっていると、外の道で牽引車が蒸気音を上げながら路面の砂利を均していた。校長は大声を出す人ではなかったので、当然話がよく聞き取れなかった。この時ばかりは、私たちは平静を保ち、常分数の複雑さに関する説明の間――聞き取れなかったものの――じっと耳を傾け続けた。とうとう校長は音を上げた。彼は私たちが時折発した、聞こえませんというもっともな苦情に、気が鎮まるどころか苛立ちを募らせ、ついに「何なんだdrat、あの牽引車は!」と叫んだ。私たちは、その罵り言葉のあまりの大人しさと、それがそもそも発せられたという事実の両方に、仰天した。校長は運転手のところへ生徒を使いにやったが、その子は校長の希望をうまく伝達できなかった。その時限が終わるまで、校長の顔に――話は聞こえなかったが、少なくとも姿を見ることはできた――いつもの高潔な表情は見られなかった。彼の高潔な表情は、特に説教をしたり、優秀生徒表彰日や他

74…原文はblam。一般には、銃声などの「バン」という音を表す間投詞。

75…「ちぇっ」のような不快を表す、比較的穏やかな罵り語。女性がよく使う。"May God rot him/her/it"(神が~を台無しにしますように)の転用という説がある。

の機会に、両親や賓客がいる場面で演説したりするときには、一段と引き立って見えた。「立派な顔」だと大方の意見が一致していたが、羨望と中傷が働いている、あら捜しの好きな一部の少数者たちは別だった。後年、著名な芸術家が委嘱されて彼の肖像画を描いたときには、味方も敵も一致して、その絵が彼の表情を完璧に捉えていると評した。味方は、彼の内面の立派さがキャンバスから輝き出ていると断言した。その他の少数派も、内面の表れという点では一致したが、それは彼が便所でいきんでいるような表情だと主張した。私が彼の出身校であるオックスフォード大学に入学して、彼の学生時代を知る教授の一人に遭ったとき、その教授は彼を評して「あれは、抜け目のない奴 downy old bird だった」と言った。これは私には軽い衝撃だった。私は彼を「高潔」と信じる一派に属していたからだ——それは今も変わらない。この描写に信憑性を与え、英雄崇拝によって損なわれているという批判の余地がないような批評を求めて、私は自分の心を探ったが、おそらく彼は私に、満足に羽毛 down もそれと同等のものも揃わないまま天上界へ舞い上がろうとした私の野心を想起させる存在だったのではないか。学生時代、私がひな鳥だった頃、宗教は私に柔らかい精神的な羽毛を与えた。そうした私が持っていた性格の固さは、性格形成において発達するべき「脊椎」よりも、身体に付着した卵殻のかけらに似ていた。

日曜日のティーの時間の後には、自主的な祈祷会が行なわれていた。学校当局が、そのための教室を提供、あるいはその使用を黙認していた。私が最初にそれに気づいたのは、教室から厳粛な様子の生徒たちが出てくるのを見たときだったが、その中に監督生[76]が何人かいたので、好奇心を露わにしすぎない方が無難だと思った。私は「鈍いやつ」呼ばわりされたくなかったが、それは私には「食事に毒を入れる」と逆数の関係にあるように思えた。私は立ち去った。

時を選んで、私はヒートンに尋ねてみた。彼は機敏で、私とは違っていつも目端を利かせていたので、たいていのことは知っていた。彼は、人目を気にするように、それは祈祷会だと言った——例の、〈祈祷会〉だと。

それならなぜ、合図の鐘が鳴らないんだ？

ああ、何ていうか、非公開の集まりなんだ——でも、もちろん誰でも参加できる。

ヒートンは出席しているのか？——彼が行っていないことはよく知っていた。

「いいや」彼は答え、唇をきつく結んで顔を赤らめる様子は、以前彼が父親と値切り交渉をしていたときと同じだった。「俺が入っていくところを、見とがめようったって無駄だぞ」。私には、誰かがどこであれヒートンを見とがめることなど想像できなかった。彼はまだひよっこ downy ながら、用心深く抜け目がなかった。

「連中、何をやるんだ？」

「ああ、祈ったり、そういうことだよ」

「プライス兄弟が出てくるのを見たよ」。プライス兄弟はシックスフォーマーで、とても優秀な運動選手たちだった。「彼らは一体そこで何をやってるんだ？」

「いいや。自分で聞いてみろよ」

これはつまり、私が鈍いやつだ、と言っているのと同じだったので、私は口を閉じた。もし、これが豚が潰されるところだったら、ヒートンは何を訊かれても赤面しなかっただろう。それはちゃんとした神が関知することだ。だが、〈祈祷会〉は別の礼典書に属する事柄だった。もし会の様子をヒートンが見れば、豚を潰すところを見たときの私のようになっただろう。二人とも、豚にはなりたくなかった——それは「十字架にかかあって[77]」しまうようなものだった。

私は結局、会に参加したのだが、それは多分、あれこれ質問しすぎて、神やキリストを求めているのではと

76…監督生 prefect とは、最上級生の中から、校長によって、学業、スポーツ、人格、人望など様々な点で優秀と認められて任命される数名の生徒。学校により praeposter、monitor などの名称でも呼ばれる。校長から大きな権限を与えられており、生徒を監督するほか、生徒間の争いの調停なども行なった。ビオンも最終学年に監督生を務めた（第十七章に言及あり）。

77…インド編第二章訳註参照。

いう周囲の疑惑に自分を晒した結果だった。プライス兄弟の一人（後年、オックスフォードでクリケットチームの主将を務めた）が司会をしていた。このとき、彼は「祈りましょう」と言って、先頭打者として打席に立った。みなが起立した。私は、本当は何が起きているのか見たかったが、目を閉じた。いくら待っても、何事も起きなかった。それから、ようやく一人が祈り始めたので、私は大いに安堵した。そうでなければ、私は目を開けて、一体連中が何を企んでいるのか確かめずにいられなかっただろう。もしかして、私以外はみな着席したのだろうか――私の気づかぬ間にこっそり出て行くのは無理だろうし、とにかく隣の者の呼吸は聞こえていた。私は安心のあまり、「主よOh, God」――それはGawdでもGudでも、その同類の何かでもなく、ただそのままに「God」と、後の方の「かくまえ」以外は、何も耳に入らなかった。みなが着席すると、プライスが聖書の中から自分で選んだ箇所を何節か朗読した。そしてまた、「祈りましょう」。今度は、誰かがすぐに祈り始めたので、第二イニングは、最初のイニングのお粗末な得点にも拘わらず、不安は少なかった。その後を受けたジョーンズは、後で知ったところでは、我らの主力打者だった。彼が出場すれば高得点は確実だった。彼は長身で赤毛の感情的なウエールズ人で、鋭敏な顔つきと溢れるような誠実さを備えていた。彼は少し喉が詰まったような、痛悔の告白でも始まりそうな声で語った。私の知る限り、人が痛悔できることは唯一つで、それは神に汚れなき心を請い求めることと関連していた。それが、私の経験上、何かに役立つという訳ではなかったが。

　ジョーンズの歩き方は奇妙だったが、それは打席に向かうクリケット選手に独特の癖[78]のようであり、危機感と結果への自信、克服された不安が入り混じった印象を与えた。祈祷会での動作は起立と着席しかなかったが、そこでも彼は、その苦悩に満ちた口調で、同様の印象をうまく与えていた。それから、喉のつかえを精神力で払ったかのように、彼の言葉は大きな流れとなり、透き通った、力強い――いや、透き通ってはいない。濁った、氾濫した川のように。

　私は、一旦出席しだしたら簡単には止められないことに気づいた。みなが私の出欠を気に掛けるようになっていた。出席を止められなかったので、私は自分が、その……「キリスト・イエスの良き兵士」[79]であることを示さざるを得なかった。そうして、ある日曜日、私は目を固く閉じ、胸には忌まわしい気持ちを抱えて、心の内を語ったが、語る相手は見かけ上は神だったが、実際にはプライス、ジョーンズ、その他一、二名から成る、〈天上界選考委員会〉とでも呼ぶものだった。「主よ」私は言った、「汝は知り給う」――知っているなら、なぜわざわざ哀れな男に面倒をかけるのか？――「我らは今日再びここに、我らの罪や過ちを告白するために集まったことを」――死んでもするものか！　のたくりか？　べそをかいたことか？　ずるをしたことか？　何が何でも水球チームに入りたいと願ったことか？「そんなこと」バーナード・ショウが後に言ったように、「クソ有り得ない！」[80]だが、私は「ダックを割り」[81]、調子が出てきていた。私は突然ジョーンズを思い出すと、彼をスワーブでかわし、[82]プライスを思い出しては、またかわした。あるスポーツ記者が、私の英雄でイングランド代表のスリークオーターバック、ポールトン選手の対南アフリカ戦での活躍を評した言葉を借りると、私は「パスダミー

78…クリケットの打者は、両脚に膝上まである脛当て防具を着ける。

79…新約聖書テモテへの手紙二、二章三節
80…アイルランド出身の劇作家バーナード・ショー（一八五六～一九五〇）の有名な戯曲で、映画『マイ・フェア・レディー』の原案である『ピグマリオン』（一九一四年英国初演）のヒロイン、イライザの第三幕のセリフ「Walk! Not bloody likely! I' m going in a taxi.（歩いて？　そんなクソかったるいこと！　私、タクシーで参りますわ。）」（小田島恒志訳）のことか。Bloody（悪態語。原義は「血まみれの」）は二十世紀初頭には禁句と考えられており、英国初演当時（初演は一九一三年ウイーン）は、大変な物議を醸した。

81…クリケット用語で、最初の一点を挙げること。

82…ここからの文は、ラグビーの比喩。スワーブとは、ボールを持つ選手が相手を引き付けておいて、湾曲したコースをとって走り、相手を外側に抜いてタックルをはずすこと。スリークオーターバックは、バックスのうち左右のウイング、センターの四名を指し、俊足と機敏な動きでトライを狙うポジション。「ポールトン選手」は、オクスフォード大学出身の名ウイングとして知られ、イングランド代表チームで活躍したロニー・ポールトン・パーマー（一八八九～一九一五）のことと思われる。第一次世界大戦中、西部戦線で戦死。

をかまし、二人をスワーブでかわして、ゴールポストの真ん中にトライを決めた」。ゴールポストは「どうかお願いです、かくあらせたまえ」だった。

会の終了後、私はすっかり気分が良くなった。私はジョーンズの慰めの言葉を疑わなかった。彼は、あの差し迫った宗教上の危機を示す歩き方で私に近づき、それは聖霊のお陰なのだと請け合った。聖霊のお陰だろうとなかろうと、その何週か後の日曜日、私は水球チームのレギュラー選手になれたからかもしれないが、ついにもう我慢できないと感じた。私は祈祷会へ行かなかった！　何も起こらなかった。全く、何も起こらなかった。私は念のため、どうか次の水球の試合で一点挙げられますように、と祈った――ほどほどの得点にしておくのがよかろうと思った――ただし、こっそりおまけでもう一点、と願った。私は、祈りの当てが外れたときに備え、熱心に練習に励んだ。例の〈選考委員会〉とは距離を置くようにした。

ジョーンズと対極にあったのが、宗教を真面目に考えない教師だった。彼は祈祷会に行く生徒たちは偽善者だと思っている、というのが通説だった。彼は太っていたので、私は運動音痴だと思っていたが、実は彼はかつてホッケーのイングランド代表選手だったと後で知った。私は、ホッケーは女子でもやるような女々しいスポーツだとは知っていたが、それでも心を揺さぶられた。代表選手は代表選手だ、たとえホッケーであろうと。それに私は、クリケットのような、硬球やスティックやバットのような堅い用具を使うスポーツには敬意を払っていた。私は痛みが苦手で、打たれるのは嫌だった。

時々、彼は勉強が冗談であるかのように振舞った。私の友人のダイヤーは、ラテン語の宿題をやってこなかった――彼は宿題を全くやらないことで知られていたので、彼が教卓に呼ばれて暗誦させられたときに、出来なくても誰も驚かなかった。コレッリ先生は、そこに座って、微笑み、満足そうにしていた。彼と、木々と芝生の見える窓との間には、ダイヤーが立ち、動じず、改悛の情もなく、つっかえながら暗誦していた。

「メ……メ……[83]」

コレッリ先生は、さらに笑顔をほころばせ、承認するように頷いた。

「メ……テンポーレ……ドゥルキス アーレバト……」

コレッリ先生は驚いた様子だったが、それでも彼は平静さを失わなかった。気持ちの良い朝だった。ダイヤーは黙ってしまった。コレッリ先生は、なおも微笑んでいた。ようやく、「憶えていないのか、ダイヤー？」

「はい、先生……いいえ、先生、思い出しました！『カルミナ クィルシ……パストルム……』すっかり思い出しました。たしか、『テ パトゥラエ ケキニ スブテグミナ ファギ』」ダイヤーは得意げに言い終えた。

コレッリ先生は悲し気に微笑んで言った。「少し脇へどいてくれるかい、木々の緑が見えるようにね」。彼は窓の外を眺め、まだ微笑んでいた。「スブ テグミナ ファギ〔枝を広げたブナの木陰に〕」彼は繰り返したが、それが私には少し厳しく聞こえた。「宿題をやって来ていないな、そうだろうダイヤー」

「ええと、僕はやることがあって……」

「気にするな、ダイヤー。次は上手くいくといいな」そして彼はダイヤーを放免した。罰課題も、何も与えずに。だが、私には彼が確かに怒っているのだと分かった。それならなぜ、彼は勉強を真面目に考えなかったのか？


83…ダイヤーが暗誦するラテン語のテキストは、ローマの詩人ウェルギリウス（前七十～前十九）による『農耕詩 Georgica』の結びの一部分。暗誦は、語句を多く抜かしており出来は良くない。

十四

宗教を除けば——宗教は青空と闇空を交互にもたらしたようであり、後者は脅威であると同時に刺激的でもあった——私は比較的平穏な状態に入った。プレップスクール時代のいじめからは解放された。日曜日や半日休みや夜がもたらす恐怖は、活発な亡霊となって残った。本校でのモーガンは、彼自身の物理的表象に過ぎなかった。彼は取るに足りない存在だった。彼と彼のプレップスクール時代の同級生との関係は、すっかり変わっていた。変わったのは彼の方なのか、私たちか、それとも双方が変わったのか、私には分からなかった。私が僅かに知り得た範囲では、彼が変わったようには見えなかった。彼の友達のピケットは変わった——彼はモーガンより利口で、もっと残忍だった。ピケットとの付き合いが続いていたことも、モーガンが変わっていないことを示す点の一つだった。

本校の道徳性の高さには、プレップスクールの欠陥と、ハースト校長の悲劇という不吉な癌を浮き彫りにする力があった。あの時代の法律が彼に強いたことは、私にはプレップスクール的な心性に囚われた国家による、言語に絶する残酷さから生じたものに思える。

本校は、私は批判を遠慮するつもりではないが、よく統制がとれており、並外れて開明的だった。私が今日まで知り得た他のどの学校と比較しても、全く遜色はない。あそこは知的にも情緒的にも活発で、ゆえに私たち生徒の誰にとっても気の休まる場所ではなかったが、とりわけピケットやモーガンのようないじめっ子には居心地の悪い場所だった。理由は何にせよ、二人とも十六歳になる前に学校から姿を消した。彼らに何が起きたのか、私は知らない。彼らを排除したのは、学校全体のために正しいことだった。彼らの存在や不在が投げ掛ける疑問は、私の心に大きくのしかかった。今になってみると、私の人生を通じて、それと同じことは形を変えて何度も繰り返されたのだと分かる。それは数学の試験問題に似ていた。数学に強い者には、それが「同じ」問題だと分かる。分からない生徒は、違う式で示されるとそうとは気づかなかったり、単に物事を難しくする目的で「偽装されて」いると考えたりする。私は、H・N・ブラウンと「がらくた」ブラウンのことを知ったとき、その根底にあるあのパターンに気づかなかった。

その二人は、勉強部屋を共有するシックスフォーマーだった。H・Nは裕福な家の出だったが、当時の私はそのことを知らなかった。「がらくた」の方は聡明で退屈で、そのあだ名が示すとおり嫌われ者だった。当時の私には彼らは雲の上の存在で、どちらのことも全く知らなかったが、時折、ある種の不思議な情動の突風が吹くことがあった。「来いよ」同級生の一人が興奮して言った。「面白いものが見られるぜ！」「なぜ？ 何事だ？」だが彼は行ってしまい、私はわくわくするような珍しい出来事を見逃してなるものかと、すぐに後を追った。

四十人か五十人くらいの生徒が、旧運動場を囲む石灰殻敷きの競技用トラックに集まっていた。そこは学寮から丸見えだったが、トラックのうち五十ヤード〔約四十六メートル〕は斜面にかかっており、仮に誰か、お決まりの懲罰でトラックを十周とか十六周走らされている生徒が、監督生の監視の目を逃れたければ、姿を隠すのにちょうどよい場所だった。生徒が集まっていたのは学寮に最も近い辺りで、隠れようのない場所だった。そこでは、奇妙な場面が演じられていた。

H・Nはペンチを使って金網に穴を開け、おそらく誰かの手を借りて、その穴に犠牲者の両手首をそれぞれ通したので、〈がらくた〉は両足も同様に広げて固定され、聖アンデレ十字の形[84]で囚われていた。目的を果たした

84…X字型の十字架。キリストの使徒アンデレがこの形の十字架で処刑されたとの言い伝えから。

H・Nは、〈がらくた〉を誰にでも見られる状態にして置き去った。金網の穴はH・Nが塞いでしまったので、彼は自分で抜け出すことはできなかった。彼のこの無防備な状態に付け込む者は誰もいなかった。結局、彼は多少高学年だという以外に目立ったところのない二人の生徒によって救出された。

別の機会には、私は始めからその場にいて目撃していた。それはある古い建物の中で行なわれたが、そこは体育館として使われていたので、用途に適した用具が色々と置いてあった。集まった生徒の構成は前回とほぼ同じだったが、場所が屋内だったので秘匿性は高かった——もっとも見物人が多かったので、やはり乏しかった。今回H・Nは、体育館の長さ一杯に水平に渡した梯子の段に、〈がらくた〉をうつ伏せにして縛り付けていた。私の知る限り、事は前回と同じ顛末を辿った。H・Nは立ち去った。〈がらくた〉は縛られた後も、わいせつないたずらを受けることはなかった。やがて、誰か別の者が彼を解放した。

そのしばらく後に、H・Nは叱責を受けたに違いない。校長が全校生徒に向けて、生徒が他の生徒を虐待するのは間違ったことだと話した。私はこの話から、上級生を標的にするのは特に間違ったことなのだと推測した。私に関する限り、自分が標的になるのは嫌だった。

その後、H・Nはケンブリッジ大学に進んだ。彼は優れた陸上選手で、俊足だったが、やがて贅沢ではないが洗練されたもてなしをする「伊達者」として才能を開花させた。染み一つない食卓用リネン、品の良い銀食器、それが私が招かれた昼食会での記憶だ。H・Nが私を特に選んで招待したわけではない。私は大学のラグビーチームとニューポート・クラブとの対戦を観に連れて行かれたのだが、ケンブリッジに知り合いがおらず、私の窮状を知った彼が「一緒に来て」彼の学友のグループに加わるよう誘ってくれたのだった。振り返って考えるに、彼は非常に寛容で辛抱強かった。私ほど、社交的な場でぎこちなく、招き甲斐のない者はいないからだ。

いじめについて尋ねられたなら、私は、プレップスクール以外ではそうした例は知らないと答えただろう。多少のいたずらはあったが、それらは皆、思いやりのある無害な遊びだった。何年も後に、私はある男と会い、彼が同級生だったと気づいた。在学中の彼は、私のように学業やスポーツで卓越してはいなかった。私は彼を、感じは良いが何となくつまらない奴だと思っていた。私は、自分とすれば自然なこととして、個性がなく平凡である彼に対して、好意的に接していたつもりだった。彼とは仕事上の取引で会ったが、私はわざわざそれらの機会に親睦の色合いを与えようと、「あの時代」を引き合いに出したところ、彼はあまり反応しなかった――私は、あの「良き」時代、とは言わなかった。私は、彼が私と会ったことを喜んでいないのは分かったが、それは彼が私に畏怖を感じているからだろうと思った。

実のところ彼は私を憎んでいたのだと理解するのには、時間がかかった。私がそれに気づかなかったのは実に不思議で、というのも、彼の私に対する感情は単なる積極的な嫌悪や反感ではなく、徹底的な深い憎悪で、そこに多分に恐怖と軽蔑も混じっていた。だが私は、彼や彼の仲間が嫌がるようなことは、何もした憶えがなかった。それでもなお、疑う余地はなかった――憎しみの矛先は、間違いなく私に向けられていた。

私は、自分が恐れたり憎んだりする相手への嫌悪は隠さず表明していたが、自分自身の行ないは、まるで見えていなかったようだ。それは、私独自の巧妙な偽装術により、私の目にはぼかされていた。今の私は、自分に自己欺瞞や自己賛美の素質があったことを言い逃れするつもりはない。このときの発見は、不愉快ではあったが、私の好奇心を刺激した。

最初に私は、他者を腕力でねじ伏せようとしたことがあったか、記憶を探ってみた。すぐにある出来事を思い出したが、それは起きた当時よりも思い出した時の方がずっと恐ろしかった。私たちは三、四人で、グリーンという少年を相手に悪ふざけに興じていた。私は彼の喉に一本の紐を巻き付けたが、結びはしなかった。私が紐の両端を絞めると、彼はすぐに意識を失った。私が手を放すと、彼の意識は戻った。それはほんの一瞬の出来事で、私はあまりにも無知で、彼が気絶したふりをしていたのだと思ったが、そうでないことは、あれこれ言われなくてもすぐに分かった。自分の見立てでも、確かに危うく大惨事になるところだった。その遊びは終わった。

年長の生徒に、喉に紐を巻いて遊ぶなど絶対するべきでなかったと言われた——「彼を死なせていたかもしれない」と。そのときには、私はすっかり怯えきっていてそれを受け入れられず、笑ってつっぱねた。だが後になって、私はある教師に確かめた——自分に関わる事ではなく、純粋に生物学的な興味からだとして。答えは、私を安堵させるものではなかった。翌朝九時、校長と面談できる時間に、私は行ってすべてを打ち明け、自分がいかに罪悪感と不安を感じているかを伝えた。校長は私を安心させた後に、もし紐が結んであり、私がそれを解けなかったら、グリーンは三十秒後には死んでいたのだと言った。彼は私を退出させる際に、このことを全校生徒に告知すると言い、自分に話してくれてよかった、と付け足した。翌日、校長は全校生徒の前で、個人名や詳細は伏せて一般的な警告として、生徒は遊びやレスリングにおいて紐は絶対に使用しないように、特に喉の周りは非常に危険なので論外である、と告げた。私は、彼がそれ以上言わなかったことに感謝した——私はもう教訓は得ていた。グリーン本人は、このことを全く知らなかったのではないかと思う——あるいは、それは「キツネだって喜んでいる」[85]的な発想だろうか？

　私の心の中を探って次に発見したのは、朝食の前に水球の練習試合を行なっていたときのことだった。近くにいた相手チームのH・N・ブラウンの振った腕が、私の眼に当たった。私はすぐに激しい痛みに襲われ、プールから這い上がると、嘔吐した。私は痛みのあまり、何が起きているのか分からなかった。教師が呼ばれ、私は保健室に運ばれて医師の到着を待った。私の白目の一部が、眼球から出た細い結合組織の先にぶら下がっていたからだった。朝の六時半から午後二時半に医師が来るまで、私は横になっていた。その間中、私は辛うじて意識を保っていたのだろう。医師はコカインを点眼し、剥がれた断片を戻して数針縫った。コカインのおかげで痛みは感じなかったが、私には針が見えたし、それが眼に刺さるときの音も聞こえた。

　私がおぼつかない足取りで寝台に辿り着くと、その脇に母が座っていた。私にはなぜロンドンにいるはずの母がそこにいるのか分からなかった。母は私に、医師が「もう大丈夫だ」と言っていると伝えた。一、二週間後、私は抜糸のためその医師の診療所へ行った。私は再び苦痛を覚悟したが、大したことはなかった——微かに刺すような感覚がして、終わった。

私のことが全校生徒への告知の主題になったと聞かされて、私は信じ難い思いと漠然とした喜びを感じた。校長は、私が危うく視力を失うところであったと言い、競技者には今後もっとよく注意するよう求めた。私には、どうすれば「もっとよく注意」できるのか思いつかなかった。私は今でも、同じことが翌日にでも別の生徒に起こりかねなかったと思っている。

学校に私より少し大きい一人の生徒がいて、彼は分厚いレンズの眼鏡が必要なほどの近視で、そのフクロウのような姿が目を引き、肉体的欠陥ゆえに無力で攻撃を受けやすい生徒の一団に分類されていた。彼はいつもみじめな様子で、それが、スポーツができないことを含む彼の「みじめさ」の資源を搾取してやりたいという衝動を誘っていた。今と違って当時はゲーム、たとえば知力を発揮できる可能性のあるチェスなどのはけ口がなかったので、彼は勉強するしかなかった。不幸にも、彼は他のあらゆることと同様、勉強においても「絶望的」なようだった。ある日の午後、私は何もすることがなかった——それは、私が訓練の結果信じるに至ったところによれば、サタンが必ず私の空いた手に仕事をみつけてくれる状況だった。この信条は、私の経験上、ありそうもないことではなかった。そこに、自ら災いを招くかのように——多分、サタンの指示に従って——メイナードがいた。彼はその近眼で読書に挑戦していた。私はとっさに、彼の本を取り上げた。考える必要もなかった。欲望とそれに適した行動との間に、わずかの合間もなかった。驚いたことに、私の両手首はがっしりと掴まれた。私

85…キツネ狩りは、英国では貴族の娯楽として十七世紀以降盛んに行なわれたが、大勢の猟犬にキツネを追わせて噛み殺させることから、十九世紀以降これは残酷だとして禁止を求める動きが広がった（猟犬を使ったキツネ狩りは、法律で二〇〇五年に禁止された）。「キツネも追われて逃げ回るのを楽しんでいるのだ」という主張は、キツネ狩賛成派の常套句の一つ。

は、振りほどくことができなかった。私はひどく憤慨した。私は、この頃にはスポーツ選手として名を上げており、彼よりも力は強いはずだった。私は彼に手を放すよう言った。彼は無視した。運よく、私の窮状を見ている者はいなかったが、いつ誰かが来ないとも限らなかった。私は、彼の両親の友人たちから、彼が前の学校でいじめに遭い、加害者の靴に口づけさせられたと聞いたことを思い出した。私は、彼と友達になり、そういう酷い目に遭わぬように力を貸すようにと頼まれていた。その為すすべもない状況を有利な方向へ転じる方法を、私は思いつかなかった。彼は何も言う必要はなかった。ただ誰かがやってきて、私の屈辱的な状態を目撃するのを待てばよかった。

私は「放せよ」と言った。彼は、手に一層力を込めた。つまり――彼は本を読めず、私は自由になれなかった。彼は「お前は、僕は弱いからお前の手を掴んだりできないと思っていたんだろう」と言った。これには私は反論できなかった。最終的に、彼は手を放した。彼はそれ以上何も言わず、私は面子を取り戻すのにどんな方便を見つけたのか分からない――多分見つからなかったのだろう。

私はあの経験から何か学んだ記憶はないが、弱さや無力さの誘惑は避けるようになったことは憶えている。私はメイナードだけでなく、あの時のような出来事を招きかねない情緒的状況は、すべて避けるようにした。私はそういう状況を避けるつもりだったが、じきに自分が何を避けるつもりだったのか忘れてしまった。私は、あの経験が残したわけの分からない痕跡だけを持ち続けた。今私が考えられるのは、過去の、そしてこれから起こる惨事の感覚で、その中では相手が、いや多分私自身が、すすり泣きに身を震わせている。

学校での苦難には、力動的な性質があった。そこが、ファラー首席司祭の不可解な点だった。プレップスクール時代、『エリック、あるいは少しずつの変化』は嘘くさいと思っていた。私の想像では、登場人物たちはいつも苦難に遭い死んでいったが、私の経験では、学校はただ受け身で落ち込む場所ではなかった。『エリック』は学校での苦難の一部だった――学校についての良くできた物語ではなかった。

寮の夜は、色々なことが起きる時間だった。寝言を言う者、すすり泣く者、叫び出す者。朝になると、恐らく彼らは何も覚えていない。

「おい、リチャーズ、お前、昨晩はすごくうるさかったぞ」

「本当？　どんな風に？」

「ああ、叫んだり怒鳴ったり。お前はずっと『やめて』って言ってたぞ、まるで誰かに首を絞められているみたいに」

「おかしいな！　僕は何も覚えてないけどな」

夢遊病にまつわる、ぞっとするような逸話もいくつかあり、それらは私の学校のみならず、私が知ったところでは、どこの学校でも学校伝説の一部となっていた。私は従兄に、ある少年がガス灯のブラケット[86]にぶら下がっていたら、彼の体重で継手が外れてしまった話をした。一人の教師が、少しも慌てず――

「知ってるよ」物知りな従兄がうんざりしたように言った。「教師は風呂場へ駆けて行って、石鹸を取ってくると、それでガス管を塞いだんだろう、修理できるまでの間に合わせに」

「なんで君が知っているんだ？」私は憤然として言った。

「なんでって、その古臭い話は大昔からあるんだよ」

「でも僕はそれを実際の出来事として知っているんだ、だってその先生本人から聞いたんだよ」

「どこの学校でもそうなんだよ」とロイは言った。「先公たちは体を洗わないんだ。だって連中は石鹸をみんなガス管を塞ぐのに使っちまうんだからさ」

86…当時は室内の照明にガス灯が使われていた。ブラケットは、壁に取り付けた管で、その中をガスが通って先端に取り付けたランプ部分で火を燃やしていた。

十五

フロイト以前のあの当時、性は、少年たちをパブリックスクールに隔離することで育成され、愛玩されていい気になっている厄介事だった。そのため、かなりの精神的苦痛と金銭そして時間を費やして、この問題を解決する態勢が整えられた。それを解決するための仕組みは、これは幸運な偶然の一致なのだが、それを生み出すために用いられた仕組み——宗教と法——と同一だったので、私は宗教に、自分や他の者の性的行為を規制する以外の役割があるとは思いもよらなかった。成長するにつれて、私の性、宗教、規則に対する嫌悪と憎悪も増大した——それらはみな等しく空虚だった。性を創った者が、その使用を遠い将来の不特定の時まで許さないのは、どこかおかしいかもしれないとも、性とその規則がどこかおかしいとも、私には思いつかなかった。

「自涜」の領域に関連する言葉がいくつかあった。私たちは「マスターベーション」という語は使わなかったし、「粗野な」少年らが口にする別の言葉を使うには「洗練され」すぎていた。私が後に知ってからも、「マスターベーション」という語には、「放校処分」とほぼ同様の〈地獄のような荘重さ〉があった。私たちの語彙は、恐怖、サタン的な輝き、聖書的な神秘のどれとも取れるものだった。オナン[87]の物語は、情動の波紋を起こしたものだった。暗黒の勢力は、いつまでもうろうろと、うろつき回っていて、過去の栄光を刷新して戻ってきた。「善き戦いを戦え、力の限り」[88]にも、消えかけた性衝動の熾火を再び燃え上がらせる効果があった——退屈という重荷に押し潰されていた火を。それが私にとっては、罪悪感の持つ活力回復効果の初経験だったに違いない。当時の私はむしろ〈魂の救済〉の慈悲深い輝きとして体験したものだったが。聖パウロは、〈信仰〉という

「まったき武具」を持つ頼もしい助っ人だった。

祈祷会にいたジョーンズは、性の管弦楽団に対して、温かく心地よくやや湿っぽい情動を提供していた。「主よ」彼は初めに言う。「主よ、まったくね」と私の心は沈みながらこれに反応する。「汝は知り給う……」「なんてこった Good god」と神は言う、こいつは難題だ[89]。だがこの一節を引くには、J・C・スクワイアと戦争を待たなければならない。当時あれば、私にはすがれる一筋の藁となっただろうに。

私は何年も後にジョーンズを思い出す機会があったが、それはある診療部門の長が定期的に内科・外科のスタッフを集めて話をしていた頃のことだ。「皆に知らせることがある。遺憾ながら、看護師長から苦情があった。看護師たちが大変衝撃を受けて……」「畜生！」気の短い上級外科医が割り込んで言った。「またキッシュの奴が『ファック』って言ったんですね？」学務部長は恭しく悲し気に頷き、まさにそのとおりだと認めた。

産科・婦人科も備えた大病院は、その強力で道徳的な前一九一四年的伝統という点で、一介のパブリックスクールを上回っていた。私たちは、慎み深さというベールを、何をもってしても突き通せない信仰の武具として纏い、出来る範囲で頑張るしかなかった。一九二〇年には、——私の友人のノークスの言葉を借りれば——非国教会派の学校が授けた教育を、〈神の戦〉（神聖な、と穏健派の国は言い換えてもよい）の経験で補い、私たちは炎で浄化されたように清い状態で大学へ、我々の祖先には手の届かなかった英知を携えて進学することができた。一九四五年には、戦争の洗浄作用はひどく神経を削り取るものになっていた。現在、私たちはLSDやマリファ

87…旧約聖書創世記の登場人物。後継者問題を理由に、律法に反して、後妻との性交の際、子を得させぬようにと精液を地に漏らしたため、神に殺された。「オナニー」の語源となった。

88…讃美歌『ちからのかぎりに Fight the good fight with all thy might』。新約聖書テモテへの手紙二、六章十二節より。

89…英国の文芸評論家・詩人J・C・スクワイア（一八八四～一九五八）の詩『ジレンマ The Dilemma』（一九一六）より。引用の節は、戦争中の国々がそれぞれ神に対して敵を罰しろ、こちらを助けろ、と勝手に祈るので、神が困り果てて言うセリフ。

ナ（インド時代の幼く無知な私には「バーング」[90]と言えば分かるだろう）や、他の悟りの実を試すことができる。私は、自分がいかに堅苦しく古風で物分かりが悪くなったことかと驚いている。もっとも、以前からずっと不寛容で自分の意見に固執する性質だったが。変わったのは意見だけだ。

すでに示したように、あからさまですぐにそれと分かるいじめは、稀だった。あったとしても、適切な対処は可能で、また実施されてきた。だが、学校の制度に組み込まれた残忍性には、対処できなかった。当時利用できた不確かな暗中模索の手法では、それを検知できなかったからである。私たちに何ができただろう？ 教師も生徒も等しく、蜘蛛の巣に捕らえられていたが、自由になろうとしてもがいていても、それは見えていなかった。敬虔さや燃えるような愛校心、スポーツ競技の英雄などに潜む危険を、誰が見抜くことができただろうか？ 中には、危険が必ずしも慣例で認識されている境界内に留まってはいないと感づいている者もいた。コレッリ先生は、彼の長所、短所の両面において、その典型だった。彼や、彼に魅かれる生徒たちの抵抗は、〈黄金律〉[91]以上に、今日の自由放埒を生み出しそうだった。「昇華 sublimation」は、当時はまだフロイト派の用語となっておらず、一部の者により実際には代用 substitution のこととして使われていた。団体競技は性の代わりとなっていた。宗教さえも、もっと進歩的な者らの間では、何か無害な代用物のように考えられていた。誰も思いもしなかったのは、昇華が崇高《サブライム》な競技や崇高な宗教を求めたり焦がれたりすることを、意味しうるということだった。有害物質をそれが悪臭を放つまで溜め込んだり、パーソナリティの発達を後でそれが癌だったと分かるまで埋もれさせたりする恐れのある、止め栓ではなくて。

私は本校に進学する頃には、競技に熟達していた。競技はそれ自体が楽しかった。私は幸運にも、競技をそれに付随する多くの無意味なものの中に埋もれさせずに済んだ——試合に勝つことや、自分のぞっとするような性的衝動が突出しないように抑えることや、健康と呼べる精神が宿れるように身体を健康に保つことなどに。私は水泳が好きだった。水球を楽しんだ。私はチーム入りをめぐるライバルとの競争に無関心でいられた。私はラグビーでも同様に恵まれていた。私が上手いことはすぐに明らかになった。クリケット以外は、どのスポーツでも一流選手だった――クリケットは、下手すぎて却って問題にならなかった。だから私は、勉強についてはしたことがないほど、競技のための競技をしていたと言ってもよかった。優秀だったことにより、私に主将になる可能性が浮上した。それは、競技のための競技はもう実現可能な目標ではなくなることを意味した。実際、私はだめな主将になったが、その頃にはもう戦争が始まっていて、主将としての力は――リーダーシップは別だが――意味がなくなっていた。私の至らなさは、誰かが気づいていたならだが、世の中を覆う惨事に免じて許された――「戦争だから」。誰も教えてはくれなかった、競技が戦争の前触れだとは。

　その日――その日こそ怒りの日、災いと不幸の日[92]――の前に、私は一つの勝利、一つの大きな喜びを経験した。予期しないことではなかったが。運動競技会がイースター学期[93]に開催された――寒さの中で競技の成功とも相容れないようだが、そのように決まっていた。他の競技と一線を画していたのが、上級学年クロスカントリー走だった。

90…インドの嗜好品。大麻の葉をすり潰して香料などを混ぜて球状にし、飲料やヨーグルト、クッキーなどに混ぜて摂取する（向精神作用は弱い）。

91…キリスト教の、「自分がしてほしいと思うことを、他人にもせよ」（「山上の垂訓」、新約聖書マタイによる福音書七章十二節、ほか）という趣旨の教え。

92…レクイエム（キリスト教の死者のための典礼で歌われるミサ曲）の中の『我を赦したまえ Libera me』の一節。原文（ラテン語）dies illa, dies irae, calamitatis et miseriae

93…英国のパブリックスクールの学期の一つで、学校により異なるが、一般的には一月からイースター（復活祭）（三月から四月）まで。

十六

レース当日は快晴だった。生垣が緑に色づいていたので、私の経験上、イングランド南部ではそれは三月二十五日かその前後二日以内のことだろう。学寮では、昼食が終わっていた。我々走者は控え目に食べた。食べ過ぎると「脇腹痛」が起きると信じていたからだ。空は青く冷え冷えとしていた。私はみぞおちの辺りに強い緊張を感じた。私が勝つと予想されていたからだ。もう一人の優勝候補は短距離選手だったが、練習で全コースを走ったときの速さが噂になっていた。彼のタイムは私を凌いでいたが、それは黙っておくのが得策だと判断した。整列の時間になった。いよいよ――スタートだ。走者は全部で三十人から四十人ほどいて、全員が具合よく並ぶには道幅が狭すぎたので、丘の頂上の狭い門で足止めを食らって先頭から半マイルも遅れるのを避けるべく、私は不本意ながら速いピッチで走らねばならなかった。

上り坂での力走は苦しかったが、それは想定していたことだった。だが、その過酷さと辛さは私の予想を超えているようだった。私が一番に門を通過し、競争相手が二番だった。彼はなんと滑らかに楽々と走ることか！私には、自分がぎこちなく不格好で、無理をしているように思えた。脇腹痛が始まった。私たち二人は他の走者を引き離していたので、私には自分の苦しい息遣いが彼に聞こえているはずだと思った。聞かれまいと、私はペースを上げて彼から離れようとした。〈農場〉が、日差しの下でくっきり明るく見えていた。私はさらに彼との距離を広げた。彼の足音が段々小さくなっていった。ロング・メドウ〔農場の屋号か〕も脇腹痛も、どうにか過ぎた。足音に苛まれることも、なくなった。気楽に走って行くと、目の前に道路へ出る門が見えた。門に近づくと、私はリードを縮められたという不快感に襲われた。ちょっとした生垣のおかげで、相手に見られずに素早く後ろの様子を窺うことができた。私は、彼が勝つのではないかという自分の恐れを、彼には決して悟られたくなかった。彼はすぐ後ろに迫っていた。サンザシの生垣越しではあったが、彼は私の盗み見を目撃したに違いなかった。私は門に片手をついて飛び越えた。そんな体力の余裕などないと思ったが。向こう側へ着地して左を向く際に、彼が急に止まるのが見えた。私は、彼がまごつき、一瞬度を失って門の掛け金を外すのに手こずっているのだと想像した。私は数ヤード、リードを広げていたはずだった。それを、彼は一体どうやって私が気づかぬ間に追いついてきたのだろう?

路面は固く、でこぼこしていた。草地までは意外に遠かった。そこからコースは道を離れ、〈植林地〉へと傾斜を下っていた。この頃には彼は私に肉薄しており、私は追い越されるだろうと思った。私が斜面を全力で駆け下りると、彼も同じようにして走った。彼に抜かれる前に、何としてでも〈植林地〉に逃げ込みたかった。彼の呼吸は楽そうだった。私の苦しい喘ぎは、彼に聞こえていたに違いない。私は、いつの間にか彼よりも先に〈植林地〉に入っていたが、それが何の役に立っただろう? 私の窮余の策を実行に移すためにも、彼から姿を隠す必要があった。

低木の林を縫うように走る小道は小刻みに曲がりくねっていたが、私の目的には適さないと思った。〈植林地〉はこの小道のせいで悪評が高かった。狭くて、雑草が伸び放題で、季節を問わずいつも粘着性の泥で覆われていた。とても走れる場所ではなかったので、走者は皆ここを、呼吸を整える機会に使っていた。私はその機会を利用しないことにした。小道の最初のカーブで確実に彼の死角に入ったら、私は……歩幅を広げた。彼は苦しそうにしていて、それには気づかなかった。ついに、私は身を隠し彼の目を誤魔化せる数ヤードを確保した。私は持てる力を全て注ぎ込んで、全力疾走を始めた——もし、一歩ごとにしつこく纏わりつく泥から足を引き抜く苦痛な作業を、そう呼べるのであれば。

私はついに、小道が林を外れる地点の光明を見た。もし彼に私が見えていたなら、彼は自分の勝ちを悟っただろう。私は午後の明るい日差しの下に出たが、すっかり息が上がり、それを誤魔化す力すら残っていなかった。ここでは、路面は堅く乾いていた。私は、左に曲がる道が自分とこれから彼の走らなければならない小道との間に障壁を設ける箇所を目指して走っていった。その地点にさしかかると、彼が〈植林地〉を抜けて、生垣に隠れる寸前の私の姿を視野に入れたのが見えた。隠れたとたん、私は歩幅を広げ、悪霊に追われているかのように疾走した。どんな悪霊でも、私が少なくとも七秒間はライバルの目から隠されるという考えほどには、私を駆り立てなかっただろう。私は、次に彼に見られるときまでに、彼の望みを打ち砕けるだけの差を確実につけておきたかった。私は上り坂にさしかかっていた。地面の固さが上りの辛さを相殺して余りあったが、私には、このきつさは自分よりも彼の方がこたえるだろうと分かっていた。彼はあのひどい〈植林地〉で後れをとっていた。彼は、私があの場所で彼を引き離すとは予想していなかっただろう。一マイルほど進んでからまた彼の様子を確認する機会があった。彼は百ヤード後方にいた。ゴールまで、まだ千ヤードあったが、私はもう負けることはないと確信した。負けなかった。

私は、このライバルが好きではなかった。彼は、自分の寮の者たちの敬慕を集めており、陸上選手である彼なら私を負かせるだろうと皆に期待されていた。彼はある古典教師に気に入られていたが、この教師は人望があり、クリケットの名手だった。学者としての彼の位置づけも同様だった――ウェルギリウスやホメロスへの純粋な情熱を持つ優秀な古典学者だった。彼は授業中に私を諭して、「ラテン語の何が難しいというのかね？　君は頭がいい。ただ規則に従えばよくて、規則の多くは――」「そうです」私は彼の言葉を引き取って言った。「多すぎて、とても憶えきれません」　この生意気な返事は、彼を不愉快にし、当惑させた。私も当惑していた。そこには、私が自覚していた以上の嫉妬と羨望があった――他の生徒たちに対する嫉妬、あの陸上選手もその一人で、彼はその教師とじゃれ合う仲だった。嫉妬は、彼の華々しさにも向けられたが、それは我々の見立てでは、ケンブリッジ大学時代に培われ、上級の古典教師コールマン先生との親交によりさらに磨かれたものだった。

コールマン先生は、英国の古い家柄の出身で、その外見は歴史の教科書に肖像画が載っているエリザベス朝時代の政治家のようだった。彼のスポーツへの情熱は、自身が怪我のためにプレーできなくなったことで一層強まっていたが、その怪我は、ボート競漕会の打ち上げで悪ふざけして街燈から落ちたことによるものと噂されていた。彼はノーフォーク・ブローズ[94]で催した生徒のための舟遊びに一度、また別の機会にはピーターバラ[95]にある実家にも招く程度に、私を気に入ってくれていた。

英国社会——私のアーヤーやドゥニヤとはあまりにかけ離れていた——への私の羨望と称賛は、ローズ家に抱いたものと同様に膨らんだ。彼の家の宗教儀礼は私を驚かせ、感心させた。彼の両親は、二人とも耳が聞こえなかったが、私に恐れと嫌悪感を抱かせた。朝食の前には、家中の者——使用人、客人、その他近くにいる親戚を含めて——が一堂に集まり祈った。聖書朗読が終わるとすぐ、一同が跪く前に、彼の妹が決められた役割どおり手際よく火を入れたアルコール《スピリット》ランプを卵ゆで器の下に滑り込ませると、祈祷の終わる時間が——半熟なら三分後——卵の食べごろにぴたりと一致するのだった。この経済的な段取りは、敬虔さと美食と常識を調和のうちに結び付けていたが、あるとき一人の客人の紳士が、主の御前に一同を代表したいと所望すると、彼の深い敬神の心と身分の高さゆえに、家人は断れなかった。彼は祈るように依頼された。彼が、乞われて祈りを捧げようとする〈尊き御方〉への畏敬の念に圧倒されたのか、あるいはこの家族が自分の会衆の裕福な成員なのだと謙虚に意識していたのかは、明らかではなかった。マーサは目立たないように卵ゆで器を準備した。皆が跪くと、祈願者は、言うなれば「トップ」ギア、あるいは「ジョーンズ式」ギアで発進した。

94…イングランド東部ノーフォーク州を中心に三百平方キロメートルにわたって広がる風光明媚な湖沼地帯。Norfolk Broads。

95…イングランド東部、現ケンブリッジシャー州にある主教座聖堂都市。Peterborough。

「半熟」はあっという間に過ぎた。「固ゆで」になっても、彼は一向に疲れを見せなかった。マーサは精神的《スピリチュアル》危機に面していた。物質的《アンスピリチュアル》なランプを消すべきか否か？　マーサは、その名の通り[96]、さまざまな事について思い煩っていた。

家の人々は、赤くなり痛む膝で、立ち上がった。祈りは終わり、卵は――ゆで上がった。家人は卵の味が落ちてしまったことを知っていた。皆、要らないと言い、客人だけが取った。残念なことに、彼は固ゆで卵は食べられないようだった。もしよろしければ、と客人は遠慮がちに尋ねた。柔らかい卵をいただけないでしょうか？望みは受け入れられ、そして、彼はもちろん待つのは少しも構わないと言った。その客人は、霊感を得たに違いない――ユーモアのセンスのある聖霊《スピリット》によって。

その実家の室内の壁は、彩色が施された革張りになっていた。私には、そこに何が描かれているのか分からなかったが、驚いたことに、コールマン先生にも分からなかった。その家には恐らく重苦しい思い出と、それを呼び覚ます力があったようで、彼がフェン地方[97]を徒歩で旅しようと提案したとき、彼自身も私と同じくらい嬉しそうだった。大聖堂は、以前一緒に訪れたことがあった。彼も私も、大聖堂の装飾を見て様式や時代を特定することにアマチュア的な興味を抱いたが――彼が私に手ほどきしてくれたのだった――大聖堂も彼には実家と同様の感覚をもたらすようだった。

コールマン先生の性格は、その身体と同じくらい複雑だったが、彼の愛国心は単純で揺るぎないものだった。彼にとって、それは太鼓の連打の音や騒々しい軍楽ではなく、フェン地方の広大な空、薄曇りの空の柔らかい日差し、景色の中に浮かぶ大きな船のようなイーリーの町[98]、上空の雲の動きに合わせて地上を移動する影だった。彼はフェン地方の人間、エリザベス朝イングランドの、ヘリワード・ザ・ウェイク[99]の、クロムウェルの[100]、ミルトン[101]の人間だった。

クロウランド修道院への道程は、私にとってその後二度と経験することはなかったイングランドの大切な思い出だ。それは暑い日だった。私たちと風景の間に陽炎が立っていた。キアオジ[102]の歌声に、コオロギが伴奏していた。クロウランドの鐘の音は、寺院の遺跡が見えるより早く、大地を渡って聞こえてきた。戦争の脅威が迫っており、それは私には胸躍る現実だったが、コールマン先生には苛立ちの元凶となっていた。独特の留め具のついたスケートを履いて滑るフェン地方のスケート競技の楽しさ、陽炎に揺れる夏のむき出しの風景、ウィッケン湿地の小さな野生生物たち、天空の壮観——これらが盗人や狂暴な者らに襲われる危険に直面しているという考えが、彼の中にドイツの脅威に対する強い嫌悪を生み出していた。農場主であるローズ家と彼とは、表面上

96…マーサ Martha は、新約聖書の登場人物マルタの英語名。(ベタニヤの)マルタのエピソードは、新約聖書ルカによる福音書、ヨハネによる福音書にある。キリスト一行の饗応に忙しく立ち働くマルタは、妹マリアが手伝いもせず座ってキリストの話を聞いていたので、キリストに苦言を呈するが、「あなたは様々の事により思い煩っているが、無くてはならぬことはただ一つで、マリアは善い方を選んだ。あなたは彼女からそれを奪ってはならない」と諭される。

97…イングランド東部、ケンブリッジシャー州北部からノーフォーク州西部にかけて広がる低平原地域。フェン fen は湿地の意味。

98…イーリー Ely は、フェン地方の町(ケンブリッジシャー州)で、この一帯では最高地点にある。かつてこの地方は低湿地で、十七世紀に干拓が進むまで、イーリーには船か土橋でしか行き来できなかった。大聖堂は、平原のなかに尖塔が突出する様子から「フェンの船」とあだ名されている。

99…十一世紀のノルマン人によるブリテン島征服の際、イーリーに立てこもり、ノルマンディー公ギョーム(後のイングランド王ウィリアム一世)に抵抗したとされる、アングロサクソン人の英雄。

100…オリバー・クロムウェル(一五九九〜一六五八)。十七世紀中盤のピューリタン革命を中心とする内戦において議会派側を勝利に導き、国王の処刑、共和制への移行に大きな役割を果たした。東部出身で、イーリーに住居を構えたことから、イングランド南東部はクロムウェル所縁の地域として知られる。

101…叙事詩『失楽園』で知られる詩人ジョン・ミルトン(一六〇八〜一六七四)は、ピューリタン革命において国王や国教会の聖職者を批判し、議会派、共和制を支持する論文を発表、クロムウェルの共和政府にも関与した。

102…スズメ目ホオジロ科の野鳥。

はこれ以上ないほど違った二者だったが、明らかに類似していた。ローズ家は本を読まなかった。コールマン先生は、オックスフォード出の学者だったが、シェイクスピア劇の公演には「宗教上の」理由で行こうとしなかった。自然の美しさは厳しく苦く、白い霜や荒涼とした冬景色、家畜の処分や売買に似ていた。コールマン先生は、国際同胞主義や世界平和の理想の中に美を見出さなかった。それらは、話好きな者たちが扱う事柄だった。

コールマン先生は、フェン地方を隈なく熟知していた。彼の友人でピーターバラ市書記のウィル・メローズは、市内の全ての道路や裏通りを知り尽くしていた。彼は、『ヴィクトリア・カウンティ・ヒストリー』[103]の中の、筆者らが綿密に調査して書いたピーターバラ市内の道路の記述の中に、重大な誤りを指摘した――そこで描写されているのはピーターバラの道路ではなく、スタムフォードのものだと。だが、その誤りは認められず、彼の手紙を受領したという連絡すらなかった――それは、腐敗が奥深く浸透していた証拠かもしれなかった。私たちはクロウランドを眺めながらこの話をして、パンとチーズを食べた。

103… Victoria County History。イングランド国内の全ての州 county の歴史を記録するべく、一八九九年に始まった調査研究プロジェクト。現在もロンドン大学歴史学研究所に本部を置き継続中。

十七

クロウランドへの徒歩旅行、ピーターバラ大聖堂への訪問、遮るもののない低湿地の暑さの中を漂うイーリー――それらについて書きながら私は、「二度とない」と同義の変化に気づき、心が乱れる。後に起きたことに照らすと、その大きな変化をもたらしたものが戦争だったことは、容易に推測できる。私は、自分の喪失感が、私自身や私の知る世界に起きた変化に由来するものだったとは思わない。ウィル・メローズの専門知識や、コールマンの熱烈だが抑制の効いた愛国心、ヘリワード・ザ・ウェイクの土地が醸し出す穏やかな安心感――私は落胆し、これらの誉高い過去が、芽生えたばかりの私の野心を刺激し、また同時に押しつぶそうとすることを厭った。

アガディール事件。[104] ドイツ人というのは、何と迷惑な者たちだろう！「英国よ、目覚めよ！」ジョージ五世は言ったそうだ。[105] さて、何のために？ 私は目覚めていた。他の多くの人々もそうだった。私はオックスフォード大学かケンブリッジ大学への進学を控えていた――なんと素晴らしいことだろう、もし私が英国代表選手になれたなら！ 素晴らしい、確かに。だが、あまりに下らなすぎて、誰にも言えなかった。

104…列強によるアフリカ分割の中で起きた事件（第二次モロッコ危機）。一九一一年二月、モロッコで反乱が発生した際に、独仏両国が自国の居留民保護を口実に出兵し、極度の緊張状態をもたらした。両政府間の交渉により事態は収まったが、ジブラルタルに海軍基地を有していた英国は、ドイツが砲艦をアガディールに派遣したことに強い危機感を表明した。

105…南アフリカ戦争中の一九〇一年、植民地を巡る旅から帰国した皇太子（後のジョージ五世）が、国力衰退に向かう英国は目を覚ますべきだと語ったスピーチが、「英国よ、目覚めよ！ Wake up England!」という見出しで報じられ、その後キャッチフレーズとして定着した。

私には資金がなかったので、面倒なことだが、奨学金を得なければならなかった。私が奨学金を望めるような学科は歴史以外になかった——それは嫌だった。私は渋々、両親に手紙を書いたが、答えは分かりきっていたので、返事が届いても開封する気にも読む気にもなれなかった。否——分かっていた——うちにはお金はない、年間五十ポンドで足りるなら別だが。両親が五十ポンドで足りるなどと考えたと思うだけで、私は気分が悪かった。トリニティ・カレッジにいるユーストン[106]に聞いた話を、私はできるだけ礼儀正しく父への手紙に書いた。彼によれば、年間三百ポンドあれば、ぎりぎりやっていける。私は、ぎりぎりやっていくのなど嫌だった。母宛てには不躾にも、父に少しは分別を持つよう説得してくれと書いた。母から返事はなかった。仮に資金があったとしても、三百ポンドで「ぎりぎりやっていき」たければ、私は礼儀作法を身につける必要があった。両親には、私は自分の素養の破綻を晒しつつも、野心を示すことはできた。彼らほど寛容でない相手には、受け入れてもらえないだろうと分かっていた。

私はオックスフォード大学に、奨学金の選考試験を受けにいかねばならなかった。私は、試験が行なわれたクイーンズ・カレッジのホールに圧倒された。私は自分には奨学金は無理だと分かっていた——その点では私の見込みは当たっていた。結果として、大学は明らかに、私には奨学金 scholarship も小規模奨学金 exhibition も支給できないとのことだった。小規模奨学金の方は受験生の資質に加え、貧しさも考慮されるにもかかわらず。くそくらえだ！ 大学側は、私は貧しさの点ですら、劣っていると言うのだった。オックスフォードから逃げ出した安堵感は、自分の先行きへの絶望感によって削がれた。有力なコネがなければ、どうしようもなかった。私にはコネなどなかった。

私はコールマン先生に報告した。「気にすることはない」と彼は言った。「次はうまくいくといいね」。資金もなく、礼節もわきまえず、運もない。私は運頼みなどくだらないと思ったが、本来頼るべきは——自分の実力？ それでは希望が持てそうになかった。コールマン先生は私の慰めになったが、それは彼の言葉ではなく、彼の人柄によるものだった。彼はひどい頭痛持ちで、それが授業中に突然襲ってくると、彼は呆然とふらつく足取りで教室を抜け出て、自分の寮の寝床に戻らねばならかった。彼は怒るときにも静かで、その緊張感には最年長の気丈な生徒でさえ怖じ気づいたが、それによって彼の持つ優しさやさり気ない思いやりが霞むようなことはなかった。私が彼の仁愛の深さに気づいたのは、何年も後のことだったが、当時の私もそれを感じ、それに支えられていた。

新たな時代精神が広がり、私もそれに押し流され、私の不安は不明瞭になっていった。教職員はみな上の空になり、それが急速に上級学年の間にも浸透していった。当初、教師らは単に我々生徒や校内の諸々への関心を失っただけのように思えた。彼らがなぜそれほどアガディールやパンター号[107]、ドイツ人を重要な問題と考えるのか、分からなかった。もちろん、それらは興味深かった。彼らは戦争が起きると思っていたのか？ 彼ら自身にも分からなかった。多分起きないだろう。あるいは起きるだろうか。そうかもしれない。起きたとしても、きっとすぐに終わるだろう。誰か――ノーマン・エンジェル[108]――が、近代戦争に勝者はいないのだから、戦争を始めようとする愚か者などいないことは明白だ、と論証していた。私の心は沈んだ。戦争は、たとえ短くても面白そうだったし、それが常識によって抑え込まれるのかと思うと、気が滅入った。コールマン先生は、この戦争騒ぎが終わらなければ、気が休まらないと考えていた。「戦争になると思われますか、先生？」私たちの質問は回数を増し、戦争があるだろうという期待は膨らんでいった。できれば、大海戦がいい。「栄光の軍旗をふた

106…当時ケンブリッジ大学在学中だった、ビオンの従兄。
107…アガディール事件で、ドイツがモロッコに派遣した砲艦の名前。
108…ノーマン・エンジェル（一八七四～一九六七）は、英国出身の経済評論家・平和運動家。『大いなる幻想 The Great Illusion』（一九一〇）で、経済的に相互依存が進んだ現代において戦争は勝者にも無益だと説いた。ノーベル平和賞受賞（一九三三）。

たび高く掲げよ、新たな敵に立ち向かうべく」[109]。私たちは学期末の演奏会で、こう歌った。音楽教師は笑った。「違うよ」彼は言った。「単なる偶然さ」。彼は『イングランドの船乗り』を、何カ月も前に、まだ戦争が起きるとは思いもしなかった頃に選んでいた。それでも、彼には何か予感があったと告白してほしかった、私たちが自慢できるような何かを――あの、石鹸で見事に塞がれた、千切れたガス灯のブラケットからのガス漏れ[110]に、精神的に相当するものが。

戦争はつまらない展開になった[111]。艦隊は、封緘命令の下で出航していた。「封緘命令」といえども、「密室」で協議するほどの不可避な状況があったはずだ。艦隊は一体どこへ行ってしまったのか？　数日経つと、もう私は〈大海戦〉のニュースを求めて新聞に飛びつくのをやめた。

学期が終わった。私は休暇をトンプソン家で過ごしに行った。私と同様に両親が国外にいるローリー・ローンも一緒だった。トンプソン夫妻はプレップスクールを経営していた。彼はボートを一艘所有しており、その雑然とした、汚れて朽ちかけた古いヨール型ヨットを、デベン川[112]の係船所に係留してあった。トンプソン氏は、浮ついたことが嫌いだった。彼は気まぐれで気難しい暴君だった――私の校長、皆に慕われ、悲運で、亡霊に取りつかれたあの惨めな「ニガー」ハースト校長とは違った。彼が嫌いなのは、軟弱で不作法で、半分死んだような生徒たち――まさに私のことだった。私は、いっそ「ビオン」と言ってくれれば、時間と言葉の節約になるのにと思った。男らしい少年たち、道徳的に疚しいところのない少年たちは、汚れくらいで騒いだりはしなかった。彼らは、彼の名状しがたく不潔な船を気に入っていたが、船の帆の赤茶色い顔料は剥げて彼らの上着に付着した。彼らは、舳先で冷たい海水の飛沫を浴びながら前檣帆の帆脚綱を操作するのを好んだ。私もそうだったが、あの唾棄すべき馬鹿者に恩義は受けるまいと決めていた。私が舳先を好きだった理由は、そこでは一人きりになれるからだった。

男らしさを気取るやり方の一つは、食料を持たずに出掛けることだった――苦難や食べ物に頓着しないことが、男らしさだとされた。私は軟弱者なりに、ブローズ〔ノーフォーク州の湖沼地帯〕に浮かぶコールマン先生の船の豊かな快適さに慣れ親しんだ者として、それは——口には出さなかったが——男らしさなどではなく、単なる無能力だと思った。何年も後に、南極探検隊の厳寒体験を描いた本を読んだとき、私はそれが何のことだか知っているると思った——男らしさ、無能力、無益な愚行、それらがいかにも気高いものとして、競争相手の卑劣で男らしさに欠けた時計のような正確さや成功と対比されていた。私は自分なりの軟弱で女々しい考え方で、成功する方がいいと思った。私が成功する方が絶対にいいと思ったのは、ある晴れた強風の日の海上で、トンプソン氏が厚切りの古くてかび臭いケーキを一切れ差し出して、それで我慢するようにと溌溂とした調子で言ったときだった。船内を探してみたが、他に食料はなかった。

トンプソン氏の妻は、ハースト校長の妻とは違い、精神病院には入っていなかった。トンプソン夫人は美人だった。彼女は流行の、ぞっとするような服を着ていた。彼女は、男らしくて頭の良いローリーのような少年を好んだが、この点で彼は私を遥かにリードし、その差は決して縮まることはなかった。トンプソンの学校の生徒が一人か二人、学期の終了後も残っていたが、彼らにもとっくに大きくリードされていた。私には、彼らは途方もなくだらしなく見えた。その子たちを自分より上級の存在だと認めるのは難しかった。

109…トーマス・キャンベル（一七七七～一八四四）の詩で、英国海軍の活躍を讃えた『イングランドの船乗り Ye Mariners of England』の一部。

110…英国編第十四章参照。

111…一九〇〇年代、英国（当時、世界最強の海軍力）とドイツは競って海軍力を増強しており、もし英独間で戦争が起きれば大海戦になるとの考えがあった。一九一四年七月、英国は対独宣戦布告（八月五日）に先立ち大艦隊を隠密裏に戦時基地に結集。八月末に北海へリゴランド湾でドイツ艦隊に急襲をかけて数隻を撃沈すると、帰航した英艦船は大歓声で迎えられたが、これが大海戦につながることはなかった。「つまらない展開」は、これを指すものか。

112…英国東部サフォーク州を縦断し、北海の南端に注ぐ川。

私はトンプソン夫人に恋をしていた。いじけた表情に打ちひしがれた目で、私は遠くから彼女を崇めていた。そして私は気づいた……実に単純なことだった。彼女には、私のように大きな、入隊適齢者だと言っても通りそうな少年が、なぜ出奔して軍隊に入らないのか理解できなかったのだ。私自身、それを理解できなかった。そうしようかと思う度に、私は間抜けな気がして、その考えを退けていた。やってみてもよかった、そこを抜け出して、入隊して、前線へ行って、それから……私は、戦死しても構わないのかどうか決めかね、結局、ヴィクトリア十字勲章を受けて、トンプソン夫人がそれをどう思うか確認しに戻ってくることにした。だが、やはり私には疑念があった。鏡に映る自分の情けない顔を一目見て、英雄になった私など、なんと滑稽に見えるかと悟った。その後、それは正しかったことが証明された。

とにかく、毎夕私はそこに座った――巨大で退屈な、犬のような献身の塊として。気の毒なトンプソン夫人！　彼女を思うと、私の心は痛んだ。私に分からなかったのは、なぜ自分は出奔せずに……。

休暇はようやく終わりを迎えた。私は出奔しなかった。私は入隊しなかった。そして忌々しい艦隊は、〈大海戦〉を戦わなかった。だが最終日に、ローリーと私は学帽を脇にやり――学校の名誉を汚さぬように――ヨット帽をかぶって、ハリエニシダの繁みに入り、新品のパイプを二本取りだすと吸い始めた。私たちは、何もせずにただ時間をもて余すよりはましだと言いあった。タバコは慰めになった。少しすると、私はローリーに、その辺を歩いてくると言った。彼は、忌々しいことに、いい考えだと乗ってきて、自分も一緒に歩こうと申し出た、というより言い張った。もう我慢の限界だった。戦争、パイプ、〈大艦隊〉、トンプソン夫人――どれもこれも海の底に沈もうが、私にはもうどうでもよかった。

新学期が始まって二日目に、誰かが勉強部屋の方へ駆け込んで来た。「軍隊だ！　早く！」そして姿を消した。初めは、我らシックスたるもの下級シックスの輩ごときに振り回されはしない、という威厳を見せつけながら門の方へ歩いて行った。だが……。あれは軍楽じゃないか！　あの力強い、躍動感あふれる鼓動！　私たちは駆け出した。私たちが門に着くと、ちょうど最前列がやってくるところだった。陸軍だった！

隊列が次々と目の前を通るのを見て、私は圧倒された。「ノース・ミッドランド師団」[113]と誰かが言った。ノース・スタッフス〔スタッフォードシャーの略称〕、サウス・スタッフス、レスタース〔レスターシャーの略称〕……。私は生まれてこの方、近衛連隊以外の連隊名は聞いたことがなく、それすらもタック社製の絵葉書[114]や、バッキンガム宮殿、その他おとぎ話の中の存在だった。だが、レスタース師団……彼らは現実のものだった。私は転向した。その一、二時間後には、すっかり専門家気どりで語り、戦列歩兵連隊だの砲兵部隊だの、「想像してごらんなさい、サハラ砂漠を！」[115]。私はこの時は、プレップスクールに入って最初の学期にインドや食人種やその他異国風の下らない物事について吹聴したときのように厚かましくはなかった。というのも、私は、この隊列が国防義勇軍だということすら知らなかったのだ――正規軍に比べれば取るに足りないのだと。私の慢心は、計り知れなかったが、知識に基づくものではなかった。後年、この同じ師団は、ヌーヴ＝シャペルで無能な指揮に晒され、消耗し飢えた状態で前線に到着したが、ドイツ軍の猛烈的な機関銃射撃を受けて敗走した。師団はその後、かつての力を回復することはなかったと言われている。私はそれを裏付ける証言を聞いてはいないが、そのとおり

113…英国陸軍の国防義勇軍の一つ。国防義勇軍は、南アフリカ戦争（一八九九年から一九〇二年）で明らかとなった正規軍の人員不足を補うために、各地の義勇軍、民兵、ヨーマンリー（自営農民による義勇騎兵部隊）を前身として、「一九〇七年国防予備軍法」に基づき設立された予備役組織。ノース・ミッドランド師団は、一九一四年の英国参戦により動員され、訓練期間中の一時期ビオンのパブリックスクールがあるビショップス・ストートフォードに本部を置き、一九一五年二月以降、終戦まで西部戦線を中心に各地を転戦した。

114…十九世紀後半ロンドンで創業した印刷会社。同社が発売した観光名所や名画など様々な図柄の絵葉書は、葉書ブームに乗り広く人気を博した。

115…フランスの小説家アルフォンス・ドーデ（一八四〇～一八九七）の滑稽小説『タルタラン・ド・タラスコンの大冒険 Tartarin de Tarascon』（井村順一訳、ほか）の、結末の一文。南仏の町タラスコンに暮らす呑気で臆病なタルタランは、ほらを吹いた成り行きでアフリカにライオン狩りに出かけ、様々な失敗と災難の末に手ぶらで帰国するが、故郷では英雄として歓迎される。いい気分になったタルタランが、このセリフとともに冒険のほら話（サハラ砂漠には行っていない）を語りだすところで物語は終わる。

だったのだろうと思う。私たちが見たこのときには、師団はまだ全員揃っていた。私はいつまでも飽きずに行進を眺めていられただろう。

それ以降、私は勉強が手につかなかった。私はラグビーの一軍の主将だった。監督生でもあった。何もかもが台無しになった。ついに、やっとのことで――いつまでも終わらないように感じられた一年が過ぎて、私は卒業した。私はボビー・サットン先生に別れの挨拶をしに行った。私は惨めな気分で、そんな自分に腹を立ててぃた。私は、卒業できてせいせいしたという趣旨の、何か不作法で敵意のあることを口にした。それから、私は突然泣き出した――それに自分で驚いて当惑し、恐らく彼もまた同じ気持ちだっただろう。ボビーは感傷的な人ではなかったので、双方のためにも私はすぐにそこを辞して、学寮から自分の荷物を引き取り、駅へ向かった。私はこの学校に十年間在学した。最終学年、私の栄光の年、私の教育歴中最長の在学期間の絶頂期は、尻すぼみに終わった。ラグビーチーム主将としては、試合の中止、欲求不満、意気消沈の連続だった。水泳の主将としても同様だった。来訪チームは心ここにあらずの退屈した選手ばかりで、わが校と試合するために大変な苦労をして来てやった、という風だった。彼らの苦労は理解できたが、有難いとは思わなかった。こちらが感謝していないので、先方からも好意的な反応はなかった。

列車がリバプール・ストリート駅[116]に入ると、私は間もなく父と母に会うのだと思った。ああ良かった、良かった！　そして私は考えた、一体何が良かったのか？

116…ロンドンの終着駅の一つ。

戦争

世界はすべて眼前にあった。[1]私のエデンの園の鉄の門扉が、背後で音を立てて閉まり、私はずっと待ち望んでいた自由の夜明けに向かって、ただ一人、名もなき栄光のうちに歩き出した。他に何百万人もいたのではないか？　否、私が知っていたのは、私であるとはどういうことかだけだった。誰もあの凄まじい恐怖を知らなかった。誰にもあの気持ちは分からなかっただろう。プレップスクール初日の夜や、日曜日の「聖句を探そう」の授業、日曜ごとの体育館での「おやつ」の時間、コンクリートの床を眼下にあの恐ろしい棒に跨って進むこと、私のためには輝かない『輝く夏の日』が、どれほど恐ろしかったか。「まあ、またなの？」そのとおり。またか。もうたくさんだ。もう絶対に、二度と。

私は、ビショップスゲートのあのトンネルを知っていた。かつて、そのトンネルは明るい日の光へと開けていた。もっと素晴らしい一日が始まる。そして、これ——暗く湿っぽく、むっとするリバプール・ストリート——が、それなのだ。確かにそれは、悪臭を放つ貯水池《プール》[2]に違いなく、はまれば永遠に抜けられない。だから砲弾孔のように——いや、違う。それはまだだ。それはもっと先のことだ。いや、大昔だ。自分で選んで。[3]そして私は、雨傘をさした輝かしい聖人たちの中へと歩みだした。戦時下のイングランド。私には、ちっぽけなパブリックスクール魂のほかは何もない。「我らを、より広き心をもって走らせたまえ」[4]。校長は、無思慮に非医学的な創造主に懇願したものだった。「さまよえる　いとおしき魂よ……」[5]。ハドリアヌスは本当にそう感じていたのか？　それははるか昔のことで、場所も、凍てつく雨が容赦なく降りしきるリバプール・ストリートではなかった。あなたのような大きな少年が！　こんなにバスが！　一台も……　ああ、ここだ――ラッセル・スクエアへ行きますか？「反対方向だよ、にいちゃん」。誰かの傘から滴った水が、私の襟足に入った。「ちくしょう」と言ってはいけないのか、ちくしょう！

私はたどり着いた。両親の部屋では、電燈が怒ったように熱を放っていた。二人は私に会えたことを喜んでいた――それは私にも分かった。だが私は、息子の早すぎる出征によって母には、キチン質でできた少年の形をしているが人は消え去ったものに、口づけするしかないのが感じられた。だが私は、自分に付着した殻に囚われていて、そこから抜け出すことができなかった。「栄光に包まれよ！」[6]。だが、私の生真面目な魂は声を張り上げた、「ネルの下着に包まれよ」、たとえインド製の忌まわしい靴下が肌にちくちくしていても。往来から上ってくる轟音が「その子らをすべて流し去った」[7]。その波に煽られながらも、私は糸一本で辛うじて持ちこたえていた

1…ジョン・ミルトン（一六〇八～一六七四）著『失楽園』第十二巻の末尾の一節（アダムとイブがエデンの園を後にする）の引用か。

2…「リバプール」の語源とされる（Liuerpul）は、泥水のたまった池の意味。

3…『未来の回想（A Memoir of the Future）』最終部に、「知恵か忘却か――自分で選んで」（Wisdom or oblivion ―― take your choice.）とある。

4…旧約聖書詩篇一一九篇三二節「われ汝のいましめの道をはしらん、その時なんぢわが心をひろく為したまふべし」（文語訳新約聖書詩篇付、岩波文庫）に基づく祈りの言葉と思われる。Enlarged heart には心臓肥大の意味もある。

5…Animula, vagula, blandula（ラテン語）。ローマ皇帝ハドリアヌス（七六～一三八）の辞世の五行詩の冒頭。（マルグリット・ユルスナール著『ハドリアヌス帝の回想』、多田智満子訳）

6…英国編第十七章でも引用されている『タルタラン・ド・タラスコンの大冒険』より（井村順一訳）。タルタランの心の中で、冒険と名誉を求める自分（ドン・キホーテになぞらえている）と家でぬくぬくと過ごしたい自分（同、サンチョ・パンサ）が対話する箇所からの引用。

7…讃美歌『おお主よ、過ぎにし昔より我らが助け O God, our help in ages past』より。永遠の神に対し人の命ははかなく一生は短い、という趣旨の詩篇九十篇に基づく歌詞。引用された箇所は「時は常に流れる川のように、その子らを全て流し去る。彼らは飛び去り忘れられ、朝の訪れとともに夢のごとく死す」の一部。

が、父は私が教会の聖餐式に一緒に行くよう願い、母は、私は当然そうだろうと分かっていたが、私が流されて行方不明にならないよう願っていた。何度も私は思った、その見えない紐がそんなに頑丈でなければよかったのではないか、または、もっと脆かったとして、私が正気を手放してしまえばよかったのだろうかと。「お手て、お手て」。私は泣いたものだった。子供のころ、恐怖に苦悶しつつ眠るときに。「こんな大きな男の子が！」ワイブラウさんやトンプソン夫人は、そう嘲った。そしてここでは……一体、晩はいつまで続くのだろう？

ある朝――翌日だったかもしれない――私はインズ・オブ・コート将校訓練隊[8]の新兵募集事務所に出向いたが、そこは国防義勇軍の一つで、戦争勃発後に開設された募集事務所だった。規程上はそこから大陸に送られ現役に就くことになっていたが、この頃（一九一五年夏）までに当局は、大学・パブリックスクール部隊[9]の経験から、将校になり得る者をすべて一緒の部隊に入れるのは、わずかな失敗で全員を一度に失うか捕虜にされる危険があり、まずいと考えるに至っていた。将校候補者を受け入れる部隊は、二つあった。アーティスツ・ライフル部隊とインズ・オブ・コート部隊だった。アーティスツの全員が芸術家でもなければ、インズ・オブ・コートも法律家ばかりではなかった。自分を将校の器[10]と考える男たちは、このいずれかの部隊に入隊することになっていた。どこで私が将校の器だという「ことになっていた」のか分からないが、私は自分がそうでないなどとは考えもしなかった。そういうわけで、私は同じような将校志願者や紳士らとともに列に並び、信用証明書審査の順番を待っていた。冴えない者ばかりだと思った。三、四人、政府にかき集められた年配の事務職の男たちもいて、政府当局――キッチナー卿のあの射貫くような、責めるようなまなざし、アスキス[11]とその抜き身の剣――は、英国成人男子の人的資源の更に下層まで掘り進めているようだった。

中に知った顔が一つ、それはある名門校のラグビーチームの主将だった――私の愛しいが無名な母校よりもはるかに有名な一流校の。彼は、それに気づいて私は血の気が引いたのだが、山高帽をかぶっていた！　当然、彼はすでに、そして生まれながらに「紳士」であり、それゆえもう将校任命辞令を受けたも同然だったが、一方の私は――いつもながら気が利かず――安っぽい、一軍チームの学生帽だった。「サッカー」（ラグビーではなく）、丸顔に学生帽（山高帽ではなく）をかぶった私は、すでに士気喪失の状態で、二人の担当官と向き合うことになった。彼らは揃ってアルコールてんかん患者そのものの赤ら顔をしていたが、眼光は鋭かった。その眼は、キッチナー卿のあの咎めるような指ほど鋭くはなく、苺タルトに混じったグズベリーのようだった――将校訓練隊にはむしろ相応しかった。「昼食の後に戻ってくるように」。私はそう言われた。私は戻ったが、昼食は食べなかった。

「そこのお前――学帽を被ったお前だ――うせろ」

「帰ってもいいんですか？」

「そうさ――そう言っただろ――おしまい《ナプー》、[12]終了、却下」

あの忌々しい学帽！　こうなることは分かっていた。そして、自分には拠って立つ基盤がないことも分かっていた。なぜ私は、もっと前に逃げ出して入隊しなかったのか？

8…法曹院。法廷弁護士の養成・認定機関。

9…戦争勃発当初は、市町村や会社、出身校（大学、パブリックスクール等）単位の知り合い同士でまとまって志願した者を同じ部隊に配置する「友達部隊 pals battalion」が多く編制された。

10…当時の英国の軍隊では、将校任命辞令 commission を受ける尉佐官以上の者は、原則としてリーダーに相応しい資質・教育・経済力などを備えた「紳士」（貴族など上流階級から地主や弁護士など知的専門職を含む上部中産階級まで）に限るとされていた。その他の階級の志願者は、兵卒か、准尉任命辞令 warrant を受ける准尉、または将校任命辞令を受けない軍曹、伍長などの下士官 non-commissioned officer となった。戦争の長期化と多大な損害による人材の枯渇もあり、次第に他の階級から将校に登用される者や一般兵卒から昇進する者も増えていった。

11…ハーバート・ヘンリー・アスキス英国首相（在任一九〇八～一九一六）。一九一六年一月に英国初の徴兵制の導入に踏み切る。

12…Napoo。戦場のスラングで、英陸軍兵卒らがフランス語 Il n'y en a plus を短くして言ったもの。

二

父と私は、店の窓から中を覗こうとしていた。一人の太った女が、突然後ずさりしてきて私にぶつかった。女は怒った顔で私を見上げた。「何やってんだよ、この間抜け野郎!」まだ十八歳ながら私はがっちりした体格だったが、学帽を脱いでしどろもどろに謝る私の丸顔を一目見ると、女は納得したようだった。彼女と連れは笑って、腕を組むと去って行った。父は何か言おうとするように、すっと息を吸い込んだが、考え直した。私たちは、母が待つホテルへ帰った。

一九一五年十一月の、陰鬱な霧雨の日のことだった。私たちは客室に戻った。表向きは着替えるためだったが、その実、夕食までの耐えがたい数時間を過ごすためだった。永遠に着替えているわけにもいかない。両親の部屋に入ると、二人が待ち構えていた。

母は、顔を上げて優しい言葉で迎えてくれたが、心配している様子は隠せなかった。夕食までの間、家庭内論争を続ける時間はたっぷりあった。両親の争点は私のとは違っていたが、それらは互いに妨害し合う形で重複していた。彼らが話したいのは、私が察するに、私のこと、私の反抗的な態度、悲嘆、憤り、自己中心性だった。そのうち、父は新聞を取ると読むふりを始めた。母は編み物をしたが、気詰まりだった。母はその場にいるので話しかけられるのに、黙っている私は罪悪感を拭えなかった。だが私は話したくなかった。

あの馬鹿げた学帽! あの女も、当然それを感じ取って笑ったのだ。誰にでも分かる屈辱の印——将校の資質がない印。父は、私の不採用に口がきけなくなるほど驚いた。父は面食らうのが本当に得意だった。だが、父に馴染みのある類いのパンチ誌のジョークの「おち」[13]は、私が今回出くわした類いとは違っていた。一日に言葉を失うような出来事が二つもあり、父はうんざりしていた。私には、父がどちらから先に攻めようかと思案しているのが分かった。

父は新聞を置いた。父は、まず「お前が、戦時下の国で志願を却下されるなど、どういうことか全く理解できない」の方から始めることにした。嵐が私の頭を殴打した。ようやく嵐が収まってきて、父が「マーシュが力を貸してくれないだろうか」と言うのがどうにか聞き取れた。母が編み物を、何か熟考に値する言葉でも発せられたかのように下に置かなければ、私はそれに気づかなかっただろう。母は続きを待ったが、父はそれ以上何も言わなかった。私は口をつぐんでいた。

しばらくして、母がそれも「一つの考え」だと相槌を打った。私たちは、意外にも驚くほど朗らかな心持ちで食事に行った。私には、母がマーシュ氏に大変な重きを置いていることがはっきりと見て取れた。父も、自分がこれほどまでに憂鬱を打ち払ったことに、私と同じくらい驚いていた。

安堵したのは、私より両親の方だった。私はマーシュ氏がどんな人物か知らなかったし、誰かが私を救えるとは想像し難かった。自分を役立たずだと評価していたかといえば、むしろ逆だった。自分の過剰なまでの自信の根拠は、とても示せそうになかった。私は、自分が屈辱的にも不採用になったことに憤慨していた。私は漠然と自分のせいだと分かるその屈辱によって、屈辱を受けていた。私の冴えなくてみすぼらしい状態に、一九一四年八月のある記憶がありありと加わった。緑の草地にずらりと並んだ、華々しく光輝く国防義勇軍の大砲。兵士た

13…『パンチ Punch』は、英国の絵入り週刊風刺雑誌（発行期間は一八四一年から一九九二年と、一九九六年から二〇〇二年）。原文の「おち」は、原文では「太った人物が倒れる collapse of stout party」という、『パンチ』誌が発祥とされる独特の慣用表現を使っている。

ちは立派できびきびとして、まさに〈栄光〉を体現するようだった。「正義と栄光の導くところへ」[14]。

マーシュ氏の話が出た翌日だったか、ラッセル・ストリートをぶらついていると、楽隊の演奏が聞こえてきた。信じがたいほど幸運なことに、人々の興奮や、よく見ようと首を伸ばす様子からして、楽隊はこちらへ向かって来るらしかった。そして――やって来た。遠くでカーキ色の軍服が拍子を揃えて動いている。あっという間に、目の前を通過していく。なんと見事なことか。どこの連隊か？　何だって？　ロイヤル・フュージリア連隊！　ロンドン市の連隊だ！　なぜ私はさっさと行って志願して、面倒事を済ませなかったのか、こんな……立派な人々と時間を潰していないで？　私は気持ちの上では喜び勇んで「面倒事を終わらせ」られたが、私の足と身体は鉛でできているように重かった。私には面倒事を終わらせることはできなかった。私はぞっとするような、面白みもロマンもない現実の中で動けなくなっていた。足が歩道から持ち上がらなかった。骨盤から下の麻痺。私は誰の目にも、自分が歩いておらず足を引きずっているのが分かるだろうと思った。私はフェンスの鉄柵を一本一本数えるようにして、ラッセル・スクエアのホテルでの昼食へ、そしてラッセル・スクエアのホテルでの父による道徳教育へと、自分の身体を引きずって行った。

私の眼はどんよりと霞み、耳は詰まり、入隊という私の大胆な夢は、次のような会話に代わった。私には自分の声がはっきりと明瞭に聞こえた――はっきりと明瞭すぎて、私には何のことか理解できなかった。もし、私が父の声やそれに込められた父の気持ちを熟知していなければ、私は誰と誰が話しているのか分からないと言っただろう。本当に入隊のことが問題だったのか？　戦いに行くことが？　それは非国教会派にとって安全な世界をつくるためなのか？　「ちよろずの軍勢のごとく……すすめつわもの……」――いくさへ、足を引きずりながら？　トランペットも曖昧な音を出した。「兵士諸君、炊事場へ集まれ！」　針はひどく古いレコード盤の溝に引っ掛かって、進まなくなった。

「私には一つ、気に入らないことがあるんだ」。父が言った。その口調は知っていた。

「何のこと？」 私はきっぱりと、その答えを私の理解からできるだけ遠ざけようと熱意を込めて言った。

「なぜ『デビルズ・オウン』[15]などと呼ぶんだ？」

「ああ、そのこと」私は不用意に言った。「それはね、ジョージ三世が、当時は部隊だったか市民軍だったか知らないけど、彼らの出身を尋ねたら、法律家だって言われたんだ。それで、国王は『彼らを〝デビルズ・オウン〟と呼ぶことにしよう』って言ったんだ。冗談でついたんだよ」

「だとしても」父は思案しながら言った。「もうその名は外してもいいだろう？ だいたい、こちらに正義があるのに、そんな旗印《バナー》の下では戦えんだろう」

「今はもう軍旗《バナー》なんか使わないんだよ」私は時間稼ぎで言ったが、自分が負けると分かっていた。父の目から力が抜け、それは逆説的だが勝負がついたことを意味した。「それに、彼らはどうせ戦わないんだ。ただの将校訓練隊だからね」

「お前は、私の言う意味がよく分かるだろう」父はいくらか温かみを込めて言い、そのときは父の目に一瞬生気が戻った。怒ることは、うつろな目のままではできないのだと私は気づいた。「私には、とても大切なことなんだ。戦うときには、清廉潔白でなければ」

それは確かに、父にとって大切なことだった。小さい頃、私はうっかり気が緩んで、冒険を自慢してしまったことがあった。それは、もう一人の少年と一緒に、許可なく禁じられた境界を越えて町の中心部へ行ったことだった——私たちは「町へスカンクしに行く」と言っていた。「使っている言葉自体が、自分でも卑劣なこと

14…陸軍砲兵隊の標語。Quo Fas et Goria Ducunt
15…インズ・オブ・コート連隊の俗称。既存の連隊名につく「King's Own（国王直属、ただし名目上）」などになぞらえたもので、法律家嫌いのジョージ三世（在位一七六〇〜一八二〇）が同連隊の閲兵式の際につけたとされる。イディオムの"Devil's own"には「大変な苦労」という意味もある。

さん」

だと分かっている証拠だ。だいたい、スカンクという動物は――」「スカンクは町中へなんか行かないよ、お父

だが父は、長々と、道徳的に、生物学的に、神学的に、話し続けた。私は、父が道徳という消火泡を使って鎮火するために息ができなくなる大火災を、避けようと努力した。私がロイヤル・フュージリア連隊に入れさえすれば！　隊員はきっと、「何やってんだよ、この間抜け野郎！」と言うような母親を持つ少年たちなのだろう。

「マーシュから返事はあった？」私は、流れを変えられればと思って言った。驚いたことに、これが効いた。

「実は、あったんだ。ちょうどその話をしようと思っていたところだったんだが、私が気に入らないのはその名称が――」

「何って言ってきたの、お父さん？」

「彼は私たちに食事に来てほしいそうだ」父は奮闘の末、〈悪魔〉のことは諦めて、旧友に紹介するから一緒に来るように、と言った。ダークスーツを着て――だが学帽はなしで、と私は思った。

三

マホガニー材の家具、銀の燭台、メイドが二人に、糊の効いた白いリネン。会話はぎこちなかった。私がいる場では、そうなる以外は考えられなかった。父は私に何か尋ねようとしたが——想像するに、私がなぜこんな間抜けなのか説明させる狙いだった——母の視線を感じてやめた。

マーシュ氏は、助けてくれた。一九一六年一月四日、私は宣誓して軍隊の一員に迎えられた。担当の将校は薄い唇に冷笑を浮かべていた。「そう、君はマーシュ氏の友人なんだね」彼は尋ねた。私はそうなのだろうか？幸い、彼は答えを期待していなかったが、さもなければ私は彼をとんだことに巻き込んでいただろう。数日後には私は軍服を着ていたが、それはたるんでいて、ちくちくと肌に当たり、暑苦しかった。私は少しも自分を軍人らしく感じなかったので、数日前に私に白い羽根[16]を手渡した若い女性が、今度は彼女の持ち場の前を通っても渡してこなかったことに、とても驚いた。私は、彼女が何かに気を取られているのか、心配事があって私を見逃したのに違いないと思った。そして、気づいた。彼女は私を思い違えた——間違えた？——のだ、兵士だと。母は私のことを誇りに思うと言った。

16…英国では開戦当時は徴兵制をとっておらず、軍は多くの志願兵を集めるために、女性スタッフが街頭に立って兵役を志願しない男性に「臆病者の印」として白い羽根を渡す運動を組織していた。

インズ・オブ・コート連隊は楽しかった。リンカーンズ・イン・フィールズ[17]で教練を受けた。私たちはひどく出来が悪かった。学校でわずかな軍事教練を受けていただけの私でも、光彩を放ち——電燈の灯くらいには——他の者よりはましだった。

そこを卒業すると、ハムステッド・ヒース[18]へ移り、指導者はレフマンという、職業軍人ではない——私たちと同じく——中隊付最先任上級曹長で、彼は知的で有能な教練マニュアル履行者で——私たちと違い——命令を明瞭に演説調に正しく発音できることが自慢だった。仲間の一人でプロの歌手であるトプリス・グリーン[19]は、彼を馬鹿にしていた。「奴は自分の声が人を感動させると思っているんだ」。昼食——エクスプレス・デアリー[20]でコーヒーとチーズ——そして夕方には「帰宅」。

一度、早く解散になった日に、私はセント・ポール大聖堂の晩祷[21]に行った。どんよりと曇った日だった。非国教会式の日曜日が、私の魂のもろい残骸を深く蝕んでいた。晩祷は、私がプレップスクール時代に感じていた奇妙な〈破滅〉感、私の根深い臆病さを決定づけたあの感覚を呼び覚ました。多くの人は、臆病さは「腰抜け」の気質だと考える——薄っぺらで、ひねくれていて、頼りにならないと。私にとっては、それは自分の性質の中で最も強く逞しく、耐久性のあるものだ。「私たちはみな、羊のように道に迷い[22]」、だが少なくともヘンデルの羊の群れは、陽気そうだ。私の「子羊[23]」はそうではなかった。私は頑強で、臆病で、陰鬱で、それは他人に伝染した。それは戦場での希望を打ち立てるには、あまりにも醜悪な土台だった。

私は、ハムステッド・ヒースでの日々がいつ頃、どのようにして終わったのか、憶えていない。思い返すと、それは愉快であっという間のことだった——その当時は、永遠に続くように思えたが。春だった。暖かかった。野営するのは、面白かった。私と同じテントにいたのは、ベイカー、これは例の山高帽の競合校ラグビー主将、その年上の友達のハンター、彼らは二人ともマンチェスター出身、そしてハウエルズ、彼はハンターと同い年で、分別とユーモアがあり親切な男として私の記憶に残っている。私は自分の未熟さ、奇妙さ、不適合性という点で、彼らとは一線を画していた。その違いによって、彼らに魅かれてもいた。

私が思い出す些細な出来事の中でも代表的なのは、閲兵の際、ベイカーが私のすぐ後ろの第二列に立っていたときのことだ。我々は、小隊軍曹に装備が正しいか点検を受けていた。「正しい」装備の要件の一つは、ライフル銃の安全装置を「入」の状態にしておくことだった。皆が気をつけの姿勢で微動だにせず立っていると、ベイカーは悪戯をして、脚を前に伸ばすと靴のつま先で私のライフルの安全装置を「切」の位置に切り替えるのだった。だから、軍曹が私のところへ来ると、私は装備の「不備」を指摘された——これがハンターとハウエルズを大いに喜ばせた。この悪戯は度々繰り返されたので、「ビオン兵卒、また装備に不備あり」がお決まりのジョークになった。同じ頻度で、私もこの「不正」に対して憤った。

二つの、際立って大きな楽しみがあった。毎日のように、私たちは暑さと埃と喉の渇きに耐えながら、十五から二十マイルの途歩行軍を行った——「水は飲み切るな。唇を湿らせる程度にするように。後に取っておくんだ」。あるとき私たちは、背の高いラベンダーの生垣がある、溢れんばかりにバラが咲いた庭のそばを通った。


17…ロンドン市内中心部のリンカーンズ・イン法曹院に隣接する広大な広場。

18…ロンドン市内北部の高台にある三二〇ヘクタールの公園で、両大戦中は練兵場として使用され、塹壕掘りや射撃などの訓練が行なわれた。

19…一九二〇年代から一九三〇年代に活躍した、バス・バリトンのオペラ歌手。

20…ロンドン近郊に牧場を持ち市内に牛乳を供給していたエクスプレス・デアリー社が、ロンドン市内で運営していたティーハウスのことと思われる。

21…晩祷 Evensong は、英国国教会で毎日行なわれる歌による夕べの祈り。

22…フリードリッヒ・ヘンデル（一六八五〜一七五九）作曲『メサイア』第二十六曲（合唱）。旧約聖書イザヤ書五十三章六節より。

23…「雌の子羊 ewe lamb」には「貧しい者が一番大切にしている所有物」という意味もある。旧約聖書サムエル記上十二章で預言者ナタンがダビデ王に語る寓話に基づく。

老紳士が一人、安楽椅子にもたれて新聞を読んでいた。淡い青色、バラの柔らかな色、英国の香りが、私の熱い汗まみれの顔をそっと撫でた。「過去」は私の脳裏に深く刻まれ、共同シャワーで洗い流せる汚れのようには拭い去れなかった。後年——暦や時計で計るとそうなるが、私の嗅覚や詩的な耳は違うと言っている——香水の「ケルク・フルール〔いくつかの花〕」や「タン・ド・リラ〔リラの花咲く頃〕」、詩の一行、「悲しみのように柔らかく、古い名声のようにあざやかに」、私の中に音楽を響かせた。もう一つの香りを私の人生にもたらしたのはクエントンで、彼は私と年齢や社会文化的背景が近い新兵だった。彼はクエーカー教徒だったが、戦うために志願して入隊していた。[24] 彼を通じて知った楽しみの一つは、バラ油で香りづけしたペアーズ社の石鹸だった。それ以降、私は途歩行軍でかいた汗をバラ油の石鹸で洗い流した。クエントンがその後辿った運命は、私が彼に教わった楽しみをほとんど洗い流してしまった。

私はもう一方の喜びを、「夜間作戦」中に手に入れた。我々の作戦命令によれば、トリング駅が「敵」に占領され、火災が発生しているとのことだった。おそらく敵の想像力が足りなかったのか、それとも私の記憶違いのせいか、それはよくあることだったと信じている。そのおかげで私は、初めて足音を忍ばせて夜の森を歩くという経験をした。そこで私は、一人きりで牡鹿の鳴き声が響く中にいるのがどういうものかを知った。神聖なる静寂！　英国の文明化された落ち着きの中にある、神聖な野生。トリング駅が火事だって？　まだだ。これはまだ、ただのまねごとだ。あらゆる年齢の男子生徒たちが、兵隊ごっこをしながら本番に向けた練習をしているが、そこからは決して学ばないのだ、この戦争が、そしてもっと恐ろしいもう一つの戦争が、何か常軌を逸した大惨事などではなく、普通のことなのだとは。

私たちは、パブリックスクール将校訓練隊を相手に公開野外演習を行なった。当局は私たちに空包を支給し、「偵察兵」たちはそれを、学生側がたっぷり撃てるように配って歩いた。空包はライフルを汚す。銃の手入れは自分でしなければならないので、私たちは銃身を使わずにいた。教練から導かれた教訓のことは、私の記憶にはない。仮にあっても、深遠なものではないだろう。それらは、私の心の実質には食い込まなかった。南アフリカ出身のストークスや、クエントン（風変りな奴）[25]への好意がそうだったようには。ストークスは死んだ。クエントンは、その名の響きだけを残して去った。「ジプシーは行ってしまった。だが、誰が知ろう、一体どこへ？」[26]おそらく記憶は、いまにも消えそうなきらめきを放つのかもしれない――暗闇に土埃を照らす灯明のように。

バーカムステッドからビズリーへ移るに当たって、私は将校候補者訓練部隊[27]に異動となった――ロンドン・ネクロポリス〔共同墓地〕線のブルックウッド駅で乗り換えて、数マイルでビズリーへ。ここへ来る前までは、我々の中に実戦経験のある者は誰もおらず、私は同等な者の中の一人だった。記憶にあるのは、ユダヤ人の訓練生が一人いたことだけで、彼は自分のユダヤ人らしさを笑い物にするために、歌った――非常に上手く――ユダヤ人についてのいろいろな滑稽な歌を。歌は皆に受けた。私には、気になる疑問があったが、彼には訊かなかった――なぜ、彼はユダヤ人を揶揄するのか？ それは私には関わりのないことだった。私は質問をしないことを学んでいた。ユダヤ人には、望むならユダヤ人をばかにする権利があったのだ。

24…キリスト教の一派であるクエーカー派は、「汝殺すなかれ」という聖書の教えを厳密に守り、一貫して戦争に反対の立場を表明している。英国の徴兵制度導入以後、宗教や信条を理由に兵役につくことを拒否した良心的兵役拒否者約一万六〇〇〇人の中に、クエーカー教徒が多く含まれていた。のちのビオンの訓練分析者ジョン・リックマンもクエーカー教徒だった。

25…クエントンQuaintonの発音が、「風変りな奴 quaint 'un」と同じことから。

26…ロベルト・シューマン（一八一〇～一八五六）作曲の歌曲（合唱曲として日本でも有名）『流浪の民』の英語版歌詞の一節。

27…Officer Cadet Unit（原文ではOfficer Training Unit）。一九一六年以降、一般兵士としての戦闘経験のある者、またはビオンのように将校訓練隊での初期訓練を終えた者が、将校任命辞令を受けるには、これらの部隊で士官候補生Cadetとして四カ月半の訓練を受けることが必須となっていた。

ビズリーは、機関銃隊で少尉以上の幹部を志望する者の最後の教練場だった。私にとって、そこは私が志望した、当時は「機関銃隊（重装備）」として知られていた戦車隊へ移るまでの通過点の駐屯地にすぎなかった。そこの兵士たちのほとんどは、前線での勤務を経験していた。そこには、彼らと私たちを隔てる、顕著な相違があった。彼らは寛容で優しかった――まるで、私たちが子供であるかのように。子供は邪険に扱うものではないし、真面目に取り合いもしないものだった。

駐屯地は人手不足だった。将校が二人いた――すぐにあだ名がついた、ゴナとダイア――リア兄弟だった。[28]近衛旅団の准尉[29]が一、二名いた。それに対して、私たちは二〇〇から三〇〇人いた。前線から戻った者同士の意思疎通は、自動的、瞬間的で、完全だった。その状況は当局への協力と言う点では、ビズリー駐屯地にお別れしたいという同じ目的を追求していなかったならば、全く適していなかった。

私たちは、ヴィッカーズ重機関銃の複雑な作りを学んだ。私たちは米国製の弾薬を使うことで、よく弾を詰まらせていた。それは盟友である米国から親切にも提供されたものだったが、信頼性の欠如が明らかになると、すぐに戦闘での使用から引き上げられた。確かに、使うと必ず機関銃が詰まったので、兵士らの緊急事態対処の訓練には最適だった。

私の最初で一度きりの外出許可を得た週末は、厳しく残酷に、私が忘れていた恐怖を揺り起こした――プレップスクールでの苦痛な日常から逃れる週末。私はそれがとても嫌いだった。一分一秒が嫌だった。その一日をどう過ごしたのか、全く記憶にない。私は意識していたに違いない――私の精神分析の権威書がそう教えている。母にとってどうだったのか、私は知らないし、それを気に掛けた記憶もない。私は自分の基地から切り離されていた。そして敵は、母を完全に占領していた。「明日はいざ、さわやかな森へ、新しい牧場へ向かおう」[30]そうだ、森だ、馬鹿者！　そこで、生きることを学ばなければならないのは、ジャングルの中でだけだ。

四

駐屯地へ戻る時間になると、母は気もそぞろな様子だった。母は私の頬を撫でて、柔らかいと言った。私が憤慨し、私はもう赤ん坊ではない、と言ってやろうかと思ったその時——この頃には、私は自分がいっぱしの軍人のように洗練されていると感じていた——母が泣いていることに気づいた。私は口をつぐみ、怒気を自分の内でくすぶらせた。

ウォータールー駅はひどい状態だった。軍服姿だらけで、誰彼の区別もつかなかった。ブルックウッド駅。ロンドン火葬場。「兵士諸君、もうじき着くよ——ロンドン火葬場行きのお客様は他におられませんか？」ビズリーに近づくと、列車中が活気づいた。私は、みな賜暇を取っていて、駐屯地が近づいているからだと思った。だが、全員が賜暇を取っていたわけではなかった——私のように許可を得ていた者は、一握りもいたかどうか疑わしかった。誰かが非常通報索を引くと、列車は止まり、乗客は、全員軍服姿だったが、群れをなして客車から降りると、路上で憲兵隊に出くわさぬよう、草地を通って駐屯地へと向かって行った。私は車内に留まったが、

28…「淋病 gonorrhea」と「下痢 diarrhea」の接尾語 -rhea を苗字に見立てたもの。

29…将校と下士官の間に位置する階級で、准尉任命辞令 warrant により任命される。先述の最先任上級曹長もその一つ。

30…英国の詩人ジョン・ミルトン（一六〇八～一六七四）の詩『リシダス』の最終行（稲用茂夫訳）。ミルトンが、船の沈没により早世した友人のために作った牧歌形式の追悼詩。

軍人の威厳など感じたことが馬鹿らしくなり、いつも自分を腰抜けのように感じずにすめばよいのにと思った。ビズリー駅に着くと、外出許可証を持ち車内に残っていた我々数人は、駐屯地へ向けて泥道を歩きだした。なぜいつも暗かったのだろう？　なぜいつも雨降りだったのだろう？

マットとジェフがそこにいた。少なくとも彼らはいつも朗らかで、そのあだ名は、ある日刊紙に掲載されている漫画[31]の登場人物に二人が似ていたことからついたものだった。彼らのおかげで、駐屯地の内側の生活には耐えられた――外では別だった。帰省休暇で苦しむ者のための麻酔薬はなかった。最悪なのは出征直前だった。

将校任命辞令を受けられるか不安を抱えて待つ期間は、永遠に続くように思えたが、ようやく私は第五戦車大隊に配属された。私が戦車隊を志願したのは、それが戦車を取り巻く秘密[32]の中に入り込む唯一の方法だったからだ。私は、ウールにあるボヴィントン駐屯地へ出頭するよう命令を受けた。そこで私は自分にとって最初の戦車を見た――それは駐屯地への道を塞いで止まっていた。暑い日で、晴天で風はなかった。その奇妙な機械の形をしたものは、動かないようにされていたが、こちらを動けなくする、あのグワーリヤルの原始的な虎捕り罠と同じ恐ろしさがあった。私はそれから抜け出したかった。内側から金属を叩く音がした。中から一人の兵士が出てくると、止まっていた世界がまた動き出した。

そこは優良な駐屯地で、よく統制がとれていた――私がそれまで興奮し苛立ちながら進んできた中で散々見た、あのいい加減さ、俄作り、素人くささとは違っていた。私は、これだ、と感じた。将校とは、服従するべき相手だった。少尉[33]は「景色の汚点」と呼ばれているとすぐに知ったが、そんな我々ですら権威者らしく振舞うことが期待されていた。古参の下士官の指導による我々の機動演習の目的は、自らの高い能力を兵士らに印象づけることであって、自らの取るに足りなさを証明することではなかった。

演習、技術講座、回転式連発拳銃、機関銃、六ポンド砲、そして何より戦車そのものが、我々の日々の全てを占めていた。そして、将校食堂。[34]当時はまだ儀式ばっていた。海軍兵学校ほど素晴らしくはなかったが――それは無理だろう——ただの陸軍の軍人には十分だった。その後は、消灯らっぱ、遅い夕暮れ、ヨタカの鳴き声。

私はバーカムステッドで別れたクエントンとストークスと、再び一緒になった。二人は違う経路を辿って将校任命辞令を受け——戦車隊へ、そして不思議な偶然により第五戦車大隊へやってきた。健康、良い食事、砲術と講座への強度の集中、またあるときにはストークス、クエントン、ベイリスと一緒に、戦車で荒れ果てた区域を遠く離れ、シャクナゲが点々と咲いた草いきれのする緑地を散策したこと、それは、その心休まる数分間があれば何時間でも何日でもしのげると思わせるものだった。私たちはみな、自分たちが大隊として海外派遣されることを知っており、それを他のすべてのことと同様、信じる勇気がないことも自覚していたが、それでも誇りに思っていた。

出征直前の賜暇、そして晴れやかな好天の一日——私は、私たちがウール駅へ向かって行進する姿を母に見せたいと、どれほど願ったことか。だが母は、村に借りた田舎家に居る方を選んだ。私は、特別列車が入線したとき、母にも楽隊の演奏が聞こえていたと思う——『蛍の光』と『埴生の宿』が。

ルアーブル、「休養宿営地」。今度は、私たちの欲求不満を覆い隠す講座はなかった。近くに性病専門病院があり、それにまつわる「面白い」話があった。その「面白い」話は、性病専門病院には付き物だった。ちょうど、特定の単語にお決まりの形容詞がつくように。陳腐な形容詞、陳腐な単語、陳腐な話。戦争に付き物の病気のように陳腐だった。「一体、何をしているんですか?」ある従軍牧師が、テントからテントへしきりに移動してい

31…米国の漫画家バド・フィッシャー(一八八五〜一九五四)による新聞漫画。一九〇七年からサンフランシスコ・クロニクル紙に掲載され人気を博し、アニメーション映画が製作され、単行本にもなった。主人公は、長身のマットと小柄なジェフの対照的な二人組。

32…戦車の開発は極秘裏に進められ、一九一六年九月のソンムの戦いにマークI戦車が世界で初めて実戦に投入されるまで、関係者以外には謎の新兵器だった。開発中、防諜のため水運搬車 tank というコードネームを用いており、それがそのまま名称になったといわれている。

33…任命辞令を受けた将校の中では最も下の階級。ビオンらも当初は少尉に任官された。

34…将校食堂(クラブ)は、下士官以下の一般兵士の食堂と区別され、上流・紳士階級特有の社交上、慣例上の決まりが多くある。

る将校に尋ねた。「今さっき、ここで倅を見かけたんです。奴には見つかりたくないもので」。少し経って、驚いたことに、別の将校が全く同じことをしているのを見た。「ちょっとお聞きしますが、一体何をしているんですか？」彼は尋ねた。「別に何も。ただ、さっきここで親父を見かけたんです。父には見つかりたくないもので」

　コーエン、ベイリス、ストークス、クエントンと私は、宗教的だった。中隊の他の者の見方によれば、我々は「信心《パイ》者、あるいは単なる偽善者だった。私に限っていうと、軍規は守ったが、宗教は医学的な予防接種ほどにも身に「付いて」いない気がした。幼少期にインドで感じた、あの夜間の恐怖が思い出されることもあった。それは、妹と私が歌う『イエスさまはわたしを愛しておられる』や『みやこの外なる緑の丘よ』の伴奏で母が一音一音確かめながら弾くハルモニウムの音と結びついていた。乾ききったインドの大地では、すべての緑をあの丘へ吸い上げてしまったのだろう。丘は王冠のような城壁を保ち、その内側には「外」の敵に怯える小さな尖塔ややぐらが、身を寄せ合っていた。

　もう一度、そしてこれが最後だったが、私たちは汽車に乗るため大隊として行進し、軍楽隊がラ・マルセイエーズを演奏したが、反応はわずかだった。我々の中隊の偵察将校であるカーターが言ったように、ルアーブルの住民はあの曲にはもうすっかり嫌気がさしていたのだろう。「一方で」彼は言った、「万が一、ドイツのスパイが我々の到着に気づかず、ボッシュ[35]の司令部にも報告しなかったとしたら、あの音楽にも意味があるってことさ」。それは万が一にもあり得なかったが、敵といえども途方もない間違いを犯すことはあっただろう。

　ルアーブルは、戦争による損害は受けていなかったが、軍楽隊の演奏が通りを満たしているにもかかわらず、行進するには殺風景で陰気な町だった。「私たちはアジンコート[36]のすぐ近くにいます」。私は母校の歴史教師に律儀にそう書き送ったが、私の気持ちは自分の薄皮ほどの愛国心から限りなく離れていた。「大義名分はこちらにある[37]」——もちろん、誰もがヘンリー五世を「やった」——は英国人の性質の確固たるものというよりは、シェイクスピアの作中の気まぐれのように思われた。エリザベス朝全盛期の英国で、あれほど「非愛国的」な者がいたとは考えられない。愛国者、もし私が気づいていたならば、私はそれ以外の何者にもなり得なかった。

我々の目的地は？ それは神秘に包まれた、〈前線〉という場所だった。たぶん三〇分くらいの間——すでに時間は、時計では計れない何物かに変化していた——私たちはゆっくりと、だが戦前の英国の鉄道を彷彿とさせる調子で進んでいった。客車は、東海岸行きの列車のそれと似ていた——ノリッチ、ノース・ウォルシャム、クローマー[38]。そして列車は停止した。我々新参者は、なぜ止まったのか知りたがった。そのうち、誰かがなぜかと尋ねた。線路伝いにやって来た鉄道員は親切そうな男で、立ち止まると少し考え込んだ。私たちは、パブリックスクールで習った程度のフランス語しか話せなかったので確かではなかったが、しばらくして彼は、列車は止まったらしいと言った。それは、フランス人のフランス語で言われても、役に立たない情報だった。そのうち、私たちは慣れていった。答えを要する質問は、発しないようにした。眠る方が賢明だった。

近づいてくる汽車の轟音らしき音が聞こえた。際立っていたのはその速さで、静寂の中、霊界から飛び出して来たようだった。我々の列車とすれ違うとき、それはあまりにも物質的で急行列車そのもので、その意味では幽霊そのものだった。光が揺れ、車内の照明は明るく、規則的な拍を刻みながら通過していった。灯火管制はしていなかった。あの素朴な時代、国際赤十字社が身を守るには、己の居場所を知らせるだけでよかった。かすかな

35…第一次世界大戦中に英国軍で使われたドイツ人、ドイツ軍の蔑称。フランス語 alboche（allemand ドイツの caboche でくの坊）より。

36…英仏百年戦争の後半、英国王ヘンリー五世によるノルマンディ侵攻（一四一五年）の勝利を決定づけた戦いの舞台となった場所。「アジンコート Agincourt」は英語読み。シェイクスピアの戯曲『ヘンリー五世』は、この戦いの前後を中心に描いている。

37…『ヘンリー五世』第四幕一場、フランス軍に対し兵力では圧倒的に不利な状況で迎えたアジンコートの戦いの前夜に、下士官に変装して味方の将兵と語らうヘンリー五世の台詞の一部。原文では「this quarrel honourable」となっているが、シェイクスピアの原典では「(king's…cause being just and) his quarrel honourable」。

38…英国東部ノーフォーク州（ビオンが学生時代に恩師と訪れた地域）の都市。ノリッチと海岸のクローマーをビターン鉄道が結んでいる。

ヨードホルムの匂いが、こちらの列車の窓から中へ漂ってきた。轟音は遠ざかり、やがて私たちはまた静寂に包まれた。

「運のいい連中だな」。イエーツがしみじみと言った。彼はロイヤル・ランカシャー・フュージリア連隊の一員として、ガリポリ上陸作戦[39]に参加していた。生き残った者は、誰がヴィクトリア十字勲章を受けるか決めるのに、コインを投げたのだそうだ。勲章は大隊に対して何個、と「まとめて」授与されたが、それは武勇においてみな等しい中で分け隔てするのは不公平だったからだ。イエーツは、我々の英雄というわけではなかった。彼の友人がふざけて言ったことだが、少尉の星印の付いた彼の肩章には、すでに大尉に昇進したときのための穴が開けてあった。「どのみち俺は、一度はその星を付けていたんだから」。彼のこの返事は、我々には彼の階級章にも増して彼の苛立ちを物語っているように思えた。可哀そうなイエーツ――彼はやつれていて、間もなく起こることを前に平静を装おうとしているのが見え見えだった。彼が私に打ち明けて言うには、彼は大佐にひどく叱責された後だった。「本当に、歯に衣着せず、だ。偉そうな野郎だよ」。大佐は見た目の良い若い正規軍人で、元々所属していた歩兵連隊で〈総退却〉の際の功績により受けた殊功勲章に見合うよう、大尉の階級から一足飛びで我らの大隊の司令官に抜擢されていた。

「この忌々しい列車、どうなってるんだ?」カーターが言った。あの煌々とした明かり、清潔なシーツ、看護師たち、清潔さ、それらがどことも知れぬ暗闇を背景に浮かび上がった後、私たち全てを陰鬱さが覆った。私たちは戦線から何時間も、何日も、何週間も離れていた。何が困った事態だったのか? 遠すぎたし、近すぎた。

39… 大戦初期、トルコがドイツ側で参戦したことを受け、地中海からダーダネルス海峡、黒海経由でロシアとの連絡路を確保するために、連合国はトルコ領ガリポリ半島に進攻した。一九一五年二月に始まる英仏艦隊によるトルコ要塞への砲撃は効果が上がらず、四月に上陸作戦が強行されたが、これも諸々の過誤により多大な犠牲を出して成果はなく、一九一六年一月に撤退した。

五

目が覚めると、快晴の朝で、コンクリートの上に軍服のまま寝具もなしに眠ったせいで、私たちの身体は硬直し冷えきっていた。カーターは、三十歳というより五十歳に近かったはずで、二十歳より十八歳に近かった私など他の者たちよりも、ひどい痛みを感じていたはずだったが、禁欲的にもそれを見せなかった。「ひどい悪臭だな」。私は、甘く腐敗した空気を嗅いで言った。カーターはきつく結んだ唇の間から息を吸い込み、吐き出した。彼は、私には精一杯笑顔に近いと思える顔をした。「どこかに死体があるはずだ——あの臭いはそういうことさ」。私たちは、四、五人が目を覚ますのを待って探してみたが、見つからなかった。「ボッシュじゃないな——奴らは悪臭がするんだ。腐った甘い臭いじゃなくて」。「死しても分かたれず[40]」——それほどでもなかった。結局見つからなかったので、二日後に発つまで私たちはその臭いに我慢しなければならなかった。

列車には、兵卒と馬用の〈四十人か八頭乗り〉貨車[41]と、他に将校用に普通客車か仕切り客車が一、二両ついていた。それは、我々が民間人だった若い頃に乗ったような、ただのおんぼろの三等の仕切り客車ではなく、豪華な使い古しのおんぼろの一等車で、そのことが〈**我々**〉と〈**彼ら**〉を隔てる溝を際立たせていた。我らの兵士たち、私の兵士たち、あるいは〈かの兵士たち〉? いや、おそらく「兵士諸君!」だろう、戦闘の前に彼らに呼

40…旧約聖書サムエル記下一章二十三節。共に戦い、同じ場所で倒れたサウルと息子のヨナタンを描写した言葉「in death they were not divided」。

41…有蓋貨車の俗称。欧州鉄道の標準的な貨車の積載容量は、「人間なら四十人、馬なら八頭 forty or eight」であったことから。

び掛けるときのような。オトゥール軍曹やヘイラー、アレン、もう一人のアレン、リチャードソン、ジー・コロンボらと、突如疎遠に、離れ離れになるのは奇妙な感じだった。長い間準備を重ねてきて、やっと戦線に近づいているというのに。ずっと後になって、私はこれと似たような作法上の危機を経験することになった。それは陽気なスミスが、砲弾片が脳に刺さったとたん「それ」に変わり、彼の四肢をきちんと墓穴に収められなかったときだった。「彼」「伍長」「相棒」「スミス」――時間に押される中で、彼（または、〝それ〟）に寸法が合う墓を用意しようとして苦労することになった。

　私たちは、上位者としての快適さの中で座っていた。私は、配下の乗組員たちが、私が一等車に乗れるのは彼らより重大な責任を負っているためだと気づいていない、理解していないのではないかと思い、居心地が悪かった。

　徐行する汽車から見た午後の景色は、低木が生い茂っていた。暗くなってきた。汽車はますます速度を落とした。ついに止まった。「戦線に着いたのか？」「いいや、違うね」「じゃあ、何なんだ？」「何でもないさ。着いたんだ――それだけだ」。我々は降車し、私は自分の乗組員を探しに行った。彼らも知りたがっていた。彼らは雨に濡れ、凍えていた。私たちは、人気がない寒々とした貨車や客車の外に立っていた。雨は土砂降りだった。その雨は、後に「殊勲報告書に名前が載り」[42] 有名になる運命だったが、このときはただよく降っているだけだった。私たちは立ったまま、何事か起きるのを待っていた。私たちはまだ、気づき始めてすらいなかった。戦争では何事も起きはせず、そして――同じことだが――何が起きるのか、誰にも分からないということに。もし、戦後、さらにもう一つの戦争が終わって何年も経っても、誰が勝ったのかという極めて単純明快なことさえ私は知らないだろうと、その時の私が告げられていたら、冗談だと思ったに違いない。

「整列！」命令が遠くから伝わり始めたが、私たちのところに届く前に止まった。それから十五分ほど経った頃に、ざわめきが起こった。怒声が聞こえた――バグショウだ――「お前か？　何してやがるんだ？　とっくの昔に整列していなきゃならかったんだ！　まあいい、今すぐ整列するんだ！」。軍靴が泥を踏む音がして、雨は私たちの顔や首を伝っていた。その音に混じって、くしゃみや咳、悪態が聞こえた。私たちは移動を始めたが、「前かがみで」歩くには規律正しすぎたし、行進の体裁を成すには未熟すぎた。

オーストホークの森だというそこには、もつれた下草が茂り、先遣隊が切り開こうと試みた跡があった。静かな夜だった。遠い砲火の光では、私たちと土砂降りの空との間に木の枝があるのだろうと察するのがやっとだった。「張れるところに簡易テントを張って、寝るように」。ほとんどの者は、テントを地面に敷いて使った。あの暗闇と雨では、テントを張ろうとしても無駄だった。明日になったら、ちゃんとしたテントを張ろうということになった。それから、絡まった枝や木の根、雨を重戦闘用ブーツで捏ね回し、どうにか平らに踏み均したつもりの場所に横になった。やがて耐えきれなくなると、皆が一斉に「もう明日になった」との見解に達し、テントの設営にとりかかった。

数日後には、森中を不規則に張られたテントが埋め尽くし、その間を縫って網の目のような通路が張り巡らされていた。「これは好都合だ」。クックが皮肉な笑いを浮かべて言った。「もしボッシュが木の隙間から覗いたって、まさかここが宿営地だとは気づくまい」。「俺たちが小ぎれいな近衛隊だったら」カーターが言った。「こんなふうに設営するのに何時間もかかるだろうな。見てのとおり、俺たちには教わらなくても天性の戦争の素質がある。あるがままで軍隊向きだ」。彼は刈り残された低木に躓いて、毒づいた。

私たちは皆、興奮していたが、その理由は簡単には説明できなかった。やっと戦闘に入るという期待、怯えるのではないかという心配——どの言葉も真実だったが、口にされると空虚だった。私にとっては、恐怖が中心的

42…勲章を受けるほどではないが戦場で優れた働きをした者の名を、将軍から本国陸軍省に宛てた急送公文書に記載していた。記載された者には、樫の葉を型どった記章が贈られた。

事実で、私は逃げようと試みることさえできなかったので、余計に恐ろしかった。私は、「娘っ子」ブライトマンが私に、中隊本部に来て将校任命辞令を受け取るようにと言ったときのことを思い出していた。彼のなよなよとした不快なしぐさ、「お前、戦功十字章なんかもらえないぞ、分かってるよな——あのちっぽけな木のやつ[43]がせいぜいだろう」。そんな当たり前のことを言って、説得力があるつもりだとは馬鹿げていた。そして今、私たちはこの寒々とした灰色のうら寂しい雨に打たれており、その雨はどこかぎらぎらしていた。

ある晩、中隊は途足行軍を行なった。「諸君は今や、陸軍の一員なのだ」が、私たちの救い難いほど民間人的な物の見方を忘れさせるための、こうした演習の際の決まり文句だった。雨が降っていて、陰鬱で暗かった。荒れ地の生命力が、漆黒の夜と泥と打ち棄てられた装具から、沸騰した鍋の中で沸き立つ泡のように噴き出してきた。行軍の何度目かの停止で私たちが「休め」の態勢で立っていると、真っ黒だった地平線が眩しくちらちらと光る白に変わった。私たちは呆然と立ち尽くした。すると、風に乗って「連続集中砲火」の音が届いた。銃声も閃光も、個別に聞き分けも見分けもできなかった。白を、こんどは炸裂する砲弾の赤が切り裂いた。敵の応射だった。

「整列」の命令が列の向こうから伝わってきて、私たちは漫然とした行軍を再開した。この夜の襲撃はそれきりで、軍の情報紙『コミック・カッツ[44]』にも載らなかった。どのみち、私たちが向かう方向とは違ったので、気にする必要はなかった。私のように、あんな地獄のような爆撃に晒されて無事な者などいたのだろうか、と疑問に思わなかった者はほとんどいなかったはずだ。後に、私は真昼間にドイツ軍の伝説の「ハリケーン砲」を備えた砲座を見ることになる。大砲は大破し、ドイツ兵の死体が散らばり、当方の奇襲を受けたため幾人かは半裸のままだった。その場面は、従軍記者が描いたスケッチのように無意味に整然としていた。

私たちの行軍は、生真面目で怒りっぽく頭の中は空で、大衆に人気の週刊誌を真似た現実との約束に向かって歩いているかのようだった。沈滞した好奇心を刺激する見出し——「大英帝国の凋落」、「ロイヤル・アイルランド擲弾兵某連隊」がイープル戦線突出部で整然と並び、跪き敬虔に頭を垂れて「戦いの前の聖餐に預かる」、「戦車がドイツ軍の戦線に猛襲」。写真は、注意深く確認する価値がありそうだった。私たちの行軍は、何の褒美も貰えそうになかった。それは、退屈さの上に恐怖という醜悪な不揃いの染みがついたものに過ぎなかった。

その後——私たちは出動することになった。少なくとも、私の小隊が軍事行動を開始する——〈戦い〉ではない。一個歩兵師団と一個戦車小隊で、敵のトーチカを二個ほど片づけるだけのことだ。

私たちは、要請を受け、命令されて、偵察に行くことになった。それは興奮と恐怖を掻き立てた。すぐに私たちは知っておく必要に気付いた。我々の小隊長は、眼鏡をかけた若い大尉で、配下の将校と兵士らを前に話をした。それには、私たちにこの作戦の性格を知らせると同時に、私が想像するに、皆を戦いへの渇望で奮い立たせる目的もあった。彼の風貌は、私にニセウミガメ[45]を思い出させた。そのことが現実感と結びついて、その力強いつもりの演説の効果は損なわれた。

「諸君も知ってのとおり、我々は間もなく大物狩りに出掛ける」。彼の言葉は、極寒の深淵から話しているように聞こえた。私たちは聞くことに集中しすぎていて、ト書きが指示するような浮かれた反応は、皆無だった。

「地図上の赤い線が」——ここで、私たち四人の将校がばりばりと音を立てて地図を広げると、乗組員たちは首を伸ばしてそれを覗き込んだ——「出発地点だ。我々の任務は、四〇高地の攻略だ。いいか?」また、紙がかさこそと音を立てた。「それと、背後の村もだ」。ハリソン砲手は我らがロンドンっ子《コックニー》で、彼が真面目くさった顔を

43…殊勲報告書記載者に贈られる、柏の葉型の記章のこと。

44…陸軍の情報要約書 Corps Intelligence Summary の俗称。『コミック・カッツ Comic Cuts』は子供向けの漫画雑誌で、兵士らが、情報要約書の内容は戦場の実態を反映していないとして、揶揄してつけたあだ名といわれている。

45…ルイス・キャロル著『不思議の国のアリス』に登場する生き物。ジョン・テニエルの挿絵では、ウミガメの甲羅と前脚に、子牛の頭、後脚、尾を持つ姿で描かれている。

するのは何か気の利いたしゃれが出てくる合図だったが、このときは何も言わなかった。

「ビオン、君は四〇高地を奪取して、歩兵隊が来て強化するまで巡視するように。窪み道を——そのすぐ北東に示してある——監視するんだ——情報部によれば、某師団がつい最近移動してきたらしい。こっちの地図に書いてあるのが見えるだろう。これは極秘情報だから君らには渡せないんだが」——彼は我々に見えるよう地図を掲げた——「各隊が保持する防衛区域が記入してあって、いつも窪み道沿いに応射してくるので、高地を奪取した後ちが攻撃するまではだが。君たちの区域の指揮官は、この状況はあと三、四日は変わらないだろう——君たちが攻撃するまではだが。君たちの区域の指揮官は、いつも窪み道沿いに応射してくるので、高地を奪取した後に巡視するときは、ここに気を付けるように」——彼は窪み道を指した——「それから、奴らにお見舞いしてやれ。デスパード、君も同様に警戒するように。村はもう跡形もないが、クエントン、君とコーエンは村を制圧して保持するように。村の位置は、地面がまだらに煉瓦色になっているので分かる。質問は？」

「トーチカのことです、サー！」発言したのは、私の配下のオトゥール軍曹だった。彼の大きく突き出た耳、てかった赤ら顔と、いつも怒ったような表情は、これは本来将校がするべき質問だと訴えていた。彼は、私たちの代わりに赤面していたのかもしれない。

「ああ、そうだ。忘れるところだった。そう、皆も知っているように、一基に六人以上は入っている——十二人という説もある。頑丈なコンクリート製で、厚みは一フィート〔約三〇センチメートル〕以上もあるから、銃眼を狙って砲撃したら、反対側にある出入り口に回り込むんだ。砲兵隊がトーチカに砲撃を集中しているから、あまり近寄りすぎるな。銃眼を撃ったら、ボッシュからの射撃を止められるかもしれない」。

それは到底あり得ないように思えたが、彼は何か言わなければならなかった。誰もが、九・二インチ重榴弾砲で直撃してもトーチカは無傷だったことを知っていた。私たちの質問は、情報への渇望とはほとんど関係がなかった。それは何も考えない行為で、個人は軍隊という原始的で狂暴なものに溶け込んでゆくのだった。

「突出部」への道程では、列車は速度を落とし、やがて停止した。長い間停車した末に、誰かが、ハーゼブルークの手前に来ているが、駅が爆撃を受けているので通過できないのだ、と言った。汽車は、間抜けな芋虫のように待機していた。ようやく動き出すと、列車はゆっくりと鈍重に、動物の反芻のように規則的にやってくる砲撃を縫って進んで行った。列車の最後尾は、先頭車両が命中するのではないかと息をのみ、先頭部は最後尾の被弾に身構えた。私たちは手がかりを求めるように耳を澄ませ、空を見上げた。

私たちは十五分後には整列し、最初の偵察を開始することになっていた。夕日の名残りが——何週間も雨が続いた後にやっと日が出たので、七月三十一日に始まった戦闘を再開することが急遽決まったのだった——今にも降り出しそうな空を照らす中、私たちはトラックに乗り込んだ。大尉は運転手と一緒に前に座り、四人の車長と兵士たちは荷台に乗った。車体をきしませ、轟音を立て、揺れながら、三〇分ほど快調に走った。そして、止まった。

私たちは、廃墟となった町の入り口にいた——イープルだった。珍しく、建物がまだ残っていた。「憲兵隊だ」と誰かが言った。その瞬間に、憲兵が尾板の前に姿を現した。「ここから先、〈警報〉が鳴ったら全員ガスマスクを着用するように」と彼が言った。「毒ガスとＨＥ〔高性能爆弾〕が混じって来ているが、今のところ少し落ち着いている」。運転手がクラッチを入れると、トラックは一度大きく揺れてから走り出した。「ひどいな！　まるで地獄の悪魔が総出で追って来るみたいに運転しやがる」。デスパードが、特にひどく揺れた際に投げ出され、私にぶつかってそう言った。実戦も負傷も経験済みのコーエンが、痙攣するように歯を食いしばりながら叫んだ。「お前らだって、イープルがどんなところか知っていたら、そうするさ」。

六

戦線突出部、イープル、[46] 通称「ワイパース」。守り抜かねばならない場所だった。不気味な荒涼とした通りには、時折兵士が決まって足早で通り過ぎるほかは、まったく人の気配がなかった。急ぎ足の兵士以外には人っ子一人見えない——私はすぐに理解することになったのだが、それが突出部の町の特徴の一つだった。逆にここが他の町と違っていた点は、崩れ残った壁や石造りの構造物の残骸が規則的に並び、かろうじて「通り」とよべるものがあったことだ。まもなく我々は町を抜けると、「運河」のほとりで立ち止まった。「ワイパース」や「戦線突出部」と同様、これもまた、いちいち何処と説明する必要のない単語だった。

今の時代の人々にとっては殆ど意味を持たないこうした言葉が、この老いぼれには時の流れを旅する唯一のよすがなのである。その旅も、この先は記憶の霧の中に浮かぶ島々へと続くだけだが。実際にはもう暗くなっていたはずだが、我々が狭い土手道を通って向こう岸へ渡ろうとして、二、三の夢の形姿のように佇んでいたそのとき、空中に黒い雲状のものが現れたかと思うと、それが子供の頃に見た水中花のように急激にほぐれて広がっていった。「ウーリーベアーか。[47] あれは、まったく無害だな。そりゃ、弾頭蓋が命中したら死んじまうだろうが、見てのとおり上空五〇フィート〔約十五メートル〕で炸裂するんだから、よほど不運でない限り破片に当たることはないさ。まったく無害だよ」

その運河は、立ち話に相応しい場所ではなかった。我々は、半ばウーリーベアー無害説への不信感から、またその薄気味悪い場所が引き起こした精神状態に促されて、先へと進んだ。今でも時折、あのぞっとするようなイープルの通りや悪夢のような運河の記憶がふと蘇ることがあり、そうなるともう、それがどんなに明るい日であろうと、不吉な予感が拭えなくなるのである。

我々は無言のまま、砲火の閃光に照らされた足元のぬかるみのほかはもう何も見えないほど暗くなるまで歩き続けた。我々は偵察を翌日の日中に継続することになっていたので、待たせていたトラックに戻った。トラックは、あの場所を離れられた安堵感から、帰路を急いだ。

前夜の暗黒とその闇が覆い隠していた未知のものに比べると、同じ景色を白日の下で眺めるのには一種独特の恐ろしさがあった。二人一組の行動で私はクエントンと組んだが、彼の陽気さは、口には出さないが、絶えず陳腐な冗談を飛ばしたり悪態をついてふざけたりしている普段の様子とは違っていた。空はこの時に限って雲一つなく青く晴れ上がり、大地は黄土色に輝いていた。遠くに切り株が散在しているのが見え、我々はそれが地図に描かれたあの林のあった場所なのだろうと判断した。スティーンベック川とおぼしき地点へ向かって斜面を下って行くと、そこからはなだらかな隆起が続いていて、そのうちのどれかが四〇高地のはずであった。地図上には、現在地と私の目標地点であるその高地との間に、敵陣の何重にも巡らされた塹壕群や砦、機関銃座が、前日の日付とともに赤でくっきりと書き込まれていた。それは緻密な出来で、陸軍工兵隊の驚嘆すべき技の所産だった。最近の砲弾炸裂でところどころ破壊された踏み板の通路を、我々は歩いていった。この道以外には、塹壕群も、砦も、堡塁も、機関銃も、何一つ見えてこなかった。それでも、私は工兵隊が記したのは想像の産物ではなく現実だと認めるだけの敬意を彼らに抱き、それは決して減じていなかった。

46… ベルギー北部フランドル地方の都市。第一次大戦中、イープルに形成された戦線突出部の獲得をめぐり、一九一四年、一九一五年、一九一七年の三度にわたり激戦が行なわれた。「ワイパース」は、フランス語表記の「Ypres」(オランダ語表記では Ieper)を、外国語に馴染みのない英国兵が語頭のYをワイの音で発音し、英語の wipers に寄せたあだ名と言われる。

47… ドイツ軍の榴散弾。毛虫 wooly bear を連想させる煙の形から、英国軍兵士らがつけたあだ名。

我々は歩みを止め、踏み板の上に座りこんで地図を確認した。私は地図を持ち損ねて、それを扱う自分の手が震えていることに気づき、止めようとしても止まらなかったので苛立った。有り難いことに、クエントンはその様子に気づかなかったようだった。突然、悲鳴と同時に爆発音がして、二人ともとっさに身を伏せた。敵による三門の一斉砲撃だった。ぬかるみから起き上がりながら、砲弾が炸裂したのは、どうみても危険が及ばない一〇〇ヤード〔約九十一メートル〕も先の地点だったことを知った。その時、爆発地点と我々のいる場所の間に三人組の兵士たちがいるのに気づいた。彼らは白い歯を見せて陰鬱な笑いを浮かべて立っていた。砲撃への我々の反応は、見られていたのだ。私は臆病者と見做されるのがいやだという思いで頭が一杯になり、恥かしさで顔が赤くなるのを止めることができなかった。我々は、ありったけの虚勢を張ってそこを歩き去った。

だが今度は、別の心配が持ち上がった。スティーンベック川はどこにあるのだろう？　この時点で、堡塁が地図上にくっきりと描かれていたのと同じくらい明瞭に、その川は我々の脳裏に刻まれていた。スティーンベック川は悪名高い障害物で、この越え難い防壁さえなければ、我が軍は再三の進撃により八月三十一日には向こう岸に突き進み、私の想像では青々とした野原で繰り広げられる「会戦」において、ドイツ軍に再起不能となる会心の一撃を与えていたはずであった。それもまた、今となっては一握りの老兵を除けば意味を持たない名称となってしまったが。

我々は再び地図を見た。正確かつ明瞭な地図だった。我々が立っている呪われた地点はそうではなかった。我々が辿って来た方向も含め、辺りは見渡す限り緩やかに波打つ泥濘地の上に無数の砲弾孔が、重なり合って出来ていた。我々は窪地に立っていて、そこから地面は上り傾斜になっていた。水は、砲弾孔から砲弾孔へと細々と流れ、あるいは孔の底で澱んでいた。追いついてきた先程の三人組の兵士の一人に、スティーンベック川はどこか、とクエントンが尋ねた。その兵士はまだ虚ろな笑みを浮かべながら、我々が立っている泥沼を指差した。つまり、そこがスティーンベック川だったのだ。それからクエントンは四〇高地はどこか、と訊いた。兵士は薄ら笑いしたまま、何も言わなかった。

ヘイグ[48]とその参謀たちは、こんな土地が戦車に適しているなど考えたことで、また自ら下検分も行なわず、戦車の性能や限界についても理解していなかったとして、批判を浴びてきた。我々三人は戦車というものを分かっていいたし、現地の偵察もこうして行なっていた。だが、四〇トンの戦車が水に浮くだろうなどとは、我々の誰かが一瞬でも考えたという記憶はない。だから我々の頭には、あの戦場の泥が入り込んでしまったのに違いなかった。我々をも含めた我が軍には、思慮というものがなかった。「あの丘のどれかが」とコーエンが地平線を漠然と指差して言った。「四〇高地のはずだ。ドイツ軍の塹壕線は、ここと奴らの陣地の間、約一〇〇ヤードくらいのところにある」。アヒルの鳴き声のような間延びした機関銃の連射音と弾丸が飛ぶ金属音に対して、即座に高速の銃火の炸裂が返って来た。「ルイス軽機関銃だ。この近さは気に入らないな。行くぞ、退散しよう」。戦傷章を付けたコーエンだからこそ、そんなことが言えたのであり、クエントンや私には無理だった。作業部隊は、いつの間にか姿を消していた。彼らが去るところを見なかったことで、我々を突如襲った心細さが一層強く感じられた。空が暗くなった。「四〇高地はどうするんだ?」と私はきいた。「明日探せばいいさ」と、クエントンが皮肉たっぷりに答えた。

一刻も早くその場を離れたいという気持ちが、自分の目標を確認できていない私の罪悪感を余計に強めていた。どこを取っても同じに見えるぬらぬらと光る黄土色のぬかるみの上に、何マイルにもわたり一面あばたのような窪みが拡がる景色に、私は恐怖を覚えた。我々の右方向から銃撃が始まった。さっきよりも機関銃の音が増

48…ダグラス・ヘイグ(一八六一〜一九二八)は、英国の職業軍人。一九一五年十二月から終戦まで、英国海外派遣軍司令官として西部戦線の指揮をとった。戦争を最終的に勝利に導いた一方で、ソンムの戦いや、本文でこれから始まる第三次イープルの戦いで、無謀な作戦や戦況判断の誤りなどにより多大な損失を招いたと非難されている。

えており、身を屈めた動物の発する唸り声のようなゆっくりしたリズムのドイツ軍の銃声が、ヒステリックで早口なお喋りのような我が軍のヴィッカーズ機銃やルイス機銃の音に混じって聞こえた。それでは、この死んだ場所にも、活気があったというわけだ。これが、戦闘のために集められた軍隊と軍隊の取る形だった。「何してるんだ」コーエンが言った。「行くぞ！」クエントンも言った。私は恐れていたわけではなかった。ただ、幾千もの眼、それも幼少期を過ごしたインドの夜に見た動物たちの眼に見つめられているかのように、危険の臭いを感じた鼻孔が振動するような感覚を覚えていた。

右側から発砲している辺りで、一人の兵士が通り路を急ぎ足で歩いていた。そして突然私の視界から消えた。気がつくと、我々はみな同じように、狭い歩幅で速いスタッカートを刻むように先を急いでいた。後になって分かったことだが、戦場の人影はどれもみな、一つ残らずこのように歩いていた。人々の顔でさえ、どれもが一様に汚れて汗でべたつき、判で押したように同じ顔になっていた。

泥の色が、黄土色から赤に変わっている場所があった。「恐らくここが、いくら探しても見つからなかった、あのぶっ飛ばされた村があった場所だろう」。「ぶっ飛ばされた、は正解だな」とコーエンが言った。

砲撃戦は激しくなっていった。銃声はさらに増えていた。機関銃、ファイブ・ナイン〔ドイツ軍の五・九インチ重榴弾砲〕――「お父さん、世界大戦のとき、お父さんは何をしていたの？　お父さん、ファイブ・ナインって、なあに？……何が……」「いいから、黙ってパンを食べなさい……」。どうやら私は、あれもこれも説明しようという焦りがいまだに抜けない気がする。どのみち、もう時代遅れの話だ。今では、もっと上手いやり方をする。原子爆弾や核分裂反応などという「ごみ」でさえも……人類の後継者、今はまだその存在にすら気づかれていないが、未知の極めて恐ろしい病とでもよぶべきものに、取って代わられている。

それはさておき、古き良き時代に話を戻すと――我々は再びあの運河のほとりに出ていた。さっきよりも多くのウーリーベアーが、天空に真っ黒い巨大な疑問符を描きだしている。「運河を渡り終えられるといいな、奴らがもっと危険なものを撃ち込んで来る前に、ＨＥとかさ」(閣下 His Excellency かって？——ばかだな、高性能爆弾 High Explosive だよ)。

七

暗闇の中で辛うじて何かの残骸が見えた——たぶん、納屋だったものだろう。イングリッシュ・ファームと呼ばれていたものだ。[49]私たちの戦車はそこに集合して戦闘に出ることになっていた。時間ちょうどに、私たちは次々と出発していったが、それにはまずドイツ軍が砲撃し終えるのを待たねばならなかった。私たちを狙っていたのか？　敵はこれから始まる攻撃のことを知っていたのか、あるいは単にそこにイングリッシュ・ファームがあったから機械的に撃っていただけなのか？　その後、照明弾が我々の進路上に落ちてきた。私たちは直ちに停止した。少なくともそのつもりだった。誰一人、動かなかった。八台からなる戦車の車列の端から端まで、明るく輝く金属が、天鵞絨のような闇に浮かび上がった。照明弾は、いつまでも燃え続けた。敵は、なかなか発砲を開始しなかった。ベイリスが私の隣に来て、彼らは嘲り笑っているんだ、こっちが気をつけの姿勢で軍隊式の間抜けみたいに突っ立っているのをさ、と言った。私たちは、初めて砲火を浴びた衝撃からまだ立ち直れずにいた。間もなく起きることへの恐怖が、平静を保とうとする私たちに重くのしかかっていた。懸念を持たずにいることほど、重苦しいものはなかった。おそらく、ワイブラウさんとトンプソン夫人は正しかったのだ——私は逃げるべきだった。もう遅い、遅すぎた。

さらに十分後には、私たちはイングリッシュ・ファームに起きたことには動揺させられなくなっていた。だが、もし戦車の存在から、間もなく始まる攻撃のことが知れてしまっていたとしたら。今では信じがたいことだが、当時の私たちの不安はそのくらい実体のないものだった。

私たちが進む道路では、交通渋滞が起きていた。突然、何の前触れもなく、どこからともなくいくつもの部隊が現れた。私たちは待った。何も起きなかった。私はアレンに、エンジンを切るよう指示した。混雑した路上では、誰も口を利かなかった。時折、ラバの嘶きや馬具の金具の音が聞こえた。

これらの言葉を記しながら、私は自分が忘れてはいないことを知っている。あの夜、イングリッシュ・ファームで起きたこと、その後にサン・ジャン＝ウィールチェ道路で、カンブレーで、アミアンで起きたことを、何年も後に、二度目の世界戦争の暗黒地帯を走る「青列車」[50]の中で。私は今でも幾千もの眠れぬ夜に、かがり火の中にそれらを見る、なぜなら魂は行進し続けるのだから。[51]

「もし、ボッシュの砲撃が始まったら、俺たちはおしまいだな」。それはクエントンで、彼の戦車は私から三〇ヤード〔約二十七メートル〕ほど後方だったが、様子を見にやって来たのだった。彼は、いつもそんなふうに主導権を発揮してきて、私は彼の物事に捕らわれないやり方が羨ましかった。「もっと前の方に行って、どうなっているのか見て来ようと思う。だいたい、上の連中は、この道は戦車のために空けておくって言っていたんだ」

「馬鹿なことをいうなよ」。私は小声で言い返した。「何かあったら、戦車に戻れなくなるぞ」

バグショウがやって来た。「何をやってるんだ？ 前進しろ」。私は、何が何やらさっぱり分からない、と言った。歩兵隊、砲兵隊、弾薬を運ぶ二輪車、それらが皆、沈黙と暗闇の中で密集し、塊になっていた。時折、赤い火花の噴出と爆発が起きて、敵の砲弾が落ちたことを知らせていた。静かな夜だったが、それはあとどのくらい

49… 軍が戦地の地図を作製する際に、名称のない目標物を識別しやすいよう、その外見上の特徴などに基づき簡易な名前をつけていた。このイングリッシュ・ファーム（農場）もその一つ。

50… 英仏海峡の町カレーからパリを経由して南仏ニースへと結んでいた夜行列車。

51… 一九五八年八月三日、ビオンはフランチェスカと戦地を再訪した（『戦争回顧録 一九一七年から一九一九年』）。

もつのだろうか？　私の脳裏には、混沌の情景が浮かんだ。前のめりに倒れるラバ、ひっくり返った弾薬運搬車、そして何より九〇ガロンの燃料を積んで炎上する戦車。

突然、騒がしくなった。一人の若い参謀将校が現れた。「お前」――彼は私に向かって話していた――「全く何だって――これはお前の戦車か？　この野郎、どういうつもりだ？　とっと進め！　もうとっくに出発地点に着いてる時間だぞ！」

「進めないんです……」。私は説明しようとした。

「何を言ってるんだ、全く！」彼は遮って言った。「かきわけて進むんだ！　奴らを道から押しのけるんだ！」私は、自分が平時の礼儀作法の考えに陥っていたことに気づいた。「これは戦争なんだ――さっさと行け！」

私は意気消沈して、アレンにエンジンを始動するよう伝えた。私たちはじりじりと進みながら道を押し開いた。弾薬運搬車が、隊員たちが罵声を上げるなかで横倒しになった。「この糞っ垂れ！」彼らは私たちを罵った。私は、彼らの怒りはもっともだと思った。私は道を外れようと思ったが、戦車は恐ろしいことにずるずると泥の中に滑り落ち始めた。アレンが苦労の末、それを食い止めて――彼が腕利きの操縦手だったからこそ、できたことだった――私たちはその後も一フィート進むごとに呪われ、憎まれながら、押し進んだ。

今にも、あのイングリッシュ・ファームにいたこちらの姿を晒し出したに違いない照明弾に続いて激しい一斉砲火が始まり、私たちをすっかり吹き飛ばすだろうと思った。そのとき、突然、味方の準備弾幕砲撃が始まった。辺り一帯の泥が、味方の砲火の白い閃光に照らされて浮かび上がった。それは、野戦砲ではなかった――六インチ重榴弾砲で、味方の前線の五〇フィート後方から発射されていた。一呼吸置いて、敵方の集中砲火が反撃し始めた。我々のいる「道路」は、何週間もかけて照準を定められ自動調節された、敵の固定した戦線の目標に違いなかった。悪夢は、今や事実となった。私はアレンに、進路を直角に取って道路から降りるよう合図した。砲撃は、今や道路の上でも外れた場所でも一様に激しかった。それでも、自分たちが敵の定めていた標的ではなくなったと思うと、慰めになった。少なくとも、私には道路上で何か起きているのか分かっていた。

私は、出発地点に到着したと判断し、再びアレンに合図して、戦車の向きを「高地」へ、榴散弾が灯る夜の闇の中のどこかにある我々の目標地点へと定めた。私は、戦車長ならではの不安に取りつかれた――私は負傷して倒れる、だが乗組員は私に気づかなくて、私は戦車に轢かれる、という。私は、ちょうど脇のハッチの前に来たところで、砲弾の烈風に倒された。扉が開いて、乗組員が私を引き入れると勢いよく閉めた。「もうだめかと思いましたよ」。リチャードソンが言った。私はどうにか、前部座席のアレン操縦手の隣にたどり着いた。エンジンを切った。作戦行動開始時刻まで、あと四〇分ほどあった。

エンジンの轟音を消して、外の騒音がじっくり聞けるようになると、ドアを乱暴に閉めるような音がそこら中で響いていた。そして私は、全く新しい感覚に気づいた。私が堅牢な金属の塊として見慣れていた戦車が、絶え間なく、まるでゼリーのようにぷるぷると揺れていたのだ。想像力が生み出す虚構ほど、強固な防護はない。

私は怖がっているという自覚はなかったが、それは気を楽にするという観点からいうと、怖がっていないのと同じことだった。戦車は相変わらず揺れ続けていたし、ドアは音を立ててぶつかり続けており、それらは時折同時に起こった。ドアの音と揺れが一定の規則的な間隔で発生していることに気づいたとき、私は我々が大型の砲弾の破裂地点からかなり近い位置にいることを悟った。私は、移動しなければと思った。だが、どこにも行くところはなかった。

真っ暗だったので、敵は何も考えずただ定められた線上に弾幕砲火を続けていて、これまでのところ我々は無事だった。砲弾は、手前や遠方に落ちることもあるのだろうか？　あるだろう――だから、私は考えるのを止め、本能的に、心を空にした状態に逃げ込んだ。アレンには何もすることがなかったが、ヘイラーと砲手の方のアレン、この若者の顔が汗で光っているのが車内灯の薄明りで見えたが、私にはこの二人に、私と一緒に外に出て伝書鳩を放つよう命じることくらいならできた。それは、我々が出発地点に到着したことを報告するためだった。私が時刻を記録すると、ヘイラーがその通信文を鳩の足に付けた筒に無造作に詰めた。開始時刻までたった五分という時に、ヘイラーが鳩を空へ投げ上げた。鳩はすぐに砲弾孔の縁に降りて、辺りをうろうろと歩き始めた。我々は腹を立て、苛立ちながら、鳩の呑気な様子を見つめていた。「もしそいつが本部まで歩いて行く気なら、とんだ気の抜けた報告になっちまう」。「まだ日の出前ですから」ヘイラーが指摘した。私たちは鳥に土くれを投げつけてみた。そうすれば、砲火にも動じない鳩の沈着さを乱せるとでもいうように。「あんな翼があったらなぁ……」アレンが叫んだ。「最高の翼をお求めなら、ここにありますよ」と鳩は言っているようだった。

そろそろ時間だった。「乗り込んで、エンジン始動だ」私は命じた。乗組員は、始動ハンドルを回しはじめた。何も起きなかった。そして、皆が絶望しかけた頃に、エンジンは唸り声を上げて勢いよく動きだした。

夜明けだ。そして、我々は戦闘へと乗り出してゆく。前方の垂れ蓋の隙間から、私には「高地」の輪郭線以外は何も見えなかった。戦車は低速ギアで進んでいた。最高出力を出しても、毎時一マイルの速度で砲弾孔から砲弾孔へよたよたと進むのが精一杯だった。戦車が右に傾きだした。我々には修正できず、六ポンド砲は地面の上ではなく地中を鋤で耕すようにして進んだので、砲身に泥が詰まっていった。飛び散る土のせいで、アレンも私も前方の観察窓の垂れ蓋を、細い隙間以上に開けることができなかった。私が潜望鏡を使おうとしたら、撃ち壊された。

一度、我々の前方と右手に、木の切り株が見えた。地図には四〇高地の右側に林が書いてあったので、これには大いに安心した。ここまでは上手くいっていた——戦車の傾きさえ修正できればよかったが、そうはならなかった。我々は高台にいたが、排水路が破壊されていたため、高台といえどもスティーンベック川よりもひどい泥沼状態だった。

参謀本部は、知っていたのだろうか? 当然だ。だが、誰もイートン出やハーロウ出のパブリックスクール系エリートに教える者はいなかった。頂上に降った雨は、そのすぐ下の地面から沁み出てくるのだとは。あるいは、教わっていたのだろうか――私が欠席していたときに？　たぶん、地理の授業だろう。いや、それは「亜麻と黄麻がどこかに生えているとかいう話だけだった。それは四〇高地ではなかった。一体、四〇高地はどこだったのか？

方向を確認するべき時だった。垂れ蓋を押し開けて覗くと、破砕された木々が、ほぼ見当をつけていたとおりの場所にあったので、私は安心した。蓋を広く開けるたびに飛び込んでくる土の塊に邪魔をされて、私はちらちら見えたものをまとめて把握するのに苦労した。「砲弾はだいぶ近いです」アレンが私の耳元で叫んだ。彼の言うとおりだった。辺りが明るくなるにしたがって、出発前に心に留めていたあの砲撃のリズムが、初めに作戦行動開始を知らせる連続砲火に代わり、それからもっと対象を絞った砲撃になっていった。敵にはこちらが見えていて、大砲の照準を我々に合わせて集中的に撃ってきた。敵は狙いを外さないだろう。だが、彼らは外した。このことで、安全なのだと勘違いした。その時私は、何度も目をやって確認していた木々が、木ではなくて味方の歩兵隊で、隊列を組みライフル銃を肩に担いで前進している姿だったことに気づいた。私は、歩兵隊とはライフル銃を撃つものだと想像していた。そうではなかった――イープル突出部では。想像上の安全、想像上の攻撃？だが、兵士らは死んでいった。

52…雄型マークⅣ戦車は、車体の左右側面にあるスポンソン（張り出し）から前方へ突き出すように、それぞれ一門ずつ六ポンド砲を搭載していた。

八

私は気落ちして、地図を取り出して眺めた。同じ地図だから、見直しても同じなのは驚くことではなかった。だが、その地図と、今我々が嵌まっているこの泥沼との間に、何の関係があるのか？　私の手はもう震えてはいなかったが、私は死ぬだろうと確信していた。おそらくは全員が、少なくともアレンと私は確実に。戦車の後部のことは、オトゥール軍曹に任せていた。あの勇ましい醜男、赤ら顔に出目、そして私が知る限り、人間の頭の横に生えているものとしては最大の、あの突き出た耳。彼が初めて、私の副官に配属されたと挨拶しに来たとき、彼はX脚の者なりに精一杯の直立不動の姿勢をとると、彼の癖である傲然とした態度で、自分は孤児なのだと告げた。

車体の中央付近が盛り上がり、何かが砕けるような音がした。私はオトゥールに合図した。「コロンブと一緒に外に出て、泥濘地脱出用角材[53]を取り付けろ」。二人は這い出していった――きっと死んでしまう、と私は思った。鉄を被せた巨大な角材を履帯《キャタピラ》に固定すると、角材はそれと一緒に回転して車体の下に入り込み、その足掛かりとなる仕組みだった。

角材はたしかに一緒に回転はしたが、戦車は少しも前に進まなかった。角材は車体の下の泥を掻き出した。我々は、穴を掘ってますます深く埋まっていった。さっきよりさらに大きく耳障りな破砕音が聞こえた――「変速機がやられました」アレンが叫んだ。エンジンが空吹かしの状態で高速回転していた。彼はスイッチを切った。「降りろ！」私が指示すると、乗組員全員が泥の中に転がり出た。オトゥールが、大声を上げて私を突き飛ばして、扉から遠ざけた。一発の弾丸が、私の頭を外れて扉に当たった。私には弾が飛んでくる音も聞こえなかったし、気づいてもいなかった。至近弾《ニアミス》は、遠距離からの弾とは違い、大きな破裂音をたてるものだという――あるいは死に至らせるか。

車内で地図と自分の手を眺めた時、私は自分が、身体から四フィート上の辺りを漂っているような気がしていた。アレンは恐れを知らず面白がっている見物人だった。この解離、離人症状態が、安全を確保するための手段だった――自然発生的で自動的だが、差し迫る死に気づかない点で高くつく可能性があった。

私たちは、訓練で習ったとおりに「防衛拠点」を築いた。私たちは、戦車と敵が潜むと思われる地点とを結ぶ、ざっくりとした線を描くように分散して陣取った。我々にはルイス機銃と弾薬があった。歩兵隊がライフル銃を使わなかったというのに、私たちには機関銃で何ができたのだろう。もし私に、敵のいる位置、それこそドイツがどの方角にあるかが分かれば、その方に向けて撃てただろう。私は方位磁石を取り出した。そして自分の目を疑った。私たちは、誤った方角を向いていたのだ。だが幸いにも、私は懐疑心を持つ余裕を取り戻していた。そのおかげで、私の疑念が確信に変わるまでの時間を稼げた。磁石は、戦車という鋼鉄の塊の中で、狂っていたのだ。我々は各々、自分が収まった砲弾孔の中で身を屈め、銃をいじり回して中に泥が詰まっていないか確かめた。午前が過ぎ、まばゆい昼下がりとなった。太陽が出てきて、砲撃は弱まったように見え、戦車は泥濘地脱出用角材に助けられることなく泥に埋もれて姿を消しつつあり、もはや砲弾の標的にもならなかった。「三葉機[54]だ！」。それは、英国海軍の偵察機らしかった。我々は、所属を示す三枚の円盤を地面に並べた。飛行

53…水はけの悪い土地が砲撃により荒らされた西部戦線の戦場は泥濘地と化し、不整地走行に適した履帯（キャタピラ）を備えた戦車でも、泥にはまって動けなくなることが多かった。このため、一九一七年に投入されたマークⅣ型戦車には、履帯に装着して軟弱な地面の上の足場とするための脱出用角材を積んでいた。

54…主翼を三枚上下に重ねた飛行機。

機はそれを見て我々の位置を認識するのだ、と教わっていた。彼らが榴散砲に当たらないのは奇跡に思えた。少なくなったとはいえ、砲弾はまだ私たちの上に降り注いでいたし、味方の砲撃と相俟って、空中に目に見えない模様を織り上げていたに違いない。「上からはこんなもの見やしないですよ、戦車だって」とコロンブが言った。「俺だったら、あんな高い場所にいたら、もっと他に考えることがあるな」。確かに、飛行機が輪を描き、急降下し、急上昇する様子は、見えない敵をかわすための動きであって、我々の人生には何の関わりもなさそうだった。

もう十二時三〇分だった。私には、あの場所で時間が止まったように思えていた。目に見えるのは、相変わらずの泥、乗組員たちの顔、つやつやと輝く無傷の銃には不釣り合いな、我々の泥がこびりついた軍服や不潔さ。もはや疑いはなかった――砲撃は減っていた。リチャードソンが、自分の妻子の写真を名枚か取り出して私に見せた。彼は乗組員の中では最年長だった――三十八歳、私の二倍の年齢で、他の皆よりもずっと年上だった。彼の妻は母親らしい感じの女性で、二人の子供らはずんぐりしていて、それを彼は自慢げに私に見せ、事細かに解説し、またこちらがそれを好意的に聞いていると信じていた――私には、なぜなのか分からなかった。今考えると、彼は私を信頼していたというより、私の若さや経験不足に同情していたのだろう。そもそもパブリックスクール文化の圏外で、十九歳の若造が戦場の将校に相応しいなどと一体誰が考えるだろうか？

私には、次に何が起きるのか見当もつかなかった。戦車が泥の中に沈むものだとか、兵士が歩くのが木のように見えるものだなどとは、誰も教えてくれなかった――宗教以外では。私が欲しいのは、戦闘の指令だった――聖書の逸話ではなく。私はやがて、宗教も戦闘指令を欲しており、おとぎ話の必要性は少ない、と考えるようになった。神は、バーミンガムの実業家のおとぎ話[55]によって片づけられるには、あまりにも悪魔的すぎた。クリシュナは、はるか昔にそのことをアルジュナに分からせた[56]。どうすればいいか、私に教えてくれる者はいないのか？

リチャードソンは、話すのを止めた。私たちは不毛の泥地を眺めていた。何もない、何もない、何もない。

「おれたちゃフレッド・カーノの一座《アーミー》、一体何の役に立つのかね[57]」――行進に合わせて歌う小歌の歌詞が、私たちの状況によく合っていた。「さて、よい子のみなさん」政府が費用負担する、ガイド付き前線ツアーから戻ったばかりの牧師が、子供向けのお説教の締めくくりに熱が入り、こう言った。「勇敢な兵隊さんたちが、何の歌を歌っていたと思いますか?」(みんなが思うような、日曜学校に集まるあの感傷的で軟弱な連中ではなく、兵士が)「なんと『確かなもとい　ただ主に置き』なんですよ」。

「サー!」オトゥール軍曹が、発言の許可を求めた。戦闘中だろうとなかろうと、しきたりは、規則は、遵守しなければならない。「なんだね、軍曹?」「向こうの方で、動きがあるようです」。彼の声は切迫していた。

そのとおりだった。たくさんの人影がうごめいていたが、それは早朝にあの「林」が現れて以来、初めて見る人影だった。何人かは、躓いているようだった。「味方の兵が、退却しているんだと思います」。その兵士たちは、約一〇〇フィート前方のやや左寄りにいた。私は戦車を高地の反対側に誘導してしまったのだろうか? ドイツ軍の機関銃に、味方の高速で甲高い発射音が加わっていた。味方の集中砲火がこちらへ向けられ、そこら中で炸裂した。悪運を呪いながら、私たちは味方からの砲撃に「備えて」いた。

ひとりの将校が現れて、私の隣にかがみ込んだ。「B中隊だな? お前たちには、前方中隊本部まで退却するよう命令が出ている」。彼は大声で言った。

55…第一次大戦の英軍戦車の九割がバーミンガム近郊の車両工場で製造されていたこととの関連か。
56…インドの古代大叙事詩『マハーバーラタ』の第六巻で、同族どうしの戦いを前に、戦士アルジュナが戦うことの意義に疑問を持ち戦意喪失すると、彼に味方するクリシュナ(ヴィシュヌ神の化身)が、何事も顧みず、ただ己の本分を尽くすべきと説いて、彼の迷いを消す。宗教的・哲学的教訓を含むこの部分は、独立した詩編『バガヴァッド・ギーター〔尊き神の歌〕』としてインドでは古来より広く親しまれている。
57…戦場で作られた数多くの戯れ歌の一つ。数行後にある讃美歌『確かなもとい　ただ主に置き The Church's one foundation is Jesus Christ our Lord』のメロディーに、ドタバタ喜劇で人気を博したフレッド・カーノの一座 army に軍隊 army を掛けたこの歌詞をつけたもの。

「ここに残るべきではありませんか——ルイス機銃も弾薬も十分にあります」

「勝手にすればいいだろう——命令は伝えたからな」。彼はむっとしていた。私も同じだった。何を言い争うことがあるのか？　私はさっさと退散したかった。モンスの天使[58]でも、この突然の出現ほどには有難がられなかっただろう。これが一九四〇年なら、彼はドイツ側のスパイで、将校に扮して勇敢な軍隊を退却させに来たということになるだろう。

その将校はいなくなった。私には分かっていた——今でも分かっている——私は残るべきだったのだ、命令があろうとなかろうと。下級将校であっても、自主性を発揮することが求められていた。「みんな、こっちへ来い！」私は叫んで、彼らを手招きした。息を切らし、暑さにあえぎ、疲れ果てて、私たちはドイツ軍のトーチカ内に設けられた前進本部に帰り着いた。勝利は、とチャーチルはマラヤで大敗[59]を喫した後に言った、どれほど名誉ある退却でも、退却によっては得られない、と。

デスパードは、戦車長の中では年長だった。彼は、本部に入る順番を待って立っていた。一発の弾丸が、どこからともなく飛んできて、彼の腹に命中した。彼は崩れ落ちた。

「どうしたんだ？」私は尋ねた。私は驚いた。彼が「もうだめだ」と言うと、私はもっと驚いた。彼の顔はどんどん蒼白になっていった。

「こうなることは、分かっていたんだ。あの、いまいましい……カササギが……今朝……飛んできたか

58…モンスの戦い（一九一四年八月）で、ドイツ軍に押された英国軍が退却する際に、空に天使が現れて、弓矢を放ち英軍を援護した、という伝説。元は新聞に掲載されたアーサー・マッケンという作家の小品『射手 The Bowman』が、事実として広まったもの。

59…第二次世界大戦中の一九四二年二月、当時英国領だったマラヤ（現マレーシアおよびシンガポール）が日本軍により陥落したこと。「勝利は…退却において勝ち取るものではない」については、第二次世界大戦において一九四〇年五月から六月のダンケルク撤退作戦成功後に、当時首相に就任したばかりのチャーチルが英国下院で行なった演説の中に、この趣旨の言葉がある。

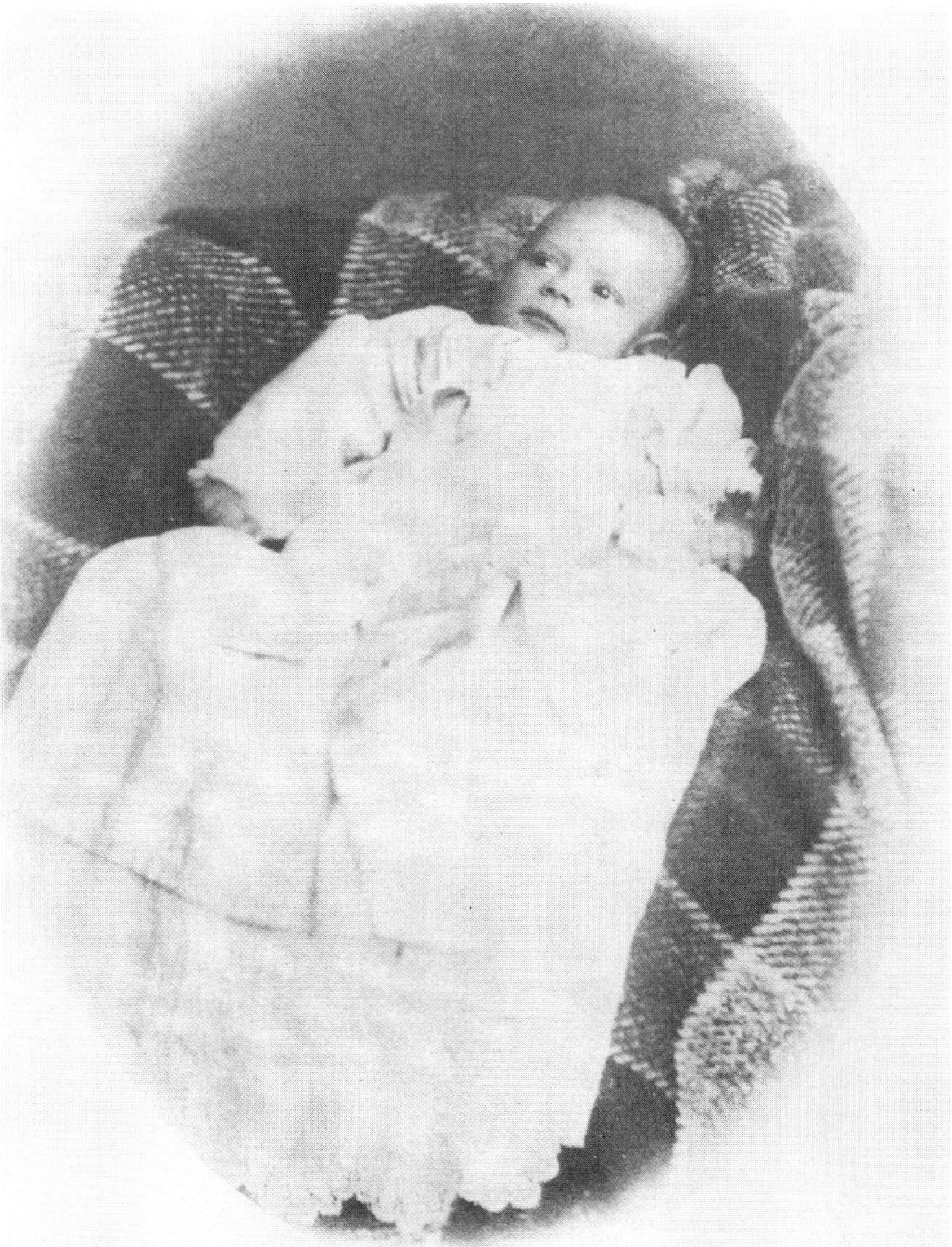

1897 年

1900年　両親と

1903年　妹と

1914年　パブリックスクールの水球チーム（着席右側）

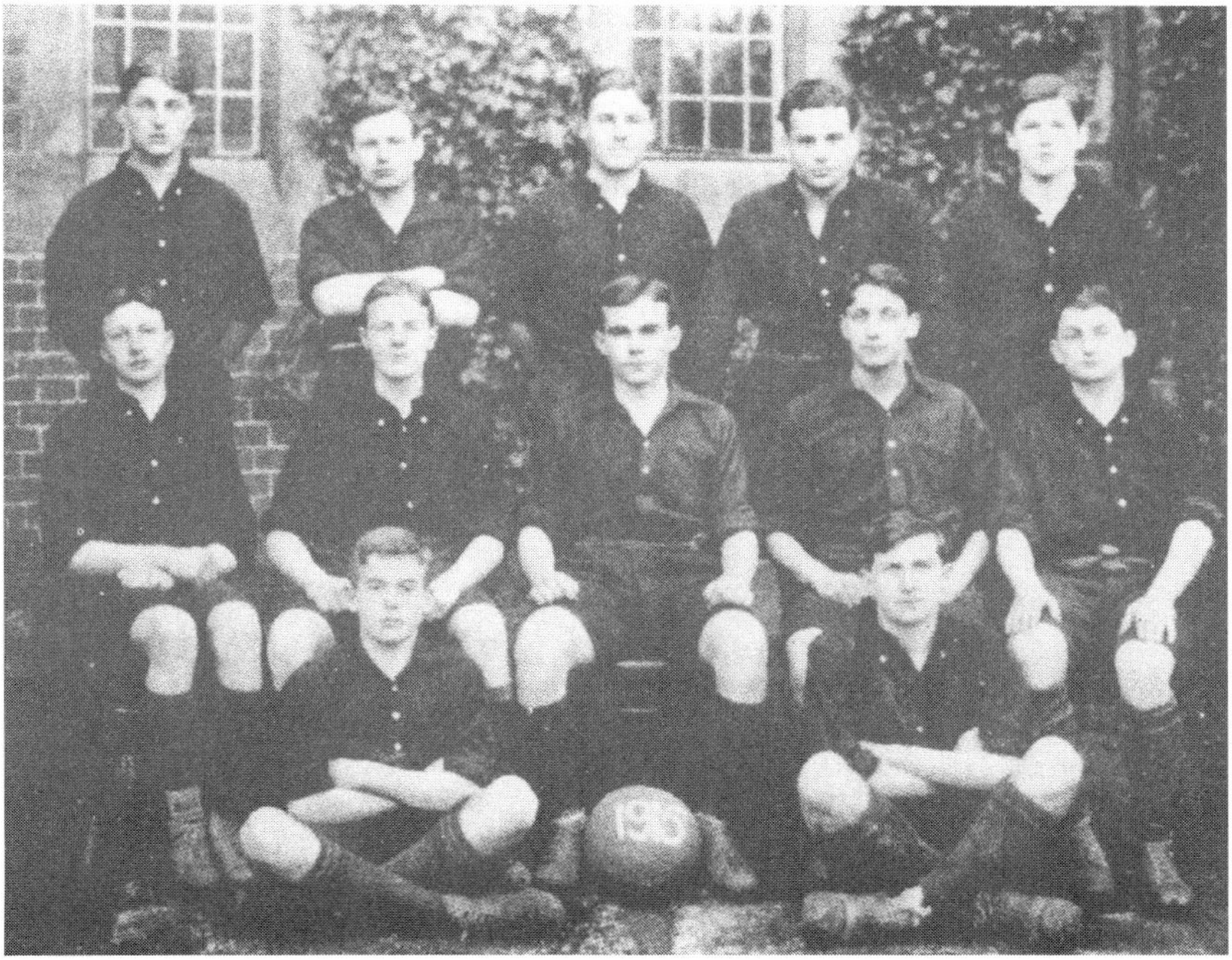

1915年　パブリックスクールのフットボールチーム（後列右から２人目）

1916年

1978年

1979 年

ら……」[60]。彼はあえいだ。「分かっていた、俺の番だって」

私は唖然とした。私には、この奇妙な運命論を信じるアイルランド人に、何を言ってやればよいのか分からなかった。彼が、自分の死を招いたのが、銃弾ではなくカササギだと確信できるとは。彼は、約二時間後に死亡した。

私は中隊長に呼ばれて中に入ると、敬礼した。「デスパードが、たった今撃たれました」

デファルブは、心痛の表情を浮かべた。「重傷でないといいが」

「本人は、自分は死ぬだろうと言っています」

「おやおや、何ということだ。気の毒な男だ」

トーチカの中は比較的静かだったが、あのドアを乱暴に閉める音は続いており、機関銃の叩きつけるような銃声は、前線が近いに違いないことを物語っていた――致命傷となるような弾丸は、近くから発射されたものに違いない。

「さあ君、座りたまえ」少佐は、なだめるような声で言った。「なんと惜しいことだろう。いい奴だったのに。デスパードだと君は言ったね、そうだね？」

「デスパードです」

「そうだ、そうだとも。君がそう言ったと思ったよ。私の耳はちゃんと聞こえているからね。ポートワインを飲みたまえ、君」

テーブルの上には、見慣れない大きさの美しいポートグラスが半ダース、輝きを放っていた。彼は――もし平凡な将校であれば――「酔った」という状態だった。だが、艶のある声、優しく憂いを帯びた口調は、普段と全

60…カササギは、スズメ目カラス科の鳥。その白と黒の羽色などから、英国の迷信では死と結びつけ、不吉な印とされる。

く変わらなかった。彼は、『鏡の国のアリス』に出てくる〈白の騎士〉に、なんと似ていることか。

「ありがとうございます、サー」

「え、なんだって？ 君は何と言ったのかね？」

「私は、『ありがとうございます、サー』と申しました」

「礼には及ばんよ、ねえ君。さて、仕事にかかろうか。どこまで話したかな？ ああ、そうだ。だが、まずはポートワインをやらんかね、君？ 軍曹、君はちょっと外の様子を見て来てくれたまえ」。彼は、内緒話をするように私の方へ体を傾けた。ドアが開くと爆音が聞こえ、それから閉まるのを待って、彼が言った。「今夜は荒れているね。ああした連中がいては、秘密の話はできないからね。さあ、言いたまえ、どんな具合だったかね？」

私は報告し、戦車を失ったことを説明した。彼は、同情を込めて頷いた。

「やはり激戦だったのだね。私はそうなるんじゃないかと案じていたんだ」

私は、反撃の最中に、すでに防御拠点も築いた後で退却せざるを得なかったのは遺憾だと言った。彼は退屈しつつあった。私もそうだった。私は、自分たちが本物の防御拠点を構築したのだと信じそうになっているのを感じた。

「それは、実によかった」

「何がですか？」

「防御拠点だよ」

「それほどでもありませんでした」。私は、自分を事実の世界に引き戻そうと努めた。

我が中隊長は、酔っていたのか？ あの手の「年季の入った古樽」は、ジョロックス夫人[61]によれば、滅多なことでは酔わないらしい。私は——当時もその後も——戦いの喜びに心奪われるということが理解できなかった。「喉を締めつけられる」とジュリアン・グレンフェル[62]が表現したような。私の足は現実感から鉛のように重たくなり、逃げ出すことなどできなかった。

幸い、少佐の退屈と私の疲労が解決してくれた。「さあ君、疲れただろう。もう宿営地へ戻りたまえ。カーター、彼らを宿営地へ行かせてくれ」

カーターが私を脇へ引き寄せた。「明日、旅団の情報将校が君たちから話を聞くことになっている。君の部下は、外の塹壕の中にいる。彼らを連れて運河のところまで戻れ。トラックがいるはずだ――ふっ飛ばされていなければだが」

外に出ると、爆撃はまだ激しかったが、回数は以前より少ないように感じた。汚れまみれで疲れ切った我々一団は、ふらつき、足を引きずりながら運河の集合地点へ向かう小道の方へと向かった。さっきよりも明るくなった。これなら暗くなる前に何とか小道に辿り着くだろう、と私は思った――もしかしたら運河にも到達できるかもしれない。

クエントンの配下の操縦手ハリソンが、我々に加わった。クエントンと彼の乗組員も戦車を失ったが、それ以外は無傷で、ハリソンを残して我々より前に出発していたからだった。一〇分ほど行くと、一〇〇ヤードくらい先に彼らの姿が見えた。我々は追いつけなかった。それどころか、銃や弾薬、装備の重荷によろけ、もがきながら、水の溜まった砲弾孔をいくつも越えて進むうちに、私は、これでは小道まで辿り着けないのではないかとだんだん不安になっていった。こんな泥沼で夜明かしするのはご免だという気持ちで、私は必死で自分自身と乗組員を急かして小道を目指したが、最後の五〇ヤードが途方もなく遠く感じられた。アレンが消耗していたので、私は彼の荷物を軽くしてやった。

61…英国のユーモア作家で、狩猟についての滑稽小説で有名なロバート・サーティーズ（一八〇三～一八六四）の作品『ハンドリー・クロス、あるいはジョロックス氏の狩り Handley Cross: or, Mr. Jorrocks' s Hunt』（一八四三年）より。

62…戦場詩人で、第一次世界大戦で戦死したジュリアン・グレンフェル（一八八八～一九一五）の有名な詩『戦いへ Into Battle』の、戦いの喜びを描写した一節。グレンフェルは職業軍人で、戦いや戦士を称賛する詩を残した。

やっとのことで、私たちはまだ明るいうちに小道の踏み板に身を投げ出した。私は、方位磁石で方向を確かめることにした。あきれたことに、磁石によれば私は危うく部下を敵の戦線に連れ戻すところだった。思考力も働かず、訊ける相手もいなかったので、私は自分の勘ではなく方位磁石に従うことにした。それが正解だったと確信できたのは、かなり時間が経ってからのことだった。

途中から二人の兵卒と道連れになったが、彼らは負傷者を載せた二台の担架を五、六人の捕虜に運ばせていた。ハリソンは、ドイツ人を見て、突然張り詰めていたものが切れた。「こん畜生!」彼は叫んだ。「このクソ野郎! てめえらが俺の兄貴を殺したんだ!」。彼は回転式拳銃を取り出すと、担架の一行に向けて続けざまに撃ち放した。幸い、オトゥールと私で銃を何とか取り上げたが、彼はまだ暴れていた。私たちは彼を押さえつけ、他の二人が彼の両手を装具から取ったベルトで縛った。彼は口から泡を吹いていた。弾は誰にも当たらず、撃ち尽くされていた。私は彼の空の拳銃を自分のポケットにしまった。

数分経つと、彼は抵抗するのを止めた。発作は収まったようだった。私はオトゥールに、彼のそばについて目を離さないようにと言った。私たちは、降ろしていた荷物を担ぐと、またよろよろと前進を続けた。ハリソンは手を縛られて不機嫌に押し黙っていた。我々はどうにかトラックを見つけて、乗り込んだ。私は自分の一行の人数を数え、全員揃っていることを確認すると、支障なしの合図を出した。トラックが動き出すと、例によって大きく揺れて、我々は折り重なって床に投げ出された。たぶん、私たちは眠ったのだと思うが、私は最初の揺れと振動音以降、運転手に宿営地に着いたと声を掛けられるまでのことを、ほとんど覚えていなかった。

九

情報将校はテーブルの一方に座り、私は彼の向かい側に座った。「君の戦車がどこで立ち往生しているのか説明できるか？」。それは簡単そうに聞こえたが、まだ昼下がりだったにもかかわらず、私は考えることができなかった。私は言った。それは四〇高地の少し右、つまり東側――いや、西側でしょうか？　あるいは……。

彼は辛抱強く待ち、「ほら、地図上で示してくれ」

どう考えても、西ではないだろう――それではドイツ軍の戦線の内側だ。東でもない、それでは私たちは戦ったはずがない。だが、考えてみれば、私はそもそも戦ったのかどうか、自信がなかった。私は自分の砲弾孔、前回の交戦が残した死体と一緒に入っていたあの穴のことを考えていた。

「ここです」私は、震える指で差しながら言った。

「それとも」彼は皮肉を隠そうともせずに言った。「もしかしたら、ここ……かね？」

私は、そうに違いないと同意した。あの死体は、聖アンデレのポーズで横たわっていた。痩せて干からびていて、吹き飛ばされてはおらず、青ざめた皮膚が顔の骨の上で羊皮紙のようにつっぱっていた。

「すみません、なんとおっしゃいましたか？」彼は私に何か訊いていた。

「私は、君が沖積土から白亜土壌に変わったときに気づいたか、と訊いたんだ」

私は自分の耳を疑った。「私は特に変化には気づきませんでした」私は正直に言った。

「その点については、みな一致しているようだな」。私には、彼がそこを強調した意図が分からなかった。いずれにしても、私一人ではなかったのだ。砲弾孔の中にいた奴は口を大きく開き、皮膚はつっぱり——開いた口のせいで？ それとも、皮膚がつっぱって口が開いたのだろうか？ それは——それとも「彼」だろうか？——悪臭を放ってはいなかった、有難いことに。

「戦車は沈んで見えなくなったということか？」

私は考えてみた。「いいえ、ちょうど地面の高さまで沈みました。立ち上がれば見えただろうと思います」

「だが……退却する前に目視しなかったのか？」

「立ち上がっては見ていません。私はその直前に、危うく頭を撃ち抜かれるところだったんです」

「まあ、そうだな、その危険は常にあるだろう……つまり戦闘中には」

私は腹が立ってきた。「これは、戦闘そのものだったんですが……サー」私は付け足した。

彼は私の顔を少しの間見つめ、それから地図を調べた。ようやく彼は、面談の終わりを告げて言った。「よし、どうもありがとう。これで十分だろう……ああ、ところで、歩兵隊は見なかったかね？」

私は、彼らなら我々が引き上げたときに退却中だった、と言った——小規模な集団が反撃に遭っていたと。

「ここです、丘のかなり頂上に近い辺りで、やや左寄りだったと思います」

「ほう、それは非常に興味深い」。それは私の発言の中で唯一意味明瞭なものだったに違いない。私は敬礼し、辞去した。

この情報将校はクラフ・ウィリアムズ・エリス[63]で、彼とは戦後、彼が私の母校の戦没者記念碑を設計した際に再会することになった。一九一六年[64]に会ったこのとき、彼は私のことを、戦闘指揮官に仕立て上げられた馬鹿者の典型だと思ったに違いない。我々は、この高い知性を誇る我が軍の情報参謀をあまり評価していなかった。さもなければ、私はあのサン・ジャン＝ウィールチェ道路の通行不能状態をよくぞ用意してくれたと褒めていたことだろう。どんな馬鹿者にも、私がほんの少し前に経験したあの戦闘の段取りはできなかったはずだ。

外に出ると、コーエンがいた。いつものように、彼の青白い顔の皮膚はつっぱり――参った、またそれか――汗をかいて緊張していた。私の顔を見ると、彼は笑った。

「奴は何て言っていたか？ あの沖積土は傑作だったな、そうだろう？ それともお前は訊かれなかったのか？」

私たちは、数人の輪に加わった。デスパードが仲間内では唯一の犠牲者だった。コーエンとストークスは、ともに二十二歳で他の者よりはるかに経験豊富で、「交戦」や「勇敢行為」、また私が聞きたかった「会戦」について、意見を交わしていた。ブルームという、童顔で口の悪い男がやってきた。彼は目を大きく見開き無邪気な様子で、自分が鉄条網の切れ端に躓いて転んだときの様子を詳しく話しだした。

「何も分からないうちに、俺はその砲弾孔にずるずると滑り落ちていったんだ。たぶん九・二〔インチ砲〕だな――でかくて、水が一杯溜まっていた。俺は落ち続けて、腰のあたりまで水に浸かったところでやっと止まった。ひどい悪臭がしていたよ――腕やら脚やら吹き飛んだ胴体やらで溢れていた。本当さ、まるで人間スープだったよ」

「嘘を言え」ストークスが言った。

「正真正銘、本当さ。俺の話が信じられないなら、俺の当番兵にきいてみろ――彼は俺の軍服を処分せざるをえなかったんだ――一揃い全部さ――あまりに臭すぎて。胸が悪くなるような甘い……」

「おい、いい加減に黙れ。お前の水泳大会の話なんか、誰も聞きたくないよ」

「聞けよ、紛れもない事実なんだ」彼はいらいらし始めた。「腹が切り裂かれて、中からはらわたが……」

「臭かったんだろう――普通はそうだ」コーエンがぴしゃりと言った。

63…英国の建築家（一八八三～一九七八）。
64…原文では一九一六年となっているが、ビオンが出征し、この第三次イープル戦を戦ったのは、一九一七年。

「でも……」ブルームが不満そうに言った。

「おい、もういいだろう。黙れ——お前の戦いのお話はもうたくさんだ。お前の戦車はどうなったんだ？」ストークスが話題を変えようと言った。

「ぶっ飛んだ。直撃だ」

「直撃だって？」ストークスが信じられないというように言った。「乗組員はどうなった？」

「死んだよ」ブルームが、間の抜けた笑いを浮かべた。彼は鼻をすすり、涙を拭いた。

「何の冗談だい？」カーターがやって来て尋ねた。

「冗談じゃないよ。この連中が、信じてくれないんだ……」

「乗組員が全滅したなら、お前はどうやって脱出したんだ？」

「分からない」

「お前はスープを飲んで——つまり泳いで——いたんだよな」

「ええと、それはその後のことで……たぶん……俺は鉄条網に足を取られて、止める間もなくずるずると滑り落ちて、あの人間……」

「やれやれ！ あんたのおかげで、また始まっちまったじゃないか」。コーエン、クエントンと私は、うんざりしてその場を離れた。「なあ」コーエンが言った。「俺は本当は、あの野郎が言っていることは真実だと思うんだ」

「奴は、だいぶ話を都合よく変えてるがな。いまに分かるさ——中隊事務室で、奴の乗組員のことを訊いてみる」

話は本当だった。乗組員は全員死んだ——「行方不明」という言い方をした、「推定死亡」と。

終戦後何年も経ったある日、私が街道沿いの安ホテルのプールで泳いでいると、一人の泳者が突然声をかけてきた。彼には私が分かっていたが、私はそのいかにも実業家という引き締まった顔の中にブルームの童顔の面影を見出すのに、少し時間がかかった。

「戦争中のあの頃——振り返ってみるとさ」彼は言った。「あれが私の人生で最も幸せな時代だったよ」

「まさか！」私が言った。

「本当さ。一分一秒を楽しんでいたんだ」

一分一秒を。そんなことがあるだろうか。私は本当に、あの成功した実業家が言っていたことは真実だと思う。

「ハリソンはどうしている？」私はクエントンに尋ねた。

「ああ、彼なら大丈夫だ。もう落ち着いたよ。お前には迷惑をかけてすまなかった。俺たちが歩き出したとき、彼はなんで気づかなかったんだろう。彼が一団の中にいないことに、俺が気づくべきだった。一団といえば、ここに『デイリーメール』紙があるぞ。あの戦いのことが新聞に載ると思うかい？」

「こんなのどうだろう、『わが軍は、戦線の調整を行なった』とか『わが方は何千人もの捕虜を捕らえ、全ての目標地点を攻略した』？　一体何がどうなったのか見当もつかないけれど、捕虜なら五、六人見かけたよ」

「それに、泥なら大量に捕らえた」クエントンが応じた。「自分の軍服に付いた分だけどね。パーキンスがどれだけ落とせたか、見に行くよ」そう言って彼は、自分の当番兵を探しに行った。

コーエンがやって来た。彼と私が宿営地の外の道を歩き始めると、一人の伝令が来て、少佐が私を呼んでいると言った。

「やあ、ビオン、すまないね、君に悪い知らせがあるんだ。乗組員を連れて今晩戦線まで行って、君の戦車を回収してみてくれないか。君が置いてきた時点では、大破してはいなかったはずだね？　実戦に投入した戦車は、できるだけ回収する決まりなのだ」

「それには特別な機器が必要だと思います——我々が去る前に、戦車は屋根まで泥に埋まっていました」。私は、変速機も壊れていて、仮に我々が掘り出せたとしても牽引しなければ動かない、と付け足そうとして、彼の表情が目に止まった。その顔が、なだめるような口調で静かな声を発していた。彼の口髭はだらりと垂れ、顔はたるんでいたが、緑色の目は鋭かった。この軍人らしからぬ風采が、いつも私には怖かった。

「分かっているよ、君」——彼はまだ私を怖がらせていた——「馬鹿げているだろう?」そう彼が話すのを聞いて、私は、あの牧師が——あの「兵隊さんたちが、何の歌を歌っていたと思いますか?」の恥知らずが——「救い主キリストの言いたまう慰めの言葉を聞くべし」[65]というときの、なだめるような、お世辞を言うような口調を思い出した。(「分かっているよ、君、何か滑稽なことだろう、中に煮えたぎる油の入った」)私は、黙っておくのが賢明だと思った。

「兵士らの命を危険に晒さぬように」彼はつけ加えた。「もし砲火が激しいようだったら、引き返すのだよ」

私は敬礼して外に出た。貴族の——彼は貴族だった——アルコール中毒者——彼はアル中だった——を相手にするときは、人喰い虎に対するように馴れ馴れしく接してはいけない。

「何の話だった?」私を待っていたコーエンが尋ねた。

「戦車を取りに行くんだ」

「足を濡らさないよう用心するんだな——傘を持って行ったほうがいい」

私は、オトゥール軍曹を叩き起こしに行った。

65…英国国教会の聖体拝領の祈祷文の一部(和訳は日本聖公会一九五九年祈祷書より)。

トラックはそこに待機していて、運河も、そして第五歩兵通路も待っていた。それは紛れもなく静かな晩で、私はがっかりした。もし戦車を発見したら……どうする？　スコップでがんがん叩いて、敵に撃たせるのもいい。「そこまで行ったんですが、あいにく敵の砲撃が激しすぎて、戦車に近づこうとするたびに追い払われて……」。だが、その時の私は世間知らずで、そんなことは考えもつかなかった。やがて百戦錬磨の嘘つきになっていくのだが。

我々の道中は、前回よりずっと楽だった。持ち物は、重たいコルト社製の軍用回転式拳銃と弾薬を少しだけで、粗悪なくせに鉛のように重いルイス機銃は置いて行った。途中、地面が黒っぽい瘤で覆われている箇所があった。それは休憩中あるいは眠っている兵士たちだった――交替要員だ。

瘤の一つが、集団を離れて私の方へやって来た。「君たちは誰だ？」塊が言った。私は名乗った。「そちらは？」「第十七〝某〟砲兵隊員だ」「前方はどんな様子か――知っているか？」彼は、とても静かだと答えた。もちろん、それは私にも分かっていた。何にせよ、我々はよく使われている歩兵通路の上におり、踏み板からそれとはっきり分かるため、敵の砲手は何週間も前からここを標的に定めていた。「とても静か」でないときには、この通路上では高性能爆弾が次々と土を噴き上げ、空中には砲弾の飛ぶ甲高い音が響いているはずだ。

雲が切れて月の光が差すと、少しの間お互いの姿が見えた。「こりゃ驚いた！　ビオンじゃないか、そうだろう？」「ボンジー！　E・K・ボンジーだな！」。私の記憶にある学生時代の彼は、私より二学年上の勉強熱心な眼鏡をかけた少年だった。私は彼を好きでも嫌いでもなかった。

あれから六十年経った今も、あの月明りの下でのつかの間の邂逅は、私の心に深く刻まれている。私たちは数ヤード連れ立って歩いた。静寂の中、遠くの泥の中からうめき声が聞こえ、続けてさらに遠くから叫び声が聞こえた。私は耳を傾けた――だが、ボンジーの話にではなかった。何と不思議な！ 沼地の野鳥のような、無数のサンカノゴイ[66]がつがっているような。あるいは、もう少し心地よい光景を描くなら、アヴィニヨン近くの月に照らされて光降り注ぐ平原に、夜啼鳥の明るい鳴き声が満ち溢れているような。

「あれは何だ？」私は言った――分かっていないふりをして。

「今言っただろう」彼は、苛立って言った。「通路を外れるんじゃないぞ。やられるかもしれないし、足首を捻挫しただけでも泥の中に沈んで溺死だ。絶対に見つからないぞ。よく聞け！」

私たちは耳を澄ませた。時々、その音は一分間くらい止んで、また合唱が始まるが、それはやかましくも耳障りでもなく――穏やかだった。ダンテの地獄――だが、今ではこうしたことをもっと上手くやるところだ。

「担架兵が助けに行かないっていうことか？」

「そんなばかなことをする担架兵はいないよ。本人の所属隊だったら救助に来るかもしれない、連隊の救助隊が。ＲＡＭＣ[67]って聞いたことないか？ 〈全ての戦友から盗め〉の連中だ」

もちろん、私は聞いていた――その後幾度も、特にＲＡＭＣの関係者から直に聞いたが、彼らは自分たちがその不名誉を忘れてはいけないと考えていた。だが彼らは、ロイヤル・ハイランド連隊のスパッツやウォリック[68]の熊の口輪[69]とは違い、その汚名を栄誉には変えられていない。

「黙れ！ 黙れ！ うるさい奴らめ、この血を流す土くれどもが」

だが、彼らは黙らなかった。いまだに黙っていない。そして、いまでも警告の言葉が、大切な者との死別や憂鬱、不安に苦しむ者に応えて発せられている。「常道を外れるな。精神分析者と同じことをするな。聞いたことがないのか？　ここでは報酬が良心を黙らせる。通い慣れた教会を外れるな。シモン・マグナスを忘れるな。自分の心をそっとしておきなさい。無意識に入っていかないで、お父さん、金鉱が向こうからやってくるのを待って」[70]。なんと賢明な！　本当になんと賢明な！

どうやら砲撃はないようだった。「じゃあ、またな」私たちは互いに言い合った。「じゃあな！　平和になったら、また会おう！」何という士気のなさ！　何というたわごと！

私たちは、重い足取りで先へ進んだ。だが、これが初めてではなかったが、何のために？　我々が戦車を発見できる見込みはなかった。発見できたとしても、何もできなかった。人間が八人で、四〇トンの鋼鉄の塊を泥の

66…葦原に生息するコウノトリ目サギ科の鳥で、重低音でボウ、ボウと鳴く。

67…Royal Army Medical Corps〔英国陸軍医療部隊〕の略。負傷兵が意識を失いＲＡＭＣによって搬送される間に、持ち物が無くなることがしばしばあったため、同じ頭文字をもじったRob All My Comrades〔全ての戦友から盗め〕というあだ名がついた。

68…十九世紀末にエジプト領スーダン（当時エジプトは英国の保護下にあった）で起きたマフディーの反乱の鎮圧に派遣されたスコットランドのロイヤル・ハイランド連隊は、タマイの戦いにおいて誤って方陣の一角を崩し、味方を危険に陥れたとの責めを受けた。その後長年にわたり他の部隊から「ブロークン・スクエア〔崩れた方陣〕」と嘲りの声をかけられた。同連隊は自戒の意味を込めて、スパッツ〔足首から脛を覆う布〕の一部を四角く切り取っていたという伝説がある（真偽は不明）。

69…大戦初期の一九一四年八月モンスの戦いにおいて、ロイヤル・ウォリックシャー第一連隊の司令官エルキントン中佐は、ドイツ軍の猛攻に遭い退却した際、無抵抗で投降しようとしたとして軍法会議で罷免される。エルキントンはその後、一兵卒としてフランス外人部隊に入隊し、西部戦線で活躍し多くの勲章を受け、英国軍は彼の名誉を回復し復職させた。同連隊の記章は、口輪をはめられたクマ。

70…この部分は、ＲＡＭＣと同様、皮肉を込めた頭字語の言葉遊びのようなものと思われる。シモン・マグス（Simon Magus、本書原文ではMagnusと表記）は新約聖書（使徒言行録八章九～二四節）に登場するサマリアの魔術師で、キリストの使徒らが人々に聖霊を与えるのを見て、その力を金で買おうと申し出て、使徒らの叱責を受けた。「無意識に入っていかないで……」は、二十世紀初頭に流行した歌「Don't go down the mines dad」（炭鉱で働く父親に幼い息子が、坑道火災の夢を見たから仕事には行かないで、と懇願する歌詞）のパロディか。Nicola Abel-Hirsch. Bion: 365 Quotes, p.14参照。

中から引き上げるのは無理だ。退却で戦いに勝利することはできない、とチャーチルは言った。だが、弾丸が頭を貫通すれば、戦いに勝利することはできない。ただ、私が知っているとても陽気な男には、弾丸が入っていた――脳の中に。そこは、弾が入っても無害な唯一の場所だったに違いない。

榴散弾が何発か落ちた。そのおかげで、あの嫌なうめき声が止んだ。私はオトゥールに呼び掛けた。「俺たちはここで一体何をやっているんだろう、軍曹？　あの戦車を見ただろう！」

彼は少し考えこんだ。「さっぱり分かりません、サー」。少なくとも彼は、「サー」を付けるのを忘れなかった。

「軍曹、俺が聞こえた範囲では、あれがこの五分間で四発目の砲弾だ。これはひどすぎる。仲間の命を危険に晒すわけにはいかない。いつ、あの辺りが火の海になってもおかしくない。君に命令する。乗組員を整列させて、退却せよ」

「了解しました」

それは虚勢のようでもあり、常識のようでもあった。両者が合わさると、それはまったくの贅沢だった。

私が帰路にボンジーと別れの言葉を交わそうとしたら、彼はすでに殺されていた。安らかに憩わんことを《レクィエスカト・イン・パーケ》――「平和になったら、また会おう、友よ」。私は衝撃を受けた。私は、自分が彼の死を気に掛けていないことに衝撃を受けた。私はやがて、戦友間の強い友情がどんなものかを知るようになった。ちょっとした身振りや語調が、深く刻まれて消えない。一週間後に終わりが来たとしても、そう簡単には終わらなかった。相手の勇敢な心は憶えていても、名前や経歴、相手がこちらの人生に関わっていた時間や空間の範囲外にある部分は、存在しなかった。既婚？　独身？　子供は何人？　戦功十字章をもらったのか。大学卒。父親はクロイソス王[71]みたいに金持ちだった、何しろあの会社の社長だからね。どうりで、あの軍服。いい奴だった。

結婚？　まだだった。あの有名な詐欺師と関係があるらしい。あれは彼の父親だって？　そうなのか！　どんな気持ちだろうな、親父が監獄にいるっていうのは。黙れ――それとも声に出して言うか。彼は、こっちが彼の父親、あの悪名高い詐欺師を知っているかなんて、気にもしていない。だが――臨機の才だ。立派な身なり。おい、おーい、おーーい！　彼の上着の下の出っ張りは何だろう？　いやぁ、これは。鋼鉄製の防弾チョッキだ！　そりゃそうだろう、父親が悪名高い詐欺師だったら、こんなものは楽に買えるだろう。今でも作られているなんて、知らなかったな。もしかしたら、特注品かもしれないぞ――もちろん、別の詐欺師が作った、だって普通の弾丸を防げなかったんだから。普通の祈祷書や聖書の方がまだましだ。報道によれば、それらはいつだって弾から守ってくれる。俺なら、聖書を向こうずねやきんたまに着ける方がいいな。誰が見ても、将校にふさわしい――だいたい、もし任命辞令をもらえなかったら、あの新聞王がどれほど大騒ぎしたことか。すぐに出世――戦車長！　何という傑出した将校――彼を本国に送って、新たな隊を組織させねば。我々には、経験を積んだ軍人が必要だ。イングランド、インフルエンザと義務のために。[72]　一週間後には死亡――インフルエンザが防弾チョッキを貫いた。いい奴だった。全く信用できない。[73]

私が戻ると、少佐はいなかった。彼は用事があって本部に行っていた。翌日私を呼びだしたときの彼は、優しさそのものだった。私が、集中砲火に阻まれたことを話すと、彼は皮肉のかけらもなく、「ああ、そうか、そうなるんじゃないかと心配していたよ」と言った。彼は集中砲火があったのはどこだと思っていたのだろう？「訓練の行き届いた兵士の命を、無駄にしてはならん。君が良識ある判断をしてくれて、よかった」。彼は書類に目をやった――将校の中には、彼は眺める動作をするためにその書類をそこに置いていると言う者もいた。私は挨拶をした。「それじゃあ、君――乗組員は大丈夫かね？」「はい」


71…巨万の富で知られた、紀元前六世紀のリュディア王国（現トルコ、アナトリア）の王。'Rich as Croesus' は大金持ちを表す慣用表現。

72…戦死者の墓碑や追悼文に使われる表現「イングランド、祖国と義務のために For England, Home and Duty」をもじったものか。

73…この段落は、三九章で語られる、上官エイチスの出自とその死（インフルエンザによる）のことと思われる。

私としては、乗組員がいつでも心の内を率直に見せてくれるよう気を配っていた——点検のときの装備の一つとして、軍靴や毛布と同じように。外に出て、私は、なぜあの人が自分を冷や汗が出るほど怖がらせるのか考えた。もしかしたら、彼にはあの「非常に激しい集中砲火」が、私よりずっとよく見えていたのかもしれない。

十一

数日後の行軍訓練中に、私たちは砲撃を受けた。我々の前を進んでいたトラックが爆風で飛ばされ、溝に落ちた。兵士が一名死亡したが、運転手は難を免れた。行軍が終ってから、私はハリソンが参加していたことを知った。

「彼は、その後どんな具合だ?」私はクエントンに尋ねた。

「ああ、奴なら大丈夫だ。あのトラックの脇を通るとき、転覆した車体のエンジンに寄りかかっていた運転手に、『おい、どうした? 動かないのか?』なんて声を掛けていた。いつもの彼に戻っているよ」

「兄貴がどうとか言っていたが、あれは何だ?」

「ああ、奴は兄が立派な英雄だと思っていたらしいんだが、その兄さんがゲルーフェルト[74]で戦死したんだ。以来ずっと、怒りが収まらない」

ちょうどそのとき、ハリソンがこっちへやって来た。赤みを帯びた骨ばった顔に、上を向いた鼻。彼は私に敬礼をし、「先日は騒ぎを起こして、失礼しました。気が動転してしまって」と言った。

「君には、我々も動転させられたよ。気にするな――こんどはドイツ軍を動転させてやるんだな。あれは丸腰の捕虜だっただろう」

74…イープル戦線突出部にある村。第一次イープルの戦い（一九一四年十月）で激しい攻防の舞台となった。

彼はうなだれて、自分の靴を見つめた。「よし――行きたまえ――だが、もうやるなよ」。私は自分の声の響きに感動し、安心感を覚えた。

あの戦いについては、私にそんな安心感はなかったが、数日後の報道によれば、我が方は敵の砲を多数獲得し、三〇〇〇人の捕虜を得ていた。だが私が悟ったことは、気休めにはならなかった。私は自分が考えていた通りの臆病者で、逃げ出す機会はないのだと――見られている間は。だが、もし誰も見ていなければ? そのときは、誰もお前が嘘をついているとは言えない。ああ、黙れ! 私の良心は死につつあったが、〈死者〉と同じく、それはおとなしく横たわろうとしなかった。

私は、恐怖は無関係なのだと気がつかなかった。「逃げる」ことが可能なのは、疑問の余地がなかった。それが筋肉活動を表す限りにおいては。恐怖の表現方法は他にもあることを、私はある滑稽かつ手痛い出来事を通じて思い知った。

コーエン、クエントンと私は、宗教や祈りについて話し合ったことがあった。二人とも宗教的で、その熱烈さは、かつての私、学内礼拝や我が隊の牧師による礼拝の強い影響により魂を深く蝕まれる前の私と同じくらいだった。だが、その会話の後、私は自分の信仰を公にすることに決めた。将校用天幕では、六人ほどが共に寝起きしていた。コーエンとクエントンは、ゲートハウスの助力を受け、皆の前で跪いて祈っていた。ゲートハウスは我々の中隊長で、巨漢の元サンドハースト〔英国陸軍士官学校〕のボクシング選手権保持者だったが、その屈強な体を敬虔に屈めたものだった。私は彼らほど幸運ではなく、祈りの儀式は緊張を伴うものだった。それでも、私は膝を落とした。それに対して批評も冷やかしも全く起きなかったので、拍子抜けしたところをすぐに、ある堅固ともいえる感情が満たしていった。私は、自分の〈救い主〉に対して何も言うことがないことに気づいた。私は、〈救い主〉も皆と同じくらい呆気にとられていたに違いないと感じた。全知全能の神でさえ受けてはならないほどの、不意打ちがあった。

どうやって立ち上がったらいいのだろう？　私が一晩中そこで跪いていられないことは明らかだった。私は、靴紐を直していたふりを装うこともできなかった。靴は履いていなかったからだ。私は立ち上がった。もう二度と、決して、こんな馬鹿なまねはするまいと誓った。仲間は、私が戦いを前に「怖気づいた」のだとは信じなかっただろう。私は不安で頭が一杯だったのだが、周りからはそういう類の人間だとは思われていなかった。

前の日の晩に、少佐、ゲートハウス、そしてガルは皇太子と晩餐を共にしていた。ガルは大隊付副官で、皇太子の古い友人だと名乗っていた。大佐も同席していた。ガルは知的な男だったが、王族に言及するときに妙に鼻にかかった声を出す癖があった。彼はよく磨かれた長靴と仕立ての良いズボンを履いていた。

その日の晩、主たる天幕から帆布地の間仕切りで分けられた将校食堂では、激しい口論が起きた。ガルが喋り、その後に少佐、またガル、そしてゲートハウスの怒声。「こんど皇太子の名を口にしたら、貴様をぶん殴るぞ」。私たちは皆、耳をそばだて、少なくとも私は仕切りの向こう側が見えなくて残念だと思った。またガルの声、まだどこか鼻にかかった響きだった。「私のオックスフォード時代の古い親友が」「オックスフォードなんぞ知るか！」――これはゲートハウスだった――「お前のけったくそ悪いおべっか使いもな！」その後に、少佐のおもねるような声。口論はじきに止んだが、少佐の声はおもねるようではあっても、怒りを鎮めるようなものではなかった。

ガルは、大隊の観兵式が終わり、よく磨かれた長靴には用事がなくなると、姿を見せなくなった。大佐も同じ理由で、余計な存在のように思われた。だが、神は？　私は、ほとんどの人が、私が唐突に宗教に駆け込んだのは恐怖から逃れるためだと憶測しているだろうと思った。実際のところ恐怖は、本当の恐怖は、神を、自分では信じていると心から思っていた神を、大佐の大きさの法衣に、クリケットの試合の前に攻守を決めるコイン投げのような――磨かれた長靴が持つ重要性を知るエリートを感心させる――儀式に、貶めたようだった。

心の中を探ったり、宗教やその他のことに費やしたりする時間は、我が大隊が出動するという精度の高い噂によって打ち切られた。その日の午後には、噂は確実なものになった。私は、今回はたとえモンスの天使に直々に呼ばれたとしても、戦場を離れまいと誓っていた。私は口をつぐんで、防衛拠点の構築や退却や本部への帰還については、自分の良識で判断することにした。

我々は前日に、新しい戦車を受け取っていた。私に当てがわれた一台は不具合があるようで、乗組員たちは何とか完全な状態にしようと汗だくになって長時間頑張っていた。六ポンド砲は分解修理し、ルイス軽機関銃には宝石のように黒光りするまで清掃と塗油を施した。弾薬は一つ残らず寸法を確認、つまり砲身にちゃんと収まるか入れてみて、だめなものは不合格とした。米国製の不良品が混じっていないと確信するには、あとは実際に撃ってみる以外になかった。

せっせと汗を流して働きながら、私はこんどの戦いで、またしても泥でできた目に見えない丘を奪取することになるのか、あるいは参謀部はどこかで乾いた地面を見つけてきたのだろうか、と考えていた。ついに、すべての作業が終わった。これでほぼ完璧だった、ただ一点を除けば——肝心の戦車が動かなかったのだ。エンジンは問題なく始動し、やる気がなさそうにではあるが、戦車を一〇〇ヤードほど走らせた。それから逆火を起こし、オーバーヒートして、停止。明らかにエンジン弁の開閉時期《タイミング》の不整だったので、我々は調整した。少佐が現れて、我々の大奮闘ぶりを見守っていた。私はこの頃までに多少賢くなっていなかったならば、私は彼が、我々の熱心に働く光景にうっとり見とれていると思ったことだろう。それから、彼は私を脇へ呼んだ。

「出動の準備をしているのではないだろうね、君?」。私は少し驚いたが、そのとおりだと答えた。「ああ、君——もちろん、それはそうだ、いつでもどこでも出動できる状態にしておくのは、結構なことだ——だが、ねえ……それは今回の戦闘のためではないね?」

私は憤慨した。私はものすごく安堵し、自分がそんなにも安堵しているということに憤慨した。

「つまり、君たちはすでに一度実戦に出ているので、バグショウとクリフォードの小隊は、今回は予備隊となる。それはつまり、君らに出動要請は出ないということだ」

それは、綱引きをやっていたら、相手が突然手を放したようなものだった。私はこのとおり――尻もちをついた。私は気を取り直すと、皆でしばらくエンジンをいじった。やがて、私は怒りを抑えきれなくなり、戦闘から外されたことを抗議しに少佐のところへ行った。それは、それなりに、祈るのと同じくらいひどかった。私の熱意はすさまじく、その熱意に対する少佐の称賛もまたすさまじかった。話が終わって外に出たあと、私は自分がけちな戯曲の中の会話を演じてきたような気がした。「僕がそれは下らない戯言だと知っていることを君は知っていることを僕は知っていることを君は知っている」。あるいは、少佐の頭の中には疑問の気配の影くらいは差したのかもしれない。まさか、配下の一人の下級将校のあまりの若さと愚かさにつられて、彼は熱狂したのだろうか？　仮に彼がそんな不穏な疑問を抱いたとしても、すぐに立ち直ったはずだ。私の方は違った。私は決死の覚悟を固めていたのに、いきなり足下から墓石を抜き取られたようだった――それはひどく威厳を損なう恰好だった。

私たちを除く大隊は、戦闘に臨んだ。同じ泥、同じように存在しない目標、同じ勝利、ただ名前だけが違っていた。彼らの名は永遠に生き続ける。[75]「もし私が死ぬことがあれば、私についてこれだけは憶えていてほしい」[76]とルパート・ブルックは書いた。「あなた方は死んだ。そして、私たちは憶えていない」と、一度目の戦争の英雄たちについて、二度目の戦争の後に記された。

75…英連邦戦争墓地委員会（Commonwealth War Graves Commission）が第一次世界大戦後、各地の主戦場付近に作った、英国および英連邦諸国の戦没者墓地にある慰霊碑の銘文「Their name liveth for evermore」（聖書外典シラ書四四章一四節）。自らも息子を大戦で失った作家ラドヤード・キプリングが選んだ一節。

76…英国の詩人ルパート・ブルック（一八八七～一九一五）の戦争詩『兵士 The Soldier』の冒頭の行。

十二

イープルの状態は、これ以上戦車を使い続けるのにはあまりにも明白に適していなかったので、我々はもうここでは一切使われない方がよいと思うようになっていた。大隊による前回の攻撃では、危険の中でもがくことすらできずに終わった。味方の人的損耗も、わずかだったことが判明した。にもかかわらず、私はもう一度きつい道程を辿ってプールカペッレ＝パッシェンデール戦線の偵察に行った。その頃には私は、すっかり頭にきてもう沢山だという思いだったので、計画のうち自分が報告する任務になっている部分を率直に非難した。

そして、今度は当局発の噂が広まった。我々は、「戦車に適した」地面の上での新たな戦闘に備えるのだという。我々は、自分たちの戦域の、地名を抜いて印刷された特殊な地図を与えられた。実際の戦地と似た形状の土地で、予行演習を行なう予定らしい。どの歩兵部隊と協力するのかは、予行演習の日まで知らされないとのことだった。そして何より、この件について箝口令が敷かれた。この頃には、この最後の指示について、不気味なジョークで、英国海軍にちなみ〈沈黙の任務〉[77]と呼ばれるようになっていた。海軍と連携したとある一連の軍事行動の情報は、はじめに興味津々の魅力的な女性たちが高級ホテルやクラブで話題にし、やがてドイツの諜報機関や参謀将校らにとっての重大事項となった。その対価を、陸軍は血で支払った。「紅茶が制海権の対価ならば、主なる神よ、我々は血で支払います[78]」

我々の大隊の小隊長と戦車長らは、白亜質のなだらかな丘陵地へ自動車で連れて行かれた。我々は坂を下りきったところにある十字路で待機した。丘の上には将校の小さな集団がおり、その中にガルと、「フランスの手紙〔コンドームの俗称〕を身に着けた」大佐もいた。これは誰かが、彼の透明なレインコートを指して言ったものだ。彼は、いつものように染み一つなかった。そうした装いは、パーソナリティの表れの場合もあれば、そこにはないパーソナリティの代わりである場合もある。そのどちらなのかを明確にすることが、時には何としても必要となる。私は、ほとんどの者がイエーツの次の意見を支持しただろうと思う。英国にいた間は、それにも意味があったのだろうが、今、丘の上の集団を見ると、往時のオーラは残ってはいたが、色褪せていた。「上品な」顔立ち、美しく均整の取れた容貌、刈り込まれた軍人髭、横柄な物腰、わざとらしい無頓着な立ち姿は、そう頻繁に披露されたわけではなかったが、彼への評価を修正するのには十分だった。その日、後で彼は師団の将校らに向けて戦車および戦車戦について講義することになっていた。この主題について、彼は我が中隊の少佐ほどにも分かっていなかった。我らのアル中が持つ強靭な冷酷さが、彼には欠けていた。ある逸話があった。私が砲術講習でチャタムにある英国海軍兵舎に行ったときに聞いた話だが、ドーバー海峡パトロール隊のある駆逐艦の艦長で、常にアルコールによる昏迷状態にあるという噂の男がいた。その港の出入り口は危険で、出るのも入るのも困難なことで知られていた。戦争が始まると、艦船は予告なく、命令があれば必ず、昼夜時間を問わず、また天候にかかわらず出港しなければならなくなり、出入りの難しさは一層増していた。海軍の兵士たちによれば、失敗の可能性なしに入出港できる将校は、例の艦長以外にいなかった。この差し迫った仕事さえやり遂げてくれれば、あとは彼にそれ以上何も望む者はいなかった――彼はまた昏迷状態に戻っていくのだった。我々の少佐にも、それに似た天分があった。

77…英国海軍の潜水艦隊（Submarine Service）のあだ名「沈黙の任務 Silent Service」（その動向の隠密性からついたとの説がある）に掛けたもの。

78…ラドヤード・キプリング（一八六五〜一九三六）の英国の航海・海軍の歴史をうたった詩『死者の歌 The Song of the Dead』の中で、多少言葉を変えて繰り返される「制海権の代償が血ならば、主なる神よ、我々は耳を揃えて払いました If blood be the price of admiralty, Lord God, we ha' paid in full」をもじったものか。

その朝は彼もそこにいて、ほろ酔いの赤ら顔で満足そうにしていた。爽やかな十一月の朝は、彼に不釣り合いに見えた。だが、彼にはバッカスのような特質があった。彼は熟成したポートワインの芳香を放って、粗野な田舎の風景を文明化するその香りを、封じ込めるどころか一面に撒き散らしていた。

「やあ、クエントン、君」彼は、「それの教訓はね……」のときのご機嫌でアリスに対応する公爵夫人[79]のように、いとしげに言った。「何か聞こえる気がするが？」彼は目を輝かせた。

「私にはバグパイプのように聞こえます」

「あれは、まさしくバグパイプだ」彼は茶目っ気たっぷりに言うと、唇に指を当てた。「聞きたまえ！」

かすかに、だがはっきりと、パイプの甲高い音が近づいてくるのが聞こえた。稜線の向こうから、まもなく隊列の最初の数列の兵士らが姿を現すと、キルトを履いた軍勢が続々とやって来た。

私たちは、そばを通過していく軍勢のキルトが調子を揃えて揺れるのを眺めていた。彼らが何者かは誰もが知っていたので、誰も何も言わなかった。あの戦争では、第五十一師団ハイランド歩兵連隊は、このときすでに近衛連隊に次ぐ勇名を馳せていた。彼ら自身の見解では、そして同じ考えの者は——敵の間にすらも——多かったはずだが、彼らの方が上位だった。手堅く信頼できるという点では、近衛連隊に匹敵する者はなく、そのことは我々も後々実感することになった。だが、近衛連隊の長所であるこの美徳は、第五十一師団の柔軟性があれば役に立ったであろう状況において、硬直性という欠陥にもなった。

パイプ奏者たちの音楽は、大いに心揺さぶるものだった。バグパイプ隊がどんな嘲りを浴びようと、我々のように実戦を目前にした者は、彼らが元気を与えてくれることを否定できなかった。私たちは、ほんのわずかで短い経験から、自分たちの命が随伴する歩兵らの勇気にかかっているということを学んでいた。来るべき戦いでは、総司令官自身もそのことを思い知ることになった。私たちは、共に戦うことになる軍勢を、安堵とともに黙って見ていた。第五十一師団だって？　それなら上の連中は本気を出したということだ——遂に！

我々は予行演習を行なった。私たちの役割は、戦車に見立てた旗を持つ集団を形成することだった。演習が終わると、歩兵師団の将校と下士官らが、我が大隊の将校およそ六〇名とともに、細長い建物に集まって大佐の講義を聞いた。

いつもどおり彼は、見た目はそれらしかった。我々、彼の大隊に所属する将校たちは、ボヴィントンで教練を受けていた頃からは、変わっていたに違いない。彼の軍服が持つ魔力は、このときにはもう効き目を失くしていた。我々は、注意を彼の外見から話の中身に転じて聞こうとした。だが、出だしで彼が戦車に搭載されている砲の種類すら知らないことが判明すると、聞くのを止めた。私たちは、戦闘では大佐は関係ない[80]と思うことで慰められた。

それが終わると、彼はお気に入りのクエントンを見つけて話しかけた——うわべには自分の軍人らしい同僚愛を周りに誇示するためだったが、そばにいた私は、彼は安心を求めているのだと感じた。クエントンは当惑しているように見え、私も同じ気持ちになった。

一日が終わった。鼓舞され期待を膨らませて、私たちは陰気な泥だらけの宿営地に帰った。私たちは参加者同士ですら、その日の遠出の成果について何も語れず、語ろうともしなかった。

私はオトゥールを起こした。戦車はどうなった？　問題は解決したのか？　オトゥールは暗い顔をしていた。戦車の状態は駄目なままだった。驚き落胆して、私は言った。「だが、軍曹、タイミングが問題なのは分かり切っているだろう」。彼は、症状を詳しく説明した。「他に原因は考えられないじゃないか！」「分かっています

79…ルイス・キャロル著『不思議の国のアリス』で、公爵夫人は第六章でアリスと会ったときは不躾で一方的な物言いをするが、第九章では一転して上機嫌で、何事にも教訓があると説く。

80…大佐は参謀の一員として実戦部隊との連絡調整を担う位置づけで、直接戦闘指揮を執ることは通常ない。

よ。俺たちは隅々まで調べ尽くしたんです。少なくとも六回はね。毎回結果は同じでした。一〇〇ヤード走ると、真っ赤に過熱して、逆火だ。エンジンはうんともすんとも言いません――そして――止まっちまう！　皆、へとへとですよ」

次の朝になると、彼の言ったとおりだと分かった。アレン操縦手と私で、ひととおり確認した。それ以上、できることはなかった。指令がきて、我々はその晩汽車に乗り、どこだか知らない目的地へ向かうとのことだった。私は切羽詰まって、オトゥールに整備部隊の将校に来てもらうようにと言った。幸運にも、その時に限って彼は手が空いており、昼食の後すぐに来てくれた。

ウィリアムズは、やせてしなびた男で、およそ軍人らしいところのない根っからの技術者だった。彼は明るく、安心感を与える様子だった。

「やあ、どうしたね？」。彼は、私が問題を詳細に余さず話すのを熱心に聞いていた。「そうか、いや、よかった！　私は、もっと重大な事かと思ったよ。はっきりしているね――タイミングがおかしいんだ」。私は、タイミングのことも彼に話した。

「残念だが、間違いない。君らがヘマをしてしまったんだよ」。彼は、とんまな素人を前にした技術者の哀れむような優越感と自信を込めて言った。だが、私は彼を解放する気はなかった。

「一度、自分で点検してみてもらえませんか？」　彼は良い人だった。

「そうだな、私は今なら手が空いているからね。スパナを貸してくれ」そう言って、彼は作業にかかり、私たちはその周りで助手を務めた。

彼は我々のやったことに間違いはなかったと言ったので、私は密かに胸をなでおろした。作業を終えると、彼は前ほど自信満々ではないように見えた。「よし――もう一度動かしてごらん」

ちょうどその時、乗車の命令が届いた。「心配するな。私が君らと一緒に行って、道々点検できるだろう」

鉄道末地[81]までは一マイルほどだったが、私にはその道中の記憶がほとんどない。私はその間じゅうずっと、不安な気持ちでエンジンを見つめていた。エンジンは、以前と全く同じ調子だった。勢いがなく、熱して、逆火して、一〇〇ヤードも走ると、我々はそれ以上は進める勇気がなくなりスイッチを切った。ウィリアムズは気掛かりな様子だった。「心配するな。とにかく列車に載せて、向こうに着いたら対処しよう」

列車の出発時刻までに辿り着けるか、きわどかった。間に合った――私たちはあまりにも遅れて本来の積載順から外されていたので、傾斜板を上がって最後尾の貨車に乗り込んだ。それは都合が良かった。さもなければ、列車のほとんど後端から先端まで走行させなければならなかっただろう。それは簡単だったが、連結された平貨車の不安定なデッキの上を走らせるあの感覚は、苦手だった。それは戦車の車体と履帯《キャタピラ》にちょうど足りる幅だったが、履帯が一インチはみ出していることが多かった。

列車が出発したときは、まだ明るかった。どんな偵察機からでも――〈戦線突出部〉には多かった――我々が見えただろうし、実際に見られたのだろう。だが、日没前まで一時間を切る頃には、我々がどこへ向かっているのかは、地上の我々が知らないのと同じくらい彼らにも分からなくなっていたに違いない。対空砲弾の白い炸裂煙が、私たちがいつものように敵に見られていることを示していた。私たちが最後に味わった〈突出部〉らしさは、消えゆく光の中、はるか上空で繰り広げられる「空中戦」の、きらめく翼と機関銃の火花だった。

81…軍需物資や武器などを積み下ろす鉄道拠点。戦車を鉄道輸送する際は、レールの終端部において貨車に架けた傾斜路を登った。

十三

列車は一時間後に停止した。我々の大隊の将校たちは、線路沿いに歩いて少佐の客車、おんぼろの一等客室に行くよう指令を受けた。将校は列車では一等車に乗らなければならないと思っていたが、私たちはもう長い間、戦車の鼻先を見上げながら戦車用貨車の床に寝ころぶ以外の贅沢とは縁がなかった。照明は覆いをつけた懐中電灯で、私たちはその円形の灯りの下で地図を少しでもよく見ようと必死だった。地図はどのみち、もう暗記していた。ただ一つ、はっきり見える単語を除いては――カンブレー。それは、一体どこなのか?

そこは、鉄道の大規模な分岐合流点で、ドイツ軍の弾薬補給路の神経中枢に当たり、いずれ我々が突破し……またか、本当に――あの美しい緑の野原を？　アウダードム、フラーメルティンゲ、サン＝ジャンが――地名が何だろうと、一片の泥はどこでもみな同じだった――軍隊のおとぎ話を打ち砕いてしまった。そして、この秘密作戦は、予備軍の手当てがつかないため、いつ中止されてもおかしくないということを、我々は知らされていなかった。それでよかったのかもしれない――我々は戦車一台で十分に悩まされていた。

客車内にポートワインはなかった。これまで誰も、少佐が隠れ飲みする人だと言ったことはなかったので――あの耄碌にそんな芸当はできなかった――これは相当深刻な事態なのだと皆の意見が一致した。最後の指示を受けた後、我々はそれぞれの貨車へと散っていった。

「いいか。我々は恐らくあと一時間ほどで降車するが、それから日の出の三〇分前までの間、これは六時としよう、その間に全ての戦車は姿を隠してしまわねばならない。敵には、鉄道の終点とアヴランクールの森との間に一切、何一つ見えないようにするのだ」。またしても、爆撃で破壊された森か。私は、それが歩いている兵士のように見えないことを願った。

我々は最後に乗車したので、終点に着くと最初に列車から降りた。ウィリアムズが待ち構えていた。「あれは煤が詰まっているのかもしれない。もしそうなら、運が良ければいずれ燃えて、詰まりは解消するだろう。君たちが森に着いたら、きちんと見てやろう」

運は良くなかった。目的地までは五マイルの道のりだったが、もともと調子の良いときですら一時間に五マイル進むのがやっとだった。たしかに、地面は乾いて粉っぽかったが――これが、あの情報部の馬鹿者が言っていた白亜土壌だろうか？　私は、それが沖積土に変わるのを見なくて済めばいいが、と思った――だが、そこから先の状態は良くなかった。我々は完全に疲れ切っていた。

一〇人くらいの集団が、足を引きずるような夢遊病者のような奇妙な足取りで近づいてきたが、それは兵士が行進しているようにも見えた。そばに来ると、本当に行進しているのが分かった。ハリソンが、誰もが思っていても声に出せなかった質問を、思い切って投げかけた。

「君たちは誰だい？」

「コールドストリーム・ガーズ〔近衛歩兵連隊の一つ〕だ」

「何だって？　それで全員か？」ハリソンは冗談のつもりで言った。

「全員だよ――お前には関係ないがな」。彼は怒っていた。それでは、彼らは生きていて、これは幻ではなかったのか。

もはや、私たちは自分の目の前の現実ですら、確かなものだという自信が持てなかった。私は何度目かに交替して操縦していたとき、操縦席の前方の開いた覗視孔を通して、空が明るんできたことに気づいた。夜明けだ。

偵察機から姿を隠せる一番近い場所まで、あと何マイルあるのか見当もつかなかった。私の見える範囲では、辺りの土地は草木もなく剥き出しになっていた。緩やかにうねる丘陵が、青白い空を背景に影絵のように見えるだけだった。突然、姿の見えない誰かが、覗視孔の向こうから叫んだ。それは、オトゥールとアレンだった。「止まれ！ 止まれ！」私は、エンジンが真っ赤に過熱している頃だと気づき、すぐに停止させた。「もう少しで家屋に突っ込むところでしたよ！」私が外に出て確認すると、我々は村落の通りにいて、戦車の鼻先が頑丈な煉瓦造りの建物に触れそうになっていた。すっかり目が覚めた私が操縦席に戻ると、「空」だと思っていたのは懐中電灯の薄暗い光で、彼らがエンジンを確認するのに使っていた灯りが覗視孔の蓋に反射していたのだと分かった。少なくとも、我々にはまだ時間が残されていた。

コールドストリーム・ガーズの一件を思い出して、私は、新鮮な空気を吸いに外に出るときは、乗組員は二人一組で並んで歩くように、と言った。居眠りで人員を失うことは避けたかった。

大隊の末尾からはるかに遅れて、私たちはようやくある村に辿り着いた。そこで止まらなければならなかった。私は廃墟となった田舎家にできるだけ近づけて戦車を止めた。戦車の側面には粗麻布を掛け、屋根には履帯《キャタピラ》を隠すために空の燃料缶を載せた。缶をいくつか積み重ねて、煙突に見えるようにした。

少佐がやって来た。「なかなか感じの良い田舎家が出来たじゃないか。私は歩兵隊に、君の戦車が稼働できないかもしれない、と伝えねばならない。幸い、大隊の他の者たちはそれぞれ配置についたようだ」。そして彼は気さくに、血色良く、くつろいだ雰囲気で去って行った。もっとひどい精神状態でもおかしくなかったので、私は彼の事務的な態度に気が楽になった。

私の乗組員たちは、もはや疲労が人間から思考力を奪える限界に達していた。私はオトゥールとアレン操縦手に、戦車と砲を点検して、攻撃開始前に出来ることは全てやっておくよう言った。残りの者は、車体の下に入らせた――腹面の一番低い場所と地面との間には二フィートほどの隙間があった。それから私は、ウィリアムズや同じ中隊の他の将校たちを探しに森へ入って行った。

　森には葉が生い茂った本物の木があり、それに見合った数のカササギもいた。なぜ、と私は疑問に思った、それは地図に載っていないのか？　なぜ誰も戦っていなかったのか？　戦っていなかったのは、そこがソンムの戦いの後に敵が撤退した陣地だったからだ。そこは手付かずの土地で、我々は今ヒンデンブルク線[82]の前に野営しているのだった。というか、誰かがそう言っていた。

　ウィリアムズはどこにいるのか？　将校食堂の伍長が、私に伝言を手渡した。『悪いね――今は何もできない。暗くなったら、戦車を森の木の下へ、きちんと作業できる場所に移動してくれ。あと十二時間近くある。道中大変だったようだな、気の毒に』

　クエントン、コーエン、ベイリス、その他の戦車長らは、ほぼ支障なく走らせてきたようだった。「お前、疲れているようだな」とクエントンが言った。私は自分が油まみれな気がした。朝の冷たく新鮮な空気が、油っぽく髭が伸びている感覚を強調し、私は事実から遮断する膜に囚われているようだった。私の皮膚はしなびて、目は充血していた。クエントンはふざけていなかった。彼もコーエンも、明らかに心配していたが、私の方では、なぜだろうと思った。

「ウィリアムズはどこにいる？」私は尋ねた。

「伍長が、彼からお前に宛てた伝言を預かっているよ」

「ああ、くそっ。そうだった、それなら見たよ」

82…ドイツ軍は、入り組んだ突出部の多い前線を改めて守備を固めるために、一九一七年春にアラス～ソワソン間に従来の前線より後方に強固な防衛線を築いて計画的に撤退した。ドイツ軍が「ジークフリート線」と名付けたこの防衛線を、連合軍側はドイツ軍の参謀総長の名を取って「ヒンデンブルク線」と呼んでいた。

「少し眠れよ」

「どこで？」

「どこでもさ。お前が呼ばれたら、起こしてやるよ」とクエントンが言った。それから小声で、「大変だったな――大丈夫か？」

もちろん、私は大丈夫だった――だが、私たちはまだ経験不足で、疲れを間近で見たことはなく、まして感じたことはなかった。後々、私は歩兵隊の極度の疲労というものを、兵士が我慢の限界を超えた試練にさらされ、顔は青白く、その目が灰色に変わったような状態を知った。戦車部隊では、私たちはその終わりのない「世々限りなき[83]」疲労を知らなかった。次の年の四月には……だが、有難いことに、そのことはまだ隠されていた。

私は乗組員たちのところに戻った。見張りをしていたオトゥール以外は、皆眠っていた。

「これから戦闘が始まるんでしょうか？」

「俺には、始まるということは分かっているよ、軍曹。でも、俺は、出て行ってそこで何をしたらいいのか全く分からないんだ」

彼は疲れ切っていて、そのせいで普段より一層不細工に見えた。「もし今回を逃がしたら、残念ですね。イープルの後だから、ここの地面はまさに戦車向きに見えますよ」

私は彼に、ここが要塞のような防衛線、ヒンデンブルク線の一部なのだと教えた。

「それなら、厳しい戦いになりそうですね。もっとも、ドイツ軍《ジェリー》はいつだって手強いですが」

素人の連中にとっては特に、と私は思った――そして、私はまさに言葉の意味もろくに分からずに喋っている素人の一人だった。多くのうたい文句が、繰り返し使われていた。あの当時、流行っていたものとして、「ベルギーを忘れるな[84]」、これは当局の決まり文句を風刺的に使ったもの、「最初の七年間が最悪だ」、「一〇〇年戦争を忘れるな」、「ああ！　死にたくない！　家に帰りたい！」、これは旋律がついていない歌で、英国風に歌われた——調子はずれに。

「誰か他の者を起こして、君は寝ろ、軍曹。用事があれば、俺は食堂にいるが、どのみち戻って来る。暗くなり次第、森の中に移動して今度こそきちんと修理しなければならない。ああ、それから、誰かが起き出しても戦車の周りをうろつかせないように」。彼は敬礼し、私は立ち去った。

需品係将校[85]の配下がすでに天幕を張ってあり、内部の一角が衝立で仕切られて将校食堂になっていた。需品係将校以外は誰もいなかった。彼は背の低い、つるりとした顔の男で、平時からの国防義勇軍の一員で、たしか食料雑貨商だったと思う。彼はあまり話さなかったが、それは私が思うに、彼には幹部将校に向かって話すべきことなどなかったからだろう。私はこの機会をとらえて、自分の昼食の、ある有名な外国企業が製造した塩漬け牛肉の缶詰を見せた。「これが」私は言った「私の今日の分の口糧〔兵士一人分の食糧〕の残り全部なんです。これで明日の攻撃に備えなくちゃいけない」。翌日の戦いは「戦闘《ショー》」だった——たぶんそれは「軽業《スタント》」よりも重大なことを示していたのだろう。彼は、缶詰の中身の三分の一が食べられた状態を見た。官製名称でいうところの「その日の口糧のうち未消費分」は、透き通った軟骨の固い塊だった。彼は無言で野外活動用の帳面を取り出すと、その会社の名前と日付を書き込んだ。それから彼は、缶詰を自分の当番兵に渡した。「この重さを量って、報告するように」。平時の食料雑貨店主は、滅多なことでは動じない。戦時の〔常備軍に

83…新約聖書エペソ三章二十一節。

84…もともとは志願兵募集ポスターの標語（大戦の初期、ドイツ軍がベルギーを侵略した際の略奪や残虐行為を引き合いに、国防意識に訴える狙いがあった）だったものを、イープル戦（ベルギー領）の泥沼で苦しんだ兵士らが皮肉を込めて使った。

85…糧食、装備、燃料、輸送、宿舎などを監督する将校で、階級は大尉か中尉。

統合された）国防義勇軍で彼のような経歴の者は、愛国心や〈同盟国〉の忠誠心などという感傷には囚われないのだ。

「塩漬けの羊肉はどうだい？」彼は私に訊いた。私は、何でも試してみるが、私に当たり得る羊の最悪の部位はどこかを知りたい、と答えた。「ああ、私は『羊』のことは何も言わなかったよ」彼は答えた。「だが、当たりくじを引いたら、傷病兵として本国送還されるよ。あの牛肉の塊じゃ、病院にも行けないね」。少し考えて、彼は付け足した。「よほど歯が丈夫でないとね」

　私の所属中隊の需品係将校が入って来ると、彼は会話を終わらせ、自分の当番兵に、私のために羊肉の缶詰を一つ持って来るよう言いつけた。「二個だ」彼は当番兵の背中に向かって叫んだ。「ビスケットはどうだね？ティプルディ大尉が君に支給してくれるかもしれない」

「遠慮しておきます。歯がだめなので86」私はそういうと、挨拶をして隅の椅子に向かい、戦車に戻る時間まで少し眠ろうとした。

　ティプルディという名の我が隊の需品係将校は、母親らしい女々しい男で、有能で、その仕事にぴったりの名前と気質の持ち主だった。残念なことに彼は生まれる性を間違っていて、そのことで何度も下品なからかいを受けたので、彼はやや気まぐれで怒りっぽかった。

「なぜ？　ビスケットがどうかしたのかい？」ティプルディが色めき立った。私は、ビスケットのことで戦争をする気は毛頭なかった。

「べつに。何でもないよ。私はあの需品係将校と牛肉の缶詰のことを話していて、彼が私にビスケットはいるかと尋ねただけだ。もしまともな戦車があるなら、一台もらいたいな」

「お前さん、私が戦車のことには関わりないって、知ってるだろう」

「知ってるよ。冗談だったんだ」。私は、この会話がまずい方向に行ってしまったと思った。私はどうしようもなく疲れていて、あの神経をすり減らす戦車のところへ戻る前に少しでも睡眠を取りたかった。彼は口髭をぴくぴくさせながら、巨大で怪しげな、太ったネズミのように私を睨みつけた。イープルの宿舎にいた、あの遺体を食べるネズミに少し似ていると私は思った——それから、彼はいつもの人の良さそうな笑顔に戻った。

86…英国軍口糧のビスケットは、全粒粉でできた砂糖の入らないカンパンのようなもので、非常に固くてそのままでは歯が立たず、将兵は砕いて水や紅茶に浸して食べていた。

十四

話し声のざわめきがふと止んで、私は心地の悪い眠りから覚めた。その静けさに邪魔されたのだった。出発の時間までは、まだ十五分あった。眠りに戻るのは無理だと分かっていたので、私は戦車に戻ることにした。何と暗く陰鬱だったことか！　乗組員は起きていた。彼らは皆、睡眠を取ったのでもうすっかり元気になったと言った。私は、彼らが私に会えて喜んでいると感じたし、私も彼らに会えて嬉しかった。私たちが一体何をそんなに喜んでいたのか、私には分からなかった。

乗組員らがエンジンを始動させ、我々は六〇〇ヤード先の集合場所へ移動した。その短い距離を行く間に、エンジンを冷やすために五回も止まらなければならなかった。

ウィリアムズは、いい加減なことを言うと評されていた。だから、我々も彼の楽観的な態度や請け合いをまともに取らなかった。

「まずは」彼は言った。「もう一度、点検しよう。ましになっているか？　だめか。前と何から何まで同じ状態――動力不足、短距離前進、逆火、そして真っ赤に過熱だって？　それは確かか？」

「この大馬鹿野郎」私は思った。

「嘘偽りはございません、お集りの皆さま――この紳士方のお話を聞きましたね？　大変結構。これは、不良品の戦車だ。さあ、私をよく見て。まず、我々はタイミングを再設定する、何故なら他に説明しようがないことは明らかだからだ。だが、今回は測定によって行なう――最初はシリンダーヘッドからだ。よし――まずはシリンダーヘッドを取り外して——」

「それを言うなら、まずは戦車の屋根を外して、でしょう？　でないと、シリンダーヘッドは取り外せない」。

ウィリアムズは確認して、そのとおりだと理解したが、そんなことで彼はひるまなかった。

「排気口からやることになるな。あまり良くないんだが、まあいいとしよう。俺は常々、このガソリンエンジンはだめだと言っているんだ。蒸気を使うべきだった」

皆の推測では、ウィリアムズは元は海軍の機関官で、海軍が帆船を廃止した日から立ち直れずにいる、ということになっていた。そして今は蒸気から内燃機関への切り替えに打ちのめされているのだと。

作業は長時間に及び、時は刻々と過ぎていくように感じられた。ついに、ウィリアムズが立ち上がった。「こいつはたまげた！　分かったよ！　原因は何だったと思うか？　あのろくでなしどもが、フライホイールの死点のマーキングを間違えていたんだ！」

ろくでなしども？　誰がろくでなしだって？　米国人ではないだろう、あの小火器の弾薬を山ほど提供してくれた——それと牛の軟骨の缶詰を食用に？　あれは鉄の口糧[87]と呼ばれているのだから、中身に鉱物ではなく動物性物質を詰めてくれただけでも非常に気前の良いことだ。だが、このろくでなしどもとは、誰のことか？　それは、我々にスモモと林檎のジャムを与え、我々に死点のマーキングの間違ったフライホイールを与えた人々だ。実のところ彼らは、愛国的な英国人で、いつの日か彼らは祖国から感謝の褒美を受け取るのだ。今は一財産築くだけで満足しなければならなかったが、いずれは——叙勲者名簿入りだ。我々の方は——眠れ、この厄介者

87…携行野戦食のセット（第十八章本文参照）。

たちよ！　戦功十字章を諸君の将校に。「汝はその下に眠るや？」[88]――それよりも「木の十字架」[89]の方が確実にもらえそうだった。

「終わったぞ！」

私は疲れすぎて、もうどうでもいい気分だった。私たちは何も言わなかった。私はこれで作業が終わったとは思わなかった。もう罵り言葉を発したり、落ち込んだり、怒ったりできる限界を超えていた。さて、これで全乗組員が疲れ切ったところで、我々の難題はこれから始まろうとしていた。ウィリアムズは、非常な困難の末にやっと成功した作業に対する我々のこの反応に驚き、傷つきさえした。振り返ってみると、私は、イープルからカンブレーの我々の出発点までの道程が、我々乗組員の精神を殺してしまったのだろうかと思った。

急いで作業の後片づけをし――もう一刻も無駄にできなかった――ウィリアムズが最終的に点検して合格を出した。彼は我々に幸運を祈ると言い残して去った。エンジンは、本来なら戦車部隊中央修理工場から受け取った時点でそうあるべきだったように、上機嫌で動いていた。私は、我々は出動することになったという伝言を中隊前進本部宛てに残し、シーフォース・ハイランダーズ連隊の大隊本部への写しも添えた。

やっとのことで私たちはアヴランクールの森を離れ、覆いのない固い地面の上にいた。辺りは暗くて静かだった。我々以外の戦車は、最後の一台までが随分前に出発地点に到着しており、私は日の出がもう東の空をぼんやりと照らし始めているのだろうと思った。

エンジンが、突然過熱して停止した。私は憤怒のあまり歯ぎしりしたはずだが、口をついた言葉は「冷めるのを待とう」だけだった。二、三分経つと、エンジンが十分に冷めず戦車は爆発して粉々になるか、待っていたら危険なほど遅れて、弾幕射撃に遭うか、二つに一つだということが明らかになった。

「エンジンをかけろ！」私は乗組員に命令した。咳込むような音がして、それから唸り声を上げてエンジンは勢いよく回りだした。「出力を下げろ、後生だから」私はアレンに言った。その音は今にも敵の集中砲火を招きそうなほどうるさく感じられた。今度は、エンジンは我々が予定到着時刻の一、二分前に出発地点に辿り着くまでの間、回り続けた。我々はエンジンをアイドリングさせておいた。私は、いったん止めてもまたかかるだろうなどと期待するのは、神意に背く無鉄砲さだと考えた。

夜の闇は、薄い灰色へと変わっていた。私の時計の針が作戦行動開始時刻を指すと、味方の砲から間をあけて三回の各個射が発せられた。その直後に上空に唸るような音が響いた。我が方の弾幕砲撃によって、敵の塹壕線が端から端まで浮かび上がり、砲弾はほとんどが高くても地上十二フィートほどの位置で炸裂し、それは調整なしだったにもかかわらず、私がその後も見たことがないほどの精度だった。私は、白い閃光で一杯の白煙が真珠色の光の模様を描くのを見て、歓声を上げたかもしれない。

A中隊とC中隊は第一波を形成し、すでに動き始めていた。我々B中隊は、彼らを援護しながら両隊の間を、グラン・ラヴィーン谷目指して進むことになっていた。我々は敵の反撃を避けるため前進し、それから停止して敵の弾幕が届かない場所で順番を待った。

明るくなってくると、味方の第一線が快調に進んで行くのが見えた。敵はこちらの奇襲を全く予期していなかったように思えた。我々はハイランド歩兵連隊が、塹壕その他の障害物を越える箇所で、戦車を誘導する姿さえ目にした。

我々の番が来た。すぐにグラン・ラヴィーン谷を越えたが、それは大した障害ではなかった。A・C中隊は停

88…ヘンリー・ニューボルト（前出）の詩で歌曲にもなっている『ドレークの太鼓』の一節'Captain, art thou sleeping there below?'か。エリザベス朝時代の海の英雄フランシス・ドレークが死の間際に、英国存亡の危機には、自分の愛用の太鼓を打ち鳴らせば必ず助けに戻って来る、と語ったという伝説がある。太鼓はその後ナポレオン戦争の頃など何度か鳴ったと言われており、第一次世界大戦勃発の際にも太鼓の音が聞かれたとされる。

89…激戦地で戦闘中に戦死した兵士の遺体は回収できずその場所に埋葬され、簡素な木の十字架が立てられた。

止して、我々が先導するのを待った。作戦がいともたやすく秩序立って遂行されていく様は、イープルでのあの混沌状態の後だけに、非現実的な感じだった。戦場は、図形のように区画されていた。歩兵隊の銃手と戦車の役割は見事にかみ合い、我々は実戦中の兵士というよりも、〈参謀将校〉らの夢の中の駒のように感じられた。何箇所かで孤立していたドイツ兵たちは捕虜として我が陣地へ拘引されていたが、彼らは目の前に繰り広げられる光景に、恐怖よりも不思議さを感じているように見えた。まるで、英国陸軍が、敵軍が使用している領域にやって来て、模擬野外演習を始めたかのようだった。そのことについて敵は非常に寛大な様子で、我々のやることを注意深く見守っていた。

私は戦車を駆り立てて――当時は時速四マイルだった――自分の目標地点であるフレスキエール村を目指した。地面が固かったので、楽々と壮快に走れた。敵の防衛拠点の一つに向かって、上り坂になっていた。近づくと、鉄条網の恐ろしさがよく分かった――少なくとも六フィートの高さがあり、十ヤードの厚みで防御拠点をきっちり包囲していた。決められた手順どおりに、私は覗視孔の蓋を閉じると、鉄線に突っ込んで行った。ほんの一瞬、私は車体が鉄条網に絡まって強く引っ張られるのを感じた。そして、我々は鉄線を破り、踏み越えた。イープルの鉄条網は、どんなに強力な援護砲撃があっても、そしておそらく我々がそれに死体を引っ掛け続ける限り、何週間でも持ち堪えたことだろう。

私がまだ爽快な気分でいると、突然ぎょっとするような騒音がした。それは恐らく、弾の尽きた要塞に残った唯一の銃だったが、あるいは二挺あったかもしれない。弾丸の一発一発が、顔の前に掲げた鋳鉄の板を大槌で叩くような音を響かせた。外の様子は、何も見ようがなかった。私は、弾丸を自分の正面で受ける向きに戦車を動かした。銃ではこの装甲は貫通できなかったし、弾が私の正面の装甲に当たっている限り、我々はその機関銃に向かって真っすぐ進んでいることになると私は主張した。弾が命中する度に装甲から真っ赤に熱した金属片が飛び散るので、弾丸が我々の即席の方向探知機となっていた。私は顔に油っぽい汗が流れるのを感じて、手で拭った。アレンは、怯えて顔面蒼白になって私を見ていた。私は自分の血まみれの手に気づいた。もう一度手で顔を拭ってみて、私はなぜアレンが怯えているのかを知った。私の顔からは、血が噴き出ていた。「血塗られた彼の頭をヘブロス川の急流に沈めて」[90]。この一節が、私の頭の中で単調に律動的に、「ぼろ着た坊主がぼこぼこ岩をぐるぐる回る」[91]のようにひたすら回り続けた。

銃撃が止んだ。無音状態が、不意に逆流のように襲いかかり、耳が痛かった。私の左側から、唸るような音が聞こえた。

「ギアを後退に入れろ！　左側の六ポンド砲を撃て！」――狙いが何だろうが何処だろうが、とにかく敵に我々が誰かと戦っているのだと思わせよう、と私は心の中で思った。

弾を装填しようと細窓を開いた瞬間、砲身沿いに銃弾が嵐のように車内に降り注いだ。アレンは恐慌をきたして、持ち場を捨てた。たちまち、車内は地獄と化した。リチャードソンがどうにか細窓を閉じ、彼のおかげで我々は二、三の生傷を負っただけで済んだ。

「畜生、アレン、この馬鹿野郎！」私は隅でうずくまる若者を怒鳴りつけた。私自身も憤怒と恐怖で一杯だった。

私たちをこれほどの大混乱に陥れた銃撃を退けたか、彼らが自分で撃つのを止めたかした途端に、戦車の後方で爆発が起き、私たちは大きく揺さぶられた。戦車は止まった。

「どうしたんだ？」

「動きません」アレンが叫んだ。

90…『リシダス』（戦争編第三章訳註参照）の一節。

91…早口言葉。原文 Around the rugged rock the ragged rascal run

一体、何が起こったのか？　私には全く見当もつかず、何も考えられなかった。

「燃料タンクに引火したようです」オトゥールが報告した。

「全員、ルイス機銃と弾薬を持てるだけ持て。さあ、出るんだ！　リチャードソンが先だ――ドアは一つしかない――左側だ。飛び降りろ、撃ちながら行け。塹壕に入れ！」

リチャードソンが転ぶように外に出ると、銃弾が一発だけ腿を貫通した。敵も、我々と同じくらい驚いたに違いない。我々八人全員、敵の塹壕網の一角に無事たどり着いた。

後ろを振り返れる状況になったので見てみると、戦車は、右側後部の駆動機構のあった場所に砲弾で穴が開き、動けなくなっていたが、ギアが破壊されたお陰で燃料タンクと九〇ガロンのガソリンは、爆発炎上を免れていた。

さて――我々は敵の防衛拠点の中で、本物の砦の中の塹壕のほんの短い区画に陣取っていた。前方には高いレンガの壁があった。壁から直角方向、我々から見て左手には、背の高い樅の木立の周りに低い壁がめぐらせてあった。我々も敵も不意打ちのショックから回復するにつれ、脅威がより強く感じられた。戦闘についての私の完全なる無知、それは軍人としての専門知識とは対照的だったが、幸いにも私はそのことに気づいていなかった。私は感づいてはいたが、理解していなかった。その後のいくつもの出来事が重なって、私の啓蒙は先延ばしにされた。

十五

我々は銃撃を受けていたが、私には弾がどこから発射されているのか見当もつかなかった。敵は実のところ、全方面から我々に攻撃を集中していた。その時点では、一番はっきりしていたのは正面の高い壁からだったが、私には、他にも可能性のある個所がある中で、そこだけに注力するべきもっともな理由がみつからなかった。私はオトゥールに塹壕を任せ、自分は我々を苛んでいる相手に対処することにした。

ルイス機銃の弾倉を四つ腰に取り付け、機関銃を手に持って、私は不器用に戦車の上によじ登り、粗朶の影に身を隠して、と自分では思ったが、銃を構えた――粗朶とは、細枝を厚さ四フィートくらいに束ねたもので、泥濘地脱出用角材に代わる、ヒンデンブルク線の深い塹壕線を越えるための特別な機材だった。私は危険に全く気づいておらず、そのため私の欠如した常識の代わりになるはずの恐怖を、全く感じていなかった。私の位置からは壁の向こうの小さな木立がよく見えたので、私はここに弾丸を整然と浴びせた。私はすぐに、持っていた四つの弾倉の弾をほぼ撃ち尽くしてしまった。

この頃には、私のこの突飛な行為によって、木立の中はハチの巣をつついたような騒ぎになっていた。私は、何が起きることを期待していたのか分からないが――きっと何もなかったのだろう――驚いたことに、将校に引率されたドイツ軍の部隊が、壁の左端の隙間から湧き出してきた。一人の将校がステッキで部隊の者らに私の方を指示した。私は銃の向きを変えて、敵が隙間から出て来るところを射った。その瞬間、私の銃が詰まった。

私は、単純な弾詰まりだと分かったが、除去できず、手持ちの弾倉にもう弾薬が残っていないことを思い出すと、そこからころげ落ちるように降りて、塹壕に避難した。

この時までに私は怯えきっていたはずだが、自分ではそのことに気づいていなかった。私の乗組員たちは、何もせずのん気に突っ立っていた。

「お前たち、なんで射撃しないんだ?」私はフォアマン兵長に言った——残っていたのは、彼とオトゥールだけだった。アレン操縦手はアレン砲手と一緒に、負傷した二名、ペルとリチャードソンを外辺部の塹壕へ連れて行かせていた。「何をしてるんだ! 奴らを撃て!」私は、遮蔽物のない場所に留まっている敵を指さした。オトゥールは、ドイツ軍の銃をいじっていた。

「弾がないんです」フォアマンが言った。

敵が態勢を立て直す前に、私は叫んだ。「退却!」——一〇〇ヤードほど離れた塹壕へ——「短距離突進!」オトゥールは、ドイツ軍の銃に手を焼いていた。

私は、このとき短距離突進を繋ぎながら移動したことを憶えている。フォアマンと私は、最後に残ったルイス軽機関銃二挺を持った。私はハイランド連隊の兵士に塹壕へ引きずり込まれたことを憶えている。これで安全だ、と私は、三名とも無傷なのを確認して思った。このこと以外は、銃火をくぐっているという漠然とした感覚を除き、私は細かいことは憶えていない。

おもむろに、私は兵員の現状を点検した。リチャードソンとペルはしっかりしていたが、重傷でこれ以上戦うのは無理だった。二人のアレンはひどく動揺しており、アレンにはもう操縦するべきものがなかったので、私はこの四名全員をオトゥールの下で送り返すことにし、オトゥールには負傷者二名を前進応急救護所に届けた後に、中隊前進本部へ報告しに行くように命じた。二人のアレンを、連隊の軍医に引き渡すように言った。フォアマンと私は、二挺のルイス機銃とオトゥールの処置のおかげで撃てる状態になったドイツ軍の銃を持って、残った。

私は、シーフォース連隊のエドワーズ大尉の前に出頭した。その隊で残っている将校は彼だけのようだった。私が彼と塹壕の中で話していると、近くで銃弾が当たる大きく鋭い音がした。彼は前のめりに倒れ、私は彼の頭蓋骨の後部から血と脳が溢れ出すのを見た。

私は唖然として、銃弾がどこからどう飛んできたのかも分からなかった。それは流れ弾だったのかもしれないが、歩兵隊員たちは狙い撃ちされたに違いないと言った。我々は敵の塹壕を占領していたので、そこには防御拠点の内側からの射撃に対して我々が身を隠せる胸土92はなかった。

捜してみると、一本の高い松の木の上に怪しい繁みが見つかった。すぐにそこに我々のルイス機銃の銃火を集中させた。激しい銃撃を受けて、その繁みはほぐれて、そこから人の体が離れ落ち、途中の枝に引っ掛かり、束の間そこにぶら下っていたが、すぐに下の枝に落ちて止まり、やがて地面に墜落した。ルイス機銃は、引き続きその一画から届く範囲にある全ての樹木の上を捜射したが、それ以上の成果はなかった。エドワーズの仇は討った。だが、「仇」とはどういう意味か? よく考えなければ——後で。

イープルでは、またその後にもう一度あったが、我々の防御線から少なくとも一マイル以内の位置に一人の狙撃手が配置されていた。いずれの場合でも、狙撃手の末路は死か、ほとんど有り得ないが、捕虜となることだった。そんな無情な勇敢さを、もし勇敢さなどというものがあるならば、私は羨ましいとは思うが、真似しようとは思わない。

一つ、それに類する行動があった。私はその時はまだ知らなかったのだが（私は総司令官の至急便を読んで知った）、それは我々の戦車とさらに七台の破壊を招いたものだった。我が軍の総司令官は、彼の数ある犯罪に加えて、あるドイツ軍砲兵将校による勇敢行為、すなわち自分の部下が全て逃走するなかで彼は職務に献身して

92…塹壕の縁に、敵の射弾を防ぐために設ける堆土。

我々に損害を与えた、という話を世界中に知らせた93ことにより、激しい非難を浴びた。私としては、自分にはそんな勇気ある行動はとれないとしても、我が軍の総司令官が、敵の中にそうした勇気を見出す勇気を持っていたことは喜ばしいと思う。一九七六年になって私は、そんなドイツ軍将校は実在しなかったことを知ったが、一九一七年当時、私の戦車には穴が開いていた。

ハイランド連隊の先任の下士官が、彼らにはもう将校が残っていないのだと私に報告し、だから私が歩兵隊の指揮を執ってくれないかと尋ねた。私は、歩兵の戦法は全く知らないので、彼にそばにいて私の新たな責務につき助言してくれるよう頼んだ。

その責務は、大したものではないことが判明した。我々が現在の陣地を守らねばならないことは明白で、我々は左翼からの激しい逆襲を受けながらも持ちこたえた。我々の左側にいた歩兵小隊はいくらか後退を余儀なくされたが、要の位置は守り抜いた。味方の偵察機が上空に来ると、我々は発煙筒を焚いた。

それが、カンブレーの戦いで果たした私の役割の最後だった。間もなく、歩兵連隊長がその陣地についての私の報告を聞いた後に、即座にこう総括した。

「君にはもう戦車もないのだから、君にもその間抜けな兵長にも用はない。とっとと本部へ帰れ」。

私が我が中隊の少佐に報告に行くと、彼は思いやりある態度で迎えてくれて、もう休むようにと指示した。私の当番兵が寝具を用意してあった。私は横になると、小ぬか雨が降る中、深い眠りに落ちていった。次の日のいつ頃か、我々は森の中の露営地《ビバーク》へ戻って休んだ。

その日を通じて、私はいろいろな消息を細切れに聞いた。クエントンは負傷を免れ、小隊長二名、すなわちバグショウとクリフォードも同様だった。ストークスは死亡し、ベイリスも死んだ。ブルームは戦闘に参加しなかった。コーエンはひどい重傷を負い、目下陸軍病院で治療を受けているようだった。

中隊の残りの者について言うと、出撃した兵員の三分の一が死亡した。いつものことだが、負傷者は少なく、というのも戦車戦の性格として、損耗人員のほとんどは、直に砲火を受けるか、ガソリンの引火により即時発生する火災により死亡していた。

振り返ると、私は、そうした人的損耗が当時の私たちにほとんど衝撃を与えなかったことに驚く。それからの数日間、クエントンと私には語り合う時間がたっぷりとあった。彼の戦車は、グラン・ラヴィーン谷を越えてすぐの場所で故障し、彼と乗組員らが反撃に備えて防衛陣地を構えていたところ、戦車は砲撃を受けてひっくり返った。戦車はすぐに炎上し、その日は終日戦車に近づくことができなかった。というのも、積んでいた弾薬が爆発して、壮観だが危険な花火のような有様だったからだ。誰も怪我をせず、反撃もなく、戦車は手の施しようもなかったので、彼らは結局引き揚げたのだった。

クエントン、カーターと私は、ほとんど何もすることがないまま一緒に過ごしていた。クエントンは一緒にいて気持ちの休まる人物で、それは彼のクエーカー教徒という出自や、安定した宗教観に負うところがあった。カーターは頑強で筋肉質な植民地帰りの情報将校で、別の理由でやはり一緒にいて楽しい相手だった。彼はまだ許容される年齢[94]のうちに入隊したことになっており、そのために英国に渡っていた。彼は間違いなく四十歳というより六十歳に近かった、と私は思うが、彼の健康な身体は、彼の詐称にある程度の信憑性を与えていた。彼は、戦闘中もそれ以外のときも、頑丈な杖を手にあちこちを大股で歩き回っていたが、その杖を彼は、ライフル銃ほど重たくないし「はるかに役に立つ」と言っていた。私たちは、損耗人員のことは話さなかった。彼らは

93…英国海外派遣軍総司令官のヘイグ元帥は、カンブレーの戦いの後に本国へ送った至急便の中で、「フレスキエールにおいて我が軍の戦車が被った直撃弾の多くは、一人のドイツ人将校が単独で撃った野砲からのもので……この将校の偉大な勇敢行為は、（英国軍の）将兵の賞賛を呼んだ」と書き送った。この日、戦車隊の一部（ビオンの小隊を含むと思われる）が歩兵部隊とはぐれ、歩兵の援護射撃を得られずに大きな被害を受けた。現場に残されたドイツ軍の機関銃一丁と薬莢の山、将校の遺体から、英国軍の間でこのような逸話が生まれたといわれている。

94…兵役対象年齢（参戦当初は志願制、後に徴兵制の下で）は、十八歳から四十一歳だった（一九一八年四月に上限が五十歳に引き上げられた）。

逝ってしまい、それでおしまいだった。

我々生き残った少数者は、少佐を見送るために集められた。私たちは、自動車が彼を乗せる道まで出て行った。そこで、あの貴族は短い演説をした。

どうやら彼は、司令官の任を解かれたらしかった。彼が解任されてはいけない正当な理由は何もなかった——それと同様に、彼が留まるべき正当な理由もなかった。私の想像では、それは大佐が考える効率の固定観念に合致させるためだった。効率的になるためには、無情になる必要があった。無情であれば、それがすなわち効率的であるに違いないことの証明となった。

「君たち、憶えておいてくれ」少佐は小声で言った。「私はあのマネキン人形をただでは置かない」——私たちは皆、大佐のことを言っているのだろうと思った——「見ていたまえ」。

彼は集まった少数の者と握手し、我々の幸運を祈ると言うと、車に乗り込み走り去って行った。彼は非常に機嫌が悪く、わずかに気を取り直したのは彼が自分の配下に好かれていると思うことができたからだった——彼は実のところ我々についてぼんやりとした印象しか持っていなかったが。それでも、私はあの健康的な顔色やたっぷりとした口髭が見られなくなるのは残念だった。彼は、つながりだった——過去との。

先回りして言うと、クリスマス前には大佐もまた隊を去った——解任された。クエントンは休暇中に、大尉に降格された彼を目撃した。気の毒に。その打撃は、そもそも彼が大佐の地位に取り立てられなかった場合の打撃よりも大きかっただろう。その地位に求められる要件のうち、彼が満たしたのはただ一つ——その容姿だけだった。ガルもまた、同時期に去った。

十六

中隊長の解任によって、我々に直接関わる影響が一つあった。将校が各自の戦闘に関わる報告を行なう相手が、ゲートハウス少佐に替わった。彼は強靭で、野心家で、あまり知的とはいえない正規軍人だった。私は、彼に戦闘状況の報告をするのかと思うと嫌で仕方なかった。私は、クエントンやカーターと何度も話し合ったが、状況をすっきりと整理できずにいた。さらに悪いことに、ある噂が立ち、それは幸いにもフレスキエール村が占領されると一日かそこらで打ち消されたが、その内容はハイランド連隊が、戦車の上に乗った英国軍将校によって銃撃されたというものだった。私は、自分がそんな間違いを犯したとはどうしても思えなかった。反撃してきたあの兵士らは、ドイツ軍だったからだ。我々が三人揃って間違えているとは考えられず——それはその場で目撃したハイランド連隊とて同じだった。だが、戦闘後に振り返ると、何でも有り得るように思えるものだ。その当時は、ドイツ兵の死体という証拠はまだ見つかっていなかった。

私は、ゲートハウスに呼び出されて行った。私はまるで落ち着かず、言葉に詰まりながらの面談だった。面談は長時間に及び、私の説明が、先に行なわれた兵卒らによる戦闘報告でのオトゥールとフォアマンの説明と一致していたので、彼も確信を深めたようで、私は安心した。だが、最後の最後で、私の自信は揺らいだ。ゲートハウスが、私の「勇敢な戦闘」に祝意を述べ、彼は私を戦功十字章[95]に推薦するつもりだと言ったのだ。

95… Military Cross。開戦当初の一九一四年に創設され、特に功績のあった将校に与えられた。

私は、自分がなぜ狼狽したのか、簡単には言えなかった。あの「戦車の上の将校」の噂ですら、私のこの気持ちの説明には到底ならなかった。何だってみんな、私を放っておいてくれないのか？　だが、しょうがなかった。クエントンは私におめでとうと言い、私がむっとすると、彼は意外だという顔をした。私は、戦車なんかに関わらなければよかった、と言った。

クエントンは私に、自分はベイリスと戦闘の前に話し合い、二人で指令官のところに良心的兵役拒否者になりたいと伝えに行くべきかどうか検討したのだと言った。彼は、戦闘の後にガルと話し、自分の疑念を彼に伝えたと言った。私は、どのみち「上の連中」は、戦闘の後ならそれは「砲弾《シェル》ショック〔戦争神経症〕」だと言うだろうし、戦闘の前なら彼は自分が何を言っているのか分かっていないのだと言うだろう、と言った。私たちがこの話をしているところに、カーターがやって来た。軽快な口調を装って、彼は――ちょうど私の朗報を聞いたのだと言い、お祝いを言った。

クエントンは続けた。「明らかに、全てがキリスト教の教えとは完全に相容れないんだ」

「それは当然だ」カーターが言った。「だが」と付け加えて、「俺はキリスト教は信じていない。俺は前から、お前さんたち敬虔な連中がここで何をしているのか、さっぱり分からない。俺が思うに、ボッシュの奴らは危険な狂人の集まりだ――我々が止めなければ、まともなものが全てやられてしまう」

「それなら、なぜあんたはまともかどうかにこだわるんだ？」

「それは、俺がまともな連中と付き合いたいからだ。戦争の前、俺の事業では」――彼はコーヒー農園をやっていた――「取引相手に選んだのは、嘘をつかない、契約を守る、こっちの目が届かないところで不正して儲けようとはしない人間だった。あるいは、こっちを殺そうとしないことだな」彼は瞑想に耽るように付け加えた。

「だが、俺にはそれがキリスト教とどう関係があるのか分からない」

「キリスト教は、それと大いに関係あるんだが」クエントンがまた加わって言った。「もしキリスト教がなかったら、そもそも付き合えるようなまともな人は一人もいないよ」

「ばかな！　俺が知っている最悪の嘘つきは『キリスト教徒』だったぞ。ところでお前たち、可哀そうなイエーツが、肩章の「星」を一つ失くしたのを知っているか？」

　イエーツは、英国を離れる前に中尉に昇進し、彼が切望していた大尉への復帰に一歩近づいていた。カーターの話では、彼はイープルで取り乱して、砲弾孔の中に隠れて泣いていたそうだ。彼は少尉、戦車長になった。彼はその後回復し、カンブレーも無事乗り切ったが、それはたぶんA中隊は予備軍で、我々が彼らをグラン・ラヴィーン谷で追い越して行った後は、戦闘に参加しなかったからだろう。私たちの議論はそこで一旦終わり、私は迫りくる戦功十字章の重荷に一人で耐えなければならなかった。

　二日後、ゲートハウスが私を呼び出した。彼は妙に興奮している様子だった――私は今度は何があったのだろうと思った。それはすぐに分かった。

「私は、第五十一師団からお前に関する長い報告書を受け取った」（くそっ、連中の兵士を撃ったというあの話じゃないだろうな？）

　もったいぶった沈黙の後、彼は続けた。「彼らは、お前をヴィクトリア十字勲章[96]に推薦したいと言ってきた。あの報告書の内容だったら、私も全く賛成だ。そこで、私はお前をヴィクトリア十字勲章に推すことにした。戦功十字章ではなくてね」

　軍法会議ではなかった、と私は思った。彼らの兵員を撃ったからでも、自分の戦車を失ったからでもなかった。私は心底安堵した。「第五十一師団からとおっしゃいましたか？」

「そうだ、これは彼らの考えだ。私が書いた推薦書は、まだ司令部には届いていない。だから『戦功十字章を

96…英国および英連邦の軍人に対し、敵前での勇敢な行為に対して贈られる、最高位の武勲章。

ヴィクトリア十字勲章に訂正』として送ればいいだろう」彼は、茶目っ気たっぷりに言った。

私は適当な返事を思いつかなかったので、敬礼して、自分のこの運命の転換について熟考しに行った。

実のところ、私はほとんど熟考などしなかった。この推薦話を私は、仮に二カ月前に受章すると告げられたなら感じたであろう気持ちとは、全く違う思いで受け止めた。ゲートハウスの話には、見事に説得力がなかった。それはまるで、私には全く無関係の、彼が英雄を演じる物語のように聞こえた。その物語は、私が見たところ、多少嘘くさく劇的なところもあったが、とても良い話に思えた。それは、私が憶えている事実と正確に合致するという点で奇妙だったし、そうでありながらそれは私が経験したことではないという点で、一層奇妙だった。

イエーツが顔を出した。不機嫌で、赤い顔をして、目は充血していた。私は何か言ったらよいのか、知っているべきだったのだろうか？

「よかったな、お前——俺もお前のようにつきがあればな。運が良ければ……」

彼に運がなかったことは、明らかだった——彼は酔っていた。私は、何があったのか彼の口からは聞かなかった。だいたい彼は自分の身に起こった災難については忘れっぽく、私が聞いた話も本当だったのか疑問だった。私は何も質問しないのが賢明だと判断した。私は何か当たり障りのないことをつぶやいたが、心配は無用だった。彼は、ふらふらと向こうへ行ってしまった。

彼の後すぐに、A中隊の別の将校、コリンソンがやって来た。彼は私の方を、妬みや羨みをあからさまに浮かべた目で見たが、その目は、よりによって私ごときが受章に近づくとは信じられない、と言っているようだった——しかもあれほどの勲章を！　彼の目は、信じがたいというふうに、何度もこちらに向けられた。いいや。何の手がかりもない。全く何もない。

「俺のことをそんなふうに見ても、何の役にも立たないぞ。俺は何もしていない。ゲートハウスに訊くんだな」

彼は、慌ててばつが悪そうに視線をそらした。彼は、再び私の顔をじっと見た。彼は私の言ったことを聞いてはいなかった。おそらく彼は、私が謙遜していると思ったのか、いや、むしろ、私は少し頭が弱いのではと思ったのだろう。「なぜビオンなんだ？　なぜ俺ではなく？」彼はそう自分に空しく問いかけているようだった。そして彼は身を引き剥がすようにして去って行った。

昔からある不可解な疑問――なぜ邪悪な者が栄えるのだろう、まともな善良な者ではなく？　私は彼の助けにはなれなかった。確かに、私を戦争の英雄に仕立て上げる手はずは整っていたが、私はその結果として自分がVC〔ヴィクトリア十字勲章〕を付けるという滑稽なことを、どうしても信じられずにいた。

だが――私は望んだ……だが、それが何になるというのか？　私はVC受勲者になりたかった。受勲は素晴らしいことだと思った……だが、私はそれを恐れてもいた。その最悪の部分は、私の部下たちと向き合うことだった。彼らはあの場にいたのだ！　彼らは何が起きたか知っていた。彼らは私が見たものを見て、同じ危険に身を置いていた。彼らが知らなかったことは――私は知っていた――私の拙劣な無能力のおかげで、定刻の前に、着くべき時間の前にあの防御拠点に戦車を乗り入れてしまったということだった。彼らは、そもそも私があの場所にいてはいけなかったのを、忘れてしまったのだろうか？　私は彼らに思い出させるべきなのか？　あるいは口をつぐんだまま、VCをもらってしまうか？　それは何と素晴らしい考えだろう！

私は部下と向き合わなければならなかった。彼らはすでに聞いていたことだろう。間抜けなビオン。かつて、F・M・キングダム――我々がビムと呼んでいた教師だ――が、同級生が嘲笑する中、私を叱ったとき、どれほど屈辱的だったたか。今回はそれよりもっとひどかった。私は彼らと対面した。ヘイラーは農夫で、彼はヘンリー五世と対面したウィリアムズ[97]と同じくらい、騙されそうになく見えた。二人のアレン、操縦手と、もう一人の、いつも古代彫刻のような微笑を浮かべており、それで近いうちに「無言の無礼」[98]の軍規違反に問われるであろう者。
「もちろん、俺にはよく分かっているんだ」私は、口ごもりつつ、自分のやましい決まり悪さを述べたてた。「あれは我々全員でやったことで、それを俺一人だけを選んで、まるで俺が……」（大馬鹿野郎、と私は自分に言った、お前は何のために肩章にその星を付けていると思っているんだ？　お前は自分が「特別な者」になりたがっていたことを知っていたし、自分がそんな者ではないことも知っているのだ。）

たぶんコロンブだったと思うが、私の困惑に気付いて助け船を出してくれた。「俺たちはみんな喜んでいます」彼は言った。ヘイラーは黙っていた。オーストラリア人のアレンも黙っていた。アレンは無礼なのではなく、自分の感覚を閉ざした状態だった。

その後数日かけて徐々に、私は防護膜を纏い、仲間の将校たちは私を除け者にした。私は村八分には遭わなかった——まるで彼らが、私の特異さ、「おかしな奴」、いつも少し奇妙で、コーエンやクエントンよりもっと変わり者の私という存在と、折り合いをつけたようだった。この不愉快な気持ちの混乱のさなかで、私はさらにまた調査を受けることになった。私はそれら全てを憎んだ！　私は調査など一切受けずに済めばどれほどいいかと思った。だが、私は乗組員たちが大好きだったし、彼らと切り離されるのは辛かった。

私は、大将の前に引き出された。私は、また最初から同じことを繰り返さなければならなかった。誰かをＶＣ受章者にするのは、なかなか骨の折れることに思えた。誰でもよいわけでないことは、明らかだった。だが一方で、誰か勇敢な者でなければいけないとしたら——「勇気を称えて」[99]——どうやって探し出すのか？　彼は私を見た——少しコリンソンを思わせる、と私は思ったが、彼とは違う種類の不安を浮かべていた。この男でいいのか？　こいつを、少しはもっともらしい英雄に見せられるのだろうか？　彼は、無理そうだと思っているようだった。私も同感だった。私は、あの馬鹿げた学帽と、その下の丸顔を忘れてはいなかった。さらに悪いことに、私は機嫌が悪かった。大将もゲートハウスも、もし誰かをVC受章者にしたいのなら、自分で行って手柄を立てて来たらいいだろうに？

「だが、君は敵軍の者が倒れるところを実際に見てはいないと言うんだね？」

それについて私は少し考えた。「そうですね、何人か倒れた人はいたんですが、私はそれは身を隠そうとしているのだろうと思いました」

彼は、非常に失望し苦しんでいるように見えた。私はその哀れな男を、気の毒に思った――一介の少尉が大将を気の毒がることができる範囲において。私は、私のような者たちの中から戦争の英雄を見つけ出すのは、大変な仕事であることを理解した。

「君はまさか……君、確かかね？――彼らの何人かは殺られたのではなかったかね？」

「いいえ、彼らは間違いなく生きているように私は思いました」

彼は一瞬、微笑みかけたが、実際には非常に不安な時間を過ごしていたに違いない。

「誰かが、壁の向こう側の私が撃っていた辺りに、ドイツ兵の死体がたくさんあったと言っていましたが、もちろん私にはなぜそうなったのか分かりません」

彼は、この話にとても説得力があるとは思っていないようだった。私も同感だった。最上級の舞台劇に必要なものはみんな揃っていたが、配役がどうしようもなかった。

97…ウィリアムズは、前出のシェイクスピアの戯曲『ヘンリー五世』に登場する英軍兵。アジンコートの戦い（戦争編第四章訳註参照）前夜、下士官に変装したヘンリー五世は、ウィリアムズら兵士と、この戦争の大義の有無や兵士らの死に対する王の責任について口論になり、決闘の約束までする。

98…上官の命令を無視したり、軽んじたりする態度をとる違反行為。

99…ヴィクトリア十字勲章に刻印された言葉。For Valour

彼は再び挑んだ。「第五十一師団が、君についての報告をよこして……」

私の頭に、エドワーズが、彼の脳が溢れ出る様がよみがえった。それは耐えがたかった。私は彼とは二言三言交わしただけだったが、彼の死に際しての部下たちの反応を見ていた。それは憎しみばかりではなかった。

私は大将を見た。彼は良識のある人のようだった。ゲートハウスとは随分違っていた。ゲートハウスを、その瞬間私は憎んでいた。

「はい、ゲートハウス少佐から伺いました。報告には、誇張があると思いました。すみません。私には、彼らがなぜそんな報告を出したのか、理解できません」

「君は報告書の内容は知っているのかね？」

「いいえ。ただ、ゲートハウス少佐は、その報告を読んで私をＶＣに推薦しようと決めた、とおっしゃいました。私は、少佐は歩兵連隊の報告書の中にそう提案してあるという意味で言われたのだと思いました」

「それで、君は欲しくないのかね？」

私は、ＶＣはそれに相応しい者のために取っておくべきだと思っていることを説明したかった。だが、私がどうにか口にできたのは、「はい、とても欲しいです……あの、いいえ、そんなには」という腰折れの情けない言葉だった。

彼は、全く理解できないこともないという様子だった。「私は、もちろん報告書を提出せねばならない――だが決めるのは私ではないからね」。彼は、自分の椅子を後ろに引いた。私は、それが私の退出の合図だろうと察して、出て行った。

私は、疲れ切っていた。おそらく、戦闘前の長引いた緊張状態が、戦闘中は覆い隠されていたのが、今になって表面化したのだろう。カーターが私を待っていた。

「それで、どうだった？　ＶＣはもらえたか？」彼は皮肉っぽく訊いた。

「だめだろうな――俺は何を言えばいいのか分からなかった」

「事前にちゃんといきさつを思い出しておくべきだったな」

私には、この風変りな白髪交じりの、幻滅しながらも意志の固い男の心の中に何があったのか、見当もつかなかった。「じゃあな」そう言うと、彼はあの長い杖を手に、軍人らしからぬ調子をつけた大股歩きで去って行った。

十七

次の朝、カーター、クエントンと私は、森の外れのグゾークール丘陵のふもとで朝食をとっていた。一台の大砲前車〔大砲を牽引するための二輪の荷車〕が、パニックを起こした二頭の馬にひかれて丘を越え、我々の方へ疾走して来た。「これは誰かが困ったことになっているようだな――前車を無くしたようだ」。私たちは、朝食を食べ続けた。

私は、いつもの朝と何か違うと感じ始めた。それは、夢のない悪夢のようだった。「なあ」私は他の者に言った。「俺はさっきから、機関銃の音が聞こえるような気がしているんだ。鳥肌が立つような……」

ゲートハウスが、彼の天幕から出てきた。

「何かあったようです」カーターが言った。「どういうことだ？　何が……」彼が言い終わる前に、聞き慣れたあの音がして、我々は凍りついたように黙った。

「くそっ！　お前の言うとおりだ！」カーターが私に言った。「あれはまさに機関銃の音だよ」

私たちは緊張して、紛れもないあのドイツ軍の機関銃のゆっくりした発射音に耳を澄ませた。頭上に響いた弾丸の飛来音がそれを決定づけた。

「だが、前線からは一〇マイルも離れているじゃないか！」

カーターは険しい顔をした。「今はここが前線だ。振り出しに戻ったんだ――むしろ後退か」

情報は、我々がその後一時間ほどの間に入手したところでは、こういうことだった。敵は、二十日の攻撃でこちらの成果として形成された〈突出部〉を攻撃してきた。激しい戦いの末、ブルロンの森にいたプロイセン近衛歩兵連隊が、我が方の前進陣地を攻略した。敵の反撃は予想されており、こちらの左翼への彼らの主攻撃は猛烈に撃退した。右翼への敵の奇襲攻撃は、我々の脆弱な防御を破り、我々がその時武器を持たぬ見物人として成す術もなく眺めていたのは――そこにいたのは兵員二名、戦車はなく、あとは我々四名だけだった――我々の大失敗を敵が巧みに利用する様だった。

森の縁に隠れて様子を見ていると、その後忘れたことのない、ある光景が目に入った――近衛師団の出撃だった。その動きはほとんど無造作ともいえるもので、平然と展開されていった。平野を隔てて我々の右前方を、近衛師団は散開隊形で前進して行った。機関銃の連射音さえなければ、軍隊の演習を見ているようだった。彼らは着々と斜面を上って行き、グゾークール丘の尾根に達すると、その向こうへ姿を消していった。ドイツ軍の機関銃の威嚇的で、間近で、執拗だった音が、止んだ。

近衛師団はグゾークール丘陵を奪い返すように命じられていた。彼らは、それを本当に成し遂げた。

我々の中隊を除く大隊は、十一月二十日以降休みなく戦闘に参加してきた。十日目になると、ブルロンの森の戦いとその後に手痛い打撃を受けて、戦車を失っていた。そこで、冬営地に引き揚げ、全軍を整えて再装備することになった。

そこは「恒久的な」宿営地、つまり木造の兵舎が集まってできていた。丘の頂上近くの斜面に配置されたその宿営地は、荒れ果てたソンムの戦いの戦場跡にあった。我が大隊の残り全員が宿営地に収まった頃には、雨が降り出していた。いつものように降り注ぐ雨の中を、クエントン、ハウザー、カーターと私は、一握りの兵員とともに閲兵を行い、合間に大隊の他の者らを訪ねては消息を聞いて回った。

私たちは、我が中隊の人的損耗が飛びぬけて激しかったことは承知していた。戦闘に参加しなかった戦車三台分の乗組員と、クエントン、ハウザーと私以外の全員が、グラン・ラヴィーン谷の先の上り斜面を進む中で、潰減していた。我々が知らなかったのは、この大惨事の特異さの本質が、それが起こった速さにこそあったという点だった。

　我々が訪ね回ってみて分かったのだが、情報を集めるのは容易ではなかった。居るのは新参の下級将校ばかりらしく、我々が何を訊いても彼らは答えられなかった。大隊の将校食堂はまだなく、将校らはそれぞれの中隊の宿舎で会食していた。このため、将校全員が一堂に会する機会はなかった。そんな中で、私はA中隊のロビンソン軍曹という男に会った。彼は病気のため戦闘に参加していなかったので、大した話は聞けなかったが、彼の上官はグリーンという男だった——平時には法廷弁護士をしていて、知的で親切ながらも鋭い機知の持ち主で、私はかつて、彼と一緒にある土曜日をボーンマス[100]で過ごしたことがあった。することはこれといってなかったが、気持ちの良い午後で、私たちは閑散とした保養地を当てもなく散策した。彼と、友人で同じく法廷弁護士のボールも一緒だったが、彼らといると、絶望的な無益感にも、宿営地に門限前に帰り着くまでの間は耐えられた。もし彼に会えたら、この荒廃の淵の醜さも緩和できるかもしれなかった。私はロビンソンに、彼がどうしているかと尋ねた。私は、彼は死んだのだと聞いて、なぜ自分が驚いたのか分からない。私は、ボールについては訊かなかった。後日、ガルから他の将校たちの消息を聞いた際に、あのとき訊かなくてよかったと思った。というのは、ボールは精神的に破綻し、戦車の下に潜り込んで出てこようとしなかったのだという。

　その日の午後遅くに、私はC中隊の顔見知りの将校ドーソンと会った。彼は、ああ、何とか無事だったよ、いや、他の者のことは知らないが、たぶん一人か二人は負傷したと思う、と言った——負傷者以外のことを尋ねるのは無駄だった。私は、彼自身の経験を尋ねた。彼は曖昧な様子だった。彼にとって最も印象的だったのは、プロイセン近衛歩兵連隊だった。「奴らはついには戦車の屋根の上に登って、銃眼を通して銃剣でこっちを突こうとしたんだ。俺は二度、ミルズ型手榴弾を屋根に投げ上げて奴らを吹き飛ばしたよ。聞いてくれよ、奴らは俺たちが撃てないように、こっちのルイス機銃を自分らの脇で挟んだんだぜ！　あの連中はみんな、薬でいかれていたに違いない。奴らは密集隊形で向かって来て、こっちは撃てたけども、同じことだった」。ドーソンは、真面目で空想などしない男だった。彼が、そんなことがあったのだと言うのならば、確かにそうだったのだろうと私は思った。彼はまた同じ話を繰り返して、私が既に聞いた話の断片を単調に語り始めた。

クエントンと私はその場を離れ、他に誰かいないかと探し歩いた。私たちは大佐に行き会ったが、彼はいつものように隙の無い軍人らしい身なりで、同じように小ざっぱりしたガルと共に巡回中だった。クエントンは、美しいムートンのトレンチコートを着ていた。大佐は、羨ましそうに彼を見た。皇太子を除けば、クエントンは他の誰よりも、ガルにあの羊が啼くような声音を出させる存在だった。彼が私の存在を許容していたのは、カーターと同様、私がいつもクエントンと一緒にいたからだった。大佐は配下の将校の名前を全て記憶しており――ガル曰く、「王族ならではの属性」――我々二人に話しかけた。私たちは、彼から情報を上手く聞き出せなかったが、もともと戦車に搭載されるルイス機銃のことも知らない彼から、たいした話が聞けるとは期待していなかった。「俺のコートを見たときの、あの顔を見たかい？」クエントンは、敬礼して彼らと別れた後に、愉快そうに私に尋ねた。

日が経つにつれ、新顔が増えていった。ロビンソンは、小柄できびきびとした鋭い感じの、歩兵隊出身の男だった。カートライトは、長身で青白い顔の新任将校で、戦闘経験はなく、他のことでも経験がないように思われることがあった。両名とも私の小隊に加わり、私が大尉に昇進して小隊長を任されると、カートライトが私の乗組員たちを引き継いだ――オトゥール、フォアマン兵長、アレン操縦手、ヘイラー砲手、アレン砲手。

ハウザーは、英国では同じ大隊にいたが、私は彼をほとんど知らなかった。彼は小隊長に昇進した。以後、

100…英国南海岸の保養地。戦地に派遣される前の、訓練期間中の休日のエピソードと思われる。

彼は私の生活に大きく関わっていった。彼と彼の乗組員は、互いが互いの苛立ちの原因という関係のようだった。イープルでの出撃前のある日、彼と乗組員との関係はいつにも増して険悪な状態になった。彼は怒りを爆発させ、「おい、操縦桿をよこせ」と言って操縦手を外に出すと、戦車を水が溜まった大きな砲弾孔の中に真っすぐに突っ込んだ。戦車から出ると、彼は乗組員に言った。「さあ、これでお前らが文句を言う理由ができただろう。脱出用角材を取り付けて、泥沼から出して、すっかり片付けたら報告に来い」

彼の部下の一人が、去って行く彼のずんぐりした後ろ姿に向かって、「戦闘になったら真っ先に、あのくそ忌々しいドイツ野郎[101]を撃ってやる。お前らも見ていろよ」と小声でつぶやくのを聞いても、私たちは誰も驚かなかった。その部下が撃つところを仲間たちが見ることはなかった。部下たちはやがて彼を崇拝しかねないほどになり、もし黒髪を坊主刈りにした近眼で癇癪持ちの小男を偶像にできるものならば、彼らはきっとそうしただろう。私は、彼がそんな名前でどうやって軍隊に入れたのか訊いてみようと思ったが、果たせなかった。それは、彼が思い返すことを面白がっているように見えた、唯一の話題だった。「俺は言ってやったんだ。俺はハンザ同盟都市からはるばるやって来て、ドイツまでの帰りの旅費を浮かせるために入隊するんだ、って」。彼は鼻に、臭いを嗅ぐときと鼻水をすするときを合わせたような、特徴のある皺を寄せた。彼が面白がっているのか、苛立っているのか、見分けるのは難しかった。

彼と私は、二人とも小隊長への昇進の候補に挙がっていることを知っていた。我々よりも有望だったのはクエントンで、彼はほとんど全員から好かれていたが、クリフォード、ハンフリー、ブルーム、そのほか彼のことを私と同類の気取った信心深い奴だと思う者たちには、嫌われていた。ハンフリーはカルトゥジアン[102]で、軍隊生活のような卑俗なもののことは何も知らない、という尊大でやる気のない態度を装っていた。その見せかけの態度は、彼がこの仕事に純粋かつ徹底的に不向きであることを隠していた。私は今では、それはパブリックスクールが偉大な国家の指導者の育成に適していないことを隠蔽する制度の、副産物だったと考えている。

振り返ると、我々は、英国にいた間あれほど愛着を感じていた第五大隊が、もはや存在しないのだということを認めたくなかったのだ、と私は思う。私たちの目の前で、新たな大隊が形作られようとしていた。

バグショーは姿を消していたが、誰もその理由を知らなかった。彼はおそらく、小隊長として着任した時点ですでに役立たずで、その後も間違いなく役立たずだった。少佐が去り、ゲートハウスが後任となった。クリフォード――あだ名は「サナダムシ」、彼は長身で痩せ型だった――ハンフリー、そしてクック大尉、彼は副官に昇進したが、これらが我々の上官だった。日焼けして脂ぎった顔のグリーンという若い男が加わり、我が隊の将校はこれで全員だった。二〇から三〇人の新兵の集団が、毎日のようにやって来た。配属が決まるたびに、彼らの名前を憶え、乗組員名簿を書き換える必要があった。

大佐の使いが私を呼びに来た。私は、戦闘に参加しなかった大隊の兵員の中から戦車二台分の乗組員を連れて、アヴランクールの森に戻るよう命じられた。稼働可能な戦車が三台あった。機甲部隊の整備班には連絡が行っており、私は彼らから戦車を引き取るようにとの指令だった。我々の任務とは？

前線は、今は安定していたが、砲兵隊が我々の支援を必要としていた。グゾークールの右側に、九・二インチ榴弾砲が六門ほどあった。場所は、砲兵隊が教えてくれる。それらは、英国側とドイツ側の防御線の間に取り残されていた。何としても、それらがドイツ軍の手に渡らぬように、こちらで回収しなければならなかった。砲兵隊は――そして大佐も、大いに賛成だと言った――戦車なら、夜間にそこへ行って、牽引索を取り付けて、中間地帯から安全な当方の防御線のこちら側まで引っ張ってくるのは造作もない、と考えた。

それはもちろん、危険だった。真夜中の中間地帯で、貴重な大砲のそばに行って巨大な鋼索や牽引鎖をが

101 … ハウザーは、ドイツ語由来の姓。

102 … 名門パブリックスクールの一つ、チャーターハウス校の出身者の別称。同校の校舎が元カルトジオ会修道院の建物だったことから。

ちゃがちゃ言わせて、それで報復砲火を受けないなどと考える馬鹿はいない。ドイツ軍は、この頃には戦車の存在に敏感になっていた。たしかに、彼らはこの時に教訓を学び、それは一九三九年には彼らの役に立つことになった。[103]

もし私が、大佐がこの任務に伴う危険の性質を少しでも理解していると思えたならば、この命令もそれほど不快ではなかったかもしれない。だが、私にはそうは思えなかった。私は、戦わねばならないことを不服に思う精神状態になっていた。イープル戦の前に私を支えていた冒険心は、すでになかった。だが、私には何が問題なのか分からなかった。

私は、この気持ちをクエントンに吐き出した。この時の彼の助力は私に深い印象を残したはずで、私はそれを忘れることはなかった。彼は紙片に「何より、信頼できる方の手に自分を委ねていることを忘れるな」と書いて、私のポケットにそっと入れてくれた。もちろん、彼は「神の手」を意味していた。それは私を慰めた。だが、私はおかしくなっていた——あるいはおかしいのは宗教だったのか。一つには、これらの言葉の効果は短命で、戦闘の前に第五十一師団の大楽隊が奏でる軍楽や、戦いの後の一杯のラム酒と同じように、はかなく消えた。私は、天幕の中で皆の前で跪いて祈ったときと同じように、自分が人目を意識しているような気がした。

道程は果てしなく続いたが、私は宿営地を出られたことでほっとしていた。宿営地ではクリスマスの祝いの準備が始まっていた——いくつもの樽に入ったビール、骨付きの大きな肉の塊、将校食堂の建物には無意味な飾りつけ。私は「地に平和、人に安きあれ[104]」があったかどうか憶えていないが、あったとしても不似合いではなかっただろう。クリスマス当日には、それらは全部人間の中に詰め込まれることになるのだろう。それは私にも分かっていた。

軍務での旅の長所の一つは、自分が郵便小包であるかのように、他人の責任で運んでもらえることだった。鉄道末地に着くと、一人の鉄道輸送部将校が来て、私を暗闇と降りしきる雨の中に追い出した。彼の任務は、将校を一名、確かにその末端部で降車させることだった。彼はその任務を果たすと、温かくぼんやり灯りのともった執務室のぬくもりの中へと戻って行った。私に敬礼する者がいた。それは、私を旅団本部に連れて行く自動車の運転手だった。私の部下たちとは、翌日、彼らが戦車を引き取りに行った先で落ち合うことになっていた。

車が止まって私が降りると、偵察隊員が私を連絡壕伝いに旅団本部へ案内した。前線沿いに打ち上げられるヴェリー信号光[105]が、暗闇を漂いながら上昇し、一瞬白く光っては消えた。それが静かに律動的に、繰り広げられていた。

私は、我々が牽引することになる最初の大砲を下見するべきだと提案した。偵察隊員は、無口だった。彼にとって私は邪魔者で、せっかくの暇そうな晩を台無しにした厄介者だった。ある地点から先、私は塹壕を出て腹ばいで進まねばならなかった。一つの途方もなく大きな物体が地面から突き出ていた。それが、例の榴弾砲の最初の一門だった。どういう状態か全く見えなかったが、ヴェリー信号灯が上がるとその輪郭が浮かび上がった。誰かがその上に白いペンキで大きく「最後の審判の日の合図」と書いてあった。敵の砲兵隊がよほど精緻に目標修正して撃ったらしく、それは原型を留めていなかった。どこへであろうと、それを牽引するのは無理そうだった。私はふらつき、機関銃の炸裂音が私に考えを改めるよう警告していた。どうしようもなかった。私は報告す

103…第一世界大戦中は本格的な戦車の開発には至らなかったドイツだったが、第二次世界大戦の直接の引き金となったドイツによるポーランド侵攻（一九三九年九月）では、戦車を大量に動員した。戦車を中心とする機甲部隊は、同大戦を通じてドイツ軍の電撃作戦に活用され、連合国側を圧倒した。

104…新約聖書ルカによる福音書二章一四節（キリスト生誕話）の一節で、クリスマスカードやキャロルに引用される。この一節を含む讃美歌の一つ『なつかしい鐘が鳴る I heard the bells on Christmas Day』は、米国の詩人ヘンリー・ロングフェロー（一八〇七～一八八二）が、南北戦争の最中にクリスマスと戦争の矛盾と平和への希望を訴える内容。

105…夜間の通信に使う、色彩閃光。色を組み合わせて暗号をつくる。

るのに必要な詳細情報を集めると、塹壕へ這って戻った。あの偵察隊員が待っていた。

本部で私は報告をした。皆、無関心だった。私は、もともと本部の参謀らはこの計画に反対だったのだと推測した。次の日、私は部下を連れて大隊へ戻るよう命令を受けた。計画は中止された。

十八

クリスマスイブ。さあ、お祭り騒ぎが始まる。

宿営地は、傷みが激しかった。その晩に降った雪は、一棟残らず全ての兵舎に入り込み、朝になると眠っている兵士らの上には一インチの厚さの半解けの凍った雪が載っていた。私は、九時半前に最初の酔っぱらいを見かけても驚かなかった。A中隊の軍曹の一人が彼らを拘束して、営倉に入れた。

クリスマスの正餐では、将校が兵卒らに給仕するのが慣例だった。意外にも、それは日ごろの恨みを晴らす機会ではなかった。その好機は十分にあったにもかかわらず、楽しい雰囲気と友好的な言葉に終始した。酒が回ってくる頃には、将校らは退出していた。私は、そこにいるのが我々の知らない兵士ばかりだと気づき、当惑した。自分の当初からの乗組員が四名も出席していた私は、まだ幸運な方だったが、ハウザー、クエントン、ブルームの部下は一人もおらず、その他の人員は我々には見知らぬ顔ばかりだった。

我々の正餐が終わっても、我々三人は、カートライト、グリーン、ロビンソンと一緒に、将校食堂に当てられた兵舎に居座っていた。皆、見知った顔がないことに気落ちしていたに違いない。新任の将校たちは、我々が彼らと大差ないほどに兵士たちと面識がないことに驚いていた。そのことが話題になり、我々が事情を説明すると、会話は急に尻つぼみになった。我々が将校の任務というものに無知だったのか、それとも……。

カンブレーで何か恐ろしいことが起こったらしいことだけは確かだった。以前所属していた歩兵隊で負傷したロビンソンが、この大隊は「不運」なのかと尋ねた。そうではない。我々は、この大隊が不運だなどとは思いもしなかった。

「むしろ逆で」――口を開いたのはハウザーだった――「俺たちはすごく幸運だったんだ。第五十一師団の人的損耗があれほど少ない戦いは、それまでなかった――塹壕戦を含めてもだ。五マイル以上前進した時点で、たった六名の負傷者しかいなかったそうだ」

クエントンは、その数字は奇跡のようだと言い、ロビンソンも強く同意した。

「でも」カートライトが言った。「君らの損耗人員があんなに多かったのは、どういうわけだ？」

会話は、勢いを失った。我々は不運だったのだろうか？　私たちは誰もそうだとは思いもしなかった。損耗人員が何人いれば「不運」になるのか？　我が中隊では、作戦行動開始から一時間半の間に、全将兵の三分の二が殺され、失われた。それは確かに不運に聞こえた。あるいは、あのドイツ軍砲兵隊の部隊長が、部下たちと一緒に逃げ出さなかったことが、我々の不運ということだろうか？　我が中隊を除くと、その日大隊に死者は出なかった。一方で、一〇日間の戦いの末、大隊は三台を残して全ての戦車を失い、相応の数の死者を出した。考えてみると、大隊本部によれば、我々は戦闘に出る度に必ず、出撃した乗組員の少なくとも三分の一を失ってきた。

戦死したのは誰だったか？　そこでクエントンが思い出して言った――「どうやら、大隊将校食堂はなくなるらしい。今後は中隊毎の食堂になるとガルが言っている。困るよな、新しい情報が得られなくなる」。それは奇妙だった。新しい情報など、何もなかった。

グリーン、戦死。デスパード、戦死。ベイリス、戦傷死。コーエン、負傷。クランクルトン、行方不明、推定戦死――彼が粉々に吹き飛ばされたとき、彼の部下の一人がその場にいたことを考慮すると、戦死は確実だろう。ボール、ぴんぴんしていたが……彼は本当に良い人で、一緒にいて楽しく、機知に富んでいて、彼の友人グリーンの良い引き立て役だった……戦車の下に潜り込んだあの日までは。

「彼らの名は永遠に生き続ける」。生存者たちの胸の中に、彼ら自身もまた死ぬその日まで。だが、第五大隊には、あの素晴らしい朝にウール駅で「古き友を忘れてよいものか」[106]と歌った格好良い集団には、一体何が起きたのか？　第五大隊が存在したという幻は、現実よりも強力だった。我々は、新参兵の大群に飲み込まれて、我々の存在は消えかけていた。大隊の未来は、伝統は、我々の肩にかかっていた――ハウザー、クエントン、ブルーム、グリーン、カートライト、ロビンソン、そして私。ついでに、ハンフリー――名門パブリックスクールを代表して。ついでに、クリフォードも？

十一月三十日から数日たった頃、ハウザーと私は、急に十二名ほどの兵士とともに集められ、ルイス機銃を持って、クリフォードの指揮下で塹壕の一区画の守備に付かされた。何事も起きなかったが、厳しい寒さのせいで辛かった。私たちは歩兵戦に関しては全く無知で、食べ物は非常携帯口糧だった。その内容は、一日につき塩漬け牛肉の缶詰一個と堅焼きビスケット二枚だった。火を焚くことを禁じられていたため、紅茶は飲めなかった。水は、運ぶのに使ったガソリンの空缶がよく洗われていなかったせいで、ガソリンの味がした。クエントンが一日遅れて加わると、彼は少佐の物まねを大げさにやって見せた。飲み物を舌の上で転がし、熟成香がどうのとか言い、醸造年を言い当てた。彼はとても上手かった。誰の描写か当てるのは、造作もなかった。

クリフォードの、配下の士気に対する貢献は、ある朝未明、彼の「奴らが来る！　ボッシュが攻撃してくるぞ！　戦闘準備！　伝達しろ！」という叫びとともに始まった。私たちは指示に従った。

奇妙だった。物音ひとつしなかった。「奴ら、きっとつま先歩きで来ているんだぞ」。しばらく緊張が続き、私は、奴らが軍靴を脱ぐ音が聞こえる気がする、と言った。「でも、警戒を解くなよ――脱いだ靴をこっちへ投げてくるかもしれないからな」ハウザーが言った。

106…『蛍の光』の冒頭の歌詞。

結局、我々は兵士の警戒態勢を解除した。偉そうに「命令」を怒鳴り散らしたクリフォードは、釈明しなかった。彼は恥じ入っていたが、すまなそうな様子は全く見せず、すぐに落ち着いたと言うよりほかない状態に立ち直っていた。

それは些細な出来事だったが、クリフォードとハンフリーの二人は、我々が未来への希望を託すには心もとない相手だった。といって、私が彼らより優れていると心から思うこともできなかった――彼らとは違っていただけだ。あの忌まわしいVCは、まだ私の頭上にぶら下がっており、それは私が一〇〇%勇敢な兵士だという権威ある保証というよりは、死刑宣告のように感じられた。私は自分がそうではないことを承知していたし、自分が歩兵戦法について何も知らないと思うことも嫌だった。

戦争の基礎的な知識の欠如が、さらに重圧に感じられたのは、ある噂のせいだった。それは以前から出回っていたが、最近ますますうるさく執拗に囁かれるようになった、戦車が廃止されるという噂だった。ヘイグが、カンブレー以降、戦車に否定的になったのだという。「一体、なぜだ?」我々は問うた。「俺たちの何が悪かったというのだ?」

つまりこういうことだった。一台の戦車が橋を突き破って、下の水の中に落ちた。そのせいで、全軍の前進が遅れ、命運を握る貴重な二、三時間を無駄にしたというのだ。

「工兵隊はどこにいたんだ? 近衛連隊は、奴らがどこへでも抱えて行くあの平底舟を持っていたんじゃないか?(多くの者の想像では、近衛隊は、彼らの前進を邪魔する足手まといな英国陸軍の他の連中を始末できさえすれば、その舟でライン川を渡るつもりで持ち歩いているのだった。)私たちは憤慨していた。噂はいつまでもうるさく続き、私たちの頭を離れなかった。自分個人に関わることではないものの、もっと痛切で不吉な噂は、ロシアとの泥沼戦から解放されたドイツ軍[107]が西部戦線に移動してきたら、一体どうなるのか、というものだった。

ハンフリーは、小隊の指揮を自分の当番兵に任せていると言われていたが、彼もクリフォードと同程度に人騒がせだった。無責任の鎧は、どんな現実との接触からも身を守ってくれた。ブルームとクリフォードは、自分の身震いするような不吉な予感に身を任せていた。

「いいか、よく聞けよ……」や、「俺だったら参謀になんかなりたくないね……」

「その心配は無用だろう――まだね」クエントンが言った。

それはハンフリーのわざとらしい愚行とも相俟って、全体として奇怪な不安の背景音楽を奏でる楽団を構成していた。それは、我々の過去に対する無知と一対を成していた。たぶん、クエントンが私を礼拝に誘い、私が同意したのは、そのせいかもしれなかった。

我々二人は、夜の雨と泥の中をとぼとぼと、宿営地の谷底にある礼拝堂の建物へ向かって歩いて行った。我々の大隊の従軍牧師は不在だったが、そうでなければ我々は行こうとは思わなかった。その牧師は陽気で人当たりが良く、筋肉的キリスト教徒[108]ではなかった。彼がどの会派に属するのか判別するのに、時間がかかった。我々は代理の牧師を知らなかったが、クエントンは呑気に、我々の牧師よりはましに決まっていると言った。

建物の照明は暗すぎて、外の暗闇を緩和するどころか、より暗くしているようだった。おそらく二〇〇人は収容できたであろう堂内にいたのは、兵士三人と我々二人だった。うす暗闇に包まれた中でも、牧師がやせ型で、その容貌は苦行者より死人に近いことが見て取れた。

暗さと寒さが、まるで礼拝の進行と直接関連しているかのように、身に沁みていった。私の意識は他所へと彷徨っていった。私は、本国の我が家の教区牧師が、感傷的な会衆を前に、戦地での実施が認められている聖餐式

107… 連合国側で参戦していたロシアは東部戦線でドイツと対峙していたが、一九一七年三月に起きた革命により帝政が崩壊、臨時政府は戦争を継続したが劣勢となり、同年十一月に再び革命が起きレーニン率いるソビエト政府が成立すると、十二月には同盟国側に休戦を申し入れ、一九一八年三月には正式に戦列を離脱した。これによりドイツ軍は東方の戦力を西部戦線に投入することができた。

108… 十九世紀半ばに英国を中心に起こった、男性のキリスト者としての人格形成とスポーツを結びつける考え方。

が、前線のすぐ後方、砲の射程内でも通例どおり行なわれていると話していたのを思い出した。教区牧師がその司祭からの手紙を読み上げたとき、私の両親もその場にいたそうだ。お前は、そこへ行ったことがあるだろうか？ そこへ行けば、家を思い出すかもしれないと。両親も当然、あれほど広範に亘る前線で私がそこに行く可能性が低いことは承知していたが、気に留めておいてもよいだろうと書いてきた。それはいつでもそこにあった――エタープル[109]という場所に。私は、そうすると約束したが、エタープルほど前線から遠い場所に我々が行く可能性はほとんどない、という点は書かなかった。

牧師は、説教を始めた。信じがたいことに、彼は我々に、物事の明るい面を見ることが大切だ、と助言していた。彼は、榴散弾で脚を吹き飛ばされても落胆しなかったある兵士の話をした。「何しろ」彼は達観したように言ったそうだ。「私は、今後は長靴を片方しか磨かなくていいんですから」。たぶん、他の三人の出席者は常勤の事務職員なのだろうと私は思ったが、そうだとしても、我々を奮い立たせるための個人の経験談としては、それはあまりに陳腐な話だった。

私たちは外へ出た。まだ寒くて雨も降っていたが、少なくとも空気は新鮮だった。私たちが戻ると、将校食堂にはクリフォードとハンフリーがいた。クリフォードは私たちの方に、上位者ぶった尊大な視線を向けた。彼は声をひそめようともせずに、こうつぶやいた。「信心部隊のお出ましだ」

109…ドーバー海峡に面したフランスの町で、第一次世界大戦中は英国陸軍の大きな基地が置かれていた。

十九

大佐とガルが消えたのは、はっきりしない出来事だった。英国にいた間、我々の大隊本部は輝きに満ちており、大佐とその補佐官という二人の人物が光輝の源、内から光を発する源泉そのもののようだった。それが、大隊観兵式も執務室も目立つ役割もなくなると、彼らは平凡な虫けらたちから自身を区別できるだけの輝きを発しなくなった。証拠は何もないので、私は自分の想像力で欠けている部分を埋めるしかない。私が推測するに、大佐とガルは、執務室を失い、彼らの輝く宝石である皇太子をお迎えする場所を将校用食堂で間に合わせねばならず、鞭はあるのに叩く馬がいないという脅威――非常に俗悪な脅威――にさらされて、彼らは空いた時間が他のもっと悪いもので埋まってしまわぬよう、何か埋める手段を探さなければならなかった。この難局に際し、私が想像するに、彼らは前例を踏襲し、探索した結果、効率性、冷酷さ、許しがたい失敗という手を使うことにした。彼らは失敗を見つけさえすればよかった。B中隊の大惨事よりも明白な失敗の例が他にあるだろうか？　私の想像では、瞬く間に、B中隊長を即時本国に召還し除隊にするよう求める、説得力があり適度に批判的な報告書が書き上げられた。

彼らは、生贄の選択に当たり、これ以上はないというほど不運だった。我らが少佐は、愛すべき、親切で気持ちの良い人物ではあったが、恐るべき強力な縁故の持ち主だった。彼はまた、不寛容な気質と、成り上がり者に対する厳然とした貴族らしい嫌悪感を持っていた。その上、王子との交友を自慢するような者を、彼は成り上がり者と見做す傾向にあった。

もちろん、それは全て実に不幸な誤解で……というわけで、「ガル公」と大佐は去って行った――隊員への別れの演説もなく。

クエントンがその直後に賜暇で帰国し、彼からの手紙で、私は彼がある自転車部隊の大尉に会ったこと、それが参謀将校専用自動車や大佐と副官として過ごした幸福な日々の成れの果てであることを知った。他にも知らせがあった。「お前が賜暇をもらっても、コーエンには会いに行くなよ」。私は行った――ひどいものだった。彼は両目と右腕、両脚を失くしていた。看護師に告げられても、彼には私が分からなかった。彼はただ――ぼんやりと歯を見せて笑っているだけだった。後で看護師から聞いた話では、彼は時々ふいに恐怖に駆られ、病室の隅へ行ってうずくまり親指をしゃぶるのだという。一度だけ、彼はその状態のときに、自分には芝生の一角の地面が割れて、彼の母親が墓の中から起き上がって自分の方へゆっくりと歩いて来るのが見えるのだ、と医師に話した。それ以外は、彼は誰とも口を利かず――ただ部屋の隅へ、脚の断端を使って驚くほどの速さで移動し、左手の親指を口につっこんで、震えながら待つ。発作が収まると、彼はまたあのぼんやりした笑いに戻るのだった。

「たとえ肉体は死んでも、魂は永遠に生き続ける」[110]私は、そうでないことを願った。心からそう願った。

その二日後に、クエントンからまた手紙が届いたが、今度は寄りによってクリフォード宛てだった。

「見ろよ」彼は我々に向かって叫んだ。「これを見てみろ。信じられるか？」

私はそれを読んで、彼が驚いたわけがよく分かった。「こんなふざけたことがあるだろうか！」と書いてあった。「お前も到底信じられないだろう。俺が自動車で道を走っていたら、突然、俺ははまっていたんだ――側溝にさ！　もちろんどこも悪くなかったんだが、気が付いたら精神病院に入れられて、病名が『砲弾ショック』！」お決まりの頭語と結語を除けば、これが手紙の全文だった。

彼はクリフォードが好きではなかった。彼は、クリフォードが仲間の誰をも好いていないことを承知していた。それなのに、何故クリフォード宛てだったのか？　読みながら、私はクリフォードが私に注目しているのを感じていた。私はそれをゆっくりと注意深く、何と言おうかと考えながら、また決して何も気取られまいと思いながら読んだ。

私は手紙を返した。彼は得意満面だった。「お前はどういうことだと思うか？　彼は、除隊になりたくて仮病を使ったんだ。ほら、本人も認めているじゃないか！　彼は連中を騙しているんだ。怖気づいたんだ！　彼は、近いうちに何が来るのか、よく分かっているんだ――ロシア戦線にいたドイツ軍総勢が。抜け目がないよ、彼は」

私は、クエントンが不正を働く者でないことを知っていた――彼にはクリフォード二ダース分の値打ちがあった。私は大急ぎでハウザーをつかまえた。彼は、にやにや笑って鼻を鳴らした。彼はもちろんクリフォードの説は信じなかったが、自分の意見も言わなかった。彼は明らかに、それが「信心部隊」の良い宣伝材料になるとは思っていなかった。私も同じだった。

何故、何だってクリフォードなんかに宛てて書いたのか？　私がカーターに話すと、彼は何も言わなかったが、彼の態度はこう言っているようだった。「なんだい、奴らならそう言うのは分かっていただろう？　あんな泣き言ばかり言う連中に関わってどうする？」

暗く陰鬱な日々は、第五大隊が消滅したのだという実感により、一層耐えがたいものになった。ストークス、ベイリス、コーエン、デスパード、我らが少佐、副官、大佐――皆、どこにいるのか？　今度はクエントンが、忍び笑いとともに消えた。残ったのは、ハウザー、カーターと私だけだった。ハウザー、私は彼をその時すでに知っていた。カーターは年を取りすぎていた。ハンフリー、クリフォード、ブルーム、信用が置けただろうか、彼らに――あるいは私たちに？　私は不可解に思いながらも、クエントンが大馬鹿野郎だという気持ちを抑える

110…フェリックス・メンデルスゾーン（一八〇九～一八四七）のオラトリオ『聖パウロ』の一節。

ことができなかった。そして、クエントンが馬鹿だとしたら、私は一体どんな馬鹿者なのか？

その冬は、ぞっとするほど酷かった。冬の辛い環境のみすぼらしさをごまかす華やかな虚飾もなく、余計に憂鬱だった。片脚を失う利点の逸話では――コーエンの場合は、二倍の「幸運」だった――ロシアの戦争からの離脱という膨れつつある脅威は、覆い隠せなかった。まがい物だったかもしれない何かが失われて、代わりとなるものは何もなかった。カーターは、『バガヴァッド・ギーター』の価値について何か語った。私には、例えカーターが説明上手だったとしても、理解できなかっただろう。

時間はゆっくりと過ぎていった。一月――何事もなし。二月……何事もなし。三月……前方陣地へ移動、つまり前線から七マイル以内へ――何事もなし。次第に、日が長くなるにつれ我々の気持ちも上向いていくと、敵は「船を逃した」と言われるようになった。この不滅の語句は、後年ヒトラーが、ノルウエーに至る道のりでそれを逃したことで、ネヴィル・チェンバレンによって新たな輝きを加えられることになるのだが[111]、連日暖かい快晴が続き、絶好の作戦日和がいたずらに過ぎていたこの当時にも、当てはまらないとは言えなかった。我々ならば、あんなふうに逃さなかったはずだ！　我々ならば、船を捕まえていたはずだ、八月にイープルでやったように。残念ながら、捕まえるべき船はなかった――しかも我々に必要なのは、戦車ではなく船だった。カンブレーでは、捕まえようにも、平底舟すらなかった。

誰かが、逆斜面に白いテープで塹壕の位置の印をつけて、我々に配下の兵士たちにそこを掘らせ、きちんと壁面も固めさせるように、と言った。それは、もちろん大して危険ではなかったが、戦争中なので――何が起こるか分からない――我々が退避を迫られる場合に備えて、歩兵隊は避難できる場所を用意してくれていてもよかった。

噂はますます大きく、重苦しくなってきた。『コミック・カッツ』ですらドイツ軍の攻撃の日を知っているようで、さらに延期の日までも、少なくとも執筆者は信じているかのように書いていた。

ちょうど我々が掘り始める直前に、私は、殊勲章[112]（ＤＳＯ）の受章が決まったので賜暇で帰国してバッキンガム宮殿での授与式に出席するように、と告げられた。最初の通達は私宛に転送された手紙で届いたが、その封筒には、どこかのいたずら者によって鉛筆書きで「ＤＳＯ」の文字が感嘆符とともに書いてあった。

私は嬉しかった。誇らしく、嬉しかった。とても信じられなかった。少しの間、私は自分がそれに相応しいかどうかなど、構うものかと思った。相応しくないことは、どうせ分かっていた。だが、「Ｗ・Ｒ・ビオン少尉、ＤＳＯ」は恰好よく見えたし、気分も良かった。少尉の身分で殊勲章を受けるのは、珍しいことだった。

だが、三月に入り、今にも始まりそうな敵の攻勢という不気味な光が強さを増すと、その輝きは薄れていった。「彼ら」が私に、勲章と一緒にほんの少しの勇気でも与えてくれれば――どれほど良かったことか！

ルアーブル港に着くと、私は船務将校に任じられた。この職位には、誰も付きたがらなかった。乗船者の中で最も後進の将校がそれを押し付けられ、面倒だが必要な雑用をやらされた。だが、そのおかげで、後に束の間の栄光を味わうことになった。船旅の終わりに、私にその役割を振り当てた張本人である少佐が、私の略綬に気づ

111…一九三〇年代後半、ナチス・ドイツによる勢力拡大により緊張感が高まる中、チェンバレン英首相は対独宥和政策を進め、一九三九年九月の開戦後も全面戦争を回避するべく交渉を継続した。西部戦線では半年間ほとんど戦闘が行なわれない状態が続き（「見かけの戦争」）、一九四〇年四月、チェンバレンは「開戦直後、ドイツは英仏に一気に打撃を与える機会があったのに、そうしなかった。ヒトラーはバスに乗り遅れた（好機を逸した）のだ」と評したが、その直後にドイツがノルウエーに侵攻し、英国海軍はこの阻止に失敗した。議会では、チェンバレンこそが「バスに乗り遅れた」のだと与野党が激しい非難を浴びせ、彼はこの失敗の責任を取って辞任した。このフレーズは「バスに」が「船に」に置き換わったもの。

112…Distinguished Service Order。戦闘における特別な行動を評価して授与される勲章で、ヴィクトリア十字勲章より下位だが戦功十字章よりも上位。

き、そんな殊勲を上げた人物につまらない仕事をさせてしまったと、極めて丁重に謝罪してくれたのだった。

二十

その広い部屋には六十人ほどの将校と兵士がいて、そこは授与式が行なわれる広間の控えの間だと分かった。一人、功労章を授与された兵卒がいて、彼と私がその場では最年少だった。殊勲章を受ける将校の中では、私が飛びぬけて若かったので、太っていておっかない、非常に偉そうな大佐が、私に当てつけて言った。

「いいか、場所をわきまえるんだぞ。陛下の御前まで行ったら、正面を向いて気をつけの姿勢をとれ。綬はついているな？　それは結構なことだ」彼は、どんなささやかな恩恵にも最大限に感謝せねばならない者の口調で言った。彼は続けた。「国王陛下が、お前に勲章を付けて下さるから、お前は手を出さないように。何があっても、手伝ったりしてはいけない。ただ気をつけで立っているんだぞ。動いてはいけない、そして何より、陛下と会話をしようなどと考えてはならん。付けていただいたら、後ずさりして退出しろ。忘れるな――会話はいかんぞ！」

私は誰とであれ会話などできる状態ではなく、まして「国王陛下」となど絶対に無理だった。私が何か言えることがあったとすれば、「後生だから、この苦しい場所から出してくれ！」だった。

ついに、ぞっとする瞬間が訪れた。殊勲章の対象者はほんの少人数で、何だか分からないうちに、私は綬に絵画を吊るす鉤のようなものを付けた状態で、国王の前に立っていた。そこに、彼は殊勲章を掛けた。私が下がろうとすると、彼が話し始めた。

「君はカンブレーにいたんだったな？　あれは実に見事な戦いぶりだった。君の戦車はやられたんだろう。取り返せたのか?」

「いいえ、ですが歩兵隊が回収いたしました」

「ああ! それは結構」

私は、あの大佐が激怒して私の一挙一動を見つめているのを感じた。なぜ彼は、国王陛下にも「そして何より——会話はいかんぞ!」と言っておいてくれなかったのか。何故私を咎めるのか?

私が帰ろうとすると、大きな手が伸びてきて私の殊勲章をもぎ取ると、箱に入れて蓋を閉じた。私が勲章も自分の身も守る間もなく、彼は私に箱を手渡した。私は、勲章がちゃんとその中にあるのか、あるいは彼が箱をすり替えて勲章を横取りしたのか、確かめる勇気はなかった。

宮殿の門の外には、報道のカメラマンや一般市民で小さな人だかりが出来ていた。人垣の間を通り、私は列の端で待つ母のところへ抜け出した。母が、あの栄えある瞬間、私よりもむしろ母にこそ帰するべき瞬間を、あの中で見て分かち合うことを許されなかったのは、残念だった。

私は、受章が自分にとって何故それほどの重圧となったのか、誰にであろうと説明できなかっただろう。だが、少なくとも私には、何故ヴィクトリア十字勲章が実質上の死刑宣告だったのか、理解できた。兵士たちが、ヴィクトリア十字勲章を受章した者は、心身を消耗して英国に帰り楽な仕事に就くか、受章の栄誉に見合う働きをしようと頑張った末に戦死するかのいずれかだ、と話していた訳が。

私は、その休暇については、猛烈に不幸せだったということ以外は記憶がほとんどない。私の心に深く刻まれている記憶は、馬鹿げた取るに足らない出来事が一つと、もう一つは突飛で呆れるような出来事だった。

母は、私が口をきかず不機嫌にしているのに困り果てて、守銭奴が嫌いな花のなぞなぞを知っているか、と私に訊いた。「アネモネなのよ」母は言った。「だって、誰かに『お金はない?《エニィマネー》 お金はない?《エニィマネー》』って無心されるみたいだからよ」。私は石のような沈黙でこれに応じたが、それは自分でも怖くなるほどの冷淡さだった。一瞬置いて、私の心に次第に母のひどく惨めな状況に対する同情が広がり、母の方を見ると、母と目が合い、微かに震える唇が目に入った。緊張は解けた。「勲章なんて、くだらないよね」私は言った。「でも、眺めるにはとても良いよね、そう思わない？」母は涙を拭い、もう大っぴらに泣いてもよいことに安堵した。

二つ目の出来事は、その直後に起きた——遠くの声、緊迫した叫び、近づいて来る、新聞売りの少年らだった。私には、言われなくても分かった。それは、既に聞いた古いニュースのように感じられ、あまりに古すぎて私はただ機械的に、疲れた目でそれを読んだ。大見出しは、こうだった。「ドイツ軍の大攻勢始まる」。私は読み進んだ。云々……云々……云々、と私の頭が言った。それは、私が眠っている間に考えついたものかもしれなかった。白日が私の悪夢に追いついた。「濃霧……」そうだろう。私は、敵の軍勢が、我々がそうだったように、運が良かったのだろうと思った……何だって？　「……我が戦闘陣地内で敵の進撃を阻止し……タンクール」我が戦闘陣地で？　それは疑う余地がなかった。わが軍は、自らの陣地のただ中で敵の攻撃を防御していたのだ——「タンクール」が、その記事が言っている陣地だとは！

私は、ある滑稽な小話の山場を思い出した。ある男が、火事で燃えさかる家の中に閉じ込められ、やむを得ず屋根の上から階下の雨除け布の上に飛び降りた。「そして、オールド・ビル[113]の奴はついに飛び降りた。だが、わしらは笑わずにゃいられなかったね。なぜって、そこには雨除けなんぞ、ありゃしなかったのさ！」だが、私は笑わずにいられた。なぜって、そこには戦闘陣地なんぞ、ありゃしなかったのさ！　嘘つきのあばずれたちめ！　嘘つきのいかさま師たちめ！

113…ブルース・バーンファーザー作の漫画の主人公、せいうち髭にパイプをくわえた老いた英国軍兵卒「オールド・ビル」を指すものかと思われる。バーンファーザー自身も大戦初期に将校として西部戦線に赴き、負傷して送還された後、週刊タブロイド誌『ザ・バイスタンダー』にこの作品の連載を開始して人気を博した。

「どんな記事なの？」母が、いつもの落ち着いた淡々とした調子で言った。「良いニュース？」

私は、記事を読むのに夢中なふりをしながら、適当な嘘を考えようとしていた。「……敵の勢力は圧倒的だった。迎え撃つ我が軍に対し、敵方は三倍の軍勢で押し寄せた」さて、どうしたものか……我々が攻撃するときには、守備側の兵士一人に対し攻撃側は最低でもその三倍の兵力でなければ、勝ち目は全くないと考えていた。

「濃霧……」攻撃側の部隊には致命的だ。「三倍の軍勢」――攻撃に出るには十分とはいえない勢力差だ。それでは、圧倒されていたのはどちらだったのか？　また、何故？

「うん」私は、ようやく口を開いた。「かなり上手くいっているようだよ。大丈夫だね」。私は、新聞を折りたたんだ。「僕の休暇がちょうど終わるところでよかったよ。でなければ、途中で呼び戻されていたところだ」。私は、翌日のウォータールー駅発六：三〇の列車で戻ることになっていた。嘘つき野郎ども、と私は思った。あの塹壕が赤いテープではっきり示してさえあれば、ドイツ軍でも足止めを食らっただろうに！

私たちは、グリーンパーク沿いをゆっくり歩いてホテルへ戻った。誤魔化そうとしても無駄だった。母は騙される人ではなかった。それは、単に顔の筋肉に訓練を強いるようなものだった。

その晩八時には、私は、もうお互い我慢も限界だと感じた。私は、翌日は朝が早く、長い一日になることを口実に、もう寝た方がいいと切り出した。母も同意した――自動人形のように。

私は、自分の寝室に入り扉を閉めると、地獄に入ったような気がした。私はその後も地獄に入った。そう何度もなかったが、それでも多すぎるくらいだった。私と同じことをする羽目に陥った他人に、私が言えることはこれだ。最後までやり通せれば、それほど酷くはない。最初の三、四回を乗り切れば、あとはそう悪くないが、二十一歳まではやるな――十九歳では早すぎる。

次の朝、母の白粉をはたいた顔を見ると、私は悲惨な状況を思い出した。私たちは会話をしなかった。どちらも自分の内に籠っていた。私たちはホテルで別れを言い、私はタクシーでウォータールー駅へ行った。

「誰もが突然歌い出した」[114]――私は歌わなかった。戦争の後でさえも。二度と、絶対に。私は不幸だったわけではない――むしろ、私は自分がたいていの者よりも幸せだと度々思った。だが、もう歌は歌わない。二度と。ウォータールー駅では、歌が歌われていた。酔っぱらいの歌だったが、それは意外なほど少数だった。プラットフォームには軍服が溢れていた――「賜暇からの再招集」「全ての賜暇は取り消し」。私たちは、目の前にある車両にとにかく乗り込み、やがて列車は出発した。

もう心配もなく、考えるのもやめ、悩みもなく、あとは自分の目的地に着くまで、英国海外派遣軍の小包となる以外に何もすることはなかった。目的地はどこだったのか？　砲兵隊員ならば、「どこへでも」。「運命の招くところへ。正義と栄光の導くところへ」[115]。だが、殊勲章を付けた戦車部隊の少尉の場合は？　そこから一体どこへ向かえばいいのか？

実際には、それはルアーブルだと分かった。私はそこで三日間足止めを食らった。そして、他の気の急いた者たちの例に倣い、これほど混沌としていれば見つかるまいと確信した上で、我々は戦線へ向かって「脱走」した。どのみち、戦線はこちらへ向かって来ていた。

114…英国の詩人で第一次世界大戦に従軍し、反戦詩で有名なシーグフリード・サスーン（一八八六～一九六七）の詩『Everyone Sang』の一節。
115…「どこへでも、正義と栄光の導くところへ」は陸軍砲兵隊（第二章訳註参照）の標語。「運命の招くところへ Quo fata vocunt」はロイヤル・フュージリア連隊の標語。

二十一

旅のやり方は簡単だった――ヒッチハイクだ。一日目の終わりに、私はエタープルに着いた――聖餐式が、前線のすぐ後方、砲火のすぐ近くで行なわれているはずの、例の場所だった。まあ、多少誇張があったかもしれないが、前線からの情報はその嘘を真実に近づけそうだった。砲火の方が聖餐式に近寄って来たという知らせだったからである。

私と二〇マイルほどの間同行した一人の砲兵隊長がこう言った。「邪悪なドイツ人どもが、我が方の病院の一つを空爆したらしい」彼は新聞の記事を指さしながら、ひどいものだとこちらの同意を求めるように目配せした。「しかも、はっきりと赤十字を表示してあったのに、だ。私はその忌まわしい場所を知っているよ――鉄道沿いに五マイル以上に亘って弾薬集積場が並んでいて、そのど真ん中に病院があるんだ。目立つように赤十字を付けていたのも当然だった。私はそこに入院していた間は、ほとんど一時間おきに震え上がっていたよ――脚の怪我でね。逃げられなかったから」彼は説明した。

私は、エタープルの街はずれの病院に泊まるように指示されていた。そこは平穏な場所のようだった。私は親切そうな陸軍医療部隊の医師を見つけ、私が休めるところへ案内してもらうと、とても気持ちの良い午後だったので、自分の場所の印として安全カミソリを荷物から取り出して置くと、辺りを散策し、一晩そこで寝て翌日発つことに決めた。

「何故、ここはこんなに閑散としてるんですか?」私は彼に尋ねた。「傷病兵で溢れかえっているかと思っていました」

「効率性だよ、君。今度の騒ぎが始まると同時に、ボッシュが捕えなかったか捕えそこなった傷病兵は、全員本国へ送還してしまったんだ。その結果——我々に、何年ぶりかのまともな休暇が訪れたというわけさ。哀れな奴が一人、あそこの小屋にいるが、患者はそれっきりだ——彼もどうせ死にかけているがね」

私は疲れ切っていた。私は、適当な針葉樹の下で横になって、眠った。目が覚めると、陽が沈みかけていた。少しの間、私の醒めかけの夢に混じって、話し声が聞こえていた。

「私って、酷い人間よね？」それは若い女の声だった。「あなた、私のこと酷いなんて思ってないわよね？」男は何か小声で言った。また娘が話した。「よりによって、私の半日勤務の日に起きるなんて——しかも、私、あなたと出掛けることになってるのに」

また男の声がした。「いいわ」彼女は答えた。「あなた、ここにいて頂戴。すぐに戻るから」

私は、英国を発つ前の晩のように、自分の神経が麻痺してしまったのに違いないと感じた。私は、英国の公園の人目につかない小道で、どんな夜にも聞かれそうな、恋人同士のこんな他愛ない会話に、恐怖で身をすくませていた。私は、動こうか動くまいか決めかねていた。私が決心するより先に、娘が戻って来た。

「大丈夫よ。くたばったわ」。二人は、歩き去った。あの患者が間に合うように死んだのは幸運だったが、私はどうしてしまったのか？　まさか、砲弾《シェル》ショックじゃあるまい。そんな……ばかな！

次の朝、私は十分休養できたと感じた。出発前に、例の医療部隊の男に挨拶し、私を泊めてくれたことに礼を言った。彼が聞いたところでは、鉄道輸送部将校のところに命令が届き、戦車部隊の将校は全員、戦車部隊補給基地のあるルトレポールに出頭するようにとのことだった。私は、彼と一緒にその位置を調べた。

「あの入院していた将校は、亡くなったそうですね」

「そうなんだ。まだ大丈夫だと思っていたんだが、彼は何度も、寝台から飛び起きては逃げ出そうとしてね。

ボッシュが追って来ると思い込んでいたんだ。前回の発作のとき、彼はとても怯えていてね――看護師が自分を殺そうとしていると思っていた――寝台から飛び降りて、傷口が開いてしまったんだ。それじゃあ、さよなら。幸運を祈るよ。何だって？　ああ、彼女は魅惑的だよね」彼は目配せをした。「だが、君に望みはないよ――町の男の半分は彼女を狙ってるからね」

ルトレポールは壮大な宿営地だったが、私はそのほんの一部しか見なかった。本部では、副官に情報を求めた。「ブランジーへ行け。許可証を発給するが、何でもいいからとにかく乗り物を捕まえて向かえ――第五戦車大隊は、そこで再装備中だ。じゃあな――幸運を祈る」。彼は、略綬に目を留めた。「それは大したものだ。貰ってから長いのか？　それはおめでとう――そいつがあれば、どこへでも乗せて行ってもらえる――許可証なしでもね！」

ちょうど一台のトラックが宿営地を出るところだった。私は運転手の隣に乗り込み、鉄道末地まで乗せてもらおうとした。すると、彼もブランジーへ向かうのだと分かった。私は、自分の幸運を信じられない気持ちで、向こうに着いたら大隊本部で降ろしてくれるように頼んだ。彼は運転に集中しなければならず、私は一人で考え事にふけることができた。

さて。あの将校は、傷が原因で死んだ――それとも、砲弾ショックだろうか？　砲弾ショックは、いかにも複雑だった――クエントンのように、クリフォードの説によると、仮病を使って除隊になった者もいれば、一方ではあの将校のように、自分の傷には無頓着で、ドイツ兵から看護師まで誰も彼もが自分を殺そうとしていると思っていた者もいる。見たところ、彼らは皆砲弾ショックを患っていた。戦争もまた、複雑だった。私もそれまでにかなり経験を積んではいたが、そこから私は何も学んではいなかった――思うにそれは、私が十九歳にしてすでに自分の流儀に凝り固まっていたせいだろう。今にしてみると、私は自分には修錬が足りないと気づいていたようだ。それは成熟の過程で自然に得られるものかもしれないし、軍事訓練のように延々と続く機械的反復によって得られるものだったかもしれない。後者の例を、私はコールドストリーム・ガーズがグゾークールを奪回したときに目撃していた。だから私は、どんな巧みな言葉でも伝えられない武功というものを思い浮かべることができた。私には、その種の訓練はなくて、子供時代と男子校生徒としての精神修養があった。それは私に何物かを与えてはくれたが、反復号令による訓練も、英国中流階級の「天国」も、内骨格動物の骨格の代わりとなる外骨格も、役には立たなかった。心の領域においては、なおさらだった。

ようやくトラックは目的地に到着し、私は本部に出頭した。大佐の矢継ぎ早の質問に、私は適切なくだけた答えを返した。はい、もちろん良い休暇を過ごしました。いいえ、私を称賛する女性たちに取り囲まれることなどありませんでした。私は手っ取り早く切り上げて、自分の中隊仲間のところへ向かった。

私の第一印象は、大隊は変わっていないということだった。私は、本部ではオケリーやフィッツウィリアムに会ったし、ここには馴染みの仲間がいた。副官も大佐も三月以前に着任していたが、副官とは彼が私に賜暇の話を伝えたときに会ったきりだった。ここにはお馴染みの顔が揃っていた——ハンフリー、クリフォード、カーター、ハウザー、クック。エイチスはA中隊から異動してきた新入りで、A中隊では彼は当初の大隊の小隊長だった。彼は感じは良いが、おどおどしていた。今なら分かるが、そして当時も感づいてはいたが、A中隊は彼を、昇進と引き換えに厄介払いするために異動させたとしか考えられなかった。彼は、我が隊での昇進が決まっていた。

ブルームは、相変わらず血色の良い若者らしい顔をしていたが、今回は惨劇の話はなかった。「それはもう、大混戦だったよ」が、三月二十一日[116]の軍談に彼が付け加えた一言だった。

他の者たちはどこにいるんだ？

116…一九一八年ドイツ軍春季攻勢の第一次攻撃の初日。

「他の連中って？　ああ、お前、カートライトやロビンソンとは面識があったよな？――忘れていた。ブリッジスは？　俺たちはよくは知らないんだが、ロビンソンは戦死したよ。実際、戦車にいた連中は全滅じゃないかと思う。カートライトは、車外に脱出したところで捕虜になったのかもしれない」私がブルームから聞き出せたのは、それだけだった。

私は不在にしていて戦闘には全く出ていなかったので、分遣隊を引き連れてルイス機銃を持って前線に出る役目は、真っ先に私に回ってきた。副官がみずから我々の将校食堂へ出向いて私に伝えた。書面での命令はタイプ打ちされて、後で届くとのことだった。

彼は、他の者に話が聞こえないよう、私を隅に連れて行った。「非常に深刻な状況なんだ。我々にはもう戦車が無いのだから、残りの者も君のすぐ後から行くことになるはずだ。休暇から戻ったばかりだというのに、申し訳ない。でも、本当に将校では君しか……」

私は、激しい憤りを感じていた。なぜだ？　私は、自分が戦うのが当然なのだと気づいていなかったに違いない。私は、自分の仕事は、勲章を受けた英雄として存在し、残りの人生を温かな称賛に包まれてぬくぬくと暮らすことだという、夢想的な考えに支配されていた。フィッツウィリアムにも罪があった。私が知っていたとすれば、彼の謝罪は、彼もまた素人兵士であることの表れでしかなかった。私は、殊勲章を「勝ち取った」自分は大したものだと感じていた――私は、すでにそう信じ始めていたに違いないと思う。それが顔に出ていなかったことを願う。幸い、我々がいた一角には照明があまり届かなった。私は、彼が話している間に、なけなしの良識をかき集めた。

「もちろん、君も知ってると思うが、我々は徹底的にやられてしまってね――残っているのは戦車に乗務しない上級将校だけで――役立たずな我々非戦闘員だ。ボッシュは、こちらの戦線にもう一カ所突破口を開いた。我々は、援軍として行ってその侵攻を止めなければならない。命令はいつ届いてもおかしくない。われわれは即時、前線に移動できるよう「待機」するんだ——前線があるとしたらだがね」

「カンブレーの時とは違いますか？」

「いや、もっとひどい、はるかにひどいよ。私に分かる範囲では、三月二十一日と同じくらいひどい。ただ、今回は英仏海峡の港へ向かっている——もし敵に海峡を渡られたら。退却せず、降伏もしない、だ」

おや、つまりは私にはおあつらえ向きだ——英雄的行為。だが、私はそうでないと分かっていた。これは、「好ましい人格のパブリックスクール出身者」に相応しい選択肢ではなかった。それは、単純で率直な命令のように聞こえた。道具を点検のためにきちんと並べろ、とか「全ての将校は、敬礼には軍人らしく答礼すべき」であって、自分の優れた功徳に対して当然捧げられる敬意を受け取るかのような態度ではいけない、とか「近衛歩兵連隊はグゾークールを奪還する」と同じように。

二十二

私は、大隊に戻った途端にこうして追い立てられるとは思っていなかった。まるで、彼らが戦っていた間、私は楽しい時を過ごしていたとでも言うように。「楽しい時」ではなかったが、それは自分のせいであり、この要約は正確そのものだった。

オトゥールがいて、ヘイラーもいた。アレン砲手は口をきかず、影が薄かった。他のおよそ十二名については、私は陽気で鈍感なスミス伍長を含め一、二人の顔は知っていた。ハウザーも分遣隊に加わり、これで話し相手兼副官ができて、私は大いに安堵した。

騒々しく一所懸命なわりに効率の悪い奮闘の末に、ようやく私たちは二台のトラックに収まった。我々の士気は低くはなかった。高くもなかった。それは、初めの頃の、カンブレー以前の型から想起された士気が表すものに置き換わっていた。急な揺れとともに停止した――アラスだ。アレン砲手が、珍しく自分の殻から出てきて、私に話しかけた。

「聞いたんですが、アラスの地面の下は通路やトンネルでハチの巣みたいになっているそうですね。ここになら、ちょっと居てみてるのも悪くないなぁ」。彼はまた沈黙に戻っていった。オトゥールの話から察するに、珍しいのは彼が話したことであって、沈黙の方ではなかった。

その小休止では、兵士らにお茶を飲ませるくらいの時間はあった。その後、ハウザーと私は運転手の隣の席に乗り込んだ。命令では、メッシーヌ丘陵の裏側の陣地へ向かうことになっていた。トラックの急な揺れや振動、エンジンの唸りのせいで、会話をしたかったとしても難しかった。私に関して言えば、一人で考えに耽ることができて満足だった。

私は、意外なほど、ハウザーが副官になったことに安堵していた。私は当時はまだクエントンへの親愛の情を失くしておらず、南アフリカ出身のストークスとの交友の思い出を大切にしていた。私はクエントンに幻滅し、彼と私に共通する生い立ちにも失望した。律動的に上がっては落ちるヴェリー信号光の冷たい光明が、天鵞絨のような暗闇を貫いていた。私たちは、前線から五マイルほどの距離を置いて平行に移動していた。私たちは当時、何をしようとしていたのか？ 私は、自分の任務の詳細も全体の作戦計画における位置づけも、分かっていないと感じていた。六挺のルイス機銃に、それぞれ四名の兵士がいた。私はルイス機銃が気に入らなかった。ハウザー、オトゥール、スミスと私には、拳銃があった。我々は、ライフル銃を持っていなかった。ハウザー、オトゥール、スミスと私には、拳銃があった。私はそれらが、戦車の内外でのあらゆる業務において、信用できないし不向きだと思っていた。発射音は、「甲高くて安っぽい」音だった。我々の任務は？――歩兵隊の援助だ。訓練は？――純粋に技術的な訓練で、かつ我々が使用するべき機械類、銃砲、内燃機関に関してのみ有効だった。戦闘に関しては、我々は全く無知だったが、それでも世界屈指の本職の軍隊と交戦しなければならなかった。我が国が、本当に我々二十数名で前線を強化せねばならないほどの窮地に陥ることが、有り得たのだろうか？ 我々は、知らなかったのだが、連合国総司令部の予備軍だった――間違いなく。

フォッシュ[117]は、いかなる状況においても、自ら集めた予備軍を戦闘には投入しないと決めていた。彼は、敵

117…フェルディナン・フォッシュ（一八五一～一九二九）は、フランス軍の将軍・総司令官。一九一八年三月のドイツ軍春季攻勢を受けて、それまで各々の総司令官の下で動いていた連合国の軍の指揮系統を一本化することが決まり、フォッシュは一九一八年四月より連合国軍の最高司令官の権限を与えられて、大戦を勝利に導いたと評価されている。

が三月、四月の大進撃で消耗するまで、戦線が持ちこたえる方に賭けていた。このことを、我々は知らなかった。私や、私と同じような数千人の者たちが、その後数か月をかけて知ったのは、荒廃、孤独、敗北だった。

次にトラックを降りたときに、クックがやって来た。「そこにある塹壕は、俺とカーターの受け持ちだ。そこが前方中隊本部になる。俺が臨時中隊指揮官だ。我々は、B中隊と称する。一マイル前方に、歩兵旅団がいる。彼らの兵力は一中隊にまで減耗して、幅一マイルにわたって分散している。その一マイルの幅に、お前たちの六挺のルイス機銃を均等に配置しろ。支援部隊はいないから、支援塹壕もない――もちろん、お前らが手持無沙汰にならないだろう――敵は、どんな犠牲を払ってでも突破する構えだと聞いている。敵と、三〇から四〇マイル後方で、自分で掘りたいというなら別だが」。彼は、冷淡で辛辣な笑みを寄越した。「お前たちは手持無沙汰になどにある海との間には、お前らとあの歩兵の一団しかいない。退却に関する命令はない。退却は計画にないからな。持ちこたえろ――もちろん、死んでいなければだが。質問は？ ないはずだ――ないな。よし、それじゃあ。忘れるな――一マイル、一、七六〇ヤードに均等に六挺のルイス機銃だ」

私は、分遣隊を六つに分け、小隊ごとに散開隊形で前進した。歩兵隊の偵察隊員が三名、我々を先導した。私は、何か用事があれば自分は右から三つ目の小隊にいるから、と言った。

我々が持ち場に到着してから三〇分ほどで、夜が明けた。それで私には、我々の塹壕が、いくつかの小屋から成る宿営地の一角に位置することが見て取れた。辺りは馬の死骸だらけで悪臭が漂っていた。歩兵隊の将校が、敵の塹壕は五〇ヤード前方にあり、奴らは小屋を盾に侵入して来ては、防御線のこちら側に手榴弾を一、二発投げ込んで消えるのがお決まりだと教えてくれた。我々がいた間、それはなかったが、この話のせいで我々は不安な数時間を過ごした。我々の用心のためには、良かったのだろう。

私は最寄りのルイス機銃の射界を、小屋と小屋の間の通路に設定した。何か身体を動かしていると気持ちが落ち着くので、私は我々の受け持ちの一マイルを歩いて、他の五挺も設定して回ることにした。私は右翼の近くにいたので、そこから始めることにした。

一〇ヤードも行かないうちに、私は塹壕が跡形もなく爆破されている箇所を見つけた。その先どこに続きの塹壕があるのかも見えなかった。私はその切れ目を匍匐前進で渡り始めたが、私はすぐに敵に見つかり、機銃射撃を受けた。私は既にこの場所の不気味な雰囲気に飲み込まれていたので、ここにも人間が存在する証拠を見つけて安心した。とはいえ弾丸は弾丸で、私は自分の脳が後頭部から飛び散るのは御免だった……私は、つま先を使って後退しようとした。これが、すぐにまた機銃掃射を引き起こした。私は、一日中そこにいるのは嫌だった。私には、立ち上がって走る勇気もなかった。数分後に、私は再度試みた。同じ結果だった。もし、彼が苛ついたら、と私は考えた、もっと正確に狙いを定めて撃ってきたとしても驚かない。私は、泥の中に頭を押し付けると、少し気分がましになった。

相当な時間を置いて、私は再びつま先を使って脱出しようと試みた。すぐに反応があったが、今度はライフルによる狙撃だった――機関銃ではなかった。それは、個人的で親密な感じだった。警戒心をかなぐり捨てて、私は全速力で残存する塹壕へ飛び込んだ。私は汗だくで震えていた。

奇妙だった。私には、自分を狙ったあの射手がどこにいるのか見当もつかなかったが、この時初めて、またその後戦争中にもう一度だけあったが、私は私個人を殺そうとする人間と対峙した。この遭遇が完全に一方的なものだったという事実が、動物の立場という独特の感じを与えていた――狩られる動物の。私は「スポーツ」[118]を特異な視点から眺めていた。

私は少しの間、頭が正常に戻るのを待った。それから、私は歩いて配下の兵士たちのところへ戻った。私は、この先通路が塞がれていることを伝え、塹壕が砲撃で壊されている箇所は、機関銃や狙撃兵の射程に入っている

118…「Sport」（名詞）には、運動競技の他に、「愚弄の的、もてあそばれるもの」の意味がある。

「可能性もある」ので注意するように、と話した。私は、左翼に行ってみる、と言った。

左に数ヤード行ったところで、私はまたしても塹壕が破壊された箇所を発見した。自分自身の助言に従い、私は今度は放置されていたライフル銃を拾い、匍匐前進しながら、その台尻をゆっくりと敵から見えると思われる高さまで上げてみた。その瞬間、機関銃の激しい射撃で、ライフルは大槌で叩かれたように私の手から払い落された。

私は部下の元へ戻った。今度は、暗くなるまで待って試すことにした。

しばらくすると、私は歩哨を交替させた。二名には銃のそばでいつでも発射できる態勢でいるよう、他の二名には塹壕をより深く掘るように言いつけ、掘った土は塹壕の端の封鎖に使い、縦射[119]に対する防護を既存の前後からの防護に加えた。

いくらも経たないうちにシアーズ砲手が、軟泥が出た、と叫んだ。彼に私の持ち場を任せ、私はその様子を見た。私が確認すると、地下から水が湧いているのが見えた。それ以上掘り進めないことは明らかだった。私は何も考えられず、万策尽きていた。

兵士らの手を止めさせないことが重要だと考えて、何よりもその目的のために、シアーズとその相方に命じて塹壕の前側壁面に縦長の浅い窪みを掘らせ、そこに寄りかかって可能であれば立ったまま睡眠をとれるようにした。歩哨の当番を交替すると、私は彼らにその窪みを塹壕用工具の強度が許す限り、頑丈で堅固にするよう言いつけた。

119…縦に並んだ複数の敵を、貫通するように射撃すること。

二十三

宿舎の廃墟は、我が方の戦線に近づこうとする狙撃兵には絶好の遮蔽物だった。私は軍人ではなかったので、同じことが逆方向にも当てはまるとは思いつかなかった。私が軍人だったなら、逆方向に向かおうとしただろうが、私は軍人の恰好をして勲章まで付けた、ただのパブリックスクール生徒だったので、そんなことに気づく素養は持ち合わせていなかった。私は、表には出さなかったが、自分の士気はひどいものだと思った。

今日であれば、私はそんな単純な診断は下さないだろうが、当時の状況下では、私は自分の勇気を証明せずにはいられなかった――その欠如こそが、自分の主要な欠点だと考えていた。この誤った考えは、昔も今も一般に保持されている。クロムウェルは、自分の軍隊には何か問題があると気づいていた。彼は、偉大な男、ルパート王子[120]と対峙したが、王子には勇気と高い士気はあったものの、気質の上では素人であり、自分の問題を素人の観点でしか捉えることができなかった。クロムウェルは、一見王子以上の素人のように見えるかもしれないが、気質上は玄人だった。自分の手持ちの人材である「くたびれた酒場の給仕人や下僕」に対する彼の対処法は、玄人のやり方の典型であった。彼は、ルパートと同様に途中から引き継いだ状況に直面した際、過去の過ちを正し、将来の過ちを未然に防ぐために手を打たねばならないのだと分かった。ルパートには大義名分があった。王党派としての大義が。クロムウェルには、一つの宗教と一人の神があった。王党派の大義が掲げる神たる人物

120…カンバーランド公ルパート（一六一九～一六八二）。国王チャールズ一世の甥で、ピューリタン革命で王党派の軍勢を率いて戦った。

は、貧弱な人間の見本で、この見本は、彼自身や後には彼の信奉者によりあらゆる神聖化の試みが行なわれたにも拘わらず、根本的に劣悪な人材を再編することしかできず、それも遅きに失した上に、改編を経ても劣悪であることに変わりはなかった。ルパートの土台は、出だしから躓いていた。愛国心だけでは、イーディス・キャヴェル[121]がはるか後年に発見したように、十分ではなかった。この土台の上に、ルパートは戦時の軍隊が必要とする機構を構築することができなかった。

クロムウェルは、農園主であり、自然の本物の威力に触れる中で、鍛錬に代わるものはないということを学んでいた。彼は、この発見を、表向きは全く新しい事態に適用した。彼は第二の天性によって、自分の兵士たちには、そもそも彼らが兵士になれるとしたならば、大義ばかりでなく鍛錬も必要なのだと認識した。彼の神には、誤り易く心の弱い人間よりも、もっと優れた資質が必要だった。「大義」と、それに付随する鍛錬という構造物が、クロムウェルに計り知れない優れた土台を与えていた。彼の騎兵隊の質は向上した。ルパートの方はだめだった。両者は、ともに同じ不利な立場、すなわち登場するのが遅すぎたという立場にあった。為すべきことを行なうのに必要な最低限の条件を整えるには、熟成のための時間の創出が必要で、間に合わせで作れるものではなかった。種は必要だったが、それに加えて土も、種の発芽を可能にする国民も必要だった。

私が初めて国の仕事に自ら参加したとき、それは、将校になるべき新兵としてだった。戦争が終わるまで、私には国政選挙の投票権がなかった。そしてこの時メッシーヌで私は、自分の視点から見て根本から変わってしまった戦争に、再び入って行こうとしていた。私は、何故自分がそう感じたのか、説明できなかった。その変化、私がカンブレーの後で確信した変化について、整理して説明することはなおさらできなかった。

私が目の前の小屋を注意深く凝視していたそのときには、私にはまだ訓練が足りなかった——玄人ではないが、もちろん素人でもなかった。私はもはや、勇敢になりたいという野心に捉われてはいなかった。それは自分には無理だと分かっていたが、私は面目を失うのは嫌だった。不面目の危険は、普通はなかった、というのも実行可能な不面目行為などなかったからだ――集団の中にいると脱走は出来ないか、少なくとも比較的難しかった。小隊長として、私は孤独や疎外感に関連する問題を知ることになった。中間地帯を凝視しながら、私はすぐにそのうちの一つを経験することになった。

一枚のトタン板が小屋の屋根から滑り落ちて、音を立てて地面に落ちた。私は、その時ちょうどその場所を注視していたので、墜落の前に金属のきしる音が聞こえたとき、その音の出処を知っていた。その後に厳然たる静寂が戻り、初めに宿営地を、それから我々の一団を忌まわしい恐怖で包んだ。私は警戒した。私は、擲弾手が来るかと待ち構えていた。何も起きない。ついに、この不吉な呪縛を解こうとして、私は腕時計を見た。一〇時十二分だった。私は、また宿営地を凝視した。太陽が輝き、空は青かった。ルイス機銃は、神経を張り詰めた二人の射手に傍らを守られ、まるで何か風変りな宗教が崇拝する小さく邪悪な偶像のように、ぴかぴかと光っていた。物音一つしなかった。私は、何か動く気配がないかと、小屋を凝視し続けた。

ようやく、もう正午を過ぎた頃だろうと思い、私は再び腕時計を見た。まだ一〇時十五分にもなっていなかった。私は、信じられない思いで時計を見つめた。秒針は動いていたし、太陽の位置もその時刻が正しいことを示していた。再び、私は恐怖を感じた。私は、はたして晩まで持つのだろうか？　私はやけになり、もう過去や未来のことを考えるのは止めた。私は、自分の限られた視界にある物体の方位を、一つ残らず磁石で測定することにした。恐怖は次第におさまってゆき、私は安堵した。その経験は、私にとって子供時代の悪夢で慣れ親しんでいたものだったが、起きているときでは初めてだった。それはその後も戦争を通して、このぞっとするような新

121…英国の看護師（一八六五～一九一五）。第一次世界大戦中、ドイツ占領下のベルギーの赤十字病院で、敵味方なく傷病兵の看護に努めた。連合軍兵士二〇〇人の脱出を助けたことでドイツ軍に捕まり処刑された。「愛国心だけでは十分ではない」は、処刑前夜に彼女が語ったとされる言葉（ロンドンのトラファルガー広場にある記念碑に刻まれている）の一部で、「誰に対しても憎しみや恨みを抱いてはならないのだ」と続く。

しい形態で、反復の力によって遂に恐怖が消え始めるまで、何度も繰り返されることになった。

私たちは交替で、私が定めた単純な作業をやった。この変化が我々全員に安心感を与え、それは私が左翼の巡回を始めるのに十分なほど暗くなったと判断するときまで続いた。

私のおぼろげな記憶では、隊はいつも日の出に合わせて「厳戒態勢」をとり、夕暮れ時にまたとるものだったので、私は兵士らに「警戒態勢」の指令を出した。もっとも彼らは、終日他にすることもなく厳戒態勢をとり続けていたのだが。経験豊富な部隊であれば、午前一〇時に廃墟となった宿営地をうろつく者などいないことは知っていた。経験豊富な将校であれば、夕暮れ時に塹壕で自分の持ち場の巡回など始めはしなかった。私は、経験豊富でもなく、訓練されてもおらず、修練も積んでいなかった。よって——私は出掛けた。私は、塹壕が崩れていて機銃掃射に遭いそうな場所を匍匐前進で通過すると、崩れかかっているが砲撃でやられてはいない塹壕の中を歩いて行った。歩いていると、砲弾が唸るような音を立てて飛んでくるのが聞こえた。それが、夕方のお決まりの「猛爆撃《ストラーフェ》」[122]の始まりだった。私は、そうとは知らなかった。私には、地獄が総出で襲ってきたように思われた。塹壕網全体が暴れ出し、大小とりどりの土の塊になって宙を舞った。無知な私は、敵の夜襲が始まったのだと思った——そして、自分の無知の範囲において、私は正しかった。

塹壕の外の方が中よりも危険だとは到底思えなかったので、私は塹壕の上端沿いに歩き、よろめいて、走った。私が生きて無傷でいる限り、その方が塹壕の中を這い回るよりも速かったし、ある程度は方向を保つこともできた。私は数ヤードごとに、転んだり、身を伏せたり、爆風で倒されたりしながら進むうちに、塹壕の中から声を掛けられた。私は上端に立ったまま大声で何事かと尋ねることで、砲火の中でも自分は冷静なのだと見せつけようとした——そう見えるよう願った。兵士の一人が、私を塹壕の中に引きずり込んだ。私には、誰かにそうしてほしいと願うだけの分別があったのかもしれない。

分遣隊員たちは、皆それなりに居心地良く持ち場に収まり、またそこに歩兵隊の将校がいることで心強く感じじているようだった。私が掩蔽壕《えんぺいごう》[123]に入ってゆくと、そこには将校が三人いた。普通なら、彼らは蝋燭で灯りをとっているところが、爆撃の衝撃で蝋燭が一瞬にして消えたため懐中電灯を使っていて、その電池も切れているようだった。

私は興奮していて、自分は敵の攻撃を撃退する作戦に加わっているのだと思い込んでいたが、将校らは自分たちが穢れた仕事を儀式的にやっているのだと思い込んでいた――誰々が負傷、誰々が死亡。「トランプを切ってくれ、それからウイスキーをこっちへ回せ」。私は、自分がそこに入って行って交わした会話が、彼らにとって、呆れて肩をすくめ、私を「変な奴」と見做す以上の意味があったとは思えない。

私は勇気を奮って、味方の射手は敵の弾幕砲撃に応酬していないようだが、と切り出した。一人が、人を小ばかにしたような顔で、目を怒らせて私を見た。

「ここに射手がいると思うのか？　俺たちが来て以来、弾薬の補給もなければ上空掩護もないんだぞ」

彼は私の「略綬」に気づいたようだった。彼の表情が和らぎ、怒りも炎上から燻りに変わった。

「君たちがここに来てどのくらい経つんだ？」私は尋ねた。

「三週間」彼は答えた。私は彼らがウエスト・ライディング歩兵連隊だということは、入って来たときに通信壕を通りながら、私の配下の一人が彼らの一人に「君らはどこの隊だ？」と尋ねるのを漏れ聞いて知っていた。

「ウエスト・ライディング連隊だ――そっちは？」

「クソ戦車隊だ――乗っていないがね」

122…ドイツ軍の標語「神よ英国を罰したまえ Gott strafe England」から。
123…塹壕は頭上に覆いのない溝の形をとるが、掩蔽壕は、塹壕の一部に屋根を設けたり、塹壕の側面に洞窟状の穴を掘って側面や天井を木材等で補強するなどして、上部を覆ったもの。人員・武器を敵弾から守るほか、司令本部や仮眠スペース等としても使われた。

私は、左翼へ行かねばならなかったので、辞去した。私は恐らく、彼らに何か善意とか手伝う意向を伝える言葉を述べたのだろう。だとしても、私にはそれが彼らに純然たる愚かさ以外の印象を与えたとは思えない。

二十四

私は、配下の射手たちから見えなくなるまで塹壕の中を行き、それからさっきと同じ方法で移動を続けた。自分の姿をああして晒すのは、まともではなかったかもしれないが、それによって私は少なくとも自分の進路を把握することができた。掩蔽壕の庇護を離れるのは、まともではなかったかもしれない。だが、戦争の最中に、何がまともではないのか、どうやって決めるのだろう？　その答えはこうだ。人は、出来るものなら、戦争中にそんなことは決めないのだ。そういうことは、平和なときに決定され、訓練教習教範にまとめられ、命令により執行される。人間という動物はあまりにひねくれているので、元々は無責任行為とか情報がない中でのその場しのぎの思いつきから身を守るためのものであったそのような用心深さが、思考に対する防衛として硬い防護柵へと格上げされるのだ。

こうして、カンブレーの戦いの後、クエントンをはじめ、兵士になるのが果たして賢明だったのかと疑い始めた者たちが決断の時を迎えると、我々は惰性に頼ることにした。何故なら、戦うと決めたとき、我々は信心深く、正義に溢れた精神状態にあり、しかも素面だったからだ。この約束事の唯一の例外は、ぼさぼさ頭の赤ら顔で、髭も剃らない一人のやくざ者だった。我が隊の大佐――巨体《バルク》という名が体を表していた――が、卒中を起こしそうなほど激怒して、志願したのは何のためだと尋ねたとき、その男は、大佐の胸にずらりと並んだ愛国の印の略綬を前に、充血した目をうんざりしたように回して、「酔った勢いです」と言った。我々が、子供が歩きをおぼえるように、思考を消費することなく学習するとき、我々はまた、思考を節約することにより苦痛を回避することを学習する。

また、叫び声がした。私が塹壕に飛び込むと、そこにはハウザーと彼の配下がいた。ハウザーは、オトゥール軍曹が担当する左翼の機銃を見て来たが、良い状態だった、と言った。それなら、私が彼らのところまで行く意味はないか？　彼は同意した。彼はまた、敵が侵攻してくるだろう、という点にも同意した。

弾幕砲撃は激しさを増していたが、我々にはヴェリー信号がなく、敵の歩兵が塹壕を出たのかどうか、目視で確認する手段はなかった。それから、我々の右方向に私は人影が見えた気がした。私はコルト拳銃を取り出し、銃弾を弾倉に込め始めた。何かしていると、気持ちが落ち着いた。私は激しい騒音に混じって、ルイス機銃の甲高いお喋りのような発射音を聞き、それが味方の掃射であってほしいと思った。ヴィッカーズ重機関銃の掃射音も、我々の位置から右に二〇ヤードほどのところから聞こえた。

「味方の大隊の機銃に違いない」

「来るときには、そんなものを見なかったが」

「お前には何も見えなかっただろうな。いずれにしても、あれはドイツ軍の機銃じゃない」とハウザーが言った。

私は拳銃に弾を込めながら、これでおしまいだ、これが忍耐の限界だ、と思った。私は、もし敵と対面したら、私は拳銃の弾が尽きるまでドイツ兵と見れば撃ちかまし、それから「両手を挙げて《ヘンデ・ホッホ》」投降する、と決めた。私は、こっちが撃っている間、ドイツ兵が大人しくしているわけがないとか、投降しても私はいつ殺されてもおかしくない危険な状態にあるのだ、などとは思いもしなかった。私は、ただそれで全てが終わると思っていた。

私は、注意深く几帳面に弾を込め終えた。ハウザーは、ずっと後になって、その時私が無表情で手順を追う姿が滑稽で、それが彼を大いに元気づけたのだと私に言った。私が横目で見ると、右方向の敵の攻撃が次第に弱まっているようだった——少なくとも、私にはそう思えた。実際、私には見分けなどつくはずがなかった。それには私も気づいていたに違いない。ハウザーの話では、その時私は射手らに、敵が正面に現れるつもりでいろ、とも塹壕沿いに右から来るぞ、とも注意を促していたそうだ。

その晩はそれ以降ずっと、断続的な砲撃、こちらの塹壕内で炸裂する榴散弾、機関銃――だが、見たところ、こちらからの応酬はなかった。それが気持ちを落ち込ませる効果は絶大だったが、その効果のほどは、我々をもっと優れたものと比較できたときに、初めて明らかになった。

我々は、その陣地に三週間詰めた。私はこの時期のことははっきりと憶えていないが、唯一記憶にあるのは、ある日、英国陸軍航空隊が力を見せつけにやって来て、無力感という単調さが破られたことだった。突如、爆撃機と戦闘機から成る編隊が我々の戦線の上空に現れ、敵機を追い払った。威嚇飛行は、三〇分間続いた。それまでの三週間、英国機を全く見ていなかった我々には、信じがたいほど威風堂々たるその力は初めて見るものだった。味方の飛行機が去ると、また敵機が一機、二機と戻っては来たが、我々がその時感じた誇りと安心感は、二度と消えることはなかった。

これと同種の熟練の技を、我々が交替する直前に、フランス軍が見せてくれた。ある日私たちは、我々と交替するフランス軍の砲兵隊が、日没から我々の支援に入ると告げられた。我が方はすっかり消耗した砲身で撃っていた――そもそも撃てるときには、のことだったが。その結果、過早破裂が起こり、敵を砲撃する代わりに、炸裂した味方の砲弾により我々自身が破裂片を首の後ろに浴びる屈辱を味わうことになった。ある有名な話では、一人の准尉が部下を降伏旗の下に整列させ、援護射撃を行なっていた第七師団の砲兵隊のところまで行進すると、彼らへの降伏を申し出た。第七師団は気位の高い連中で、彼らのおんぼろな砲、名誉ある消耗を被った砲に対するこの辛辣な批判が気に入らなかった。当時は、そんなユーモアを楽しむ時間の余裕はなかった。我々は、フランス軍の砲手は我が軍より一層消耗しているだろうと思ったので、彼らの降臨を有り難がるふりすらしなかった。

その晩の攻撃は激しかった。フランス軍は、かの有名なナンシーの第十一師団、〈鉄の軍団〉らしかったが、我々の右側後方へ支援に入った。敵は、こちらの交替を察してか、いつになく激しく攻撃してきた。フランス軍はそれに、数発のヴェリー信号光などではなく、花火のようなロケット弾で応酬した。「燃え上がる玉ねぎ」――夜空に炸裂する様子から、そうあだ名されていた――砲弾が曳く光、そして独特の音、最初はいくつものビスケットの缶を叩いたような音、それから当時世界一有名だった大砲、フランス軍の七五ミリ速射砲のあの特徴的な爆発音が鳴り響いた。私たちはどうしようもない状況に受け身で耐える代わりに、今度は自陣と敵陣との間にできた砲火の幕で守られていた。

希望に飢えていた我々にとって、この味方の有能な砲手らがその晩我々にもたらした安心感は、こたえられないものだった。その前の晩以来、我が陣地は六回の攻撃に耐えることを強いられていた。私は、我々が敵を打ち払ったとは言わない。我々は、敵を迎え撃った。我々は、敵に砲火を浴びせた。何故彼らが持ちこたえ、何故彼らがついには攻撃を止めたのか、私には分からない。おそらく彼らの悪夢の方が、希望が混ざっていただけに酷く、一方、我々の悪夢は、気力を奪う何物にも乱されていなかったのだ。その晩は、爽快感をもたらす雨のようだった。

フランス軍を襲った、一九一七年の反乱に端を発する一連の大惨事[124]は、勇敢な国の多くの勇敢な兵士らに堕落の汚名を負わせた。だが、その年の四月と八月に私が垣間見たフランス人戦士の内奥は、我が軍の態度の軽薄な部分に強く不快な光を当てることになった。

フランス軍の歩兵隊が我々と交替した際、彼らは我々の努力を称賛した。彼らは、我々の戦線の長いこと、それをほんの少人数で防御していたことに驚いた。彼らは陽気だった。彼らは、自分たちの到着を敵に隠そうとする素振りも見せなかった。彼らは危険を感じると、それを見事な花火を打ち上げて広く知らせた。敵が弾幕砲火を浴びせてくると、少しの躊躇いもなく七五ミリ砲で返礼した。そして、我が隊の兵士の一人が、信じられないというふうに報告するには、「彼らは塹壕に入る前に、上端にずらりと並んで小便をしています！」私が振り向いて見ると、彼らはまさにそれらしいことをしていた。

二、三時間後、私たちは二、三棟の手入れの行き届いた農家から成る借り上げ兵舎にいた。お湯と髭剃りと、まあまあ清潔な衣服とが相俟って、塩漬け牛肉シチューの夕食に高級感を与えていた。クック、カーター、ハウザーと私は、もとの二〇人から一五人に減った兵士らと共にいた。我が隊でこれほど人的損耗が少ないのは、初めてのことだった。

伝令が伝言を持って来た。クックがそれを読み、我々の食事が終わると、皆が完全に寛いでしまう前に、彼は静かな声で言った。「悪いがみんな、持ち物をまとめてくれ――戻るんだ。ボッシュがこちらの戦線を突破した。我々は戦線を守らなければならない――大至急――〈チャイニーズ・ウォール〉[125]に、敵が到達する前にだ。トラックが待機している」

夜が何と寒く感じられたことか。何と暗く。遠くの戦線を照らす味方の白く明るい弾幕砲火は、なかった――敵の砲弾の、薄暗く爆発してすぐに消える光だけが、前線がどれほど近くに迫って来ているかを物語っていた。

今回、私の配下には四組の砲手と新任の将校オスプレーが入った。クックが再び前方中隊本部で指揮を執り、カーターが副官となった――ただ理屈の上では、彼は我が隊の偵察将校で、我々に戦車が再び配備されることがあればその任に戻ることになっていた。私は、中隊本部と機銃の位置の中間のどこかに、自分の小隊本部を設置するように言われた。我々が陣地に到着したときには、騒乱の気配すらなく、まして戦闘も前線突破も感じられ

124…一九一七年四月のアラス、エーヌ川の戦いでの作戦の失敗、多大な犠牲が引き金となり、フランス軍で全兵士の三分の二に及んだともいわれる大規模な命令不服従が起きた。反抗した兵士らへの厳正な処分と、休暇の増加、食事の向上など待遇の改善を行なうことで収束した。

125…メッシーヌ丘陵地帯（イープルの南方）に築かれた塹壕（または地上に砂嚢を積んだ防護壁）についたあだ名（中国の「万里の長城」の意味）と思われる。

ない状態だった。有難い！　有難い！　あれは誤警報だったのだろうか？　私は、心からそう願った。だが、そうではなかった。突破された箇所は、我々の右方向にあった。

静けさと動きのなさがすぐに目につくようになり、それは先ほどフランス軍に引き継いだあの砲火の中の混沌よりも、一層不気味だった。私には、何が起きているのか分からなかったし、何が起きた後だったのかも分からなかった。戦争は、私たちが否応なく参加させられる、恐ろしいチェスの対戦と化していた。私は自分が、卑俗な決まり文句としてよく聞く比喩そのものになったのだという事実に適応するのに苦労した。我々は、チェスの駒《ポーン》に過ぎなかった。神に誓って——まさにそうだった！

二十五

私たちは、ロウランド歩兵師団の左側の隙間を埋めるように指示されていた。私は自分の配下の四挺を、間隔を空けて配置し、オスプレーを左から二つ目の銃座に割り当てた。それは別に真ん中から十個目でも大差はなかっただろう。私がこのことを事細かに記したのは、当時はこの手の無意味な細かさこそが、空想が作り出す絵空事に実体を与えていたからだ。それは〈新しい宗教〉だった。地上では戦争が起きていて、我々の四挺のルイス機銃は〈光と真実〉の軍勢に入れられ、〈暗黒の勢力〉[126]に対する――〈悪魔直属〉[127]かも？ それはただの冗談だった――こちらは冗談ではなかった。

空に太く輪郭を描き出すメッシーヌ丘陵の稜線、過去の戦闘が残した巨大なクレーター[128]――そこに敵が潜んでいないか、偵察に行くべきかもしれない。恐怖の汗をかきながら、私は出発した。すると、私は尾根に人影を見つけた。敵の偵察隊だ。私は手榴弾を持っていなかった。だが拳銃ならあった、くそっ！ 私は戦えただろ

126…英国編第三章参照。

127…戦争編第二章参照。

128…膠着状態の塹壕戦が続いた西部戦線では、英仏軍もドイツ軍も地下トンネルを掘削して敵の陣地を爆破する作戦をとった。一九一七年六月、連合軍は二年がかりでメッシーヌ丘陵のドイツ軍陣地の真下まで掘り進んだトンネル内で、十九個の大型地雷を一斉に爆発させた。爆発音がロンドンにまで届いたと言われるその大爆発により、約一万人のドイツ将兵が死亡あるいは生き埋めになり、跡にはものにより直径五〇メートルを超える巨大なクレーターができた。

う。いや、戦えなかった——多勢に無勢だった。私は死ぬほど怯えていた。私には敵の陣地がどこなのかも、味方の戦線がどこかも分からなかった。

　彼らは私を見て、そして有難いことに向きを変えると、来た道を引き返して行った。〈モンスの天使〉の再来か、ただの地獄の悪魔か、砲弾《シェル》ショックか、あるいは単に普通の悪ふざけか？　私は慌てて塹壕に戻り、右から二番目の銃座の銃手らに別れを告げると、まだ暗くて姿を見られないうちに前方中隊本部へ報告しに向かった。途中、私は曲がったトタン板を見つけたが、それは私の小隊本部の屋根にするのに丁度よさそうだった。私は、その場所を地図の地点表示で示せれば、クックやカーターに私の位置をきっかり伝えられるのに、と思った。誰がどこにいるのか、正確に把握できれば安心というものだ。自分自身がどこにいるのかさっぱり分からないときに、それは立派な代用物となった。

「そうだ」私は平然と言った。「ボッシュを何人か見た。いや、奴らは何もしていなかった。帰るところだったんだろう」

「向こうはお前を見たのか？」

「たぶん」

「向こうはお前に発砲したのか？　それは確かか？」

　まさか、私は思った、こいつは勲章をもう一つせしめようと画策しているんじゃないだろうな。すでに私が持っている一つを勝ち得るのですら、もう沢山というほど大変だった。だが、クックは気にしていないようだった。クックとカーターのいた、塹壕の遮蔽された部分は、居心地が良さそうだと私は思った。

「まあいいさ、ビオン。何かあったら、俺たちに知らせろよ」

　私は、さっきのブリキの仮小屋を見つけ、その中に潜り込んだ。私は、横になれるのが嬉しかった。私の頭上には、小さな泥の塊が、天井に貼り付いた乾いた草の茎の先にぶら下がっていた。それは時折、遠くの爆発からくる振動で、震えていた。

私は、うたた寝したのだろう。とにかく、その泥の塊はゆっくりと、滑らかに、振り子のように、ポーの小説に出て来る落とし穴と振り子[129]のように、揺れていた。私は頭がひどく痛かったが、どこかにぶつけたはずはなかった。だが、銃はたしかに轟音を上げており、あの草は今や揺れるというより踊っていた。踊り！ ジーグ[130]を踊るように速く激しく上下しながら、まるで有刺鉄線に引っ掛かった死体が機関銃の猛攻射撃に襲われたときのように。

私は起き上がると、急いで仮小屋の外へ這い出た。私は、あと一分でも中にいたら気が変になると感じた。気が変になると感じる人がこんなに多いのは、妙なことだ――あと一分も続けば！――もし赤ん坊が泣き止まなければ、犬が吠えるのを止めなければ、電話のベルが鳴り止まなければ――そして今は、あの忌々しい機関銃が轟音を止めなければ。銃に向かって、止めなければ私は気が変になると言っても無駄だった。私は、あと一分だって中にはいられないと感じた！

榴散弾は、私を取り囲むようにすぐ近くに落下していた。もしかしたら、敵はあの朽ちかけた仮小屋の地点表示を発見したのかもしれなかった。私は、カーターには教えていなかった。彼らは絶対に、私を見つけられないだろう。どのみち、彼らは私を探しなどしない。誰がコーエンを探しただろうか？ ストークスを？ ベイリスを？ 私は探さなかった。私は、隅に追い詰められたネズミの気分だった。どこへも行けなかった。「奴ら」は、私を撲殺しようとしていた。不器用な人非人めらが！ まるで、壁と床が交わる角に置いた卵を、割ろうと

129…エドガー・アラン・ポー（一八〇九～一八四九）の短編小説『落とし穴と振り子 The Pit and the Pendulum』。異端審問にかけられた主人公が、独房の中で味わう恐怖を描いた作品。暗闇の独房の中で、上から吊られた鎌が振り子のように揺れながら、ゆっくりと主人公の上に降りて来るという下りがある。

130…バロック舞踊曲の一種。速いテンポの快活な曲に合わせた跳躍を特徴とする踊り。

していたようだった――フラフープの輪を使って。本当に簡単なことだ。だが、そうはいかない。彼らは不器用過ぎて、私をやっつけられなかった。私をいかに撲殺するかという問題を、解決できなかった。そして私は、身を起こして後半身を地面に付けて座り、小さな前足の先を合わせて、どうかあの豚野郎が私を勘弁してくれるようにと祈ることすらできなかった――一度きりでいいから！　今回だけでいいから！　ああ、神様！　僕はもう二度と悪さはしません――絶対に！　銃声は弱まった。それなら、さらにもう一度。くそっ、また始まった！ああ神様！　僕は誓います、絶対にやりません。お願いです、どうか、この一度だけ！

私は外に出た。ふてくされ、怯えて、恨みを抱えて――私を卑屈なネズミにさせやがった神など、くそくらえだ！

二番目の銃座で（忘れるな、左翼から数えて、だ――別に憶えていなくても構わないが）、私はオスプレーの姿を見つけられなかった。私は彼の名前を呼んだ。私は怒り、大声で叫んだ。

そこに、一枚のコンクリートの平板があり、それは爆風で飛ばされて、古い塹壕の一部らしき空洞を覆うようになっていた。その下から、オスプレーが這い出してきた。どんよりと潤んだ目、髭は伸び放題で、彼はまるで「石の下にいる生き物のよう」だったが、彼はまさに石の下にいる生き物そのものだった！

「オスプレー！」私は、どうにか落ち着きを取り戻した。「オスプレー！　お前、一体どうなってるんだ?」

「別に」彼は弱々しく、どんよりとしたその目と同じような声で言った。「別に。何故訊くんだ?」

まあ、彼は少なくとも話すことはできた。私は悪態をつき、悪態をつきながら自分がどれほど安堵しているかに気づいた。

「おい、髭を剃れよ！　絶対だ！　ひどい姿だぞ。部下にも剃らせるんだ」

彼は笑いだした。「そっちこそ、剃り跡すっきりとは言えないね」彼は言った。

もちろん、私も剃ってなどいなかった。私は、そのことを忘れていた。「知ってる」私は嘘をついた。「だから、思い出したんだ。俺はこれから剃る。だから、お前にも言っておこうと思ってさ」

彼は、納得したようだった。いずれにせよ、彼はいつまでも笑っていなかったし、私が自分の部下たちに模範を示すべきだとは感じていないようだった。そこで、私は思い出した。戦車もない、水もない、まして、我々が戦車の排気熱を利用して沸かしていたお湯もない。私は、背嚢から剃刀を取り出し、水なしで髭を剃った。次回は、と私は心に誓った、こんな無思慮なことはするものか。髭剃りは、皆の頬に血の気をもたらした――それは、必ずしも望ましい意味でではなかったが。

オスプレーを見て、私は怖くなった。もし、私が本当にあの石板の下から這い出てきたときの彼と同じ姿をしていたのだとしたら、私の部下たちはどうなっているのだろうか？　私は彼を連れて銃座を順に見て回った。安心したことに、兵士らは彼らの上官よりよほどましな状態に見えた。オスプレーは、もう二度とあんな場所に隠れるな、と言うと、すんなり同意した。その躊躇ない同意の仕方から私は、あのネズミのような過ごし方が彼に及ぼした影響に、彼自身も怯えているのだと確信した。

それからの二日間、中間地帯を絶えず警戒して凝視し続ける単調さを破る出来事は、何もなかった――クレーターの縁、稜線の頂点に向かってなだらかに上がる斜面、色を除けば第四〇高地とそっくりな灰色の泥地、それらは悪夢でもなく、覚醒でも睡眠でもない状態を呼び起こした。それは、視線が支配する、動物的な存在だった。考えず、見ず、凝視した。私たちの感じていたことから、私はあることを思い出す。リール[131]の近くの村に、ドイツ軍が撤退する頃にドイツ兵士から性的暴行を受けた少女がいた。彼女が路傍で死んだラバの肉を削ぎ取っていたところに、我々が通りかかった。彼女は、視線を上げると、こちらを凝視し、それから猫が獲物を放棄

131…フランス・ベルギー国境の町で、一九一四年秋から一九一八年秋の休戦間際までドイツ軍の占領下に置かれた。人員・物資輸送の拠点として、軍のための病院や飲食・娯楽施設、捕虜収容所等が設けられた。

するように、肉を置いて黙ってそこを離れていった。彼女が階段の下の地下室へと姿を消すのを、私たちはただ待っていたが、やがて彼女が扉の後ろからこちらを注視しているのに気づいた。

その灰色の場面は、後年、スティーンベック川での場面と合成されて、私がオックスフォード時代に見た夢の背景幕となった――「戦争が終わった後に」。毎晩、私は腹ばいになって、濡れて光る斜面につま先と指でしがみついていて、その下は激流だった――スティーンベック川の汚くて細い流れ。そこに向かって、私はじりじりと滑り落ちていた。私が落ちまいとつま先や指を泥に深く差すと、却って落ちる速度は増した。抵抗を断念すると、やはり落ちる速度は増した。私は音を立てなかった。ただ汗だくになって目を覚ますのだった。

私がこの心を失った状態になっていると、クックからの伝言が届き、我々は撤収するとのことだった。それは私の心の平衡を乱したが、その晩、こちらの陣地への敵の攻撃が普段よりも長引きつつあることが明らかだったので、それはさらに乱された。私は歩兵大隊の司令官に、我々が引き揚げることを伝えてあった。彼は感じの良い人で、四十歳くらいの正規軍人、ステュアート大佐という人だった。彼は、それは我々のためには良いことだが、我々や我が隊の機銃が去るのが彼には寂しい、と言った。彼は、私に少し留まって話し相手をして欲しいと言った。

「何か、理性的な話をしよう。この仕様のない戦争のことは忘れて。またぶり返しているようだがね。敵は、これから進攻してくると思う」。彼は、胸土の上から双眼鏡で外の様子を覗いたが、すでに暗くなっていて何も見えなかった。「君は、ド・カヴァリーの随筆[132]を知っているかね?」

私が知っていると答えると、彼は喜んだ。「あれは本当に、生きる価値がある世界とはどういうものかを示してくれるね」。ひっきりなしに爆弾が破裂し、とても会話ができる状況ではなかった。紳士的で洗練された態度について語るときに、大声で怒鳴ることはできない。彼は話し続けたが、私に聞こえるように話そうとはしなかった。砲弾の閃光に照らされた彼の顔からは、皺のあるやつれた青白さが少し消えているように見えた。

二十六

私は出発できるよう配下の機関銃手らを集合させたが、その時点では私は、我々の交替はきっと取り消されるだろうと思っていた。戦闘が行なわれているのは、主に我々の右側、ケンメル山の辺りのようだった。そこに照明弾や「花火大会」が集中しており、そのおかげで我々の交替は取り消しを免れた――我々は明らかに敵の主目標ではなかった。

132…サー・ロジャー・ド・カヴァリーは、評論家・政治家ジョセフ・アディスン（一六七二～一七一九）とリチャード・スティール（一六七二～一七二九）によって、仮想人物たちを会員とするクラブの刊行物という形式で発行されていた日刊随筆新聞『スペクテイター The Spectator』（一七一一年から一七一二年まで発行）の、代表的な「会員」。同紙は、地主、商人、軍人等から成る仮想会員らの人物描写や彼らによる投書、議論等の形で、世相、文学など幅広い話題を取り上げて常識的市民道徳を説き、中産階級に多くの読者を得た。掲載された随筆は、この当時既に『サー・ロジャー・ド・カヴァリー随筆集』として出版されていた。

我々への命令が届いた。私は、自分たちが呼び戻されるだろうと思っており、恐らく敵の襲撃が我々の陣地に及び我々は包囲されるだろう、もし敵襲が成功すれば必ずそうなるはずだ、と思っていたが、それでも私は去ることができて嬉しかった——私が歩兵隊をそこに残して去る罪悪感を拭えれば、だったが。

あの戦争で歩兵隊が味わった苦難を思うと、ただ驚愕するほかなく、それを言葉で伝えることは誰にもできないだろう。スペイン軍の歩兵隊は一六四三年のロクロワの戦い[133]の後、二度と立ち直れなかったと言われている。私は学校でその話を読んだとき、その言葉が心に沁みた。今から考えると、当時私が目撃したのは、それに匹敵する惨状だった——まさしく、比類ない男たちの魂の殺害だった。私にとっての惨状は、生き残って、その場に縛り付けられた兵士らの目の前で戦場を去るという屈辱だった。

私たちは荷が多かったので、砲火を無視して進む方が容易かつ実際的に思われた。後方地帯では通路も脇道もくまなく砲火を浴びており、匍匐と短距離の疾走を繰り返しながら前進しても、いたずらに危険を長引かせるだけだった。

カーターとクックが私たちと合流した。「大丈夫か?」「ああ、連絡した砲火のこと以外は」。我々は、その日の夕方以降、一人の犠牲者も出していなかった。小型のトラックが分遣隊全員と機銃その他全てを積んで、辛うじて残っていた道路の上を、騒音を立て揺れながら走った。クックは、我が隊は増員され、新たな兵員が宿営地で待っていると言った。我々には、兵士はもうこれ以上必要なかった。もし上層部が我々の気力を増員することができれば、それは役に立っただろう。人員では意味がなかった。

その晩、ケンメル山は敵の手に落ちた。何故奪還できなかったのか、誰にも分からなかった。「味方が一度は取り返したんだ」と、ある歩兵隊将校が私に語った。「出だしは順調で、山の向こう側に回り込んで我々の最終目標に到達したんだ。まさに望みどおりだった。フランス軍が、反対側の側面を攻撃しているはずだった。だが、あのクソ野郎どもは、塹壕から出て来もしなかったんだ！　奴らがやるべきことをやっていれば、俺たちが今頃あの頂上に座って、何匹ものボッシュを檻にぶち込んでいたはずだったのに！」

私たちは、戦闘に戻る指令を受けなかった。私たちはまだその時は知らなかったが、我々が歩兵を経験するのはそれが最後となった。我々の分遣隊が撤収する際、第二軍総司令部のあるサントメールを通過しなければならなかった。プルーマー将軍が、前方司令部ではなく、ちょうどそこにいる時だった。彼は道端に立つと、我々が属する一団が行進する間中、敬礼を受け続けた。白い口髭を生やした彼は、年を取ったセイウチのようだった、と我々は言い合った。「心根の良い《グッド・オールド》プルーマー」と囁く声が方々で聞こえていた。私たちは、彼は自分の軍を離れる部隊に、いつも「ありがとう」と言うのだと聞かされていたからだった。たぶん、それゆえに彼の軍にいた部隊は、自分が彼の下にいたことを知ったのだろう。彼には、「背水の陣」の命令を下す[134]必要などなかった。

ある有名な将軍が、イープルで、我々がまだ大隊でいた頃のことだが、我が大隊を閲兵することになった。私たちは朝八時に整列した。八時三〇分開始予定の一大行事に先立ち、私たちはボタンの一つに至るまで点検をし尽くしていたが、八時三〇分になると雨が降りだした。私たちは、「彼」が今にも到着するはずだったので、整列したままでいなければならなかった。十一時半時点で、私たちはずぶ濡れだったが、輝きは褪せたものの、まだ泥まみれではなかった。偵察兵が、皆に知らせた――「彼」が来る！　一台のよく磨かれた立派な自動車が近づいてきて、減速した。車内に、堂々とした人影があった――将軍か？　彼は我々に姿が見えるように前かがみになり、ステッキで挨拶をした。自動車は、またスピードを上げた。そして、行ってしまった。「うへっ！」

133…三十年戦争（一六一八年から一六四八年）中のフランス・スペイン間の戦い。スペイン領ネーデルラント（現ベルギー）国境に近いフランスの都市ロクロワ近郊での会戦で、味方の騎兵を失い孤立して敵に包囲されたスペイン軍歩兵は、方陣を組んで粘り強く抵抗したが、大きな損失を出した末に降伏した。この敗北を境に、十六世紀には欧州最強を誇ったスペインの軍事力は衰退した。

134…一九一八年三月のドイツ軍春季攻勢による連合国軍の劣勢を受けて、ヘイグ総司令官は四月十一日付けで全軍の将兵宛てに異例の特別命令を発し、英国軍は「背水の陣の構えで with our backs to the wall」最後まで戦い抜くよう鼓舞した。

我々の中隊の後列にいた一人の兵士が言った。「くそっ、ずぶ濡れだぜ！」

彼は有名になるほどだから、優れた将だったのだろう。彼には、しなければならない仕事が山ほどあったのだろう。私は、後に彼が失脚したとき、ここに記したような出来事があったから、彼には思ったほど擁護者が多くなかったのだと確信する。もし、プルーマーが失脚することがあっても、私は、彼が自分の仕事の手を止めて道端に立つのに時間を費やしたことを憶えている者が沢山いるだろうと確信する。「時代遅れの人間」。だが、彼には有名なハリントンという優れた参謀長がいるという評判で、その参謀長が彼の頭となって働いていたおかげで彼は失脚を免れたのだろう。それはしかし、自分の部隊の行進を見守るような将軍というのは、良い参謀長を選ぶものなのかもしれない。また、最も栄養状態の悪いという汚名を自分の軍にもたらさない、良い需品係将校も選ぶのだろう——第三軍が被ったような汚名を。私は所詮、ボクサーの拳の表皮に過ぎず、その拳を繰り出す強者がその偉大な頭脳の奥に何を隠しているのか、知る由もなかった。

私たちは、戦車部隊中央修理工場の近くの村にある、快適な借り上げ兵舎に戻った。私は当時中尉になっており、同階級の中でも先任だったので、寝台と清潔な敷布のある一人用の個室を当てがわれた。私は、新しい軍服と新しい下着を軍需品部から支給された。制服は上等な生地を使っており、私の身体の寸法にだいたい適合していた。何より、私は八週間ぶりにシラミから解放された喜びに浸っていた。それは、私がもう暖かさと痒みを取るか、噛まれない代わりに寒さで青くなる方を取るか、の苦しい選択をせずに済むことを意味した。新しい軍服のむずがゆい感じは、私を何度か不安にさせたが、次第に私の出っ張り続ける膨らんだ部分に馴染むに従い、その不安も消えていった。

清潔な衣服と民家の寝台の快適さは、私の精神状態に大きな影響を与えた。私は、戦争の後期に何度も、このときのような素晴らしい経験の再現を願った。我が中隊の再編制、定時の閲兵、新入りの将校や兵士を慣らすための日課、我々が学習した範囲での歩兵戦術の訓練——私はこれらを、自分の小隊で勤勉に行ない、小隊長に昇進したハウザーも同様に励んでいた——は、どれも時間を埋め、我々の外見を改善するのには役立ったが、それでも何かしっくりしなかった。

ロビンソン大尉は、再編制により我が隊に配属されて来た。彼は、私の同期で大隊が英国にいた頃からの元々の戦車部隊の将校らよりも、年上だった。彼にどこか外国風なところがあったのは、彼が米国人だからだった。だが我々は、彼を国籍の違う人というより、同じ国籍の風変りな人、それも気づいてみると非常に特異な風変りさをもつ人と見做していた。たとえば、彼は我々の冗談が理解できないようだった。彼はまた、言葉上ではほぼ同じでも、我々とは異なる冗談を持っていた。

ある日、ロビンソンはハウザーと私に、自分が持っているドイツの自動拳銃をどう思うかと訊いた。それは、確かに見事な小型の銃に見えた。私は、我々にもあの扱いにくい四五口径コルトよりも、こういう銃が欲しい、と言った。ハウザーは、そのドイツ軍の拳銃では兵士を急停止 stop dead させられないと言った——コルトのようには。

「死んで止まらせる stop dead！ そいつはいいや！」ロビンソンが笑った。

「何が可笑しいんだ？」ハウザーが訊いた。「接近戦では、相手を殺すだけじゃ足りない。相手を止めなけりゃ——そいつが意識を失う前に襲い掛かって来て、こっちが殺されないためにさ」

「ああ、そういうことか、分ったよ。相手を「急に dead」止めるってことだな。そうそう」

彼は、自分の腕時計を私たちに見せた。「これをどこで手に入れたかって？ もちろん、この拳銃と一緒だ。俺はボッシュの将校に拳銃を渡せ、それからその腕時計も、って言ったんだ。奴はうんざりしてたけど、渋々差し出したよ。見事な品だろう？」

私たちは同意した。確かにそうだった。それから、ハウザーが言った。「でも、それは略奪行為って言うんじゃないか？」

ロビンソンは、そうだ、そう言ってもいいだろう、だが、それは少しおかしい、だって相手は所詮ドイツのクソ野郎なんだから、と言った。彼は、それは当然の報いだと思っているようだった。

そこにカーターがやって来て、会話の最後の部分を聞いて、加わってきた。「それなら、お前さんは、自分がドイツ兵だったら、英国兵をみつけても、『略奪』するだけだと思うのかい?」

ロビンソンは困惑し、つまらないことに騒ぎ過ぎだと感じて、この会話に嫌気がさしたようだった――確かに、冗談の域を脱していたかもしれない。

その一日か二日後に、私はまたカーターとロビンソンに行き会った。こんどは、ロビンソンが将校用ベルトを締めておらず、カーターは彼のすぐ脇を歩いていたが、二人は会話をしているわけではなかった。カーターの方は、将校用ベルトをしていた。

「こいつは驚いた!」私は言った。「あんた、まるで逮捕された将校を護送しているみたいだな」

カーターは、怒って決まり悪そうな顔をしていた。ロビンソンが「そのとおりさ」と言った。

私は、自分が起こした騒ぎをさらに大きくしかけたとき、カーターが私と目を合わせた。彼は私に、余計なことを言って無用に騒いでくれるな、と訴えているようだった。

後になって、私がハウザーと一緒にカーターを問い詰めると、彼は内密に次の事実を教えてくれた。私は当惑し、憤慨した。私は、ロビンソンが好きだった。ハウザーはどうでもよいという態度だったが、彼はそもそもロビンソンが好きではなかった。

ロビンソンは、確かに例の将校を捕虜にした。あるいは、少なくともその将校はロビンソンに投降した。その辺りは、多少曖昧だった。その将校は毛皮のコートを着ていた。ロビンソンは、それを要求し――脅してだったのか、そうでなかったのかは不明だった――しばらく言い争った末に、相手はコートを渡した。「続きは、ロビンソンから聞いただろう」とカーターが言った。

コールファックスという男が寄ってきて、この話を呆気に取られて聞いていた。「俺が思うに、それはとんでもない話だね」と彼は言った。ハウザーは同意しそうになったが、思い直した。

「いずれにしろ、これは略奪行為だ——軍法上は。俺に投降してくる奴がいなくて、良かったよ。俺も同じことをしていたかもしれない」と私は言った。だが、それは本心ではなかった。私は、自分ならそんなことは思いもつかないだろうと思っていた。それは、卑劣なことに思えた——すでに倒れている相手をさらに叩くようなものだった。私はカーターに言った。「あんたが彼を逮捕したのか？」

カーターは、いつになく落ち着きを失くして、もちろん違うと言った。「俺はただ、護送を命じられただけだ。ここから先は他の奴らの仕事だ、有難いことに——第一大隊だ。俺自身は、あれは彼の自慢話で、全部、自分を勇敢に見せるためにでっち上げたんだと思っていた」

「俺は、彼が嘘つきだと思っていた」ハウザーが言った。「だから俺は、それは略奪行為じゃないかと言ったんだ——怖がらせようと思って。あれはみんな捕虜から買い取った物で、彼はそれで話をでっち上げたに決まっているさ」

カーターは、その作り話は高くついたようだ、と言った。私は、自分の疑問に話を戻した。「だが、誰が彼を密告したんだろう？　誰が彼の逮捕を命令したのか」

「何で誰かが『密告した』なんて思うんだ？」カーターが気色ばんで言った。「お前も彼の話を聞いただろう。彼はああやって、方々で自分から堂々と盗みの自慢話をしているのに、お前は『誰が密告したのか』なんて言うのか？　きっと、彼は自分で旅団長のところに自慢しに行ったんだろう。何にしろ、逮捕命令は旅団司令部から出されたんだ」

ロビンソンは人気のない男ではなかったので、彼の逮捕の話が広まると、その話題は当惑と気詰まりな質問を招いた。ドイツ人将校本人が旅団司令部に苦情を申し立てた、という説があった。この説は、大方の信用を得た。それは、真実だったかもしれない。「恋愛と戦争では何をしても許される」。それが、人口に膾炙した諺だった。それらは人の心を覆い隠す敷物のように広がり、普段は休眠状態にあって光を通さないが、その下に隠れた力の動き次第で、活性化して輝きだすのだ。

ロビンソンは姿を消した。私は、今でも彼の顔に浮かんだあの表情に取り憑かれている——疑うような、信じようとしないような。「まったく」彼は言っているようだった。「俺がこんな目に遭っていいのか？　俺にこんなことをしていいと思っているのか？」。だが、文明国同士の戦争は、法の定めに準拠するべきだ。彼らが文明化されているなんて、誰が言ったのか？　我らの大佐は文明人だったのか？　我が中隊長は？「彼らはいまだ戦いを止めず」

この時期に、一通の手紙が中隊事務所付きの伍長から私に手渡された。それは、我が隊のある戦死した兵士の母親から、大隊本部宛てに送られたものだった。それを誰が書いたか知っていますか？　もし知らなければ、突き止めて中隊本部に報告していただけないでしょうか？

その手紙の中身は、「拝啓、この手紙が届く頃には、貴女はご子息であるＸＸ砲手が戦死されたこと、彼がいかに勇敢で皆から等しく愛されていたかを知らされておられることと存じます。私は是非とも貴女にお伝えしたいのですが、彼は私の知る限り最低の下衆野郎で、最も薄汚い臆病者でした。彼は、戦闘中に死んだのではありません。彼は卑劣な奴で、危険に近づく前に恐怖のあまり死んでしまったのです。もし貴女があのような臆病な駄犬を他にも産んでいるようでしたら、ここへは寄越さないでください。我々は、そんな輩が立派な戦車部隊の戦士たちを危険に晒すことを望まないのです」。署名はなかった。

ロビンソンとこの手紙のことは、私のオックスフォードでの教育の一環として、私の心の表面に浮かび上がった。「夢見る尖塔」の町は、かつての姿を失っていた。眠りの中でも、夢には不適切な性質があった。

二十七

グラン・ラヴィーン谷の戦いの後、Ａ中隊とＣ中隊には何があったのだろうか？　Ａ中隊長は生還したが、私はオックスフォードで偶然一緒になるまで、彼に会うことはなかった。その頃には彼は、もう当時の事を思い出せなかったか、私には我々がそれぞれ別の人のことを話しているように感じられるようなことしか思い出さなかった。

「グリーンがどうなったか、憶えているか？」

「グリーン。ああ、そうだ。私はよく憶えているよ。あの太っていて、わりと目が小さい男だろう？」

「私はいつも彼のことを、知り合いの中で一番機知に富んだ愉快な人の一人だと思っていたよ」

「そうだな」やや曖昧に。「そういう奴だったな！　私はとてもよく憶えているよ」

「君は、彼がどうなったか憶えているかい？」

「うん、よく憶えているよ。彼は戦死したんだ。カンブレーで。いや、その直前だったかな。フラーメルティンゲかもしれない。いや、やはりカンブレーだった、だって私は彼の装具に何か問題があったのを記憶しているからね。彼は公認会計士だった」

「いや、法廷弁護士だよ」

「何かその類の――知的職業の一つだね。とても良い奴だと思っていたよ」

彼らはどうなったのか？　ストークスは？　そう、カンブレーで戦死したことは知っているが――それだけだろうか？　彼はかつて南アフリカへ農園主として渡り、五年連続で干魃に見舞われて元手をすっかり失い破産寸前になった。そこに雨が降って、全ては救われた――それ以上の恩恵があった。「全ては運だよ。五年も干魃が続いたら、おしまいさ。でも、不平を言ってはいけない。俺は、運の変わり目をしっかり見極めなきゃいけないと学んだよ。いくらか蓄えもできた。そうしたら、今度はこれが始まった！　それで帰国したという訳さ」。彼は、いつも節度を保ちながら朗らかだった。いつも控え目で、気取りがなかった。

デスパード？　私は彼に何があったのかは、もちろん知っていた。だが私は、彼について、あそこに横たわって、汗を流して死人のような青ざめた顔をしているのを見たあの時よりも前のことは、何も知らなかった。「俺はもう、死ぬんだ。俺には分かるんだ。あのカササギが……万事終わりだ」

それで言えば、私はどうなったのか？　何か奇妙なことが――そして、それはこんなふうに起きた。歩兵隊と一緒にいたあの八週間のどこかで、私は自分の小隊とともにある村へ行って、そこを死守するよう命じられた。そこでは銃砲火が激しく、爆弾の裂片や弾丸がスズメバチのように飛び交っていた。土木工兵隊の指揮官が、私の小隊の受け持ち区域を指示した。私は部下をそこに配置すると、塹壕を掘りにかからせた。それから私はまた指揮官のところへ行き、私は中隊本部へ報告に行かねばならないので、ブリッジス少尉に指揮を任せたことを伝えた。彼は敵の攻撃に手を焼いていて、注意を割く余裕がなかったが、私に帰り道に寄るようにと言った。私はクックとカーターに自分の位置を地図上で示して知らせたが、その頃にはスープ容器二つ分の温かい牛肉の煮込みが保温箱に詰められ、小隊に届けられる準備が整っていた。私は、ティプルディのお節介な有能さに感謝したが、彼を探してそれを伝える時間はなかった。私は急いでいた。私は、液体の入った保温箱を運ぶ当番兵たちのことも、急がせねばならなかった。私たちが一〇〇ヤードほど進んだ頃だったか、もうすぐ村に着くという時、何かがおかしいということが分かった。村は砲撃を受けていた。それの、何がおかしいのか？　ドイツ軍の機銃隊が、村のわが軍の側にいたのだ！　これは、確かにおかしかった。味方の歩兵隊が村の境界を越えてなだれ込んできた――我々の側に。爆弾に引き裂かれた場所が、「死守」するべき場所が、敵の手に落ちていた。

歩兵隊は、既に出来上がっていた塹壕に入っていって――今回はテープで印を付けたのではなく、本物だった――彼らはそこに留まった。私の部下の消息は、誰も知らなかった。私の小隊は、ただ消えてしまった。捕らえられたのか？「捕らえられる」とは、どういう意味か？ 私は結局分からずじまいだった。彼らが捕虜になっていたのだと知ったのは、戦争が終わってからだった。

〈チャイニーズ・ウォール〉、メッシーヌ、ウィッチカーテ、ケンメル山。その八週間を、私は全く知らない兵士らとともに過ごした――大隊の残骸でしかなかった。彼らは、抵抗せずに両手を上げたのだろうか？ この疑問は、いつまでも私につきまとった。私は心の奥深くで、当時も、そして今でも、自分だったらそうしたに違いないと思う。意外にも、その事態はついに起きなかった。状況がなかなか整わなかったからだった。私がその場所にいないか、私のいる場所に敵がいないかだった。

翌日、兵員がいなくなったので、我々は撤収させられた。私は、ひどい罪悪感を背負ってその場を離れた。どう説明を試みても、それは罪悪の方でも潔白の方でも、上辺だけのものになった。罪悪感が軽減されることはなかった。私は以前よりは有能な軍人になっていたが、かつての自分のような軍人ではなかった。私は一、二度、そのことをハウザーやカーターと議論しようと試みたことがあった。彼らは、その気持ちは理解できるようだったが、彼等には何も言うことがなかった。私は、誰も何も言うことがないときには、黙るものなのだと学んだ。

私の自分自身との議論は、止むことはなかった。それは、当時もその後も、そう簡単に片付くものではなかった。早晩、人は自分の死よりももっと大きくて重要な何かがあるに違いない、という事実に直面する。どんな臆病者でも、臆病であることを理由に、いや他のどんな理由があろうと、例外扱いを求めることはできない。分かり切った答えは、すぐそこにある。生の方が大切で、死はその最後に訪れる瑣末な出来事だ、という。だが、臆病者にとっては、そうではない。休養期間中、私は長く記憶に残る――寝台や清潔な敷布のような――経験をした。私が小隊の戦闘訓練を行なおうとした、青々とした芝生があった。青空があった。だが、敷布の快適さは徐々に失われていった。芝生の青さは、もっと青々とした遠くの丘を私に思い出させることはもうなかった。青空が私に思い出させるのは、もはやかつてハートフォードシャー州の農地に満ち溢れていた雲雀の歌ではなく、その「鳴き声がひどく調子外れ」[135]だったことだけであった。

私が経験したこの精神状態は、宗教的な人々が語る状態と似ていた。あまりに酷似していて、それは私に、私が知るあらゆる宗教的観念への激しい嫌悪感と拒絶を引き起こした。カンブレー以降私が変わったこと、そしてそれについて私には何の疑いもなかったことに関していうと、私は信心深い者を勿体ぶった偽善者と見做す人々の物の見方に近づき、より共感するようになった――勿体ぶった偽善者には、私自身も当然含まれた。クエントンは戦死しておらず、彼は影の影となっていた。私が見たコーエンは、醜悪な冗談だった。長靴を片方しか磨かなくてよくなった、というあの話と同様に。だが、あの話は聖書の一部ではなく、聖書外典のそのまた外典ですらなかった。あれは言うなれば、宗教という長靴にぶら下がっている泥の塊だった。もっと核心に触れていたのは、スミス伍長の葬儀にまつわる話だった。

私が砲火の中を歩いていて塹壕に引き込まれた後、私はスミスに大声で指示を下し始めた。私は、彼の不屈で明るい態度に感心し、安心感を覚えたことを記憶している。彼と向き合っていると、突然彼の注意が逸れた気がした。彼の顔は弛緩し、生気を失った。彼の表情に生気がないのは、彼が本当に生命を失ったからだと発見するのは、奇妙な感覚だった。彼は私の方へ前のめりに倒れかかり、塹壕の中に滑り落ちていった。爆弾も、エドワーズ大尉の脳を打ち砕いた弾丸と同様、やはり本当に危険だったのだ。もちろん、彼は防弾効果があるとされる聖書や祈祷書を身に着けてはいなかったが、私とてそれは同じだった。「信仰の全き武具」[136]があった。コーエンは、間違いなくそれを纏っていた。ユダヤ教から改宗したキリスト教徒として、彼はそれには大きな対価を払っていた――これはクエントンに聞いた話で、彼はコーエンとそういう話ができる間柄だった。どういうわけか、それは彼の身体を死から守ったが、彼を殺してしまった。もしかしたら彼は、その墓が神にのみ知られたる部類だったのかもしれない。[137]

スミス――あるいは、もう〈それ〉と呼ぶべきだったのか？――は、ひどく厄介だった。この明らかに危険な爆撃の最中、いつ敵の歩兵隊が侵攻してきてもおかしくないときに、私たちは彼（〈それ〉？）を埋葬しなければならなかった。私が塹壕の上端から監視するという主任務を遂行している間に、残りの者が穴を掘った。もちろん、それは馬鹿げていた。だれだって、どの兵士にだって、スミス（〈それ〉）が埋葬を待てることを分かっていただろう。彼なら、「急がなくていいよ」と陽気に笑って言っただろう。だが〈それ〉（故スミス）は、我々に全てを任せていた。死後硬直の進行はとても速かった。彼の腕はこわばり思うように動かせず、邪魔になった。

「スミス？　スミス？」一瞬、私は彼の友達のグレイソンは気が変になって、言うことをきくよう彼を説得しようとしているのかと思った。後から聞くと、彼が本当に死んでいるのか確認していたとのことだった。

その浅い墓穴に、私たちは彼を無理やり押し込めた。その穴は浅すぎて、それが結果的に問題を引き起こした。彼をきちんと埋葬し直す必要があった。彼の友人四、五人が彼の不幸を知って、次の部隊と交替したらすぐに前線に戻って、彼の埋葬をやり直したいと言い出した――宗教儀式とともに。

私は、それでは兵士らの命を無用に危険に晒すことになると思うと言って、この件をクックに相談した。クックは、実行可能ならば、という条件付きで仕方なく許可を与えた。残念なことに、実行可能だった。前線では一

135…シェイクスピア『ロミオとジュリエット』第三幕第五場の一節か。逢引きする二人に、雲雀の鳴き声が夜明けを知らせる。
136…新約聖書エフェソの信徒への手紙六章十一節「悪魔のわざに向かいて立ち得んために、神の武具をもて鎧うべし」より。
137…遺体が見つからない無名戦士の墓に「本当に眠る場所は、神のみが知る His grave is known only to God」と記すことがあるが、この言い回しに関連付けたものか。

時的に攻撃が止んでいた。彼らは、従軍牧師を呼びに行った。彼らは、一時間で終わるから、と言った――それはクックが出した条件の一つだった。牧師は、断った――断る真っ当な理由はいくらでもあったし、私はそもそもクックが許可したこと自体が間違いだと思っていた。

その兵士らは、ある兵卒を知っていて、スミスの属する英国国教会ではなくバプティスト派ではあったものの、その兵卒は葬式を執り行なうことに同意した（彼の職業は聖職者だった）。

彼らは、行った。スミスは、きちんと、つまりもっと深く（そして、もちろん宗教儀式つきで）埋葬され、人的損耗はなかった。この一件はそれで収まるはずだった。二つの事実を除いては。スミスは、人気者だった。牧師は、そうではなかった。小声の言い争いがだらだらと続き、その断片は私の耳にも入ってきた。一週間ほど経つと、私にはおよその全容が掴めた。

その大尉〔従軍牧師のこと〕は、トランプを「どえらく度を越して」やっていた。そのことは私も以前から聞いていた。彼は、大隊本部ではいつもブリッジのメンバー集めの中心人物だった。彼は、全く何もしなかった。彼が為すべきことは書面に記されてはいなかったが、スミスの埋葬の拒否や不履行は、明らかに処罰されて当然だった。「師団所属のカトリックの神父は、そんなではなかった。あの牧師は行かなきゃいけなかったんだ」。この比較が言わんとしていることは、そのカトリック神父が良い人だったということではなく――その実、彼は不人気だった――彼の場合は、それが任務であり、従わねばならなかったということだった。[138] スモールマン砲手がスミスの埋葬に立ち会えたのに、なぜ英国国教会ができなかったのか？ ここでもやはり、スモールマンが良い人だったという意味ではない。彼はどちらかというと人好きのしない、何かと難癖をつけたがる自惚れ屋だったが、その時はしばらくの間、ほとんど人気者と言ってよかった。この議論は断続的に、時折湧き上がり、当事者たち自身が消えるまで続いた。

二十八

ある日、私たちが途足行軍中にある丘の頂上に近づいていくと、珍しくそこに馬に乗った人影が二つ、頂上の飾りのように立っていた。遠目にも、彼等の姿は息をのむほど立派だった。一人は槍を掲げていて、その槍に付けた三角旗がはためいていた。今またほぼ全軍の兵力に回復した我らの中隊の、第一列目が頂上に差し掛かると、突如ざわざわと命令が伝わりだした――明らかに「どこかの将軍さま」だ。私は、自分がそのとき誰の軍に属していたのか、どうしても思い出せなかった。私たちは皆、気を付けの姿勢で行進を続け、私が「かしら右」[139]の号令をかける順番がくる直前に、私は我々の敬礼の対象がヘイグ元帥だったと気づいた。

私は、この命令のおかげで正当な理由をもって長時間、彼を睨みつけることができて、皆喜んでいたと思う。軍靴の足音と、そよ風にはためく槍の三角旗の微かな音――それが全てだった。我々の行進が去って行くと、蹄の音がして、ヘイグと彼の護衛は姿を消した。

戦車部隊の兵士たちは、ヘイグがカンブレーの戦いでの前進の遅れを、渡りかけた橋を壊してしまった一台の

138…英国国教会などプロテスタント系の牧師には明確な任務が与えられていなかったため、戦場では影が薄いとの声もあったの対し、カトリック教会では、臨終に際し神父による罪の赦しの秘蹟を受けないと天国へ行けないという考えがあったため、カトリックの従軍神父は常に最前線近くに控え、兵士の求めに応じていた。

139…軍隊式の敬礼の一種で、行進中の隊列が上級者の前を通過する際に、その方向(この場合は右)に顔を向けるしぐさ。

戦車のせいにしたことを恨んでいた。プルーマー将軍が「心根《グッド》・の良い《オールド》プルーマー」だったのに対し、彼は「心根《グッド》・の良い《オールド》ヘイグ」ではなかった。一つには、彼はあまりに軍人的過ぎた。彼は、胡散臭かった。参謀本部の他の人々と同様に、だが政治家たちほどではなかったが。「心根《グッド》・の良い《オールド》ロイド＝ジョージ[140]」とは、誰も言わなかっただろう。

それで言えば、誰も「心根《グッド》・の良い《オールド》・神《ゴッド》」などとは思わず、まして本当に言う者はいないし、神の参謀についても何も知らなかった。従軍牧師も、相当酷い者でない限り、神への関心を多少なりとも掻き立てることなどできなかった。スミス伍長の「葬儀」は、こだわる者だけの関心事となり、次第に消えていった――数ある未完の物語の一つとなって。

我々が英国を離れる前の最後の軍務礼拝では、従軍司祭総長が演説した。彼の説教の原句は「兵士諸君、給与に満足せよ」だった。「皆さんの中には」彼は言った。「これから前線に赴こうとする諸君にお話しするには、奇妙な話題だと思う人がいるかもしれません」。まあ、そう、みんな多少はそう思った。私は、もう少しで結びの聖歌は「さよならドリー、僕は行かなきゃ　敵と戦うために[141]」じゃないかと予想するところだった。

五月がいつの間にか六月になり、六月は七月になった。そして、全軍の兵力が整い、我々は中隊の総力を戦車に投入した――十二台だった。我々は再び戦車訓練を開始した。

訓練は、長くは続かなかった――何を主題に訓練すればよいのか、誰も考えつかなかった。はっきりしていたのは、戦闘では戦車は攻撃を招くことだった。それは我々も知っていたが、それに対してどう訓練すればよいのか？　ハウザー、カーターと私は、実戦に先立ちどう訓練を話し合えばよいのか？

特別天使委員会だったら、こう言ったかもしれない。「君たちの一人が訓練を始めるのがよい。誰が戦死する役かな？　まあ、それは議論しても仕方がない。くじ引きの運に任せるのがよかろう。その他大勢のことは、気にしても無駄だ」

「まあ、そういうことなら残り鬼で決めるんだな。
　心痛、腹痛、砲弾《シェル》ショック、死
　頭の負傷、脚を失くす、目をやられる、死
　金持ち、物乞い、英雄、盗人……いいかい？[142]
みんな、役割が決まったか？　さて、訓練はどうする？　死ぬ者は全員、右側に外れろ。従軍牧師のテントの前に一一：三〇に整列して、聖体拝領と、遺族宛ての手紙の書き方講習だ。その他の者は、後半の部の、戦死した連中の遺族宛ての手紙の書き方講習に出席すること。実戦の後にだ」
「生きる者も、牧師のところに行った方がよくないですか？」
「生きる者？　どれどれ」――委員たちは心配そうに指示書の頁を繰る――「ああ、ここにあった。生きる……〈永久に続く〉生……」
　将校らは、一斉に恐怖の声を上げて、「ああ、だめだ！　それは勘弁してくれ……」
もちろん、カーターもハウザーも私も、そんな考えを鼻で笑ったが、私は信じる気持ちの残骸が、孵化したての雛に卵の殻がつくように、自分にこびりついているのを感じていた。カーターは少し前に戦功十字章を授与されていた。何の戦功に対するものか誰も知らなかったが、彼がそれに値することを疑う者はいなかった。ハウ

140…デヴィッド・ロイド＝ジョージ（一八六三～一九四五）。英国の政治家（自由党）で、大戦中は、アスキス政権下で蔵相、軍需大臣、陸軍大臣を務め、一九一六年には戦時内閣の首相に就任。

141…『Goodbye Dolly Gray』の歌詞をアレンジしたもの。元は米西戦争の頃に米国で作られた歌で、英国にはボーア戦争の際に伝わり、第一次世界大戦時に流行した。

142…英語圏の子供の数え歌で、遊びの鬼決めなどのときに歌われる『Tinker, tailor, soldier, sailor, rich man, poor man, beggar man, thief』のパロディ。

されていた。何の戦功に対するものか誰も知らなかったが、彼がそれに値することを疑う者はいなかった。ハウザーは「いつものように」戦功十字章に推薦され、いつものように受章を逃した。我々は三人とも、実のところこの頃にはもう戦車乗組員の命の賭けの対象には含まれていなかった。みな小隊長で、戦場では戦車には乗らず、外を歩くことになっていたからだった。ある意味で、これは我々の問題を解決した。というのは、我々は皆歩き方を習得済みで、この仕事にはそれ以外の資格は不要らしかったからだ。私が後で知るように、地図を読めることは、我々がどこかへ向かっているという作り事が求める条件を満たす上で、引き続き役に立った。

我々はどこへ向かうのか、いつ向かうのか、何のために、という質問が聞かれるようになったのは、ちょうど機密の必要性が、陸軍によれば〈沈黙の任務〉[143]以外の全員に明らかとなった頃だった。

直近の目的地は秘密ではなく、全将校がそれは廃墟となった村、ベルレ＝オー＝ボワだと知っていて、その「森《ボワ》」には何かの偶然で木の葉がまだ残っていた。大隊が全員揃って移動するのは、これが最後となった。私たちは、他の中隊の者を誰も知らなかった。我々は薄暮の中を汽車で移動し、一〇：三〇に降車して、鉄道末地から三マイルほどのベルレ＝オー＝ボワまで戦車を移動させた。そこで我々は戦車を木の陰に隠し、戦車を磨いて時間を過ごした——それは、「攻撃を招く」のにはもってこいの準備だった。

近衛連隊の一つが、どこか近くに駐留していた。我々の燃料集積場に立てた歩哨が、盗人を誰何したが、応答がなかったので発砲した。我が中隊の、任命されて間もない隊長エイチスは、当然のように怒った。

「分からないか、この間抜け、お前のせいで燃料集積場が火事になっていたかもしれないってことが？」

「ええ、でも、私の任務は、監視すること、誰だろうと誰何することでした。応答のない場合は撃て、と命じられていました」

もちろん、彼の言うことは正しかった。我々は皆、平和だった頃のくだらない決まり事を忘れていた。誰一人、実戦に入って以来ライフル銃を撃っていなかった。誰一人、それを戦いに向かう儀式の一部という以上のものとは考えなかった。

「誰かに当たったのか？　ああ、どうか当たっていないことを祈るよ。集積場に当たらなかっただけでも、幸運だった」

キャノン特務曹長が、怯えてしまった歩哨に代わって答えた。「はい。X近衛兵の脚を負傷させました」

「故意にやったのかね？」エイチスが、青ざめた唇で尋ねた。

「はい」歩哨が答えた。「可能な限り、その者の声がする場所の近くを狙って撃ちました。私は、敵かもしれないと思ったんです」

その兵士の天真爛漫な返事に、ざわめきが起きた。我々は未だ、戦争と歩哨の任務や敵を結びつけて考える段階には至っていなかった——だが、我々は「攻撃を招く」[144]ことに関しては、多少は知っていた。このまずい知らせを、近衛大隊本部に伝えるよりほかなかった。我々は、どんなまずい結果につながるかと怯えていたが、あの歩哨のとった行動にもある種の道理が、古臭い道理が、あったようだった。

「それはそうだが、あれは敵じゃなかった。味方の兵士を撃つなんて、由々しいことだ」

「それを言うなら」カーターが言った。「戦車軍団の燃料を盗むのだって、由々しいことだ」

そのとおりだった。そして、結局はその見解が大勢を占めた。近衛歩兵師団は、近衛兵というものに対して我々ほどの畏怖の念を持っていないようだった。彼らは、その兵士を裁きにかけ、彼は身体の軽傷に加えて厳しい判決を受けた——彼らは、恐らく彼の罪状を「自傷による傷害」で通したのだろう。

143…海軍のこと。戦争編第十二章参照。

144…原文の draw fire には、「批判を招く」の意味もある。

二十九

私の近衛大隊との関わりでは、もう一つ、もっと腑に落ちない経験があったが、それは作戦行動の調整を話し合うために近衛大隊本部に出向いたときのことだった。敵と味方、双方からの攻撃に備えるために。

私は、彼らが守る戦線の一部に設けられた掩蔽壕の中にある本部に案内された。そこには大佐、副官、何人もの当番兵がいて、ざわついていた。一人の下級将校が私に用向きを尋ねたので、私は手短に答えたが、約束の時間どおりに来たにもかかわらず、大佐と副官はこちらに注意を向けようとはしなかった。時間が経つにつれ、私は無視された気分になり、苛立った。私がさっきの下級将校に耳打ちすると、彼は大佐と副官の会話に割って入り、私が帰るのだと伝えた。二人は、何の関心もないことを出来る限りの礼儀正しさで示しながら、さようならと言った。私は驚き、彼等は私がなぜここに来ているのか理解していないのだろうと思った。

私は異議を唱えた。「ですが、戦車部隊と貴隊との作戦の調整がまだ終わっていません」

「君ね」大佐は辛辣さを温情に包んで言った。「我々はどこであろうと陣取って守る、戦車がいようがいまいがね。さようなら」。

この「さようなら」を、私は命令として受け取らざるを得なかった。私は激しい怒りと畏縮と屈辱を同時に感じながら、退出した。帰り道、乾いた泥の通路を歩きながら、私はその路に沿って重榴弾砲ファイブ・ナインの砲弾が炸裂していること、そしてそれが怪しいほど近くから来ていることに気づいた。私は、まだ近衛連隊に腹を立てていた。さらに腹が立つことには、あの大佐が言ったことは、いわば分かり切ったことだった。私はカンブレーで彼等が敵を掃討したとき、ちょうど非常に有能なメイドが喧嘩している子供たちを手際よくかき集め、玩具を決められた箱にしまうように、敵を片づけていくのを目撃していた。私は彼等が、両側面とも無防備な状態でハーゼブルークの前に陣取り、彼等を掃討しようとする敵のあらゆる試みを退け、三日間持ちこたえたことを知っていたし、またメッシーヌへの道程でその様子を垣間見てもいた。怒ったところで、何の役にもたたない。彼らは偉大だった、畜生！

ところで、どうやら今度は私がじきに片づけられそうだった。近衛大隊本部では何の注目も集めなかった私だが、今や注目を一身に浴びていた。誰かが、恐らく頭が変になりそうなほど退屈して、暇つぶしに重榴弾砲で私を狙撃していたのだろう。前回の「夾叉射撃」[145]で正確な射程距離がつかめただろうし、私は砲弾の着地点間の等距離の位置にいたので、私はいつ目標に砲弾が的中してもおかしくない状況にいた――私という目標に。私は、使われなくなった塹壕に逃げ込み、弾の飛来音が聞こえると、身を伏せた――三発同時だった。これは、恨みのこもった個人的な注目というものだった。

狙いは正確だった。塹壕の土片が私の上に降ってきた。もし私が小型望遠鏡を持ってさえいれば、どこの弾着観測所の仕業か見分けられたかもしれない。私には、その人物が彼の望遠鏡で砲弾の行方を見ていることが分かっていたので、私は汗を流しながら這い出た――それはとても暑い日で、伏せたり立ち上がったりすると身体が熱くなった。私は、ボッシュの砲手は傍らに冷えたビールを置いているのだろうか、と思った。前線の方を向くと、私は立ち上がり、彼がこちらを見ていることを願いながら、嘲りのポーズをしてやった。だが、もし彼が望遠鏡を使っていたなら、私が恐怖の汗をかいているのも見えただろう――私は、彼にはそれが、たとえ望遠鏡がなくても見えるのだろうと思い……私は先を急いだ。私は走るつもりはなかった。そこからは、通路が森へ入

145…砲から目標までの正確な距離を測るために行なう砲撃。これに基づき、射程を調整する。

るところまで残り一〇〇ヤードほどで、森に入れば私の姿は見えなくなる。一方で、通路と森の接点は、彼が地図の地点表示を使って、私の接近に合わせて容易に目標を定められる場所だった。私は、どのみち走ることはできなかった。走って行ける場所は、どこにもなかった。それは、あの追い詰められたネズミが撲殺される状況の再来だった。何も起きなかった。森の縁で私は立ち止まり、中に駆け込む前にハンカチを取り出して振った。彼には、私の別れの挨拶が見えたかもしれない。

動揺し、髪を振り乱して、私はエイチスのところへ行った。クックとカーターがいた。「それで、どんな手筈になったのか?」我々は一緒に地図を囲んだ。

「ええと」私は言った。「ここが彼等の陣地だ」。私は震える指でそこをなぞった。

「うん、それは分かっている」

「彼等は、そこを守る」

「うん。それで、戦車はどこにいればいいんだ?」

私は、近衛連隊の位置の後方に波形の線を指で描いた。「代案として」私はもう一本波線を描いた。「ここに、もし彼等の前方に並びたければ、それでも構わない」

「前方にだって?」エイチスがびっくりして言った。「その場合、近衛隊はどこにいるんだ?」

「前と同じ場所だ——彼等はそこを守るんだ」。カーターが、にやにや笑っていた。

「いいか」エイチスが言った。「もし、近衛連隊がここの砂糖工場を攻撃したら」彼は、親指で指した。「それが師団の前進方向になるが、彼らは戦車にどこにいて欲しいのか?」私は、我々のいる村を指さした。「ばかを言うな!」彼は言った。「それは、今俺たちがいる場所じゃないか」

「分かっているよ。ここが、彼等が我々にいてほしい場所だ。あるいは、どこかもっと目標に近い場所さ」

「それで、砂糖工場はどうなるんだ?」

「彼等が奪取するんだ」

「彼らが、そう言っていたのか？」

「そういう訳ではないが」私は認めた。「でも、要点はそういうことだった」

「それじゃ、全然だめだ、ビオン――もう一度行って、ちゃんと話をまとめてこい」

「おまえが自分で行って、近衛連隊ときちんと話をまとめてみろよ。彼等は、戦車に自分たちの戦場を掻きまわされるのは嫌なんだ――誰の戦場だろうと」

私は、翌日もう一度話し合いに行くのを免れた。私は、一人の民間人の死亡事故についての査問会議に出席しなければならなかったのだ。その頃には、近衛連隊との議論は旅団にまで上げられ、私の知る限りでは、そこで立ち消えとなった。

私は、陪審員長であるウォチェット卿の元に出頭した。「私は、本当は陪審員長を務めるべきではないんだよ。何かの間違いだ――この書類によると、私はこの一件の当事者なのだからね」。彼は、私の略綬を見た。「ほう、立派なことだ」彼は殊勲章を指して言った。「どこで貰ったのかね？」私は彼に話した。彼は、私の顔の前で人差指を振った。「君、気を付けたまえ。一度そういうのを貰うと、次から次へと引き寄せるものなんだ。私がいつも倅のジョンに言っているように、もし綬を二列より多く並べている輩に会ったら、そいつはろくでなしと思って間違いない」。これは、私には新奇な物の見方で、それが代々軍人家系出身の正規軍人の口から出たことで、なおさら強く感じられた。私は、自分が一列分ですら獲得する心配はなく、まして二列などあり得ないと言った。「それはどうかな。私を見たまえ」


146…Court of Inquiry。軍人による犯罪等が発生した際に、被疑事実を確認し、軍法会議にかけるかどうかを審査するために設置される。

私は見た。最初の略綬は暗赤色のものだった。[147] そして、それは正しい位置[148]についていた。「一つ目を貰ったときには、今回は大丈夫だが、もう一つ貰ったら私も悪党の仲間入りをするだろうと思ったよ」

彼は、私と共に査問会議を構成する、もう一人の将校の方を向いた。「これは、馬鹿げたことだ。何があったか、私から話そう。私が自動車の後部座席に座り、運転手のジェンクスがこの村の中を徐行していると——毎時五マイルを一ヤードたりとも超えない速度でだ——その皺だらけの老婆が歩道の縁石に立っているのが見えた。我々が近づくと、婆さんは素早く縁石を降りて向かい側の葬儀社目指して道を渡ろうとした。私が思うに、婆さんは自分の棺の寸法合わせに行くところで、少し上の空だったようだ。とにかく、婆さんは転んで大腿骨を骨折した。それから一週間後に死ぬと、その老婆には何百万フランもの値打ちがあったことが判明した。婆さんがたった一人で息子たちや孫息子たちを養っていて、さらに曾孫息子も、三十歳を一日も過ぎていないので扶養してもらわねば生きていけないというわけだ。それで、彼等は賠償金を要求してきて、それで乳歯が生えそろって自力で稼げるようになるまで暮らせるようにしたいのだとさ。さあ、飲みに行こう。査問会議は再招集すればいい。連中が何を考えているのか、私にはさっぱり分からない」

それは天気の良い日で、戦車を磨く毎日の中では良い気分転換になった。ウォチェット卿は、勲章とその危険性についての見解の続きを語り、海軍の「苦労」、つまり彼らは戦闘がないので、手柄を捏造せねばならないのだ、と注釈をつけた。「彼等が悪いというわけではない。私は彼等の食前の祈りが気に入っていてね——テーブルを拳で叩いて『神に感謝！』[149] でおしまい——牧師がいる時は別だがね。その場合は、もちろん長ったらしいやつだ。何故、神が長ったらしい祈りを好むなどと思うのだろうね？ ラテン語の祈りとか？ あるいは、その両方？ 『神に感謝』で何が悪い？」

小隊に戻ると、二人の高名な戦争画家が、樹々の葉に隠れた戦車を描いているところだった。彼等はあまりに高名で、自分たちは戦車に対して独裁的な所有権を持つと思っていたらしい。

「いいか、若造、そこの戦車を動かすなら、後でぴたりと同じ位置に戻すんだぞ——ぴたりとだ、いいな！」

戦争を大局《パースペクティブ》的に見るということが、その高名な二人にとっては、眺《パースペクティブ》めを正確に絵の中に写し取ることだったと知ったのは、新鮮な驚きだった。「あんたの構図は、なってないね」に対する返事は、こうだった。「そうかい、私はそっちの構図の方がましだとは思えないね」。彼等はお互いにほとんど会話せず、我々に対しても全く口をきかず、ただ私に、戦車があるべき位置、あるべき時にあることの重要性を念押しした——絵に描くために。

次の晩、私たちは移動して、もうそこへは戻らなかった。「そのせいで絵がダメになっていないといいな」砲手の一人が言った。一つ一つが、とんでもなく重要だった。私は、このことを絶え間なく印象づけられたように感じ、おかげでそれを忘れることができなかった。「いいか、その戦車を戻すときは——止むを得ず動かした場合だが——ぴたりと同じ位置に戻すんだぞ」

「いいか」カーターが言った。「これは絶対の秘密だ。今夜、鉄道の末端に一〇時十五分だ。戦車の通った跡が航空写真から発見されないための隠蔽方法だが、どんな手を準備しているのか？」

私は答えを知っていた。私は、それをカンブレーのときに考案していた。「最後尾の戦車に、大型の馬鍬状の物を牽引させる。その上に装具を有りったけ載せて重しにする。これで、一個小隊分の轍が全て消せるだろう」

「やあ、それはいい考えだ！　その案をエイチスに伝えてもいいか？　大隊本部にも上げるべきだな」

147…ヴィクトリア十字勲章。

148…複数の勲章をつけるときの位置には決まりがあり、左胸に、上位の章から順に向かって左から右へ並べていく。ヴィクトリア十字勲章は、最上位。

149…原文は 'Thank God!'。「この船に牧師はいるか？　いないね、ありがたいことに！」'Is there a padre on board? No Sir, Thank God.' とも。この極端に短い祈りは、海軍が持つ数多い独特の習慣の一つとして一般に知られていたが、多分に誇張されたもの。

「ってことは、これは大隊としての作戦行動なのか？　師団を挙げての？」

「もっとずっと大規模な作戦だ——今は、それならば言える。だが、極秘だぞ！」

「大隊本部に伝えてくれ。戦車軍団司令部だって構わない。それであんたが勲章を貰えるなら」

「勲章は、偵察将校には無縁なものだ。俺なら、お前のその殊勲章も別に欲しくはないね」

三十

轍を掻き消す例の仕掛けは、上手くいった。翌日の偵察機は、轍は全く見えなかったと報告した。我々の乗組員らは、暗闇の中で何時間もの間、スコップを振るうという、疲れる上に効率の悪い力仕事で体力を消耗せずに済んだ。

「喋らないで！　用心して！　敵の耳が聞いていています！」エタープル駅のプラットフォームに表示された銘は、フランス政府が民間人に向けた指示だった――絶対の秘密！　とにかく、絶対の！……無言の騒音が高じて、大騒音になりそうだった。どうであれ、誰が気に掛けるだろう？　我々は、それなら既にすっかり聞いていた。空は雲で覆われていた。敵機は、きっとそれを見ただろう――それが何だろうと。

いや、上空を通過したのは一機だけで、それもすでに撃墜されていた。味方の飛行機は、敵機は全て撃ち落とせと命じられていた――確実に。絶対に、確実に。

それで、彼等は仕留めたのか？　いや、撃ち落としたのは、対空砲だった。

我々にそう言った者を、わざわざ嘘つき呼ばわりするのも面倒くさかった。

八月だった。これは英国軍の大攻撃なので、ひどい土砂降りになると予想するのが道理だった。だから、厚い雲に遮られて空中偵察が困難だったというのも、有り得ないことではなかった。だが、敵機がたった一機とは！　しかも、それを砲兵隊が撃墜したとは！　もしこれほど馬鹿げていなければ、笑ってもよかった。

私たちは、広大な操車場に着いたのが分かった。「アミアン」と表示してあった。八月六日の朝だった。「誰か将校に言って、戦車を降ろさせろ。直ちに戦車を隠せ。先導係はここにいる。我々は」——話していたのは、クックだった——「旅団司令部で会議があるので、すぐに行かねばならない」。

そこは広い天幕で、将校であふれかえっていた。全員が戦車部隊員だった。全戦車部隊の応援が必要な作戦とは、一体どんなものなのか？「戦争を終わらせる手筈を整えているに違いない」ハウザーが辛辣に言った。

皆、静まりかえっていた。将軍が話していた。「諸君の左側、ヴィレ＝ブルトヌーまでの区間に、オーストラリア軍が展開する」

なんだって！あのならず者たちが！我々は、オーストラリア軍が嫌いだった。以前、局所攻撃に出たとき、それは失敗に終わったのだが、戦車がいつもよりひどくやられた。その原因を作ったのがオーストラリア軍で、彼らは敵をちゃんと掃討しないまま、先を急いで行ってしまったのだった。おかげで彼らが攻め残した対戦車砲が後方から現れ、戦車を破壊し尽くしたのだった。

「あの、忌々しい戦車の連中は」オーストラリア兵らは言った。「のろま過ぎの臆病過ぎで我々について来られないんだ。こっちは、ちゃんと突破したのに！戦車はどこにいた？どこにもいない——いつものことだ！」

今述べたように、彼らと我々はお互いが好きではなかった。我々にとって、彼等が偉大なる無規律と呼ぶものは、ただの無規律で、その代償は血で支払われた——戦車部隊の血で。

将軍は話を続けた。「オーストラリア軍の右翼の先、アミアン＝ロワ街道方面に向かって、第一〇サウスランド大隊とカナダ部隊を配置する。サウスランド大隊は、カナダ軍と交互に前進する。第五戦車大隊は、右翼をアミアン＝ロワ街道の向こうに展開し、そこでナンシー第十一大隊を支援する」

オーストラリア軍、カナダ軍、〈鉄の軍団〉。どうやら、これは真剣勝負になるらしい。

「第五大隊は、前進を続けて」——カンブレーの時のように？ドイツ軍砲手が許すなら？——「その後は、カナダ部隊を支援しながら残りの距離を前進する」

「講義」は続いた。目新しい内容ではなく、興味をそそらなかった。天幕の中は暑かったが、我々は聴き続けた。ルーチェ川が第五大隊の前線を横切り、平行に流れている。川にはほとんど水がない。実際、それは障害物ではない。そこが湿地になっているかどうかは、第五大隊が行って確かめればわかるだろう。どちらにせよ、そこにはれんが造りの橋が架かっており、第五大隊はその橋を渡って川を越えるのだ。もちろん、その橋はもうない――三月三十一日の戦いが終わり味方の戦線が安定したときには、跡形もなく破砕されていた。それでも、その破片で多少は地面を安定させられるだろう。他の場所より遥かに安全だ。だが、もちろん敵はそこを砲撃するだろう……などなど。彼は単調に話し続けた。

「第一大隊は……」私は緊張を解いて、いっそ眠ってしまおうか?……いや、やめておこう。「ヴィレ＝ブルトヌーでは……第一、第四、第五、第七……」。大作戦であることは、間違いない。ついに。「何か質問は? よろしい。では、中隊長および小隊長への概況説明に移る。続けたまえ」

我々は、少人数に分かれた。ルーチェ川……私が知りたかったのは、そのことだった。土壌はカンブレーと似ていた――良い状態だった、ルーチェ川を除いては。

「スティーンベック川との類似点は?」私は質問した。地図上では、あの川と似ていた。やや蛇行していた。

「とんでもない!」説明していた将校が言った。「ほんの一筋流れているかというくらいだ」

「それなら、なおさらスティーンベック川とそっくりだ」

「君ね、ここの土地は骨みたいに乾ききっているんだ。グラン・ラヴィーン谷ほどの心配も必要ない。気にするな! だいたい、スティーンベック川はイープルにあるんだ」

「ずっとあの場所にあってくれるなら、俺は構わないがね」カーターが言った。「ちゃんと見張っていてほしいものだ」

「誰かが偵察に行かなければ」参謀将校が言った。「私は行く。君はどうだ?」彼は私の方を見て、私は同意した。私は、もし最悪の事態があるなら、他人に任せるより自分の目で確かめたかった。「時間の猶予はない。君は一二：一五に出発できるか？　よし。ここに集合だ」

　私たちは、中隊・小隊の概況説明と地図の精査を終えた。我々には、何も言うことが思いつかなかった——だが、それでも私はカーターにこう言った。

「ああ、嫌だな。怖くてぞくぞくするよ」

　彼は、怒って私の方を向いた。「それなら、なんでそんなふうに何度も話すんだ」

「何度も話してやしないよ。あんたは怖くないのか？」

「怖いさ。俺だって、気が変になりそうだ。俺は馬鹿じゃないからな——怖くないのは、馬鹿か間抜けだけだ。だが、何故それを口に出す必要がある？」

　私は腹が立ったが、彼の言う通りだと思ったので、気分は晴れなかった。私がむっとしながら行くと、一緒に偵察に行く将校は、正規軍人なら知らぬもののいない、ある武勲で有名な男だと分かった。

　彼は、英国機密業務局で働くために、少年期からドイツのギムナジウムで訓練を積んだ。彼が持つ憎悪の資質は、級友らによって注意深く、だが無意識のうちに育成された。彼のドイツ語があまりに完璧だったので、彼はあるとき、ドイツ軍の連隊で一週間に亘り戦線の指揮を執り、その後「脱走」して英国戦線に戻ってきたということだった。彼には、英国軍の飛行機でドイツ軍の戦線の背後に投下されたという噂があったが、その当時そんな離れ業は聞いたこともなかった——彼の名前が絡むとき以外は。すでに述べたように、その時私は勇敢とは程遠い気分で、ただ腹を立てていたせいで一時的に見せかけの勇気を纏っていた。

　私たちは、ルーチェ川を眺めた。川は、干上がっているようだった。私たちは、棒で川底をつついてみた。湿っているようだった。私は、踏み外して大きな石の間に足をついた。私の足は濡れていた。「少しここに留まって、何か見つけられるか様子を見よう」。それは、気持ちの良い、晴天の暑い午後だった。だが、私は震えていた――疲労はその原因の一部に過ぎなかった。私は恐怖を自覚してはいなかったが、興奮していた。

私は、恐怖を寄せ付けないため、そして自分に何かすることを与えるために、磁石で方位を測定し始めた。私は、それが軍事上の行動に見えるように願った。私は、我々が橋へ向かうときに通ることになる泥路から、橋の方位を測った。私は、ルーチェ川にかかる橋の一〇ヤード先、戦闘陣地を構えるために左に進行方向を変える地点からも、方位を測った。私の連れは、とても辛抱強かった。私は彼が、何故そんな下らない作業に取り組んでいるのか、と尋ねずにいてくれて有難かった。私が、我が中隊の左隣に位置し、大隊の右端に配置されるA中隊をはじめ、大隊の他の者たちのために方位の計測を始めると、彼は地勢学の追及はそこまでにしよう、と窘めた。

私たちは、二つの英国軍前哨陣地の間から前方へ匍匐前進した。砲撃はなく静かで、暑く、そして非常に平穏だった。私の連れは、何度も双眼鏡を覗いていた。私は、どうしたら彼にこれ以上先へ這って行くのを止めさせられるかと思案した。ついに、彼は必要な情報を得たと判断した。

私たちは、帰路に就いた。「君は恐らく、ルーチェ川の位置をかつてない精度で地図上に写し取ったな」。彼は、私に皮肉を言っている様子ではなかった。私は突然、自分がチャイニーズ・ウォールで前線壕の方位を知っていてどれほど助かったかを思い出して、嘘をついた。「方位を掴んでおくと便利だと、常々思っているんです」

三十一

私が戻ると、意外にも中隊はひどく騒然としていた。私は、エイチスの元へ出頭した。彼の話では、伝令が作戦行動開始時刻は翌朝、八月八日の八時と伝えてきたとのことだった。

アッサーが私を待っていた。彼は眼鏡をかけた元気な若者で、前の週に我が隊に配属されたばかりだった。彼はどこか、私が英国で友人たちといた頃の様子を思い出させたのだと思う。彼は、私より一歳くらい年下だった。私は彼に、私の副官となって、私が殺られたら代わりに指揮をとるようにと命じてあった。

それは、愚かな人選だった。私の配下の車長の中で、順番通りにその役目につくべき最先任の者は、コークランだった。彼は顔色が悪く、外見はどこかオスプレーに似ていたが、さらに体力のない男だった。私が彼の戦車にオトゥールを配置したのは、将校が頼りない分、乗組員全体を支えるためには、しっかりした男が必要だと思ったからだった。

その次にくるのがロビンスで、彼は戦功章を受けた元歩兵隊員だった。私は彼のことを、とても良い奴でコークランより遥かに優れていると思っていたが、彼は何故か依存心が強かった。もし私がもっと経験を積んでいれば、グリーンを副官にしていたことだろう。彼は、実戦経験には乏しかったが、根性があった。見るからに頑強だった。彼は、将校にも兵士らにも人気がなかったが、それでも私はアッサーではなく彼を登用するべきだったと思う。二人は同じ年齢だった。グリーンは厳しい環境で育ち、それが態度に表れていた。彼は「軍隊がなろうとしているもの」であり、軍隊がなろうとしているものが気に入らない者は、彼のことも気に入らなかった。

アッサーは、その学問好きそうな外見に反して、気性が激しかった。もしその当時、愛国心を意識することがすでに時代遅れになっていなかったら、彼の中には愛国心の純粋な炎が燃えたぎっている、と言ってもよかった。彼の敬愛する兄と、兄よりもさらに偉大だがもっとロマン主義的な陰りのある父親は、ともに戦死しており、父親の方は一九一四年の終わりに亡くなっていた。

彼は、明るい興奮に満ちていた。彼は私に、小隊は全て準備が整い、弾薬の寸法確認も完了、エンジンも砲も完璧な状態に調整済みだと報告した。彼は、誇らしげで嬉しそうだった。私がそんな気分になったことは、あっただろうか？　私には信じ難かった。グリーンには、私と似たところがあったかもしれないが、アッサーには——一切なかった！

私は彼に満足の意を伝え、もし眠れそうならば、行って少し眠るようにと言った。私は、彼はきっと眠れないだろうと思ったが、私はコークランと乗組員のところへ話しに行くところだったので、彼にはそばにいて欲しくなかった。コークランは、自分が順番を飛ばされたことで塞ぎ込み、苛立っていた。私が彼を選ばなかったのには、彼のそういう性格を感じ取っていたからでもあった。オスプレーとコークランは、その点でよく似ていた。彼らは、部下に共感しつつも自分たちが部下たちと同じ人間ではありながら神であるために、おそらくひどくささやかな神だが、それでも神として給料をもらっているのだという自覚を保つことは、できなさそうだった。

オスプレーは、この頃にはもう消え去っていた。戦場からその外へと続く一本の小道があり、それは多くの足で踏みならされていたが、細流が乾いた土地で消えるように、すぐに途絶えてしまう道だった。オスプレーは後方へ送られ、中隊の残留部隊の管理業務、「管理特別任務班」に就いた。それは、将校にやらせる必要があるが、現場の将校を割くのは惜しい仕事だった。私の隊にいたアレン操縦手も、下士官のために用意された同種の職務に就いた。カンブレーの後、彼の業務負担を軽くする必要があった。その好機を生かし、彼は戦車の操縦訓練所で「再教育」課程の操縦法指導員として、自らを役立てることになった。私たちは、大変な苦労の末、何とか彼を大隊に取り返した。だが、戻ってからの彼は、操縦能力が低下したようだった。彼の操縦は過度にゆっくりで、良心的で慎重だった。同時に、操縦訓練所の方でも、戦車で戦わせるにはもったいない人材を失った不満を隠さなかった。彼の上手な指導と愛想の良い態度は、特に上級将校相手にはある種の如才なさが不可欠なこの仕事に、無くてはならないものだった。最後の点が決め手となった。私は、如才なさはドイツ軍には通じない、と認めざるをえなかった。我々の最初の小隊長バグショーは、私がよく知る将校たちの中で真っ先に、この目立たず如才ない方法で消えていった。彼らには、砲弾《シェル》ショックに罹るほどの強さもなかった。彼らは、どうにもならなかった。

メッシーヌの戦いの後、中隊付き曹長の空きができた。オトゥールとA中隊のキャノンという軍曹が候補に挙がった。キャノンは頭の切れる——私の考えでは、切れすぎだった——小柄な男だった。オトゥールは、赤ら顔にみっともなく突き出た耳、不様な体格だったが、外見を除けば推薦に値する資質は十二分にあった。彼は規律に厳しく、それを兵士らは——本人も承知の上で——からかっていたが、それでも彼らは大人しく彼に従っていた。彼には思いやりもあり、それは私の小隊のアレンに対するときに発揮された。「カンブレー以降、奴がどうなってしまったのか、俺には分かりません。奴は馬鹿みたいににやにや笑っているんです。時々、『無言の無礼』で捕らえてやろうかと思うんですが、そういう問題じゃないんです。俺は奴に、病気の届けを出せと言ったんですが、奴は病気でもないんです」。私はアレンに会った。オトゥールの言ったとおりの状態だった。彼は口をきかなかったが、時折その青白い丸顔に、人知れずにやにや笑いを浮かべた。彼はもともと快活な印象を与える男ではなかったが、これは以前にはなかったことだった。彼は、別の世界の住人だった。

キャノンが任命されたので、残念で私は腹が立った。私は、オトゥールに残念だったと言ったが、それ以上は中隊付き曹長となったキャノンの評判を落とすことになるので、何も言えなかった。私は彼が、選ばれなかったことでひどく傷ついていると分かっていた。私は彼を探した。

「やあ軍曹、乗組員はみんな元気かい？　君のところには、元のメンバーではヘイラー砲手がいるんだな。皆、新しい環境には慣れた様子かい？」

彼は居心地が悪そうな様子で、それは私も同じだった。彼は当たり障りのない返事をすると、こう言った。

「ちょっと内々で話をしてもいいですか？」

「いいとも」。そもそも私は、彼には他人に聞かれずに言いたいことがあるだろうと予想して会いに来ていた。その内容は意外なものだった。

「俺は、もう何も欲しくないんです。負傷して除隊になりたいって意味じゃない――砲弾ショックは御免です。だけど、今はきちんと埋葬さえしてもらったら、もう何も要らないんです。俺には分かるんです。予感を肌で感じるんだ。俺が死んだら、身内に手紙を書いてくれますか？」

私は、その場合はもちろん書くが、今それを考える必要はないだろう、と言った。私がまだ二十一歳にもなっていなかったことに免じても、これほど馬鹿なことを言ったとは、呆れる。彼も私も、そろそろ運も尽きるかと思うほど、幾度も危機を生き延びてきた。二人とも、それは分かっていた。

「君が中隊付き曹長に選ばれなくて残念だったと、今でも思っている。今回の戦闘が終わったら大佐に、大佐なら君を転属させられないかと訊いてみるよ」

「そういうことじゃないんです。転属にはなりたくないです。これ以上時間をいただいちゃあ、まずいですね。話を聞いて下さって、ありがとうございました」。彼は敬礼をすると去って行った。

彼は、不格好な見た目にも拘わらず、情のある男だった。彼のけんか腰の物言いが――「私は孤児です！」――少なくとも大隊に配属になったばかりの頃は、彼用の軍旗のように突き出されたものだった。

私は、地べたに横たわって眠った。地面は固かったが、私は疲れていた。それで、私は眠り、ひどく悪い夢を見た。自分が今にも出撃するというところで、目が覚めた。自分が本当に出撃するのだと気づくと、気が滅入った。

その夢は、灰色で、形がなかった。戦慄と恐怖が、私を襲った。私は叫ぶこともできず、何年も経った今でも同じように言葉が見つからない。その当時、私には見つけるべき言葉がなかった。目覚めると、私は現実の戦争の比較的穏やかな恐怖の中にいた。だが、少しの間、私はそれがただの夢であればと願った。夢の中では、私はきっと、それがただの戦争であればと願ったに違いない。

私には、するべきことが二つあり、急がねばならなかった。一つは、あの橋を「修理する」ことだったが、その前に私は、フランス軍第一師団司令部へ行ってナンシー師団の参謀将校らと話さなければならなかった。彼らは、軍司令部での会議が終わり次第、そこで私と落ち合うことになっていた。私はノイス軍曹に、兵士六名につるはしとシャベルを持たせ、戦闘時の完全装備でルーチェ川に架かる例の橋に五:三〇に集合するように指示した。その時間の明るさならば、作業するには十分だが、敵の監視員には見つからないだろうと判断した。

我々の陣地は高い台地の上にあり、樹木が鬱蒼と繁っていたので戦車を適度に隠蔽できた。そこから斜面を下ってルーチェ川の渡河地点へと、泥道が続いていた。総距離は数マイルだったが、私は我々が立っていた位置から、その道程のほぼ全てをノイスに指差して示すことができた。私はハウザーに、これから出掛けると伝えると、急いで向かった。夢は、私を追いかけてきて、時にはイープルで運河の向こうの踏み板の上を歩いていたあの人影のような歩き方で私と並んで歩き、私はその恐怖に駆られて急いだ。

三十二

フランス軍の司令部は、取り込んでいた。会議はすでに終わっており、私が探していた将校たちは、非公式の打ち合わせを行なっていた。彼らは疲れて不安そうに見えたが、一九一八年の一連の抗命事件[151]が公に知られてから多くの者が彼らの中に見たと公言した敗北主義の形跡は、感じられなかった。一人の下級将校が寄って来て私に用件を尋ねたが、彼が私の用向きを前もって聞いていて、見当もついていることは明らかだった。私は、シックスフォーム修了程度のフランス語の切れ端をかき集めて答えた。彼は上官である少佐に、早口で二言三言伝えた。少佐は、私の方をじっと見ていた。彼は、不快そうだった。私が近づいて行くと、彼がフランス語を話せる将校が来るものと期待していたことがはっきりと分かった。彼はすぐに、やって来たのは期待した者ではなかったことを理解した。彼は立腹していたが礼儀正しく、会見を打ち切ると仕事に戻っていった。

私は、気を張り詰めた人々の中に、ただ一人立っていた。私は、その中に一人、戦功章をつけた右腕のない男がいるのを見た。途方に暮れて待ちながら、私は、自分がここに来るように選ばれたのは、名前のせいだろうと思い至った。[152]それが当たっていたことは、フランス軍情報将校が私に近づいて来て話したときにはっきりした。彼は、私が自力で変えられないことを責めはしなかったが、彼は明らかに、英国の学校ではフランス語が教えら

151…実際には、一九一七年の出来事。戦争編第二十四章訳註参照。
152…ビオン Bion は、フランス由来の姓。

れており、まさか英国陸軍参謀本部が「フランス語ができる将校」を、本当に話せるかどうか確認もせずに送り込むはずはないと考えていた。

この頃には私も、確認してくれていればよかったのに、と思っていた。私は、英国人の癒し難い軽率さの徴候を示す症例の一つになるのは嫌だった。紙と鉛筆を使って、私は彼と歩兵隊員に自分の小隊が、戦車に関していえば英国の戦線の右側の位置で、何をする予定なのか、そして各行動の厳密な予定時刻も説明した。それを私はすでに暗記していた。それは、作戦行動開始時刻から英国第四軍と合流するまでの間の、作戦命令の骨子だった——第四軍の、カナダ軍と。

私のお粗末で滑稽極まりない「話せますか？《パーレ・ヴー》」程度のシックスフォーム仕込みのフランス語と、彼の「バカロレア」英語と思しきものでは、重大な会話の背景として甚だ心許なかった。私は軽率さは感じなかった。私は、ありとあらゆる意味で、自分の無能力さを感じていた。我々は、この骨の折れるたどたどしい発話合戦の結果に満足したことを確認し、敬礼を交わして別れた。

私は、ルーチェ川で配下の兵士たちと落ち合った。私は彼らに、戦車が埋没しないよう川床に瓦礫と粗朶を敷き詰める方法を指示した。大隊が擁する全戦車が出発地点まで確実に到達できるように、この地点でルーチェ川を渡らなければならなかったので、彼らは懸命にかつ迅速に作業する必要があった。もし戦車が、敵の砲手に狙われたらどうにもならないこんな場所で、先史時代の大変動に襲われた恐竜の群れのように泥にはまって動けなくなることがあれば、フランス軍と英国軍の歩兵隊二軍団分が、無防備となってしまうだろう。

私は、橋の欄干があった箇所を示す瓦礫の山の上に、目立つように座った。兵士らは、川床で汗を流して働いていた。私がそうしたのは、敵がこの渡河地点を毎日砲撃していると知りながら、兵士らをそこに置いて自分だけよその安全な場所にいる訳にはいかなかったからだった。私はじっと座っていたが、心の中では「急げ、急げ、急げ……」と叫びながら、緊張の汗を流していた。たまに私は、気休めに瓦礫のところへ降りて行って、特に頑固な煉瓦の塊を動かすのを手伝ったりした。私の時計の針が六時を指した。それは、敵が毎日橋を砲撃する定刻とされていた時刻だった。私は、彼らが習慣を守る生き物だと知っていた。私は、橋から数ヤード歩いた。私が離れている間に、彼らが砲撃を始めてくれれば！　私は、戻って再び座り、パイプに火をつけた。

それは、天気が良く風のない、夕焼けが美しい宵だった。我々を見下ろす台地の樹々は、風に揺れることもなく、豊かに繁った葉は枝から重そうに垂れ下がっていた。

兵士らがつるはしで突く音、ショベルの擦れる音、私の呼吸音、それ以外は何もなかった。最後に、我々の戦車が躓きそうな大きな瓦礫が一つ残った。私は総員を集めて、この塊を転がしてどけようとした。皆で押した。私は皆と一緒に汗をかき、力一杯押しながら――それは私の気休め休憩の一環だった――夕べの「猛爆撃《ストラーフェ》」の最初の一発が発する遠い砲音と、続いて急激に高まる飛来音が聞こえないかと耳を澄ませた。岩はわずかに転がった。もう一回で――「大きくもう一押し」――岩は転がり、危険となる位置から外れた。「これでいいだろう」私は、出来るだけ落ち着いて言った。「退散だ」

「それと、頼むから急いでくれよ」私は、彼らに切迫感が感じられなかったので、言い足した。

九：三〇になっていた――いつもなら、敵が毎夜の猛爆撃を終える時間だった。私は、そこから少なくとも半マイル離れるまでは、兵士らを休ませなかった。そこでやっと、彼らは隊列を崩して休憩と喫煙の時間をとった。

前に述べたように、その晩は好天だった。三日間に亘って我が軍の戦闘準備を覆い隠していたあの厚い雲でさえ、すっかり消えていた。それは、ノーフォーク・ブローズ[153]での素晴らしい帆船遊びの一日の終わりに、風が凪いだときと似ていた。

153…英国編第十六章訳註参照。

カーターが、泥道を下って私のところに来た。「大丈夫か?」彼は訊いた。「大丈夫だ」私は答えた。私はノイス軍曹と兵士らに、所属の小隊に合流するよう指示した。「戦闘時の軍装を解いても構わないと俺は思う。みんな、よくやった。ご苦労だった」

二人きりになると、カーターと私は橋を見に行った。「爆撃はなかったのか?」「一発も」。だからといって、いつ爆撃の渦に包まれるか分からないような場所に居座る理由はなかった。私たちは、泥道に戻って待機した。

九:五〇には、ハンドリー・ペイジ爆撃機が前線の上空を飛び始める予定になっていた。そのエンジン音で、戦車のエンジンの唸り声を覆い隠して、敵に怪しまれないようにする策略だった。間もなく、あの特徴のある脈打つような持続音が聞こえてきた。

「悪くないな。もし戦車のエンジン音を聞いたことがない、少し耳の遠い人間だったら、もしかしたら、少し酔っぱらっていれば、戦車のエンジン音をハンドリー・ペイジだと思うかもな」。私も同意した。ちょうどその時、二マイル向こうから一台目の戦車のエンジンが始動する轟音が聞こえた。

「やっぱり」私は言った。「あの騒音を何か他の音と間違えるような奴は、絶対いない。あれはリカルド社製一七四馬力戦車エンジン以外の何物でもない」。「そうだな」カーターも苦々しそうに言った。

戦車は、二台目以降は、お互いに隠蔽し合った。一台がエンジンをかける毎に、操縦手は出力を下げて低速走行に入るため、轟音はすぐに弱くつぶやくような音に変わり、つぶやき音は街道を行きかう自動車の騒音のような雑多な音に変わった。これなら敵も欺けるだろう、と辛うじて思えた。

ドイツ軍の将校は、きっとこんな報告をしたことだろう――「敵の戦線の後方で、交通量が大幅に増加した模様だ」

カーターは、暇つぶしに自分の地図を広げた。「お前の左側にあるそれが、アミアン=ロワ街道で、何マイルにも亘って、間違えようもなく、一直線に続いている。ポプラ並木になっているから、その方位を見れば自分の位置が確認できるんだ」。私は、地面に腹ばいになってミミズの視点から前線を眺めていたときでさえ、それを見たことがあった。「アミアン＝ロワ街道——今でもポプラ並木はあるんだろうか？」

「たった今、自分でそう言ったじゃないか！　いい加減、戦場はみんなイープルと一緒だという考えを、頭から追い出せ！」

「あの戦車はみんな、どうなっているんだ？　もうとっくに着いてるはずの時刻だ」。カーターは、時計を見た。私は、そんなに苛立っている彼を見たことがなかった。「まあ、そうでもないか。最初の頃ほどひどい騒音を立ててもいないようだしな。でも、やはりそろそろ姿を見せてもいい頃だ」

そのとおりだった。そして、戦車はやって来た。一台目が暗闇の中から巨躯を現し、低いギアで、やっと動いている状態で、そうしてエンジンに負担をかけずにアイドリングで戦車を前進させていた。彼らは時間どおりに到着した。強烈な安堵……。何かに呼ばれたように、二人とも振り返ってルーチェ川の橋を見た。橋は消えていた。完全に絶対的に、厚い霧の壁に阻まれて見えなくなっていた。

三十三

誰も霧については言っていなかった。霧は出るはずではなかった。川も土手も低地も、みな骨のように乾きっていた。私は、自分の目でそれを確かめていた。何故、どうして、私は偵察の後に、霧のおそれがあると報告しなかったのか？ 私はかつて、イープルの泥に四〇トンの鋼鉄が浮かぶかのように振舞っていた連中を呪った。だが、今度は私が……。

私には、報告書が目に見えるようだった。「経験豊富な戦車部隊将校が、戦車の使用に適した地勢であるかを調査・報告するべく、現地へ派遣された。不運にも、彼は全ての項目を検討し、川床に水がないことも確認しながら、明白な一点、すなわち川床から消えた水は、空中に蒸発したに違いないことに思い至らなかった」。水は、すぐそこにあった——厚く濃密で、全く見通せない。

「さあ、どうする？」カーターが言った。私は、自分の声がこう言うのを聞いた。「行って見てみよう」。私たちは歩いて行って、壁に突き当たった。次の一歩を踏み出しながら、私たちは自分の手を見てみた。腕の長さの距離にある手は、視界から消えていた。

先頭の戦車が、エンジンを震わせながら停止していた。砲弾の飛来音と爆発音が聞こえた——ファイブ・ナインだ。そして、さらに続いた。私は、もうおしまいだと悟った。敵は、ずっと前から知っていたに違いない。恐怖に我を忘れて、私は自分の幸運のお守りである秘教の偶像を取り出した。それは見かけでは磁石の方位の記録、実態は私の昼下がりの恐怖の記録だった。それは、懐中電灯でどうにか読めた。私はそれらが磁石で計った方位であり、それは本当に戦車を誘導する目的で計測したのだというふりをした。

カーターが、白いテープをいくらか持っていた。何故私は、午後の間にテープで印をつけておかなかったのだろう？　もちろん、その時私は、敵に見つかって目標の計測に利用されるようなテープなど表示するわけにはいかなかったということを忘れていた。

先頭の戦車のところに戻ると、私はしばらく停止するように、また兵士を三名貸し出すようにと言った。カーターは、この悪い知らせを直ちに報告するために旅団司令部へ向かった。戦車がもう一台到着した。「停滞」が始まっていた。私は、間の抜けたのんびり気な声で「何事だい？」と訊いてきた車長を、殺してやろうかと思った。

三人の兵士の助けを借りて、私は数値を基に地面にテープで印を付けた。それは、橋の残骸の上を横切って伸びていった。左に鋭角に曲がり、そこから真っすぐに、師団の前線と平行して、我々の前進方向に直角に伸びていった。それから、「アミアン＝ロワ街道と平行に、ポプラ並木の、目の届く限り一直線の街道と」。

私は、先頭の戦車に前進するように指示した。もちろん、テープは踏みちぎられてしまうだろう。二台目はどうしたらいい？　私には分からなかった。私は気にしなかった。「大将ごっこで行け」[154]と私は言った。

我々の中隊が配置につくと、私は自分の小隊のところへ戻った。私は、我々の中隊の位置を磁石で確認した。一台当たり四〇トンの鋼鉄の塊が、記された戦闘隊形どおりの間隔でずらりと並び、歩兵隊の人数に対して正しい比率で配置された戦車が、歩兵隊の攻撃を漏れなく支援できる態勢をとっていた。唯一の問題は、磁針方角の数値が、地面での方向とどう関係しているのかだった。私には、磁性体である鉄塊が磁針方角にどう関係するのか、分からなかった。

クックがやって来た。「やあ、ここにいたか」「そうだが、そっちはどこにいるんだ？」私は尋ねた。「霧が

154…'Follow my leader'という子供の遊戯。大将になった子のするとおりに他の子等が真似て、間違えると罰を受けるという遊び。

あるな」彼は言った。「この位置で、確かに正しいんだろうな?」彼は、何か危険に気づいたかのように付け足した。

エイチスが到着した。「やあ、後でまた。私は前進中隊本部へ行かねば。そろそろ時間だ」彼は歩き去った——いや、走り去ったのか? あんなに早く彼の姿が消えたのは、きっと霧のせいだったのだろう。前進本部までは半マイルの距離だった。私の理解では、彼は四時間後までにそこに着けばよかった。だがもちろん、霧が出ていた。

A中隊が現れて、我々を基準にして配置を決めた。誰も磁石で方位を測っていなかった。私は、なぜそんな厄介なことになってしまったのか分からなかった。私は、陣地の方位を測るように命じられて偵察に行ったのだったか? 一個軍団分の戦車が、その位置と方位について当てにしているのは……神のみぞ知る。私は自分が磁針方角を真剣に受け取ることになるとは、まして軍団がそうするとは、夢にも思っていなかった。

私は、ハウザーを見つけた。彼の小隊の戦車の一つには、排気口に大鍋を取り付けて、彼の髭剃り用のお湯を沸かせるようにしてあった。彼はちょうど剃り上げているところだった。

「お前は、出撃の前にはいつも剃るのか?」

彼は、驚いて私を見た。「当然だ。いけないか?」

「そうだな」私は言った。「いけないことはないさ。ただ、俺は剃ろうなんて思ってもみなかった」

「思ってもみなかっただって? 何だい、閲兵式やら装具の点検やら、あれはみんな何のためだと思っていたのか? 俺はいつだって熱湯を用意しているんだ」

私は、霧がとても心配だと言った。彼も、ひどい濃霧だと同意した。私は、我々は方向を見失うのではないか、と言った。彼は、それは大いに有り得る、と相槌を打った。私は、我々は迷った末に、ルーチェ川に突っ込むのではないかと案じている、と言った。「まあ、そうなっても大丈夫だろう。お前は、川には水がないと言っていたじゃないか？」

私は、そろそろ自分の小隊に戻る時間だと思った。突然、ハウザーにある考えが浮かんだ。彼は、私が視界から消えてから大声で言った。「ところで、この配置はどこの阿呆が決めたんだ？」

「知らないよ。ただ来てみたら、こうなっただけだろう」。私は、その時この話題を話し合える気がしなかった。

霧は、ますますひどくなっていた。それは大きくうねる塊のように押し寄せ、顔の周りで渦巻き、目を覆い、肺を詰まらせた。そこここで、兵士らが咳をしたり、咳をこらえたりしていた。不気味な静けさだった。あの咳は、ひょっとしてドイツ軍の歩哨のものではないか？　私は、コークランの戦車に寄りかかって立った。少なくとも、私はその呪われた車内には入らなくてよかった。

旅団の情報将校が、少なくとも四門の重砲が――九・二インチ砲――我々の正面の森の隅にあると言っていた。その種の砲は、味方が発射しても無益だった。発砲された高性能榴散弾は地中に打ち込まれて、巨大な砲弾孔を作った。すると敵はその上縁に有刺鉄線を巡らせ、中に機関銃を二、三挺据えて、我が軍の砲兵隊が敵に贈呈したこの即席要塞によって英国軍の前進は、何日間も食い止められることになった。だが、今回はどうか？　我々は、その狭い範囲に、六門の十二インチ榴弾砲を集中させることになっていた。ある歩兵隊員が、私に言っていた。「大砲同士の果し合いの滑稽な点は、奴らがお互いを撃ち合わないことなんだ――代わりに、俺たちを撃つのさ」今回、あの怪物たちは、お互いに撃ち合うことになるようだった。

この砲撃があるために、歩兵隊はあの森には近寄らないことになっていた。爆撃が破壊しようとしていたのは大型の砲ではなく小型の対戦車砲で、それらは機関銃隊の護衛のために設置してあると敵は想定していた。私の配下の二台、アッサーの戦車と私が寄りかかっていたコークランの戦車が、行動開始後二〇分にあの森に入ることになっており、その時点で味方の発砲は止み、敵の砲も全て沈黙させているはずだった。機関銃の制圧が、その二台の戦車の役割だった。だが、何故最も小型で重要性の低い銃が、大砲の集中砲火を経ても封じられないのか？　恐竜のような大砲は、自滅する――九インチ砲は、怪物のような十二インチ榴弾砲ほど強力ではなかったから。十二インチ砲は、それ自身の法外な大きさと威力によって破壊され、動けず役立たずになったから。機関銃が生き残ったのは、それに仕える無防備でひ弱な奴隷が、さらに無防備でひ弱なもの、人間の脳というものを持っていたからだった。それは、頭蓋骨に故意に穴を開けられると、頭蓋骨の後ろから漏れ出るものだった。穴を開けるのは、祖先の真似をして木に登ろうと考えられるだけの柔らかな人間の脳を持った、さらに傷つきやすくひ弱な動物が持つ別の銃だった。だから機関銃手らは、祖先の真似をして地中の穴に暮らすだけの知恵を持っていたので、砲手らが恐竜的に最悪を尽くした後に、深く深く掘られた穴から這い出て来て、歩兵隊に向かって発射するのだった。

別の機関銃手らは、その脳の、特に道具を作って使用するという類人猿的な特質を生かして、もっと頑丈な頭蓋骨を持った機関銃を考案した――戦車だ。その後に何が起こったか、私には――コークラン、ヘイラー、オトゥールとフォアマンが乗った戦車に寄りかかりながら――その時も、その後何年も経っても、想像もできなかった。それは私が恐怖によって遮られたためで、その恐怖は、エンジンが轟音とともに始動し、すぐに静かな唸りに変わると、一気に高まった。

三十四

早晩、私の両親は、私の戦死を伝える電報を受け取ることになるだろう。戦争がただ続きさえすれば。私は、自分が生き残る幸運の持ち分を既に使い果たしていた。母と父、特に母は……。今は、そんな思いに浸っている時でも場所でもなかった。優しく愛撫するような薄霧、暗黒のとばりは夜明けが近づくと灰色に変わってゆき、それとともに静寂は、前線に並んだエンジンの脈打つような振動音へと変わった。私は、時計の分針が静止し、這い出し、大急ぎで作戦行動開始時刻へと突進するのを眺めていた。

私の伝令として働く二人の兵士、スウィーティング兄弟と私は、ハッチから我々がルーチェ川へ下る前にいた背後の台地の上へと視線を上げた。大きな霧の壁が突然明るく照らされ、味方の大砲が放つ突き刺すような白い閃光が、稜線を描き出した。しばらくの間、それは夏の稲妻のように無音だった。そして、鋭い金属音、錯乱した叫びのような音が上空で響き、弾幕砲火の轟音が来た。私たちが前線の方に向き直ると、戦車は既に去り、我々三人だけが残されていた。

私たちは急いだ。イープル式の例の素早く飛び跳ねるような歩き方だったが、そこはぬかるみの上の踏み板ではなく固い地面の上だった。我々はほとんど走っていて、どこか目的地へ向かっているようだった。そうではなかった。我々はただ自分たちの立っていた地面から少しでも遠くへ、少しでも速く逃れようとしていただけだった。私は、敵の集中反撃の射程区域からどうにか抜け出せるだろうと考えていた。敵は何故さっさと撃ってこないのか？　何かあったのだろうか？

そして、それは始まった。砲弾がはしゃぐように激しく降り注ぎ、それはメッシーヌで私が塹壕の上端を歩いたあの時のようだった。我々のうち二人は先へ進んだ。「兄さんが！」騒音の中で、彼が叫んだ。「早く来るんだ！」彼に一体何が起きたのか？　霧の中で道に迷ったのか？　靴紐を結ぼうと立ち止まったのか？　彼は、完全に消えていた。

私たちは「早く来る」ことはできなかった。そばに砲弾孔があり、ちょうど二人が入れる大きさだったので、我々はそこによろけながら入って伏せ、頭をできるだけ地面に近づけていた。そこで、私は考えようとした。再結集地でアッサーやコークランと落ち合う集合時間まで、あと二時間あった。十五分後に私は、他の二台、グリーンとロバートソンが指揮する戦車と合流する予定だった。この場所は、当座の退避場所となりそうだった――おそらく、再結集地にいるべき時刻までの時間を過ごす場所として、ここでも他所でも変わりはなかった。

この私の仮説は、全く間違っていた。それはイープルでの経験に基づいた仮説だったが、あのときはどの砲弾孔でも良かった。カーターが言ったように、ここはイープルではなかったが、私の経験不足と、一旦入った砲弾孔から移動することへの純然たる恐怖感が、私に選びうる中で最も危険な策を選ばせていた。砲火は激しかった。暗い中で横たわりながら、私は、それは過去に経験したどの戦闘でもそうだったように、どこでもみな同じなのだと思った。

少しずつ、私は自分の位置を確認できる程度に、頭を上げてみた。何度目かに試みたとき、霧と砲撃が一瞬晴れて、遠くにアミアン＝ロワ街道のポプラ並木らしきものが見えた――それは一直線に遠くまで伸びていた。街道の景色が、これほどの安堵感をもたらすものとは思ってもみなかった。その安堵感は、即座に打ち砕かれた。今はまた姿を隠したあの街道は、完全に間違った方角にあったのだ。

私には理解できなかった。私は、砲火のせいでぼうっとし過ぎていた。さらに悪いことに、一瞬正気に戻る度に思いつく説明はたった一つで、その説明はあまりに恐ろしくて受け入れられなかった。私は頭を地面に押し付けて、徐々にだがそれについて考え抜こうとした。

並木の位置は、スウィーティングと私が前線と平行に歩いていて、敵の方へは向かっていないことを示していた。私は、方位磁針を取り出そうとした。私が言える範囲では、我々は戦車と同じ方角に歩いて来ていた。だが、戦車は、全大隊が、この同じ磁石で方位を測ったのだった。

スウィーティングが、何か言おうとしていた。彼は、ひどく不安そうに見え、具合が悪そうだった。「何だって？」私は大声で言い、彼の返事を聞き取ろうと、彼の口元に耳を近づけた。

「サー、何故私は咳ができないんでしょうか？」

何という質問だろうか！　こんなときに……私は、彼の胸元を見た。彼の上着が裂けていた。いや、裂けていたのは彼の上着ではなかった。彼の胸部の左側が、なくなっていた。彼は、見ようとした。私は、彼を制止した。私は、彼の荷物から応急手当用品を見つけ出して、それを傷に当てがう振りをした。それから、彼は見た。自分の左腕の下を……。彼は、安心したかのように身体を倒し、今度は別のやり方を始めた。

「お母さん、お母さん、お母さん……」。やれやれ、母親ときたか。おかげで私は最低限、邪魔されずに砲火に注意を向けることができた。私は、砲弾孔に身体をなるだけ低く押しつけた。

アミアン＝ロワ街道が我々の後方にあるということは、戦車はフランス軍の前進に対して縦射し、カナダ軍は援護砲撃のない状態に置かれているはずだった――それは、戦車がそもそも役に立つものなら、だったが。

スウィーティングは、上体を起こそうとしていた。「おい、頼むから……馬鹿なことはするな！　横になれ、いいな！」彼は聞こえないなりに、私の怒りに圧倒されたようだった。私も聞こえていなかったが、彼の唇が動くのが見えた。

「お母さん……お母さん……お母さん……」。そして彼は、私が彼の方を見ているのに気づいた。「私は何故、咳ができないんでしょうか？」

私には耐えられなかった。あの戦車――今頃彼らは、カナダ軍に向かって縦射しているのだろうか？――援護砲撃のないフランス第一軍が、あのフランス語が分かる間抜けな英国人を探しているのか？ 私は、泣き声で言った。

「スウィーティング、お願いだスウィーティング……お願いだよ、頼むから黙ってくれ」。彼は、黙った。私には、彼がまた言い始めると分かっていた。私は、ポプラが風に揺れているのをちらっと見た。強い風が吹いているようだった。それなら、何故霧を吹き飛ばしてくれなかったのか？

「私は何故、咳ができないんでしょうか？」

お前は何故、さっさと咳をしてしまわないんだ？ 何故……私は嘔吐したが、吐き出すべき物は何もなかった。

「お母さん……お母さん……お母さん……」と彼はつぶやいていた。何故私にそれが聞こえたのだろう？ 私は顔を上げて眺めた。爆撃は止んでいた。太陽が輝いていた。霧は、夜は、消え去っていた。

アミアン＝ロワ街道は、本来あるべき位置に、我々の左側に戻っていた。我々は、荷馬車道の縁にできた砲弾孔の中にいて、その道の向こう側の縁に沿って、背の高い草が生えていた。それは、アミアン＝ロワ街道のポプラ並木ではなかった。

私は、安心はしなかった。「畜生、ふざけるな！ 笑い事じゃないんだ」。すっかり疲れ切って、私は言った。「スウィーティング、本当に気の毒だ。じきに担架兵が来るだろう。彼らが、君を治療後送所に運んでくれる。英国に帰れるんだ」

彼は、私を嘘つきと呼べないほどに衰弱していた。彼の目は、ガラス玉のように虚ろになっていた。私が言った言葉は、彼にこう言うだけの生気を呼び起こした。「母に手紙を書いてくれますか？ 書いてくれますよね、ねえ？」彼は活気づいていて、執拗だった。「サー、私の母に手紙を書いてくれますよね？ 書いてくれるでしょう？」

「ああ、もちろんだ」

「住所は……」

「言うな。住所は持っている。事務所に行けばある」

そして、彼は死んだのだと思う。あるいは、死んだと思ったのは私だけだったのかもしれない。私は、彼をどこかの歩兵隊員に引き渡した。「スウィーティング、私はもう行かなければ——他の戦車のところに……」。有難いことに、彼は私のたわ言には気を留めていなかった。二人の兵士が、両脇から彼の腕の下に肩を入れると、治療後送所に向かってよろよろと歩いて行った。スウィーティング。砲手。戦車部隊。戦傷死。それが、彼にとっての、終わりだった。

三十五

それは、素晴らしく晴れた午後だった。奇跡のような——戦いにはおあつらえ向きの日よりだった。さて、何の話だったか。そうだ、私は任務を続行することができた。地面の状態も、申し分なかった。ぬかるみはなく、カンブレーと同様、戦車には最適だった。ちょうど一台が、私の少し前方にあった——それは、激しく燃え上がっていた。時折、新たな榴弾が破裂する度に、それは消化不良を起こしてしゃっくりをするように揺れた。

「接近は不可能だった」

実際には、難なく近づくことができた。私は向こう側の開いた扉から車内に入って、とどめを刺そうと思えばできた。扉には、黒焦げの遺体が三つ、傷口からあふれ出た内蔵のように垂れ下がっていた。私は、それがコークランの戦車だと知っていた。それでは——これが、大隊に残っていた私の当初からの乗組員たちの最期というわけだった。オトゥール軍曹の最期。

私の右側には、フランス外国人部隊が横一列に並んで座っているのが見えた。私は将校を見つけて、彼らが何故前進しないのかと尋ねた。それは私の隊の戦車の一台が欠けたせいだろうか？　彼のリセ修了程度の英語は、私のフランス語よりもましだった。「そうだ、我々はここで足止めをくらってるんだ。あそこに見える村に、敵の機関銃がある」。彼は、前方の村を指さした。「昼食を食べ終わったら、もう『足止め』はなしだ。我々は敵を討つ」。

私は、彼に幸運を祈り、手を振って別れると、アッサーを探しに歩き始めた。ロワ街道の左側にいたカナダ軍は、明らかに機関銃にも昼食にも邪魔されずに、ずっと先へと前進していた。

　一つの小柄な人影が、それは両腕を頭上に挙げて走ろうとしていたせいで余計に小さく見えたが、身体を揺らしながら、驚くべき速度で私に駆け寄ってきた。彼は私の前で膝をつき、私の脚にしがみつこうとした。「戦友《カマラート》、壊れた《カプット》！　戦友《カマラート》、壊れた《カプット》！」私は、どうかしていたのかもしれない。私は再結集の時刻に遅れていたが、この気が変になった男が私の上着を掴んで二〇ヤード程離れた退避壕まで引っ張って行くのを許した。それは、適当に掘った穴にトタン板を被せ、その上に芝土を載せただけの間に合わせの壕だった。彼は私に、中に入るよう促した。私は、コルト拳銃を取り出した。私は、罠に進んではまるほど向こう見ずではなかった。私は、彼を先に押し込んだ。中に入ると、彼はもう一人のドイツ兵の傍らにまた膝をついた。そのドイツ兵は地面に横たわっていたが、彼の頭は壕の壁に強く押し付けられ、左脚は股関節から頭の方へ向かって鋭角に曲がり、左の軍靴は彼の頭上と後頭部の辺りにあった。彼は死んでいた。彼は、これ以上有り得ないほど完全に死んでいた。膝をついた方のドイツ兵は、その彼の心臓の鼓動を確かめるよう私に要求した。私は怖かった。「だめだ――だめだ《ナイン》、だめだ《ナイン》……死んでいる《トート》」と私は言った。彼は泣き出して、また私を掴もうとした。自分の愚かさを呪いながら、私は彼を振り払い、泣きじゃくる彼を一人にして立ち去った。私は動揺していた。どう見ても私は軍人には向かないし、まして将校など論外だった――それも勲章つきの。

　私が再結集地点に着くと、クックがいた。「お前、今まで一体何をやっていたんだ？　二〇分も遅刻だぞ」。私は、自分が集中砲火で足止めをくらっていたのだと言った。コークランの戦車が直撃を受けたことや、フランス軍が立ち往生していたが、今頃は前進を再開しているであろうということも話した。そう言うと、いかにも私はひどく忙しい一日を過ごしてきたように聞こえた。少なくとも、クックはそれで納得したようだった。次の戦争では、政府は私のような者に軍服を着せようとは思わないだろう。

　味方は目標の全てを攻略し、歩兵隊、砲兵隊、工兵隊と信号隊は前進を続けていた。今回初めて、グリーン、ロバートソン、アッサーという私の小隊の生き残った車長らは、戦死率が三人に一人よりも少ない、勝者の部隊として集合できそうだった。カンブレーの時とは違い、今回は我々の前線で進行を阻まれた箇所はなかった。我が軍は、今日の目標をはるかに超えて達成していた。

クック、カーター、ロバートソン、エイチスと私は、木の下に立っていたが、グリーンとアッサーはまだ合流していなかった。「あそこを見ろ!」カーターが、街道のアミアン方面を指さして言った。「予備隊だ!」

我々は、予備隊などそれまで見たことがなかった。道を埋め尽くした軍勢は、ルーチェ川の谷まで何マイルにも亘り連なっていた。そこここで、輸送隊や砲兵隊が道を外れて歩兵隊を追い越していた。それは澄み切った晴天の午後だった。堅固な地面には、砲兵隊の馬に牽かせた大砲前車が広い空き地を疾走するのに障害となるものは何もなかった。私は、軍隊が隊列を組んで行進するのを見たのは、ルアーブル以来だった。それは目を見張るような光景だった——だが、遅すぎた。私たちはみな落胆し、ただ黙って眺めていた。

エイチスがクックに尋ねた。「我々も追いかけることになっていたよな?」そう、そういう命令だった。注油し、燃料を補充して、いつでも必要なときに行動できるよう、先行する歩兵隊と緊密に連絡をとること。

前方の夜空は、炎で明るく照らされていたが、それは味方の砲火ではなく、敵が撤退の際に弾薬集積所に火をつけたものだった。この時ばかりは、炎は惨事を意味しなかった。それは以前であれば歓喜の合図だったかもしれないが、そのときにはただ「それで、次は何?」というための合図でしかなかった。

アッサーの乗組員たちが、戦車の下で眠っていた。私は一人を引きずり出し、他の乗組員を起こすように言った。アッサーは、車体の前方の突き出た部分の下にいた。

「お前は街道を進んで行って、右側のフランス軍と左側の第四十二師団を援護するんだ」

私は、彼が目を覚ましていないことに気づいた。彼は、固く冷たい地面に寝ていた苦痛で身体を硬直させていた。彼らは皆、下に何かを敷く間もなく眠りに落ちたのだった。「聞こえるか?」彼は、聞こえたと請け合った。私は命令をもう一度伝えた。

彼の乗組員らは、全員眠っていた。私は憤慨し、手近にいた一人を戦車に寄り掛かって立たせた。さあ、彼はまた眠りに落ちることがあれば、痛い目をみるぞ、と私は思った。私はアッサーに、一緒に部下を起こすように言った。我々が全員を起立させたときには、アッサーはしっかり目が覚めていたようだった。そこで私は、また命令を繰り返した――今度は詳細に。

「君たちは、単独行動になる。私は、グリーンとロバートソン、それにC中隊の二台を加えて小隊を組んで行く。第四十二師団のことは、放っておけ――君らは、フランス軍を援護するんだ。フランス軍は、夜明けと同時に攻撃を開始する。第四十二師団のいかれた指揮官たちは、私の言うことを聞かず、一〇時三〇分までは出撃しない――煙幕もなしに――奴らが出発点に立つより先に、我々の戦車が粉砕されるようにしようという魂胆だ。だが、君たちは」その時、時刻は四時三〇分で、まだ暗かった――「今すぐ出発していい。乗組員は歩かせて、ぎりぎりまで車内には入らせるな。それで少しは目が覚めるだろう。できるだけ……」私は考え直して、それ以上は言わなかった。私は、乗組員が暖かい戦車の中に入ったとたんに眠りに落ちることを、極度に恐れていた。アッサーは、いつもの元気な彼に戻っており、楽しそうに興奮していた。私は、彼に自分のひどい恐れを告げたくはなかった。彼に、できるだけ、何をしろと言うのか？　乗組員たちは、戦える状態ではなかった。

私たちは二日間、カナダ軍の後について来ており、戦闘はなかったが、戦車をいつでも戦える状態に保ち手入れをしておくという、終わりのない骨の折れる仕事が続いていた。私がアッサーに言ったように、私の小隊をC中隊の戦車二台で補充することが決まった。ハウザーの小隊は、八月八日以降に一日戦闘に出ていた。ハンフリーとカーターの小隊も十日に戦っていた。砲弾の直撃と機械の故障により、彼らの小隊を合わせても残っている戦車は三台だった。戦死者の割合は、三人中一人のままだった。

クリフォードは、有難いことに、ついに英国内で新たに編制される中隊に転属となっていた。彼の小隊が再編成された後は、グリーンが引き継ぐことになりそうだった。元からいた顔ぶれは、カーター、ハウザーと私だけとなった。

私は自分が指揮する戦車四台を見つけ、車長を集めると命令を再確認した。それは、命令などではなく、死刑宣告だった。クックとエイチスは前の晩に、師団司令部に対して、作戦行動開始時刻は夜明けであるべきだと強く主張した。知的な人たちが明白なことを受けつけないとき、それ以上できることは何もない。

戦車は、都合よく平均五〇ヤードの間隔をあけて小さな木立が散在していたので、そこに一台ずつ隠しておいた。一〇：二五にそこを出て、師団の前線を一〇：三〇に越えるべく前進した。砲火も機銃掃射もなかった。戦車が前線を横切ると、敵の機銃が火を吐き始めた。私はグリーンの戦車の後ろを歩きながら、戦車にできるだけ密着して、機銃に当たらないことを願っていた。

歩兵隊は、塹壕から出てこなかった。私は、敵の砲兵隊を封じ込める歩兵隊の援護――上手くいっても希望はごくわずかだが――を欠いた戦車がどうなるのかを思い恐怖に駆られ、引き返すと塹壕に転げ込んで、最初に見つけた将校に、直ちに射撃を開始してくれと頼んだ。我々を救えたのは、歩兵隊の前進だけだっただろうと、私には分かっていたが、せめて彼らがここで機銃を発射してくれれば……。彼らは拒否した。彼らは、前進の準備を整えていた。彼らは射撃もせず、前進もしなかった。

ハウザーは、自分直属の戦車のうち一台の後部に乗っかって出撃していたが、彼も何か異変が起きたかと様子を見に駆け戻って来た。不気味だった。何も起きていなかった――それこそが、異変だった。だが彼は、見るからに怯えていた。私たちは二人とも怯えていた――しかも、二人とも全く安全な塹壕の中にいた。軍団は、夢中歩行していたのかもしれなかった。

私たちは、戦車を見た。何も変わった様子はなかった。戦車は静かな唸り声とともに前進し、仮に我々が追いつこうと思っても、もう追いつけないほど先にいた。無線を含め通信手段は何もなかったので、私たちはただそこに立って眺めるしかなかった。大佐はほとんど廃人のように、ハウザーと私は幽霊に取り憑かれたかのように。

戦車は、草が生い茂るなだらかな斜面を上って行った。微かに、くぐもった爆発音が聞こえた。ロバートソンの戦車が、まるで自然映画の中で花のつぼみが開くように、ぱっと開いた。再び打撃音がした。それから、今度は二つ、ほぼ同時に響いた。四台の全てが、花開いていた。激しく明るい、アルミ箔を切り抜いて作ったような炎が、ちらちらと揺れると、輝く陽の光に飲み込まれて消えた。一台の戦車が、乗組員のいないまま前進し、前方の戦車の後部に交尾するかのように近づいていった。それから、力尽きたように停止した。

私たちは、心を奪われてじっと見つめていた。それから、大佐のところへ行き、敬礼をして、正式な退却の許可を求めた。彼は、私たちが何を言っているのか理解できる状態ではなかったが、首を縦に振って同意した。彼の部下が二人、私たちの方を唖然と口を開けて見ていた。

私たちは、あの歩兵大隊や師団について、二度と耳にすることはなかった。もしかしたら、彼らは上官である将軍やその参謀の人柄に長く触れ過ぎたのかもしれない。

私は、罰の居残りで暗誦をさせられている少年のように、「私は、あの四人の将校と部下の兵士らが全員死亡したことを、憶えておくんだ」と頭の中で繰り返していた。私は、そこに彼らの死を悼む気持ちや嘆きが微塵もあったとは記憶していない。それはまるで、私の唯一の関心事は、「彼らの名は永遠に生き続ける」ということを知らないかのように話して人前で大恥をかくのを避けることにあるかのようだった。グリーン、ロバートソンと……C中隊から来たあの哀れな二人は誰だったか？　それとも、A中隊だったか？　私は、そんなの知ったことか、と思った。

エイチスはぼうっとした状態で、私は彼が今にもくすくすと笑いだすのではないかと感じた。クックは唇をきつく結び、目は厳しく光っていた。「よし。書面で報告を出せ——すぐにだ。てきぱきとな。それに簡潔にだ」

ハウザー、カーター、クック、エイチスと私——急に、我が隊には夥しい数の将校がいるような気がした。もちろん、アッサーもいた。彼の身に何か起きていない限り、彼も数に入る。

まだ一一：三〇頃だった。昼食前にもう一回戦えそうだった、特に今さっきの戦闘のように「てきぱき」とやれば。

「アッサーがどうなったか、見に行ってみる」クックが言った。

私はクックが両軍の境界にいる間、フランス軍の戦区に付こうと申し出た。

「お前には、報告書を書けと言ったはずだが」クックは冷淡な口調で言った。

くたばっちまえ、と私は思った。だが、私は口をつぐんでいた。

三十六

私は報告書を書いた。ハウザーがそれを読んだ。一体あれをどう引き伸ばせば、手短な報告書になるというのか？　あの日から今日に至るまで、私はあれほど何一つ不明な点がなく、それでいて全く理解不能な出来事は、経験していない。兵士らは、抗命することもあるだろう。だが、あの兵士らは、ただ塹壕を出なかっただけだ。参謀将校らは、躊躇することもあるだろう。だが、あの師団司令部参謀らは、断固とした決意を持っていた。将軍は、馬鹿な場合もある。この将軍は、私の知性の隠れた予備軍をも驚かせた。夜襲もあれば、夜明けの攻撃も、牽制攻撃だってある。だが、一〇：三〇の攻撃など、ない――一〇：三〇なんて嘘だろう？

その後どうなったのか、私は何も知らない。もしも私が試験を受けていて、あの報告書の説明を読んで、その続きを書いて物語を完成させよ、という問題が出たなら、私はきっとできなかっただろう。

グリーンは死んだ。私はグリーンが好きではなかった。彼はあまりに冷酷で、押しが強すぎて、いつも自分の利益ばかり考えていた。私はそのことを、彼の母親宛ての弔慰状に書くべきだろうか？「立派な将校……仲間の全員にとり大きな痛手……彼の上官である大佐があるとき言っておられました。彼はいずれ大きな手柄を……」確かに立てたかもしれない。だが、誰かがそれら全てを終わらせてしまった。

ロバートソン？　彼は本当に良い奴で、物静かで控え目で内気で……。

クックが戻って来て、私を脇へ連れて行った。「一発で心臓を撃ち抜かれていたよ」私は彼をじっと見つめた。彼は、真面目だった。私はもう少しで、「嘘つき！」と言うところだった――その真意は、「そんな芝居がかったことを言うな！」だった。私の口から出た言葉は、「ああ」。そして、私はわっと泣き出し、それから顔の涙を拭った。「すまない」私は言った。「疲れているんだ」。クックは、不思議そうに私を見た。私は、彼が私に「砲弾《シェル》ショック」だと言い出さないことを願った。

「近親者に手紙を書かなければな」私は急いで言うと、その場を去った。

紙を何枚か取り出して、弾薬箱をテーブルに、燃料缶を椅子にして座ると、私はすごい勢いで書き始めた。

「いつも明るく、どんなときでも皆にとっての……」何だったのか？

私は、唐突にスウィーティングのことを思い出した。私はまだ書いていなかった――もちろん、私は約束などしなかった。「サー、私の母に手紙を書いてくれますよね？」私は、自分の袖で彼の額の汗を拭ってやった。「お母さん、お母さん、お母さん……」彼の心が彷徨っていた。何ということだ。

それに、私が書く相手はどんな人物なのだろう？ きっと、感じの良い女性に違いない、と私は思った。そう、だが、もしそれが、私の丸顔に怒りの目を向けて「何してんだよ、この間抜け野郎！」と言ったあの太ったあばずれ女だったら、どうだろう、あの日ウォーバン・プレース通りで、何年も何年も昔に……。

「出来たか？」またクックだった。「何だい、今まで何をやっていたんだ？」私は彼に、すぐに終わると言い、すごい勢いで書きなぐった。

『英雄と売春婦の即興曲《ボランタリー》[155]――第一級の兵士』（お母さん、お母さん、お母さん）「いつでも頼りになる」（お母さん、お母さん、お母さん）「彼がいなくなり、誰もが寂しく思うでしょう」。コーラス：（全ての手紙に共通）「彼は即死で、痛みを感じなかったであろうことが、せめてもの救いです」

幸いにも、参謀本部の誰かが、車長が投降して敵に戦車を渡してしまう危険性を予期していて――「戦車長というのは、ああいう連中だからね」――各戦車に大量の高性能爆薬を積み込む決まりにしていた。あの時、戦車が陽の光を受けた花のように見事に開いたのは、そのためだった。

「拝啓、ご子息の戦死について、もっと早くにお便りできなかったことをお詫び申し上げます。彼は誠に良い若者で、貴女は素晴らしいお母上であられたに違いありません。私は、彼が死を悟ったときに彼の傍らにおりました。最期の時に彼の心の中にあったのは、貴女のことであり、彼の唇に上ったのは貴女のお名前でした。彼がそれほどにも貴女を愛していたということを、どうか誇りに思ってくださいますよう。敬具。ご母堂様へ、当日の彼の上官より」

クックが耳にした噂では、我が大隊は戦線を退くとのことだった。それは、B中隊に関していえば本当らしく思えた。将校六名に兵士が皆無の状態では、何の役にも立たないのは明らかだった。次の日には、正式な発表があった。我々は喜べなかったが、気が楽にはなった。私の予想では、それはおそらく数日間、たぶん一週間かそこら、連隊の修理工場近くのどこかの村に引き揚げるということだった。荷造りは、私にはいつも気の滅入る作業だったが、この時は、別れ難く思う将校たちの持ち物をまとめなければならなかった。グリーンの死ですら、耐え難かった。彼は、少なくとも信頼が置けたし、根性があった。

大佐は、退却を残念に思っている唯一の将校だろう、と言われていた。彼は、殊勲章欲しさに無理をして、使える戦車が僅かでしかも消耗しているのも顧みず、出撃準備が出来ていると主張した、と非難されていた。それが本当ならば、彼は総司令官の欲求を付度しそれを支援した功績により、殊勲章を半ダース授与されるべきだっただろう。ヘイグは恐らく、軍人と民間人を合わせても唯一の、戦争はその年のうちに終わらせられると知っていた人間だった。もし、彼がこの考えを持ち、それを強行していなかったら、戦局が我が方に有利になっている好機を逃すことにより払う代償は、計り知れなかっただろう。政府の高官に、ヘイグ自身から説明されても理解できないことが、下級将校に理解できるはずがなかった——特に私のような精神状態の下級将校には。私には、

155…英国国教会で、礼拝の前後や中間に演奏される即興のオルガン曲。

何事であれ理解できなかった。この時ばかりは、私は恐怖すらも感じなかった。あの四台の戦車の喪失は私にとって身体的打撃に近く、自分の目の前で起きたことを信じられなかった。アッサーの死は別のことだったが、同じく、心の一番外面の層すら貫けない鈍い刃物のような感触だった。この状態にあったときに、私は大佐に呼ばれて行った。

赤ら顔、饒舌、健康的で、義勇騎兵団の素人なりにきびきびとしたこの人物は、取り留めのない話をした。それから、私は彼がこう言うのを聞いた。「ひどい戦いだったよな？　戦車があんなことになって――君にはさぞ辛かっただろう」

「はい」私は認めた。実際には、私自身は戦車の件では少しもひどい目に遭ってなどいなかったが、それは黙っておくことにした。それは彼にも私にも、何らひどいことではなかったのだが、違いは、それが私のしっかりと見開いた目の前で起きたことだった。

「今や我々には」彼は続けた。「大隊全体で残った戦車がたったの四台だ。八月八日に出撃した時点では」彼は書類に目をやった。「三十六台あった」。

私は、不審に思い始めた。この老いぼれは、何の話をしているのだろう？　まさか、下っ端の小隊指揮官を相手に統計を論じようとしているとは考えにくかった。すると、本題が始まった。

「君とちょっと難題を話し合わねばならない。我が軍の司令官が、メオルトで戦車をぜひとも四台必要としているのだよ――君、憶えているだろう？　クリスマスの宿営地だ」

憶えているも何も！　あれは私が、片脚を失う幸運に恵まれた兵士の話を聞かされた場所だった。

「あの近くの場所だ――〈ハッピー・バレー〉[156]――君も知っているだろう」私はもちろん、その噂は聞いていた。

「ですが」私は言った。「私には、もう戦車が一台も残っていません。私の小隊も乗組員も全滅しました」

彼の声は、穏やかで同情的と言ってもよく、あの少佐の声に似ていると私は思ったが、少佐はこんなに粗野ではなかった——もっと絹のように滑らかで本物の紳士らしかった。「将校にして紳士」[157]の類いではなく。「ああ、知っている。だが、我々は信頼できる者を必要としているのだ」(また殊勲章を持ち出すのか?)「ウィンソップの戦車は、四台とも使える」(私は、息を吹き返した。)「だが、彼は私がこの手の仕事を任せたい男ではないのだ」(私は、息をするのを早まった、と思った。)

「彼は、戦功十字章の受章者です」。この戦功十字章を巡っては、ちょっとした醜聞があった。ウィンソップは、私の知り合いの将校らの間では「全くの役立たず」と見做されていた。彼は、連載漫画に出てくる「おつむの弱い金髪の美形」の軍隊版だった。

大佐は、声をひそめて言った。「ビオン、あの戦功十字章は、私が推薦したものではない。彼は、私が隊に来る前にすでに受章していたのだ」。彼は、緊迫した様子で私を凝視しながら続けた。「私に言わせれば、彼はだめだ。仕方がないんだ——本当にすまないが、私が知る中で君以上に頼れる者はいないのだよ」

とんだ甘言だ、と私は苦々しく思った。実は、彼は私のことを全く知らなかった。私の方も彼とはほとんど面識がなく、おべっか使いだという噂以上のことは知らなかった。それにしても、私は何に不平を言っていたのか? 私がイープルで戦闘から外されて文句を言っていたのは、ついこの間のことだった。ああ、近衛師団がいれば! 軍人、本物の軍人が、それに何と言っても命令が!——おべっかではなく。「恐れ入りますが、お国のために戦っていただけないでしょうか?」などではなく。これが、輝かしい志願兵制度の行きついたところだっ

156…アミアンの北東に位置し、ブレイ=メオルト街道が通る山間の平地。一九一四年の開戦当初のソンムの戦いで英国軍に多大な損害が出て以来、このあだ名で呼ばれていた。

157…大戦中期以降、将校の深刻な不足(将校の死傷率は一般兵士よりも高かった)により、兵卒の中から適任者を訓練して将校に昇格させる流れができたが、これら元来の将校とは異なる社会階層出身の者を、将校の任にある期間限りの紳士階級という意味で、'officer and gentleman'と形容することがあった。

た。重武装の強力な軍隊の襲撃を受けに行くのに、志願も何もないのだということを理解し損ねた結果だった。

「戦功十字章が、だめな将校に贈られるはずはないと思います」

大佐は、私を凝視したままだった。もしかすると彼は、この法則は殊勲章を受けた人間にも当てはまるのでは、と考え始めていたのかもしれない。ともかくも、殊勲章は戦功十字章より上位の勲章だった。私は敬礼し、私が知る限りでは、彼がそのことに気づかぬうちに退出した。若年者が勲章を受けた場合、彼には同時に、受章後六カ月以内ならいつでも、それに見合う働きをしてもよいという許可証が与えられるべきなのかもしれない。

私は四台の戦車の指揮権を受け継ぐと、ハッピー・バレーへ向けて出発した。

三十七

私たちは、ヴィレ＝ブルトヌーを通過し、オーストラリア軍の間を抜けて進んだ。私は、具合が悪く疲れていたこと以外はほとんど記憶にない。ヴィレ＝ブルトヌーの近くには美しい湖があった。その少し後、翌日には、森林地帯に入り、緑の草と走りやすい固い地面に、私の気分は安らいだ。道中、エンジンと履帯《キャタピラ》の不調が頻発した。それらの戦車はもう機械的寿命に達しつつあり、機械的故障は皆が予期していたことだった。

私は、ひどい嘔吐が続いていた。私は、攻撃の前日まで知らなかったのだが、全軍を苦しめた謎の感染爆発《パンデミック》として出現した、あのインフルエンザ[158]に罹っていた。私が師団司令部で命令を理解しようともがいていた時、軍医が私の不調に気づき、感染を診断した。彼は私に、戦闘にはシャンパンを二、三本持って行くよう勧めた――「伝令に運ばせるといいだろう」「それで、もし飲んで私が酔ってしまったら？」「そうなれば、伝令が君を運んでくれるさ」

幸い、命令は単純だった――出発地点から敵の方向へ戦車を進めて、そこからさらに進み、停止せよ。少なくとも、私はそう理解していた。自分の震える手を見つめながら――今回は恐怖によるのではなく、熱によって。

それは、暑い日だった。荒れ果てたメオルトの丘陵地には、陽炎が立っていた。私は汗をかき、震え、ふらつ

158…「スペイン風邪 Spanish flu」として知られ、一九一八年から一九二〇年頃に世界的に流行した新型インフルエンザ。塹壕や兵舎で大人数が密集する戦場では急速に感染が拡大し、多くの犠牲者を出した。

きながら歩き回り、気がつけば偽装を施した戦車のところに戻っていた。

今回は、作戦行動は「夜明け」に開始されることになっていた。いつだって、そうだった。第四十二師団の師団長が指揮するときを除けば。「間違っても『夜明け』などと伝えてはいけない。正確な時刻を指示すること」と手引書には書いてあった。命令の際には、全員の時計の時刻を正確に合わせられるように、「四：二〇に」とか「六：三〇に」と言うことになっていた。我々全員が――戦車隊、砲兵隊、歩兵隊、全師団が――同じ時刻に出撃した。というか、私はそれに反する話を何も聞かなかったので、多分そうだったのだろう。ドイツ軍は我々に抵抗を続け、私の意識は途切れがちだったので、当時の状況を説明しようとしても、複雑化した混沌に包まれ、いつにも増してつじつまが合わない。

私がどうにか思い出せる中で最初の出来事は、歩兵隊の塹壕の中に座って前進の時を待っていたことだった。日差しが熱かった。私が前の晩に辿り着いた偽装戦車は、当時もう戦いの最中にあった。私にはそれらの戦車は見えなかった。私の二名の伝令はシャンパンを一瓶、気遣わしげに抱えていたが、それよりも私のことが気掛かりなようだった。

一人の兵士が、胸と腹をむき出しにして塹壕の床に横たわっていた。彼の顔は死人のように蒼白だったが、まだ息があり、汗をかいていた。ハエが数匹たかり、彼の腹の上を這って、右脇の下半分にきれいに開いた穴に近づこうとしていた。ハエは時折、負傷した戦友を虚ろな目でけだるそうに眺めていた二人の兵卒に追い払われていた。私は、気持を落ち着かせて言った。

「担架兵に彼を運ばせなくていいのか？」

「こいつですか？　いや、もう助かりません」。私は諦めた。

誰かが、号笛を鳴らしていた。皆は塹壕から這い出て行き、二人の伝令は乱暴に押したり引いたりして何とか私を連れ出した。

前進する時間だ。私は、非常に調子良く感じた。それは奇妙だったが、戦闘が私に良い効果をもたらしていたことは間違いなかった。負傷者が何人もいたが、どれも味方ばかりでドイツ兵はいなかった。私は、彼らが異常に歪んだ姿勢で倒れているのを不思議に思った。

実際、それは何も不思議なことではなかった。敵はすでに高速度砲と少人数の後衛を残して撤退しており、高速度砲の砲弾は、スティーンベック川の辺りで飛んで来たものと似た、嫌なものだった――飛来音が、破裂音の後に聞こえてくる。だから、飛んでくる爆弾の音を聞いて身を屈めるということができなかった。方々で歩兵らが異常な姿勢で転がって苦悶していたのは、そういう訳だった。

ついに、私は戦車のうちの一台を見つけた。それは停止していた。エンジンの燃料供給装置が故障していた。

「行くぞ！」

「どこへですか？」

「どこへだって？　中に決まっているだろう。ここから先は、戦車に乗って行く」。彼らはたぶん、私が酔っぱらっていると思っただろう。私は車長に、エンジンがかかったらそのまま前進を続けるようにと言った。ちょうどその瞬間、エンジンが掛かり、それがあまりに突然だったので彼は投げ出されて弾薬棚の尖った角にぶつかった。彼はこめかみを打ち、意識を失って倒れた。私が代わって戦車の指揮を執った。いや、指揮を執ったのはアルコールだったかもしれない。

景色が、黄ばんで見えた。夏の風景ではなく、秋でもなく、何でもなく、ただ高温なだけで、戦車の内部は暑くてガソリン臭かった。辺りには誰もおらず、もちろん敵の姿はなかった。泥がないことでさえ、その前進を悪夢の中の出来事のように感じさせた。というのも、現実の戦いでは、敵の攻撃を受けずに高速で順調に丘を下って行くなどということはなかったからだ。また、病気で目が充血しているのに戦車に乗ることも、現実の世界ではなかった。

私は操縦手の方を向いて叫んだ。「ソーセージ風船[159]がずい分と上がっているな」。私は、ほぼ真上に長く連なる黒っぽい姿を指さした。ドイツ軍の偵察気球が、我が軍の銀色に対して、いつも黒っぽく見えたのは面白かった――それは、〈悪魔直属〉だったからだろう。

私は、努めて軽い調子で言った。「思うに」私は叫んだ。「我々は砲撃されているらしい！」

操縦手は緊張し、青くなっていた。彼は疲れているのだろう、と私は思った。

「あの気球のせいです！」

当然だった――私は考えてもみなかった！ 我々は、彼らから丸見えだった。我々に狙いを定めていたに違いない。だが、それなら何故我々の周囲で榴散弾が爆発していないのだろうか？

「外に出ろ！」私は叫んだ。「全員だ！ 戦車の後ろを、離れずに歩くんだ」。彼らは這い出て行った。私は戦車の操縦を引き継ぎ、頭上の脱出ハッチを開けたままジグザグ走行するつもりでいた。そこで私は、乗組員がいないと戦車の進行方向を変えられず、直進するしかないということに気づいた。私は、恐怖は感じなかった。私は出力を上げ、戦車を全速力で前進させた。

何だか分からないうちに、気がつくと私は操縦席を脱出して、戦車の後を行く乗組員らに合流していた。無人運転で高速走行する戦車に追いつくのは、難しかった。そのときになってはじめて、私はパニックに陥った。もし敵が我々を狙っていなかったとしたら？ もしこちらに命中しなかったら？ 完全装備で整備万全の戦車を一台、私の命令により乗組員が放棄して敵に差し出すことになる。

私は、戦車に追いつけなかった。私はよろけながら扉に駆け寄ろうとして、転んだ。有難いことに、その時、榴散弾が戦車に命中し、装甲を貫通して爆発した。戦車が停止すると、あちこちから炎が噴き出した。ほんの一瞬の間に、大破した。

私は唖然として、何が起きたのか理解できなかった。私に分かっていたのは、自分が必死の決意で戦車に戻ろうとして、失敗したことだけだった。もし成功していたら、生きてはいなかっただろう。私の選択はどれも、たちまち取り返しのつかない大失敗だったように思えた。それは、過去の反復でもなく、回想でもなかったが、私はまたしても追い詰められたネズミになって、巨人にこん棒で無頓着に叩き殺されようとしている感覚を味わった。ネズミになっても、私は役立たずだった――いつか見たネズミのように。そのネズミは、臀部を地につけ上体を起こして座り、まるで優雅に前脚や身体を舐めて身繕いする〈主なる全知全能の猫〉の前で、祈りを捧げるようなポーズをとっていた。私は生き延びた――らしい、どうやら。その短い小休止の間に、〈主なる全知全能の猫〉が何を考えていたのか、誰に分かるだろうか？「賤しき獣らをも忘るるなかれ……」[160]

私たちは、高速度砲の弾が飛び交う中をどうにか後退し、爆撃でやられた兵士らの間を抜け、元の……。その時、私は自分が、大佐が承認したその日の四：三〇発効の賜暇許可証を持っていることを思い出した。私は、我々の攻撃の出発地点のあの村の十字路で、箱型自動車に拾われることになっていた。もちろん、地図上にはっきり記されたそんな場所は、地点表示の組み合わせで容易に特定できて、敵の砲手の標的になり得た。その十字路で、私は待つのだった――生きていようと死んでいようと？――箱型自動車の迎えを。

まだ日が高かった。私は、温もった煉瓦の壁に寄りかかって待った。砲火は激しくはなかったが、狙いは正確で単調だった。それらは、十字路に面した家々を周期的に破壊していった。私は、箱型自動車に乗りそびれるのは嫌だった。私は、瓦礫の上に腰を下ろした。メッシーヌであの宿営地の廃墟を眺めていたときのように、時が止まっていた。

159…偵察用の係留（操縦機能はない）気球。上空から敵陣地を偵察し、味方の砲撃手に方向、距離などを伝えた。気球の扁長な形から、ソーセージのあだ名で呼ばれた。

160…スコットランド国立戦争記念館に刻まれた、従軍動物への慰霊の言葉（インド編第三章参照）。

その砲は――私は一門だけだろうと見ていた――最大射距離で撃っており、そうでなければ私に飛来音が聞こえたはずはなかった。私は、いちいち身を伏せるのが面倒で、ずっと横になっていることにした。どうにも退屈だった。私は、箱型自動車が来るのが聞こえる気がした。運転手は、無茶苦茶に飛ばしていた。私には、砲弾が飛んでくるのも聞こえた――無茶苦茶に飛ばして。私は、この競争は大接戦になるだろうと思った。

煙と粉塵が収まると、私は、箱型自動車がエンジンを高速回転させてそこに停車しているのを見た。私は這うようにして車の後部に飛び乗った。「急いで頼むよ！」私は叫んだ。次の砲弾が飛んで来る頃には、私たちはもう十字路を後にして、ブーローニュへの道を一〇〇ヤード進んでいた。

三十八

乗り継ぎの運が良かったのか、私は翌日の午後四：三〇にはラッセル・スクエア近くのトルコ式蒸し風呂屋で、仕上げの休息をとっていた。閑散とした中で、老人が二人、夕刊新聞の記事について語り合っていた。「どうやら」一人が柔和な声でもう一人に向かって言った。「我が軍はまた大躍進したようだね」彼の声には、悦に入った誇らしげな響きがあった。

もし、「我が軍」の一員がそれを聞いて怒りで熱くなっていると知ったら、彼はどれほど当惑したことだろう。「我が軍」だって！　「我が軍」などと言う彼は、何者のつもりか？　今なら、私には彼が、戦友の絆に加わり損なったことを心から惜しむ気持ちを理解できるが、それよりも私は自分がこの文脈で「戦友の絆」などという言葉を使っていることに驚きを感じる。私は、あの戦闘の最中に、自分の配下の兵士らのことを思った記憶が全くない。私は、彼らに中隊本部に出頭するよう言ったのだろう。私は、やはり戦場を離れる途中の別の戦車の乗組員らと一緒になったのを憶えている——あの戦いで残った唯一の戦車だと後で分かった——というのは、私は一人の無残に重傷を負った歩兵隊員との同乗を、拒否せざるを得なかったからだった。彼は、あの時のドイツ兵「戦友《カマラート》」のように、グロテスクだった。もしその時、私が身体奇形について小学生《プレップスクール》並のユーモア感覚を残していたら、私は彼を見て笑っただろう。「やい、イチジク耳！」我々は言ったものだった——自分が仕返しを恐れないでいいほど大きい子であれば——あの果物にそっくりな形の耳をした生徒に。あるいは、「顔をしゃんとしろよ、ホブソン！」と、顔立ちがあまりに歪んでいたため「めった切り顔」と呼ばれていた生徒に。何と愉快な！　何と気の利いた！　ただしそれは、脚を耳の向こうに吹き飛ばされたためにズボンを糞尿まみれにしている大の男に、面白い点を見つけられるならばだが。だがもちろん、それは昨日の四：三〇のことだった。今日の四：三〇には、私はトルコ式蒸し風呂でとても居心地よく過ごしていた。

「お母さん、お母さん……サー、私の母に手紙を書いてくれますね？」

「いやだ、畜生、書くものか！　黙れ！　俺が邪魔されたくないのが、分からないのか？」　あの古い亡霊たちは、決して死なない。彼らは消えゆくことすらしない。彼らは、その若さを見事に保ち続けるのだ。何と、彼らの青白い額に浮かぶ汗の粒ですら、生々しくはっきりと見えるのだ。どうしたら、そんなことができるのだろう？　ルドゥテ[161]が描くバラの花びらの上の水滴のようだ。素晴らしいじゃないか？　とても、とても……死らしい、そうじゃないか？　だがもちろん、それは見せかけだ――彼は、本当に死んではいないのだ。お願いだ、頼むから黙ってくれ。私は書くよ、きっと書くさ。母なるイングランドに宛てて――あの老いぼれ娼婦に！

トルコ式蒸し風呂は、心身を爽快にした。私は、とても清潔になった気がした。それは現実じゃないんだ。ただの見せかけだ。本当は、もちろん、悪臭を放っていた。彼らは、人をまるで生きているかのように見せる術を持っていたが、その実私たちは死んでいた。私は？　ああそうだ、私は死んだ――一九一八年八月八日に。私たちは皆、大いに笑ったものだ、あのクラブで、ネズミのいる――人懐っこいのが一匹、禿げ頭の、死体を食って丸々太った奴が、ある晩私の胸の上に乗って――私は笑った、そいつのヒゲが私の顔をくすぐったから……

「大丈夫ですか？」私がびっくりして目を覚ますと、ユーモアの感覚はすっかり消えて、浴場の係員が私の顔を覗き込んでいた。「失礼ですが、夢を見ておられたようなので」。私は急いだ。チェルトナム行きの電車の時間まで、もうあまりなかった。チェルトナムには、母が妹の学校の近くを選んで滞在していた。

チェルトナムは、とても美しい町だった。天気も良かった。店も感じが良かった。私は学校も気に入った。学校のコンサートを聴きに行ったが、それもとても良いと思った。私は人に尋ねられて、何度もそのように答えた。私は、人々は私に休暇を楽しんでいてほしかったのだと思う。彼らが考えるところの戦争のおぞましさに、私があまり思いを巡らせすぎずに。実のところ、私は何のおぞましさにも思いを巡らせてはいなかった。そう、私は本当にチェルトナムはとても良いところだと思っていた。私は、そこが「とても」良い、と強調した。だが、私が最善を尽くしても、自分の称賛の意を十分な説得力をもって伝えられないようだった。一度だけ、私は感情が触れ合ったと思えた時があったが、その相手はカラーさんという老嬢で、私は学校時代、両親が英国に来ていないときの休暇を、彼女の元で過ごしていた。

カラーさんは鼻眼鏡をかけた恰幅の良い女性で、その鼻眼鏡は、いつもぴかぴかに磨かれ、顧客を迎えるときの彼女の職業上の陽気さ――彼女は宣教師向けの下宿の共同経営者だった――に輝きを添えていた。私は、彼女に快く思われていないと感じていた。その印象は、あるとき彼女が、私が下宿の浴槽を磨くのを手伝った時のことを、悲痛な様子で語るのを耳にして、ますます強まった。私は、自分の記憶では、その仕事に徹底的に取り組み、手の届きにくい場所もきれいにしようと、浴槽の中を這いまわった。私は――確かではないが――入る前に靴を脱いだはずだった。「それにね」彼女は恐怖に打ちのめされたように声をひそめて言った。「あの子ったら、ヴィム[162]を一缶、使い切ってしまったんですのよ」。私は、彼女が自分のことを話しているのだと悟った。私は、もしかしたら自分は仕上げのときに、ヴィムを洗い残してしまったのかもしれない、と思いながら、こっそりとそこを離れた。だが、私が次に会ったときには、彼女はいつもの快活な態度に戻っていた。しかしながら私の方は、自分に期待されていると感じていた平静さに、決して達することができなかった。

161…ピエール・ジョセフ・ルドゥテ（一七五九〜一八四〇）。ベルギー出身でフランス王室の庇護を受けて活躍した画家。多くの植物画を残し、特に『バラ図鑑』が有名。
162…磨き粉のブランド。

今回のチェルトナム滞在では、彼女は以前ほど手強くなくなってはいたが、恰幅は良いままで、それはたぶん、食料品の配給が厳しさを極める中で、彼女が菜食主義者であったことが幸いしたのだろう。彼女は、特別の個人的なお願いがあるのだと言って、そわそわした様子で私を脇へ連れて行った。戦車での実戦がどんなものか、通り一遍のありきたりな質問を一、二した後に、彼女は気になって仕方がなかった点を持ち出してきた。「どんな感じでしたの」彼女は尋ねた。「戦車で人を轢いた時って？」

これには、私は少し考えなければならなかった。私はもちろん、戦車の外に出て前を歩きながら、前方の細窓越しに操縦手に合図を送って誘導するのは、とても怖かった。だが、私は誰も轢いたことなどなかった。私は、自分はその経験を今のところせずに来ている、と認めねばならなかった。その後、もっと陳腐で一般的な話題に戻ったとき、私には彼女ががっかりしているように思えた。

誰であれ私が敬意をはらう相手との関係は耐えがたく、母とは特にそうだった。私は、ただただ早く前線に戻りたかった。英国から、母から離れるという、ただそれだけのために。私は、母も同じように、早く私から逃れたがっていたことを願うばかりだ。

ようやく、私は別れの挨拶を終え、汽車の窓から身を乗り出していた。「扉に気を付けて」私は、母の注意を促した。「汚れているよ」。「何もかもがね」母は、今にも泣きそうに言った。「ひどいわ……だって、今時はきちんと掃除されているものなんて、一つもないんですもの」。そうして、私たちは別れた。

母は、再び戦争が始まることが確実になる数か月前の一九三九年に亡くなった。その時、母は春の花々を生けた花瓶をじっと見つめていて、すでに意識が混乱していた。「花の頭がしおれて垂れ下がっているわ。私にはもう、支えられないの。あなたが代わりに支えてくれない？」母は意識を失い、ほどなくして息を引き取った。

三十九

私が戻ると、大隊は再びブランジーに駐留していた。大隊は、見る影もなく変わり果てていた。エイチスは、前回の戦闘の際に居るべき場所にいなかったとして、カーターによって旅団長に訴えられた。これでは下級将校による上級将校の逮捕と区別がつかないとして、旅団長はカーターに訴えを取り下げるよう強く勧め、カーターは賢明にも不本意ながらこれに同意した。その一件はそれで忘れられ、エイチスが新たな大隊の編制に協力するために英国に帰って行くと、忘却の封印がなされた。彼が再び戦闘の前線へ送られるほど軽率に振る舞うと思う者はほとんどいなかったので、皆の利益のためにも、彼の戦車部隊での豊富な実戦経験が、訓練大隊の高い階級で生かされるのがよいと思われた。彼は愛想が良く、その意味で正規軍人っぽさが鼻につくこともなかったので、当時台頭しつつあった新しい民主主義的な人民軍と協力するのには適任だった。

エイチスの後を引き継いだホールデンは、歩兵隊出身の聡明な男で、エイチスの栄転が閲兵式の場で初めて発表されたときに、彼は「おお主よ、過ぎにしエイチス我らが助け[163]」と小声で口ずさんだと噂されていた。実は、気の毒にもエイチスは英国に転属になって二週間とたたないうちに、インフルエンザで死んでしまった。私は、彼の戦争記念碑には彼の軍隊における美徳がそれに見合った見事な美辞麗句で刻まれているものと思いたい。だ

163…旧約聖書詩篇九十篇に基づく聖歌『おお主よ、過ぎにし昔より我らが助け Oh God, our help in ages past』の「ages」を、一音違いの「エイチス Aitches」に置き換えて替え歌にしたもの。

が、それは疑わしい。彼にはどこか、誰からも愛されていない、哀れなところがあったからだ。

カーター、ハウザーと私が、この中隊に最初からいた中で残っているただ三名の将校であるという事実は、我々を結びつける恐らく唯一の絆となっていた。カーターは、自分の流儀に固まっており、植民地時代の神経質で頑迷な愛国心を温存していた。ハウザーは、彼があらゆる英国的なものに見出す無能力に対する、激しく過敏な苛立ちを持ち続けており、それ以外には何も意見はないようだった。私は、その中で育ってきたが崩壊した道徳体系の残渣を持ち続けていたが、それに代わるましなものがないのでしがみついていたのだった。

戦況は、我々が前回ブランジーで再装備と補強を行なって以来、大きく変わっていた。敗北に代わって勝利が我々の眼前に迫っていたが、その姿はあまりに見慣れないものだったので、敗北とそう変わらないほど恐ろしかった。我々はまた出撃するらしいという噂が流れ、行き先は恐らくヒンデンブルク線の要衝ドロクール＝ケアン塹壕網から遠くない場所だと言われていた。

以後戦争が終わるまで、我々は中隊単位で動き、大隊として再び一体的に戦うことはなかった。もっとも、最後の休戦協定が発効する直前になってから、出動命令を受けた。だが、この時はまだ休戦協定のことは噂にすらなっていなかった。我々が戦争の終わりを予測したとしても、それは既に面白味を失った古いジョークとして一蹴された。あるいは、大隊はもうそんなジョークが受けるような物の見方はしなくなっていたと言った方が、正確だったかもしれない。教訓が多すぎて習ったことを吸収する時間がないときには、必然的に一つか二つを身につけて、あとは全て放棄することになる。「最初の七年が最悪」、「一〇〇年戦争を思い出せ」といったキャッチフレーズは、戦車戦には当てはまらなかったが、かといってもっと適切な形のひねくれたユーモアが代わりに発達したわけでもなかった。戦車長の何人かは、戦火を長く生き延びて小隊長に昇進した。小隊長になると、彼らの生存の可能性は大幅に改善した。彼らには、そうしてさらに生き延びて中隊長やその副官の地位に昇る可能性もあった。将校辞令を受けない下士官以下の者には、昇進によって安全な地位に上ることは、事実上あり得なかった──オトゥール軍曹の例が示したように。軽傷は極めて異例で、戦死を逃れる道としては、慢性の病弱状態となるか、露見しないように怠けるかしかなかった。八月八日以降、上級将校で戦車による実戦経験のある者は皆無となり、下級将校で自分が昇進するまで生き延びられると合理的に推測できる者も皆無となった。私は自分で戦闘に介入してみて、自分が小隊長の役目を果たしていないと確信したが、かと言ってどうしたらよいかも想像できなかった。戦闘に出るということは、怪我をしたり──これは歩兵隊員と変わらなかったが──あるいは評判を落としたりする可能性に対し、極めて無防備な状態に身をさらすことを意味した。後者については、私は前回の戦闘で戦車が破壊される直前に、恐ろしいほどはっきりと目撃した。それを私は、戦争が終わる直前にセクアールで、再びいやというほど思い知ることになった。

振り返ってみると、私は自分自身も仲間の誰も、我々の行動手順に関わる軍事上の知識を互いに話し合おうとは考えつきもしなかったことに驚きを憶える。さらに驚くのは、批判的な物の見方は皆が普通にしていたが、それが建設的な形をとることは決してなかったことだ。私も、また私が聞いている範囲では他のどの戦車長も、イープルが戦車戦には不適当だという報告を上げようとは思いもしなかった。誰かがカンブレーでのことをよく考え、その教訓を八月八日のアミアンで生かすべきだった。それを首唱して情報を提供できたかもしれない戦車長らは、戦死したか、あまりに呆然として感覚が麻痺し、何もできなかったかだった。

私たちは、不平を言った。私たちは、近衛師団や工兵隊について、カンブレーで戦車の重みであの橋が崩壊したときに、なぜ彼らが平底舟や橋を用意できなかったのかと不平を言った。私たちは、敵の牽制攻撃が彼らの主攻ではなし得なかったことを達成したときに、そこに予備隊がいなかったことに不平を言った。私たちは、騎兵予備隊など無用だと不平を言ったが、私は十一月二十日〔カンブレーの戦いの初日〕の夕刻に彼らが前進して行く姿が感動的だったことも憶えていた。私は、彼らがたった一挺の機関銃手によって掃討され、幾多の遺体となって横たわっている姿も感動的だと思ったことを憶えていた。その機関銃手は、散開隊形で向かって来る歩兵隊相手に射撃目標を定められずにいたところに、このスコットランド竜騎兵連隊が都合よくやって来たのだった。私は、フランス軍第十一師団にも感心した。彼らは、自分たちの昼食の方が、暇に飽かして当てもなく掃射を続ける敵の孤立した機関銃手よりも重要だと判断した。私は——そして我々の皆が——第三十二師団の司令官にも感心した。彼は戦車部隊の将校らが、八月十二日に戦車は敵の不動の砲手から身を守るために暗闇が、自然のでも人工のものでもいいから、必要だと主張したときに、信じようとしなかった。カンブレーの例のドイツ軍砲兵隊将校が我が中隊に残した傷跡という非常に明白な暗示があったにもかかわらず。私はまた、『タイムズ』紙に掲載された戦後の陸軍演習の写真を見たときにも感心した。そこには少人数、三、四人の馬に跨った騎兵隊員が写っており、キャプションによればそれは「騎馬偵察隊が、捕獲した機関銃手を連行するところ」とのことだった。そこには、どんな餌でおびき寄せたのか書いていなかったが、私は当時どうやって生活費を稼ぐかという悩みに忙しくて、上官たちに問い合わせの手紙を書く暇がなかった。それに、戦争はもう終わったのではなかったか？我々は勝ったのではなかったか？　私はその時オックスフォードにいたが、その特別扱いのお返しに、私が国の政府に知性を提供することを期待されているとは、誰も教えてくれなかった。そのことに誰も少しも関心を払わないのだとしても。私が学んでいなかったのは、どんな愚か者でも勝ち戦に加わることはできるが、求められていたのは、平和な時でさえ、敗北あるいはほぼ確実な敗北に直面したときに、自分に割り当てられた分の貢献をするだけの勇気や頭脳を持っていることだった。

ヘイグは彼の戦いに勝利したが、彼の数々の失敗については——彼にはそれを理解する知性があったに違いないが——今日では、知る手間を惜しまない者ならば誰にでも、明白になりつつある。何故、すべての人に共通する欠点を持った一人の人間が、総司令官の地位に就き、その地位に留まり続けることができたのかという問いは、もし答えられることがあるなら、何故一人の平凡な人間が「偉大」であると認められ、他の全ての平凡な人間が平凡なままなのか、が分かったときに初めてその答が得られる。

ブランジー自体は馴染みのある場所だったが、ある変化が起きていて、その変化は混乱を招き、しかも馴染みのない領域、すなわち心やパーソナリティ、精神の領域で起きていたため、さらに複雑なものとなっていた。今でも、強調の移行を説明するのは難しい。その存在自体は、既に何世代にも亘って知られてきたが、それを理解するための適切な語彙はまだ見つかっていないのだ。私に言えるのは、我が大隊がブランジーに駐留していた間に、新しい戦車が供給されていたこと。新兵の補充もあり、その多くは炭鉱地帯の出身で、青年期の全てを鉱夫としての「生業」を習得することに捧げてきた者だったこと。再装備に向けて、武器と弾薬がすぐに入手できたこと。だが、私に簡単には言えないこと、それは、我が軍がもうすぐ敵に勝利するのだと信じられていたのは何故か、ということだった。

四十

今や推測が、私が経験不足過ぎたために、そこにあったのに観察しなかった事実の、代わりをしなければならない。私は、自分が情動的な激動の外的世界の中で、内的に動揺状態にあったことに気づく能力がなかった。当時、私に強烈な刺激を与えた二つの出来事があった。

エイチスの死は、我が中隊の将校食堂では主に、懐疑と嫌悪と侮蔑の文脈で語られた。そうした会話の中で、私はある年長者が彼の由来した世界について話すのを聞いた。それは莫大な富の世界で、そこでは、私が確立されていて変えられず永久不変だといつも受け取ってきた価値が、貧乏人や低俗な者、卑しむべき者、弱い者に特有の、奇妙な逸脱と見做されていた。エイチスは、何にも属さなかった。私には、彼は父親の世界ではよそ者であったことが分かった。私も、もしも裕福な常習犯罪者や、競馬依存症の人々、恐喝まがいの記事で稼ぐ怪しげな新聞雑誌業界の中に入れられたら、そう感じただろう。その世界のことを、私は今ならもっと知っているが、それもほんの一部分、感じられるが掴めない隷属状態から逃れようと、無駄にあがく部分のことだけだ。私はエイチスを軽蔑していたが、一方で私は自分が、彼と同種の、ほんの薄皮一枚しか違わない臆病者でないとは言い切れなかった。

二つ目の出来事は、ある捕虜が語ったアッサーの死の話が伝わってきたことだった。理由は不明瞭だったが、そして私の想像ではそれは乗組員の疲憊だったが、彼らは戦闘を継続できなくなり、アッサーは車外への脱出を命じた。敵は戦車を取り囲み、出て来る乗組員に一人ずつ投降を呼びかけた。彼らはなす術もなく、両手を挙げた。アッサーは挙げなかった。降参の呼びかけに、彼はこう答えた。「降参なんぞ、するものか！」彼はまだ手に拳銃を握っていたらしく、敵もその状況では危険を冒せなかった。そういう訳で、彼は撃たれて即死し、後でクックが見つけるまでそのまま放置されていた。

この話は、既に憶測されていたことに何も付け加えなかったが、私はひどく心をかき乱された。最初の印象は、完全な無駄ということだった。それから、もし自分だったら、その状況で、その結末以外にあり得ないと分かっていながら自分の義務を果たすことは、決してできないだろう、という気持ちになった。カンブレーの後、私にはっきり分かったことは、当時、といってもだいぶ時間が経ってからだったが、私はあの木の上の狙撃手に何度でも殺される可能性があったということだった。前回、ウィッチカーテでの、フランス軍と交代する前の攻撃では、私は心の中で、もし敵がこちらの塹壕までやって来たら、自分には戦い続けられないと分かっていた。私には、アッサーが示したような勇気は、理解できない。私は、これまでに聞いた説明ならばわけなく理解できるが、そのものを理解することはできない。私はこれまで、絶望的な戦いに挑んだ様々な人種や宗教に属する個人の話を聞いて、私は彼らのような者にはなれない、と思わないことは一度もなかった。私は、心から「神の恩寵により、私もまた彼らのように行くかもしれない」[164]とは言えなかった。

私は、アッサーに信仰の支えがあったのかどうかは知らない。彼と知り合ってからの短い間、彼はいつも明るく、謙虚で控え目だった——月並みな誉め言葉は、なんと速く軽やかに出て来ることか。それらは出回り過ぎて価値が下がり、愛について語る言葉自体が、「愛」という単語のように、そのもの自体を前にして使うことすら

164… 原文 'With the grace of God, there might I go also' は、「神の恩寵がなければ（運が悪ければ）自分もああなっていたかもしれない」"There, but for the grace of God, go I"という慣用表現を脚色したものか。この慣用句は、英国の聖職者ジョン・ブラッドフォード（一五一〇～一五五五）が、刑場に引かれて行く罪人を見て、自分も一皮剥けば彼と同じ罪深い人間なのだ、という意味で言ったとされる言葉（諸説ある）。

難しくなっている。エイチスとアッサー。二人とも死んだ。彼らは、実はそれほど違っていたはずはなかった。

「我ただ一人のがれて、汝に告げんとて来たれり」[165]

正規の陸軍将校で一、二名、将来に対する本能的な不安を露わにした者がいた。私が知っていた一人は、勲章を得ようと必死で、彼はそれが先行きに立ちはだかる平時という名の嵐の海で、己の身を守る救命帯になるかもしれないと思っていた。先見の明がある者にとって、その結末は真っ暗だったに違いない。しかし、戦争終結の見込みはあまりに少なく、私は真剣に不安や希望を抱いていた者はいなかったように思う。

私は、小隊を率いてタラの丘という場所で戦わなければならなかった。その命令は、その丘が敵に占領されているという虚構に基づいていた。私は、そこに味方の軍も敵軍の姿も見なかったが、敵の砲兵隊がまだ戦闘を続けており、我々がこれから攻略することになっている丘がよく見える位置にいることは、明らかだった。少しして私は、その砲撃の正確さに鑑みて、我々はその陣地をすでに獲得したと考えることに決めた。それにより、私は自分で「敵陣の偵察」と名付けた行動に着手し、その行動により、私は戦車二台を敵の直接照準射程外に避難させ、三台目を乗組員なしで往復走行させることができた。辺りに歩兵隊がいないことが分かっていたので、ハッピー・バレー作戦の時のような恐怖は感じなかった。唯一の危険は、戦車を方向転換させる時点まで走らせ続けることにあった。幸運にも、誰も怪我しないうちに、敵の砲手らがそれを仕留めてくれた。

やがて戦闘は終了したとみなされ、戦車一台を失ったが兵士らは全員無傷の状態で、私は報告書を書くことができた。これを私は軽い心持ちでやっていたが、急にウォチェット卿のあの「二列より多い略綬」の警告を思い出し、自重した。自分の部隊の活躍ぶりを報告書で目一杯激賞して、勲章を獲得しようとするあの正規軍人は、まだうろついていた。その危険性の現実味を、私は八月八日の戦いでレジオン・ドヌール勲章を受けたことによって切実に感じていた。その受章に関する公報の記述内容は、不思議にもっともらしく「事実」に近かったが、私は自分が経験した戦闘が、そこに書かれていたものと同じものだとは信じられなかった。私は、その綬を気に入ったし――真紅だった――それは殊勲章ともよく合ったが、私は祝意の言葉に適切に応えることができなかった。最初にその機会が訪れたのは、高名な軍人で非常な好人物である我が隊の旅団長が、私におめでとうと言おうとして、おどけた仕草で私にトレンチコートの前を開いて綬を見せるよう促したときだった。私の受章が受勲者一覧に掲載されてから二、三週間経っていたので、私がまだ綬を付けていないのを見て彼は不満そうにした。おそらく彼は、私と同じく、私が余計な偽りの謙遜を見せつけようとしていると感じたに違いない。実は、その時私はまだ綬を受け取れないでいたのだが、受け取る努力をしてもいなかった。

私がタラの丘の戦闘報告書を出した結果は、恐れていたほどの事もなく、中隊の特務担当将校に任じられて、他の将校らが交替で戦闘に出る間、基地班の業務の監督をすることになっただけだった。私はもうずいぶん前から、戦いから除け者にされても構わないと思うようになっていた。私は自分が堕落したと認めたくはなかったが、私がかつてイープルで戦闘から外された際には抗議したということを思い出させられるのは嫌だった。それに、八月二十二日の戦闘に駆り出されるのが嫌だと、ことさらに強調したくもなかった。夜になって、見知らぬ新参の将校ら二人と共同のテントに休みに戻ったときには、ほっとした。その頃、ハウザーは自分の小隊を率いて「前線で」戦っていた。

165…旧約聖書『ヨブ記』第一章。裕福な名士ヨブは心正しく神を畏れる人だったが、神はサタンの挑戦を受け、ヨブの信仰を試すべく彼の子供や財産、健康を次々に奪っていく。引用のセリフは、ヨブの家畜や子息・娘を襲った不幸を知らせに来た使用人が、報告の最後に言う言葉。

四十一

私は一瞬で眠りに落ちたに違ない。その頃には私たちは皆、睡眠の機会があれば——昼でも夜でも——無駄になどしないだけの分別を身につけていた。誰かが我々のテントの張り綱に不注意でつまずいたので、私は沈んだ気分で目を覚ました。その人物は入り口を探っていたに違いない。私は、それはつまり彼が私を探しているという意味だと思った。間もなく、彼は探るのを諦めて、外から叫んだ。

「ここに、ビオン大尉はおられますか？」

私は、毛布を頭に被り、ほんの一、二秒の間、聞こえなかったふりをした。真夜中に将校を呼び出すのに、楽しい理由などあるはずはなかった。彼はもう一度、もっと切迫した声で叫んだ。ようやく、私は何の用事かと彼に尋ねた。

「前線への呼び出しです、今すぐ。至急です」

私は軍靴を履くと、装具を持って月明かりの寒い夜の中へよろよろと出て行った。私の配下の三台分の乗組員はすでに知らせを受けて、戦車の脇で静かに待機していた。伝令は、私も知っている信頼できる男だった。目的地への地点表示を確認しながら、私は彼が先に立って我々を誘導してくれれば、戦車はすぐ後ろからついて行く、と言った。

そんなつらい時間だったが、道々、歩兵隊から「戦車部隊、がんばれ」や「幸運を祈る」などと声をかけられるのは、とても嬉しいことだった。私は待ち構えていた中隊の副官と会い、歩兵隊がセクアールという村で動けなくなっているのだと聞かされた。それほど困難ではないと予想されていたが、我々は村を奪取しなければならなかった。

地面の状態は、八月八日以来、完璧な状態を保っていた。その村は、小さな谷間の向こう斜面の大部分を占めていた。村の中心に教会があるのがよく見えた。味方の歩兵隊は既に村に入り込んでいたが、我々は前線の位置を把握していなかった。このため、相手が本当に味方ではないと確証を得るまでは発砲しないように、十分注意する必要があった。私は部下にそれをわざわざ伝えるまでもなかったが、そんな込み入った条件の元で戦わねばならないというのは厄介なことだった。しかも、視界の悪い戦車の中から、厳重な注意を払って標的を見極めなければならないとしたら、余計に始末が悪かった。途中、私は車長らと相談し、私はそれぞれの集結地に予め決めた時刻にいるようにすると伝えた——もし彼らが私を必要とするなら。実際には、私はそんなことは無意味だと思った。戦車に何か問題が発生すれば、彼らが私を探しに誰かを寄越すよりも先に、当然私の方でそれに気づくはずだった。それでも、これで何か計画らしきものが出来たような気がした。

副官の承認が下りた。もう時間だったので、私が車長らを解散させると、彼らは戦車に乗り込み、ギアを低速に入れ、毎時一マイルの徐行で出発地点へと発っていった。これらの表現は、我々の戦車と同様、条件の定まった静的な塹壕戦に属するものだった。私たちがこの時行なっていたのは会戦に近いもので、訓練も装備もそれに見合うものではなかった。求められているのは、その場に即して判断する力と率先力だった。私が歩兵訓練を受けていた頃は、私は自分にはそのどちらも備わっていると思っていた。私が間違っていたのか、あるいはイープルの戦いの陰惨さと、戦いに不向きな者が戦争で消耗したことによって、失ってしまったものか。私は、疲れすぎていて考えられなかった。私は漠然とした不平を感じており、自分が何か不当に扱われたと思えるような理由が思い当たらなかったことで、なおさら気分が悪かった。オトゥール軍曹には不平の原因があった。私もそれを共有していたつもりだったが、私は彼が己の愛国心と規律正しさをその上に打ち立てねばならなかった、あの醜悪な基盤までは共有していなかった。少なくとも私には、英国が体現する生活様式は、我々がそのために戦うことを期待されて然るべきものだと信じる理由があった。

我々の作戦行動開始時刻らしきものは、過ぎていった。私はゆっくりと、戦車が消えていった方向に歩き出した。空がうっすらと明るくなると、セクアール村の教会がはっきりと見えてきた。その時、私はその教会の尖塔を荘厳だと思った。私は、尖塔というのは、神が天にいて地上の人間の営為を見守っていることを人々に思い起こさせるためにあるのだ、と教えられたことを思い出した。やがて、血のように真っ赤な朝日が教会の向こう側から昇った。その劇的な光景は、すぐに昼の光とありふれた村、機関銃の音とライフル銃の単発の銃声に取って代わられた。戦わなかった者たちは、敵は敗れた、戦争に勝ったのだと言えたし、実際に言っていた。それは、その朝あの場所にいた我々には、真実ではなく、私たちには関係のないことだった。

谷は、その時間はまだセクアール村に向かうなだらかな上り斜面の影になっていたが、そこに私の隊の戦車が一台あった。明るくなってくると、私はそれが動いていないことに気づいた。見たところ、何も問題はなさそうだった。だが、近づいていくと、私はそれが直撃を受けていることに気づいた。榴散弾が履帯《キャタピラ》の上で爆発し、切れた履帯がめくれ上がって後尾にかかり、戦車は走行不能となり事実上戦闘能力を失っていた。だが、砲弾が履帯に当たったおかげで、乗組員は助かった。誰にも負傷はなく、リードは戦車の前方と左側に型通りで役に立たない防衛拠点を築いていた。もう一台の戦車が右方でやはり動けなくなっているのを発見したのは、その時だった。

こちらは、ガス弾の直撃を受けて機能停止状態になっていた。ガスを放出させるのに足りるだけの炸薬量しか入っていなかったため、怪我人はおらず、将校と兵士一名は毒ガスの被害すら免れていた。彼らには何もすることがなく、また戦闘から離脱する理由もなかったことから、私は彼らをリードの防衛拠点へ行かせた。その後で、私はそれが間違いだったという気がした。私の記憶では、戦闘中に自分が下した決断で直後に後悔しなかったものは一つもないが、自分にとって戦争中最後となったこの戦いにまつわる私の罪の感覚は、その後何年にもわたって徐々に増していった点で異色だった。

私は、当時自分が書いた報告書の全文を、何年も後に、細部が記憶から消えてからの自分の印象と比較する機会があった。あの感覚は残っていて、しかも一層激しさを増しているようだった。というわけで、私がその打ちのめされるような挫折感を味わった経緯は、以下のとおりだった。

毒ガスでひどくやられた兵士が四名いた。彼らは、補助があれば歩ける状態だった。私は、何としても彼らを戦車から離さなければと思った。戦車はまた砲撃を受けるであろうし、今度来るのは高性能爆弾に違いなかった。敵は、高性能爆弾三発に対しガス弾一発の割合で撃ってきていた。私は、兵士らを戦車から後方に一〇ヤードほど離れた辺りに並ばせた。それから私は、地図に記された通路は、八月八日のあの通路がそうであったように、砲撃の対象となることから、兵士らをその後方に移動させようとした。最初の二名は、私の両肩にそれぞれの腕を回して体重を支えてやって、なんとか歩いて避難させることができた。途中、敵が通路に集中砲火を浴びせてきた。最後の方は腹ばいになり、私がほぼ一人で彼らを引きずる形で進まなければならなかった。彼らがもう危険を脱したと思ったところで、私は彼らに救護所へ行くよう命じ、私は残りの二名の救出に向かった。

この二名の方がずっと重傷で、自力では動けなかった。私は、歩兵隊が村の右方向へ退却して行くのに気づいた。私は、どうしてよいか分からず躊躇した。歩兵が二名こちらへ走って来て、「戦車部隊!」と叫んだ。彼らは私に、この戦車を村へ寄越して敵の撃退を支援してくれと頼んだ。私は、それはできない、乗組員が戦力外になってしまったのだと言った。彼らは、その返事を持って駆け戻って行った。その時私は、もしあの将校と兵士一名をリードの元に行かせていなければ、私たちはエンジンを再始動できたかもしれないと気づいた――実際、我々三人でエンジンを掛けようと試みていたのを、私は忘れていた。だが、エンジンの吸気口に毒ガスが入ったせいか、我々が力を合わせてもびくともしなかった。そうなると、戦車は自力では動けないただの鋼鉄の塊だった。もしあの二人がそこにいれば、あの歩兵二名の手を借りて戦車を始動させ、我々五名で攻撃に向かうことができたのではないか?

頭が混乱し疲れ果てて、私は砲の主要部分を取り外すと自分の装具に詰め込み、砲撃にさらされた道をさらに二往復して残りの二名を安全な場所へ運んだ。

これで乗組員は全員避難させたが、私は混乱し、罪悪感に苛まれていた。その罪悪感がさらに強まったのは、その晩遅くに私が中隊長に、なぜ私の配下の戦車の一台がまだ十分稼働できる状態だったのに乗組員が放棄した、と報告されたのか、そのいきさつを説明しようとした時だった。単純だが受け入れ難い答えを言えば、それは乗組員たちがもう我慢の限界に達したためだった。さらに受け入れ難かったのは、私自身もまた我慢の限界で、私は、あのまま戦い続ければ確実に死ぬと理解できるだけの現実感を、自分が保持していたという見解だった——もし敵も同じように戦い続ければだが。

私の頭の中の論争も、中隊長と私の間の論争も——もし、とりとめのない質問を二、三するのが論争と呼べるならば——露骨に不機嫌なものだった。私は敵愾心を感じ、不安で、喧嘩なら受けて立つぞという気分だった。私は、中隊長を大馬鹿野郎呼ばわりして、彼を怒らせた。私はすぐに後悔し、そのことで今度は自分を怒らせた。カーターが冷静に、もし自分が中隊長だったらお前を逮捕しただろう、と言った時、私はぎくっとした。私は、カーターの言うとおりだと思っている自分に気づいて、狼狽した。驚いたことに、結局、中隊長は立腹しながらも忍耐力を振り絞り、軍隊特有の言葉遣いの乱暴さを割り引いても極めて無礼な物言いを、不問に付した。私は疲れていたんだ、こん畜生！　私は怯えてもいた。かつて私には、「こん畜生」などと口にする勇気がない時期もあった——口にしたときにはすぐに謝ったものだ。勇気がない、ですって？　何を言っているの、こんな大きな、殊勲章をつけた男の子が？

私は、そんな心の中の対話をどれほど嫌いだったことか——今でもそうだ。いやだ、くそっ、いやだ。私は殊勲章など欲しくない。私は、大きい男の子になどなりたくない。「ああ！　死にたくない！　家に帰りたい！」

私は、プレップスクール時代の寮母を思い出した。「何ですって？　あなたのような大きな男の子が、お父様にあんなに高いX線検査の費用を払わせておいて、結局どこも悪くなかったんですって？　恥を知りなさい！」

私は、恥ずかしかった。私が顔が赤くなるほど恥ずかしい思いをしたのは、足に痛みが出て引きずって歩くようになったため、父が私をロンドンの診療所に連れて行った時のことだった。X線写真が撮られた。それから、社会福祉係[166]の職員が父と話す間、私はそばに立っていた。私には会話の内容は理解できなかったが、いくつかの言葉を拾うことはできた。

「ですが」その女性が父に言ったが、父の方はとても小さな声で話していて、私には何を言っているのかはっきり聞き取れなかった。「息子さんは、学帽を被っているじゃありませんか」あの、いまいましい学帽——私は、学帽による失敗がそんなに前から始まっていたことを忘れていた。「お子さんを学校に通わせられるんですから、当然X線検査代くらいは払えますよね？」

父は、うしろめたそうだった。私は、父が赤面していたように思う。私は、父のために赤面していた。父は、札入れを取り出した。それはひどい出来事だった。もう二度と、絶対に足が痛くなどなるものか。だが、やはり痛くて引きずって歩いた。あの悪魔のような寮母——二度と、絶対に足を引きずったりするものか、痛みがあろうとなかろうと。

だが……私は卑怯さとは折り合いをつけていなかった。私はその時も、相変わらず間抜けな気がしていた。殊勲章も戦車そのものも、防護としては非常に不適切だった。カンブレーの後に私の部下たちが受章のことを知った時も、私は彼らが私を見て「なんだって、あんたが？　ヴィクトリア十字勲章に推薦だって？」と言いたそうだと感じた。セクアールの後も、カンブレーの後と同様、私は自分が受章と同じくらいの確率で、軍法会議に訴えられるような気がしていた。それは、逃げるときに、どっちに向かうかによって決まるのだった。

166…英国の病院は、従来貧困層に無料で医療を提供する場所（上流階級は主治医を抱えていた）だったが、十九世紀後半から中産階級の医療ニーズに応えて有料の患者も受け入れ始めた。医療費の額は個々の患者の支払い能力に応じて決められ、その収入調査を担当したのが社会福祉係の職員（Almoner）。

四十二

一カ月の休養と再装備の後に、大佐は先任将校らを呼び集めた。彼も中隊長も、私は好きで尊敬していた――ともに正規軍人で、有能で無口で、大袈裟なところがなかった。私は、我々は古参兵になっていたのだと思う。カンブレーで、熱意溢れる素人は死に絶えていた。

エイチスとハンフリーが消えて、以前よりも健全な雰囲気になっていた。エイチスについては、あの不幸は彼自身と、彼にはありもしない重要性を、立場上あるものとして彼に接せざるを得なかった彼の部下たちにとっての、個人的な悲劇だったと言えるだろう。同じ悲劇は、次の戦争では遥かに壮大な規模で繰り返され、チェンバレンばかりでなく国そのものが重要性を担うように動員され、歴史や、現在と未来の情況という重荷を積まれたが、それはとても背負えるものではなかった。チャーチルその人が悲劇をさらに増大させたのだが、それは彼が、過去によって要求され、現在によって妬まれかつ時代遅れとされ、未来には支持し得ずかつ支持されないような特性を、体現していると思われたからだった。

私が〈一回目の大戦〉の中で占めた、取るに足らない身体的・精神的空間においては、私が担わなければならなかった微々たる責任でさえ、私の能力や受けてきた訓練、養育を遥かに超えたものだった。その限りでは、私もエイチスと同じ悲劇を分かち合っていた。彼は、彼とその取り巻く環境とを区別して考える限りにおいて、恐らくは必要とされるパーソナリティを持っていなかった。巨万の富や、道徳観念を排した冷酷さ、三流の賞賛に囲まれていたことが、あのような脆弱なパーソナリティの形成の一因であると同時に、それを最終的には破壊したのだろう。富や賞賛、名誉は、既に達成された功績の印だが、それらが印づけるはずの特質の代わりとして用いられるとき、毒となる。それらは、既に知られていないものは何も印づけないほど控えられるときにも、やはり有害である。そういう功績への表彰の印を受けようとしない個人や、それを与えようとしない社会は既に病んでおり、悪化していく。

無用者をてらったハンフリーは、無用者ぶりを偽装しようと必死だったが、無用さは彼の持つ唯一真正なものだった。彼は、取り調べを免れるために自ら罪を認める罪人だった。彼は、羊の皮を着た狼だった。彼のあだ名は〈サナダムシ〉だったが、それは痩せて長身な彼の体形に寄せて、英国にいた頃の元の第五戦車大隊の将校イエーツがつけたものだった。だが、どんな名前も、更に他の偽装に対する偽装だった。彼はクソ野郎、に見せかけた普通の人、に見せかけた興味をそそる面白い問題、の姿を借りた謎、の姿を借りた何の価値もない人間だった。彼は臭い鼻つまみ者だったが、幸い彼は自分の臭さが気に入っていた。

私はこれを記述するに当たり、ある一連の感情を経験してみた。今度は、私は一歩進んで、この感情群に名前をつけるという経験をしてみよう。私は、宗教から「熱狂」という語を借りる。実際、私がこの本を書くという経験の総体にこの語を適用するのは、妥当だと思う。私がそう思うのは、イープルでの戦闘に参加するまでの部分で描いた情動経験全体の中の、ある一つの要素を総括し同定するための語が必要だからだ。

その経験のうち、私が認識している部分の大半を占める特徴――情動と、その情動の支配的な側面――は、「熱狂」だ。イープルでの戦いの後、そしてその日からアミアンの戦いの終結までの期間に、大隊に起きた変化を、私は「熱狂」の衰退と呼ぶ。日付とは、時間を人工的に区切った恣意的なものだ。それと同様に、場所も――私が特定の人々の集団、つまり大隊または大隊の中の小隊や分隊と結び付ける場合においては――やはり恣意的だ。それは、私というある一個人が抱えた問題や一個人の情動生活の現実を単純化しようとする試みに過ぎない。大隊の情動経験の現実に近づけるためには、個々の成員が自覚していたあの経験についての詳しい説明が必要となる。それゆえ明らかにこの記述は、描写しようとする内容との極めて限定的な類似性しか持ちえない。その価値は、それの全体への貢献にあるが、その全体とはそもそも存在せず、決して存在しないかもしれない。

大佐は、我々は前線へ移動するのだと説明した。それはどこか？ それは、彼もまだよく知らなかった。前線はこの時動いており、彼は我々に前線をあまり当てにしないように、と言った。

「私ならば、前進か後退かなどということも、あまり考えないだろう。私に届くのは、あたかも英国陸軍が一体となって前進しているかのような命令だ。それはつまり、もしボッシュが持ちこたえたり一旦退却したり反撃に出たりすると、皆決まって自分の周りのわずかな部分の戦況を見て、全軍が退却しているとか敗れたのだ、勝ったのだと思い込むということだ。私が諸君に言えることはただ一つ——我々はモンスへ行くことになっている」

将校たちが紙をめくる音が、まるでそよ風が背の高い牧草地や清々しい田舎道の脇のマツムシソウの上を通り抜けるように、あるいは遥かなイングランドの細長く広がる草地の上を……

「そうだな、ビオン？」

しまった、大佐は何と言ったのだろう？「ああ、はい、そのとおりです」

「君は聞いていなかっただろう！」だが、彼の表情は優し気だった。

「モンスのことです。我々の振り出しの場所に戻るのですね」

「いや、海外派遣軍の振り出しだ」

「はい、私が言ったのはそういうことです」

私は、一つ目の村に非常に用心深く入って行った。ある地下室へ通じる階段の降り口に、一人の若い、十四歳くらいの薄汚い少女が立っていた。彼女は私をじっと見たが、その目は野生動物のような、強烈でいて何の思索もない目だった。彼女は私をじっと見た。じっと見ていた。私は何か言わねばならないような——「良いお天気ですね」――あるいは他の者の居所を尋ねなければいけないような気がした。彼女は感じた、分った、私が何か話した、話している、話すだろうということが。その瞬間、音もなく、ほとんど動作すらなく、彼女は姿を消し、階下の地下室に溶け込んでいった。

すみませんが、と、ぞうのぼうやが、おぎょうぎよくいいました。どうやったら、あかちゃんができるのか、おしえてくれませんか？[167]

ねこにきいてごらん。

お尋ねして、すみませんが、どうしてお前は私の夢にいつも出て来るんだ、この青白い顔をした小さな……小さな……女学生？　娼婦？

それで？　私は動揺した。戦争が始まって四年、戦闘員としてほぼ二年間戦い詰めでやってきて、私はこんな言葉も口にするようになっていた。「あにやってんだよ、おの間抜け野郎！」、いや、もしかすると「何やってんだよ、この間抜け野郎！」程度だったかもしれないが。だが、セックスや妊娠、それらは簡単には克服できなかった。それでは、あの話は本当だったのだ。ドイツ軍は本当に邪悪だったのだ。私は、彼女が強姦されたのだろうかと考えた。その光景が、私の頭の中にぱっと浮かんだ。私にはそれがはっきりと見えた。端正に描かれたマタニアの絵[168]のように――『戦いの前の聖餐式で跪いて祈る某ロイヤル連隊』のように。何と見事な榴弾砲！　爆弾が破裂する臭いがしてくるほどだ！　戦車で人を轢いたときって、どんな感じでしたの？　すみません、私はうっかり気がつきませんでしたが、夢見が悪かったですね。

167…ラドヤード・キプリングの童話集『なぜなぜ物語 Just so Stories』の中の『ゾウの鼻が長いわけ』で、知りたがりやの子ゾウが周りの動物たちに質問を繰り出すときの口調。

168…イタリア出身で英国で活躍した画家フォルトゥニノ・マタニア（一八八一～一九六三）。写真のように精緻な報道挿絵で知られ、第一次世界大戦中は戦場を訪れて多くの記録画を描いた。

この小さな身重の生き物は、どこも悪いところはなさそうだった——本当に。彼女は文明の域を通り越しており、それはルーアンで見た、群衆が、頭を丸刈りにされた母親を追いかけ嘲笑し、彼女は怒り、誇り高く挑戦的な様子で、赤ん坊を抱いて大股で家の中へ逃げ込んだ、あのときのようだった。この子供が成り果てた野生動物には、ある種の威厳がある。私は、鉄兜を脱いで、出し抜けに「シッ!」とでも言えばよかったのかもしれない。そうすれば、彼女は慌てて階段を駆け降りて行ったに違いない! それなら、将校食堂の格好の笑い話になっただろう。

私は疲れていたし、可笑しいことには思えなかった。私は、他の将校らも私と同様、面白がる気がなかったことに安堵した。とはいえ、当時世界で最も強力だった国の支配階級の特権とゆとりを享受しながら育った将校が、未熟な世間知らずであり、四年続いた戦争の間中その状態であり続けて、果たしてよいものだろうか?

「弾丸砲弾降る中を、雄々しく進みゆく」[169]。今でも全く分からない、「気高き六百騎」。

マルコアンでは、軍楽隊のフランス国歌の演奏に、群衆は沈黙し無反応だった。曲が終わると、楽隊は停止した。楽長は、天才的な閃きを得て一計を案じた。「もう一度演奏するんだ」と彼は言った。今度は、群衆は熱狂した。通りには突如として旗が溢れた——ユニオン・ジャック、トリコロール、星条旗もいくつかあった。これらは、どこから現れたのだろう? この何年もの間、一体どこに隠されていたのか?

興奮は、沸き上がった時と同じように、突如として消えた。烈風が吹いて、大粒の雨が少し降った後、訪れた静寂を遠い雷鳴が破るように。

169…英国の桂冠詩人アルフレッド・テニスン（一八〇九〜一八九二）の有名な詩『軽騎兵の突撃 The Charge of the Light Brigade』の一節。クリミア戦争のバラクラヴァの戦い（一八五四年）で、英国陸軍の軽騎兵隊旅団六〇〇騎余りが、誤った命令によりロシア軍の砲火のただ間を突破し、多大な犠牲を出した。テニスンの詩は、これを無謀だが勇敢な戦いとして讃えたもの。

四十三

中身が何かはよく承知していたものの、私はその通信文を受け取ると注意深く読んだ。そこには、十一番目の月の十一日目の一一：〇〇になったら、全軍がその時点で到達した位置で「任務を中止して待機」するのだと書いてあった。戦闘は停止するが、その他の軍隊としての通常の警戒態勢は継続することになるのだと。私は、これが戦争は終わった、と言う一つの表現なのだと思った。

それまでの数週間、軍司令部は「講和交渉」と言われていたものに懸念を示してきた。ドイツが休戦を申し入れたことは、皆が知っていた。私たちは当然、一旦我が軍が戦いを停止すれば、たぶん再開することは不可能だろうということは理解できた。私の立場で観察した範囲においては、軍が戦闘を止める危険性はなかったが、軍はまるで訓練不足の競走者が、ゴールテープを切るまで走り続けるべきところを、何度も肩越しに後ろを振り返っているような態度を見せていた。それが一層異様だったのは、勝利のゴールテープなどどこにもなかったからだった。

私の部下の一人が、宿営地への帰り路に自分の戦車の横を歩いていた。それは、どうということもない普段どおりの移動だった。戦車が一個の不発の手榴弾を踏んだが、鉄板製の履帯の下で手榴弾は損害を出すことなく炸裂した。ところが、その砲手マラードは倒れて死んだ。まさかの出来事に、何が起きたかすぐには把握できなかったが、手榴弾の破片の一つが――それは、履帯の下から飛び出した唯一の破片だったに違いない――彼の心臓を貫通して彼は即死し、破片が身体に入った箇所にはほんの小さな刺し傷だけが残っていた。

「拝啓、誠に遺憾ながら、貴女のご子息は……」戦争はもう終わったのに、事故で亡くなりました？ 何をそんなに大騒ぎすることがあるのだろう？ 彼の妻子はどうだ？ 有難いことに、彼はあんなに若いので、きっとまだいなかったに違いない。ところが、いたのだ。しかも、妻は出産を控えていた。

「拝啓、誠に遺憾ながら、貴女の御夫君は……」。さらなる大騒ぎ。何でもないことで。

糧食は乏しかった。じゃがいもがなくなり、兵士らが不平を言っていた。中隊の閲兵があり、その場で私から説明した。食糧の不足は長くは続かないこと、それは軍の配給の一部を一般市民に分け与える必要があっただけだということ。中隊の皆は、私の話を黙って聞いていた。彼らは、それを信じなかった。彼らはそれを疑うこともしなかった。

半年前に流行った歌の歌詞に、こういう繰り返し句があった――「戦争は去年の七月に終わった、そう『ジョン・ブル』誌に書いてあるんだ[170]」

「連中が書くことは、一言だって信じられないですよ」当局の書いた高揚感溢れる文書を読んだある兵卒が、そう私に言った。

「我が軍は、タンクールの戦闘陣地で敵の進撃を阻止している」。私はかつて、その嘘を母に読んで聞かせた。立派なものだ、あの塹壕の位置の印テープが戦闘陣地で敵の進撃を阻止したとは。

「聞いてくれよ」一人の若い将校が、信じられないというように目を丸くして言った。「俺のいた場所では、馬に乗った奴が我々の陣地の真ん前に出てきて、ラッパを取り出すと〈撃ち方止め〉の合図を吹いたんだ。吹き終わると、行ってしまった！ 信じられるかい？」

「そうかね！ 他に何を期待していたんだ？」カーターが、そっけなく言った。

「俺のところでは」別の者が言った。「ボッシュが最後の五分間に、ありったけの砲弾をみなぶちかましてきたよ。もちろん、こちらもきっちり弾幕をお見舞いしたさ。まるでソンムの戦いの再来だった――あの最後の悪あがきで、一体何人が命を落としたことか」

噂があった。近衛歩兵連隊が、閲兵式に出るのを拒んだというのだ。近衛歩兵連隊は、彼らの新兵訓練所で抗命した。

「サー！」キャノン特務曹長が敬礼した。「中隊が閲兵を拒んでおります」

「奴らに、馬鹿なまねはよせ、と伝えろ」。彼は出て行った。

さて、これは弱った。私は、どうすればいいか皆目見当がつかなかった。近衛歩兵連隊のあの噂——もし本当なら、とんでもなく厄介な話だ。ところが、今度は私の中隊が！ 私は、今にも冷や汗が噴き出してくる気がした。もし彼らがなおも拒んだら。彼らはほぼ全員が新兵で、最近訓練を終えたばかりの炭鉱夫だった。彼らは、軍隊を嫌っていた。彼らは、我々を、自分の上官である将校のことをよく知らなかった。もし私が怯えていなければ、この言葉に込められた含意に大笑いしただろう。彼らが我々をよく知っていたとしたら——我々がどんな好漢であるか、戦場の友情やら何やら——彼らは決して反抗などしなかっただろう、などという考えを。もしも彼らが我々を知っていたなら、彼らが命令に従っていただけでもものすごい奇跡だった。

「サー！」私は、彼があんな大袈裟な軍隊口調で私をびっくりさせないでほしいと思った。それは、モン・デ・カのトラピスト派修道院にあった、カチッ、と音を立てるあの扉と同じくらい始末が悪かった。その扉がカチッと鳴る度に我々は、そこにいた将校全員が、弾を避けようと身を屈め、悪態をついて、それでも次にまた扉がカチッと開くと、同じことを繰り返すのだった。

170… 戦地で流行った戯れ歌の一つ。『ジョン・ブル John Bull』誌は、資本家・政治家で度々詐欺罪にも問われたホレイショ・ボトムリーが一九〇六年に創刊した大衆向け週刊誌。政治、社会、経済関連の記事を掲載し、戦時中は愛国心の発揚や募兵に力を入れた。この歌詞は、同誌が、一九一六年七月のソンムの戦いに先立ち、この攻勢が速やかな完全勝利をもたらすという予測記事を掲載したことを皮肉ったもの。

「サー！」私には、それがキャノンだと分かっていた。私は時間稼ぎに、「ここに、ビオン大尉はおられますか？前線へ呼び出しです」のあの時と同じように、聞こえないふりをしていただけだった。

「何だね、特務曹長？」

「彼らは出て来ません」。私にはこうなることが分かっていた。さあ、どうしよう？　何も考えが浮かばない。私は、自分が「ルイス機銃の銃手隊に、今すぐ銃を持って集合するよう言ってくれ。兵舎に銃口を向けて配置に着かせろ」と言うのを聞いて、驚くと同時に安堵した。

「サー！」いい加減にしてくれ！　あのカチッ、の音が癇に障った。彼は五分と経たないうちに戻って来た。

「全員配置につきました。六挺、兵舎に向けてあります」

「兵舎の背後に丘がくる向きか？」

「はい、サー」

「行って、もう一度兵士らに言うんだ――『馬鹿なまねはよせ』とな」。彼は躊躇した。私は彼が、そう言った後に何をすればいいか、と尋ねるだろうと分かっていた。私は、やはり考えが浮かばなかった。「もし彼らが愚かなまねを止めないようなら、私を呼べ」

「サー！」彼が踵を合わせる、あのカチッという嫌な音。まあいい、彼が兵隊らしく振る舞えるのも、これが最後だ。私のこの怯え、どうにかしてくれ！「戦争は去年の七月に終わった、そう連合軍総司令部の命令に書いてあるんだ」。誰か、それをボッシュに伝えたのだろうか？

またキャノン軍曹だ。「彼らが出て来ました。整列しています」。私は、安堵のあまり泣き出しそうだった。「私はすぐに行く、特務軍曹。それまで皆は休めの姿勢でいて構わない」。私はなんでそんなことを言ったのだろう？　構わないに決まっていた――彼らには、他にすることなど何もなかった。

兵舎で一人になると、私は顔の汗を拭い、震えを止めようとした。ついに耐えきれなくなると、私は閲兵場へ歩いて行った。

機銃は配置されて、光を反射して輝いていた。機銃隊員らは、私を一心に見つめていた。私は、この後どうするのかという、突き刺すような問いを感じた。中隊の兵員は、怒りでのぼせ上っていた。私は、目を向けた先々から、怒りと恨みと屈辱に満ちた視線が返ってくるような気がした。

ようやく、キャノン特務曹長が報告した。「全員整列しました」。私は彼に、休めを命じた。

「キャノン特務曹長によれば、君たちは閲兵を拒否したそうだな。諸君は、戦争がまだ終わっていないということを忘れている――これは休戦に過ぎないのだ。諸君が兵舎に閉じこもっている間に、もしボッシュがあそこの丘を越えて――私はステッキで背後の丘を指した――襲撃してきたら、我々はとんでもない阿呆面を晒すことになっただろう」

将校たちが各自の部下を小隊ごとの演習に連れ出す準備を進める間、私はその背後で発射準備の整ったルイス機銃に注目し、細心の注意を向けていた。それから、彼らが撤収する前に、私は機銃のそばへ行き、綿密な点検を、それが日常業務のお決まりの手順であるかのように行なった。私は、機銃に普通弾が装填されていたことには、敢えて触れなかった。

やがて、彼らは皆いなくなり、後にはキャノン特務曹長と私だけが残った。「明日は、全員が小隊単位で閲兵するように。皆に軍法と国王軍規〔軍の行動規定〕と、それから抗命処分法についてもびしっと訓示しておいてくれ」。彼は何か言いたそうだったが、思いとどまり、敬礼すると去って行った。

フットボールのリーグ戦のようなものが行なわれて、旅団の全中隊が参加した。我々の中隊が猛烈に盛り上がったのは、増援で我が隊に加わった炭鉱夫らの中に第一級のフットボール選手が数名いたためで、彼らは軍隊や戦争を嫌悪していたが、フットボールの試合となると至って真剣だった。私は、全く意識しないまま、いつもの自分のやり方で、自分が当時は副官を務めていた中隊を型どおりに熱心に応援した。私はフットボールの試合を見慣れていたし、うちのチームの花形選手の名前も把握していた。私は試合を十分鑑賞できるほどフットボールに通じており、試合ではしばしば妙技が披露されたので、この任務は私にとって何ら不快なものではなかった。だが、私が当惑し、またすぐに飲み込めなかったのは、私が興味を持っているかどうかなど、兵士たちは少しも気に留めていないということだった。中隊の大部分は増援部隊だったが、彼らの新たな時代精神は、それ以外の者たちも共有していた。その精神を表現するとしたら、礼儀正しく、だが幾分いぶかしがるように発せられるこの問いになるだろう。「俺たちの仲間や試合、勝利が、あんたに一体何の関係があるんだ？」私は当時二十一歳で、自分が過去の遺物、大昔の生き残りであるとはどういうことなのかを、まだ経験していなかった。

　この大隊が英国で発足した当初からの将校は、カーター、ハウザーと私だけになっていた。准尉の中では、戦闘に当然だが参加しなかった需品係将校だけが残っていた。兵卒は一人もいなかった。戦闘経験が半年を超える者ですら、ほんの一握りだった。我々は、自覚していなかったが、わずか数年の間で、取るに足りない者から無関係な者へと変化していたのだった。

　クリスマスが、遅ればせながら慌ただしくヒステリックな祝賀の興奮を解放した。「誰もが突然歌い出した」と、シーグフリード・サスーンは書いた。私たちの歌声は、アルコール含みだった。もはやいない顔ぶれが、多過ぎた。フットボールの試合に勝った選手の歓喜は、戦闘を生き抜いた者の歓喜と、そう大きく違わなかった。兵士らに、何か夢中になれるものを与えておけ。スポーツ、トロフィー、「英雄が住まうのに相応しい」家、何でもいい、暗く陰鬱な思考の世界を遠ざけておくためならば。

　兵科も部隊も様々な二〇〇〇人ほどの軍勢が、しんどそうな歩みで――それはとても「行進」と呼べるものではなかった――ショアラム宿営地[171]に向かう坂道を上って行った。私は、クリスマスのすぐ後に除隊になっていた。一人の老女が、立派だが寂れた感じの家の玄関に立ち、ユニオン・ジャックを振っていた。「荒くれトミー」[172]たちが返すであろう反応への不安から、彼女の声は緊張していた。「お帰りなさい、みんな、お帰り」と彼女は甲高い声で叫んだ。この突然の出現に、一堂は一瞬唖然とした。嘲りたい衝動は、抑制された。「ばあさんを喜ばせてやれよ」と誰かが言い、この呼びかけに後方の何列かがきまり悪そうに応えていた。「もっと上には、軍楽隊がいるかもしれないぞ」

鉄道駅に着くと、我々をロンドンへ運ぶ列車には、灯りがついていなかった。次第に暗くなる中で、一人の兵士が列車の屋根によじ登って抗議の声を上げた。「ボーア戦争の後もそうだった。今度も同じだ。必要なときには英雄で、用が済んだらごみ屑だ。きっと次のときもこれと同じだろう」

こうして、物事は以前のとおり、何も変わりはしない。数年の間に、取るに足りない者から無関係な者へ。もし大英帝国がそれと同じ運命を辿らなかったとしたら、それは一握りの詩人のおかげなのだとは、誰にも説明できなかった。だが、詩人たちに何ができるというのだろう、核分裂や、もっと強力な細菌に対して。[173]それは、驚くべき技術と先見性を備えた生物学者たちによって、注意深く世話をされ培養されている——人間という、賢くて道具を作る動物の、あのいつものやり方で？

171…英国南海岸ブライトン近郊の町で、広大な陸軍宿営地があった。一九一四年の開戦直後、キッチナー陸相の呼びかけに応じた大勢の志願兵の訓練所として設置され、以後一九一九年まで使用された。

172…トミー Tommy (Atkins) は、英国陸軍兵士を指す俗語。

173…一九二五年にジュネーヴ議定書で、窒息性ガス、毒性ガスまたはこれらに類するガスおよび細菌学的手段の戦争における使用の禁止が謳われたが、第二次世界大戦中も研究は続けられた。

訳者あとがき

本書をお読みになって、訳註の多さに辟易された読者もおられるかもしれない。ウィルフレッド・ビオンの幼児期から青年期までを綴ったこの自伝は、十九世紀末の英領インドから二十世紀初頭の英国の寄宿学校、第一次世界大戦の西部戦線へと舞台が移り、聖書や讃美歌、詩などの引用が多く、掛詞や同音異義語を使った言葉遊びのような表現もみられる。翻訳するに当たり、キリスト教のバックグラウンドを持たない日本の大学生にもストレスなく読み進んでいただけることを目安として、訳註を付していった。蛇足や不足、見当外れなものもあるかもしれないが、お赦しいただきたい。

以下に、参照資料の主なものを挙げておく。

ジャン・モリス『パックスブリタニカ――大英帝国最盛期の群像』（椋田直子訳、講談社、二〇〇六〈原書は一九六八〉）は、インド編、英国編の時代背景を理解する上で役立った。英国編の学校生活については、定番ともいえる、一九二〇年代に英国のパブリックスクールを経てケンブリッジ大学に学んだ英文学者・池田潔の『自由と規律――イギリスの学校生活』（岩波新書、一九四九）に加え、新井潤美『パブリック・スクール――イギリス的紳士・淑女のつくられかた』（岩波新書、二〇一六）にも多くを拠った。

戦争編では、リデル・ハート『第一次世界大戦（上・下巻）』（上村達雄訳、中央公論社、一九七六）と木村靖二『第一次世界大戦』（ちくま新書、二〇一四）を座右に置いた。帝国戦争博物館 Imperial War Museums、国立陸軍博物館 National Army Museum、英国戦車博物館 The Tank Museum（ビオンも出征前に配属されたボヴィントン駐屯地跡に建つ）のウェブサイトのほか、ベルリン自由大学が主宰する第一次世界大戦オンライン事典の国際プロジェクト 1914-1918 Online、その他、関係団体や個人の歴史愛好家が運営する様々なサイトの情報も参照した。軍隊・軍事用語については、高井三郎『知っておきたい現代軍事用語―解説と使い方』（アリアドネ企画、二〇〇六）に大いに助けられた。

ご存じのとおり、この大戦での経験を題材としたビオンの著作には、他に『戦争回顧録 一九一七年から一九一九年』（未邦訳）がある。同書に収録の「日記 フランス、一九一七年六月二十六日から一九一九年一月十日」は、著者が兵役中に書けなかった手紙に代わるものとして両親に向けて終戦後に書いた「事実の記録」（編者フランチェスカによる「日記」への前書き）で、入隊から退役までの出来事が時系列に年月日とともに記され、著者自身の手による戦車の構造図や戦場の地図、写真などが挿入されている。様々な詳細情報は出来事の状況理解に役立つ一方で、同書と本書とでは同じエピソードでも登場する人物や言動などが多少異なる部分もある。本書は同書の不完全な焼き直しではなく、半世紀を経た後に別の意図を持って書かれた作品であることを踏まえ、力不足ながらも本書の「真実」を少しでも正確に日本語で伝えられるよう努めた。

最後になったが、監訳者である福本修先生には精神分析・心理学に係る記述にとどまらず多くのお導きを賜り、本書と同時刊行の『我が罪を唱えさせよ――天才の別の側面／家族書簡』を見事に訳された圭室元子氏には訳文の誤りの指摘や貴重なご助言をいただいた。福村出版の編集者・松山由理子氏には盤石のサポートをいただいたが、残念なことに二〇二二年に他界された。心よりご冥福をお祈りしたい。後を引き継いだ佐藤道雄氏が、膨大な編集作業の末に書籍の形にまとめてくださった。本書に関わった皆様に、深く感謝を申し上げたい。また、長期に亘った翻訳・校正期間中、見守り励ましてくれた家族・友人達への謝意と、ビオンが英国に渡ったときと同じ年頃の訳者をロンドン転勤に帯同し、その後の人生や価値観を大きく変える経験を与えてくれた両親、武部信宏・トシ子の名を記して、訳者のあとがきとしたい。

二〇二四年春

立川〔武部〕水絵

年	月	出来事
1977	4月	▶ジョン・S・ペックによるインタビュー
	4月	▶ニューヨークでセミナー
	7月	▶イタリア・ローマで二つの団体の招聘でセミナー
	7月	▶タヴィストック・クリニックでセミナー
		▶「フロイトからの引用について」
		▶「情動の乱流」
		▶『セヴン・サーヴァンツ』（『経験から学ぶこと』『精神分析の要素』『変形』『注意と解釈』の合本）』
		▶『未来の回想　第２巻　過去の発現』
		▶『二つの論文：グリッドと中間休止（セズーラ）』
		▶『未来の回想　第３巻　忘却の夜明け』
		▶『未来の回想への鍵』
		▶「無題」（『野生の思考を飼いならすこと』（1999）に収録）
		▶「新しくて改良された」（未発表・全集十五巻所収）
1978	4月	▶ブラジルに２週間出張、サウンパウロでセミナー、スーパーヴィジョン
	7月	▶フランス・パリでセミナー
		▶「パリ・セミナー」
	7月	▶タヴィストック・クリニックでセミナー
		▶『W.R. ビオンとの四つの対話』
		▶ロサンゼルス・精神分析協会の名誉会員授与
1979		▶ A.K. ライス研究所の名誉フェロー授与
	2月	▶「悪条件下で最善を尽くすこと」
	3月	▶タヴィストック・クリニックでセミナー
	9月	▶イギリスに本帰国
	10月	▶オックスフォードシャーの家に転居　骨髄性白血病発症
	11月8日	▶死去
1982		▶『長い週末　1897-1919　或る人生の一部』
1985		▶『我が罪を唱えさせよ　人生のもう一つの部分　及び　天才の別の側面　家族書簡』

年	月	出来事
1967	4月	▶ロサンゼルス精神分析協会でセミナー
	7月下旬～8月上旬	▶ビオン、ノーフォーク州トリミンガムのリトル・コテージで休暇
	10月	▶フランチェスカ、ロサンゼルスへ、転居準備
		▶『再考：精神分析論文選集』
		▶「注釈」（『再考』の前半の章について）
		▶「〈記憶〉と〈欲望〉についての覚書」
1968	1月	▶アメリカ・カリフォルニア州に移住
	7月下旬～8月上旬	▶ビオン、講演旅行でブエノスアイレス・南米へ
1968頃		▶ワシントン精神医学校でセミナー
1968-69		▶「続・思索ノート」（未発表・全集十五巻所収）
1969	5月～6月	▶フランチェスカ、イギリスに一時帰国
	8月	▶マサチューセッツ州アマースト大学でのカンファレンスに参加
1970		▶『注意と解釈：精神分析と集団における洞察力への科学的接近方法』
1972	7月	▶フランチェスカ、イギリス一時帰国（ビオンは遅れて合流）
		▶イタリア・ローマの精神分析協会にて3回講演
1973		▶ブラジル・サンパウロに2週間出張
		▶『ブラジル講義1　サンパウロ』
1974		▶リオデジャネイロに2週間、サンパウロに1週間出張
		▶『ブラジル講義2　リオデジャネイロ・サンパウロ』
1975		▶ブラジル・ブラジリアに一ヶ月出張
		▶『未来の回想　第1巻　夢』
1976	3月	▶アメリカ・トピカでの境界性パーソナリティ障害に関する国際会議（International Conference on Boderline Personality Disorder）に参加
	4月	▶ロサンゼルス・Veterans Administration Hospital でディスカッション（1978年に『W.R. ビオンとの四つの対話』として出版
	6月	▶タヴィストック・クリニックでセミナー
		▶「証拠」
		▶アンソニー・G・バネット Jr. によるインタビュー
		▶「貫く沈黙」（未発表・全集十五巻所収）

年	月	出来事
1957	7月～8月	▶第 20回国際精神分析会議出席（フランス・パリ） ▶「精神病的パーソナリティの非精神病的パーソナリティからの識別」 ▶「傲慢さについて」
1958		▶「幻覚について」
1959	2月	▶ビオン、セント・ジョージ病院に入院 ▶「結合への攻撃」
1960	3月	▶フランチェスカ、ノーフォーク州トリミンガムのリトル・コテージで休暇（ビオン遅れて合流？）
1961	7月～8月	▶第 22 回国際精神分析会議出席（エジンバラ） ▶『さまざまな集団での経験、その他の論文』 ▶「メラニー・クライン追悼記事」 ▶「人間をどう概念化するか」（『ウィルフレッド・ビオン未刊行著作集』所収）
1962		▶英国精神分析協会（ British Psychoanalytical Society）会長に就任（1965 年まで） ▶「思考の精神分析的研究」 ▶『経験から学ぶこと』
1963		▶「グリッド」 ▶『精神分析の要素』
1964	年末～1965 年年始	▶ビオン、ノーフォーク州トリミンガムのリトル・コテージで休暇 ▶フランチェスカは引越しに先駆け、ウェルズ・ライズの自宅を改装
1965	1月	▶ロンドンのウェルズ・ライズへ転居
	8月	▶ビオン、ノーフォーク州トリミンガムのリトル・コテージで休暇（フランチェスカは遅れて合流） ▶フランチェスカ、ウェルズ・ライズのガレージをビオンの面接室に改築 ▶『変形：学ぶことから成長への変化』 ▶「記憶と欲望」
1966		▶英国精神分析協会、訓練委員会委員に就任（1968 年まで） ▶英国精神分析協会、出版委員会委員長に就任（1968 年まで） ▶メラニー・クライン・トラスト会長に就任（1968 年まで） ▶「破局的変化」 ▶アイスラー『医学的正統性と精神分析の未来』書評 ▶スロヴェンコ編『性的行動と法律』書評

年	月	出来事
1946		▶タヴィストック・クリニック執行委員会委員長に就任
		▶「ノースフィールド実験」
		▶「指導者不在集団の計画」
1948		▶「危機の時期の精神医学」
		▶「さまざまな集団での経験　1」
		▶「さまざまな集団での経験　2」
		▶「集団治療の方法」
1949		▶「さまざまな集団での経験　3」
		▶「さまざまな集団での経験　4」
1950		▶「さまざまな集団での経験　5」
		▶「さまざまな集団での経験　6」
	11月	▶「想像上の双子」
1951	3月	▶フランチェスカ（29歳）と出会う
	6月	▶フランチェスカと結婚、共に自宅購入 ― 南ロンドンのクロイドンにあるレッドコート
	7月	▶フランチェスカ、パーセノープを連れてボーンマスで二週間休暇
		▶「さまざまな集団での経験　7」
1952	7月下旬～8月	▶フランチェスカ、ジュリアン出産のためメイデイ病院に入院（7月30日に出産）
		▶「集団力動：再検討」
1953	7月	▶第18回国際精神分析会議出席（ロンドン）
	8月	▶アングマリングで一ヶ月休暇（ビオンは遅れて合流）
		▶メラニー・クラインとの訓練を終える
1954		▶「統合失調症の理論についての覚書」
1955	6月上旬～7月	▶フランチェスカ、ニコラ出産のためメイデイ病院入院（6月13日に出産）
	7月下旬	▶第19回国際精神分析会議出席（スイス・ジュネーヴ）
		▶「言語と統合失調症者」
1956		▶ロンドン精神分析クリニック（London Clinic of Psychoanalysis）の院長に就任（1962年まで）
		▶「統合失調症的思考の発達」

＊1 ポートマン・クリニックはタヴィストック研究所と犯罪科学的治療研究所（the Institue for the Scientific Treatment of Deliquency）が共同で立ち上げたクリニック。

年	月	出来事
1933		▶英国心理学会（British Psychological Society）医学部門書記に就任（1939 年まで）
1935		▶マイダ・ヴェール病院の勤務を終え、ポートマン・クリニック[*1]で勤務を始める
1938		▶ジョン・リックマンとの訓練分析を始める
1939	9 月	▶第二次世界大戦勃発
1940		▶「『神経戦』というもの」 ▶英国陸軍医療部隊に入隊、クレイグマイル・ボトム病院に勤務 ▶デイヴィヒューム軍病院に、司令部付き精神科医として勤務 ▶チェスター軍病院に異動 ▶休暇中にベティ・ジャーディンと知り合い結婚
1941		▶ヨークの地域担当精神科医として勤務
1942		▶陸軍省選抜局で、上級精神科医として勤務 ▶新設されたノースフィールド軍病院に訓練棟責任者として勤務
1943		▶セルハーストに転任
	11 月	▶「治療における集団内緊張：集団の課題としてのその研究（J. リックマン共著）」 ▶「集団について」
1944/45		▶ビオンの属する部隊がノルマンディーに配置
1945	2 月	▶パーセノープ誕生、ベティ死去 ▶サリー州に転任
	9 月	▶第二次世界大戦終結 ▶タヴィストック・クリニックに非常勤で勤務 ▶アイヴァー・ヒースのホームステッドを購入 ▶英国心理学会医学部門会長に就任 ▶ハーレー・ストリートに診療室を借りる ▶メラニー・クラインとの分析を始め、精神分析研究所（the Institute of Psychoanalysis）での訓練を再開

ウィルフレッド・R・ビオン 年表

参考資料：ビオン全集第十五巻付録（『ウィルフレッド・ビオン未刊行著作集』誠信書房刊、2024）
Gérard Bléandonu 著『Wilfred Bion: His Life and Works 1897-1979』〈Claire Pajaczkowska 訳、Other Press、ニューヨーク、1994〉

年	月	出来事
1897	9月8日	▶大英帝国下にあったインド・マトゥラーにて、英国人灌漑技師の長男として生まれる
1905		▶英国・ビショップス・ストートフォード・カレッジのプレップスクールに入学
1914	7月	▶第一次世界大戦勃発
1915		▶ビショップス・ストートフォード・カレッジのシックス・フォームを卒業
1916	1月	▶陸軍戦車連隊に入隊
1918		▶殊勲章（DSO）及びレジオン・ドヌール勲章、受章殊勲報告書への名前の記載
	11月	▶第一次世界大戦終結
1919	1月	▶オックスフォード大学クイーンズカレッジ入学、歴史を専攻
1921		▶文学士号を取得
1921-22		▶フランス・ポワティエ大学でフランス語とフランス文学を勉強
1922		▶ビショップス・ストートフォード・カレッジで教鞭をとり始める
1924		▶教職を去る ▶ユニバーシティ・カレッジ・ロンドンに入学、医学の勉強を始める
1930		▶王立外科医師会会員（MRCS）、王立内科医師会開業資格免許（LRCP）取得 ▶在学中に上級臨床外科の金賞を受賞
1930頃		▶タヴィストック・クリニックで、ジェームス・ハドフィールドの下、精神療法のトレーニングを受ける（1937年まで）
1931		▶マイダ・ヴェール・てんかん麻痺神経疾患他の病院（Maida Vale Hospital for Epilepsy and Paralysis and Other Diseases of the Nervous System）にて、非常勤で神経学治療に携わる（1935年まで）
1932		▶タヴィストック・クリニックで勤務を始める

▶ワ行

▶マ行

▶ヤ行

▶ラ行

▶ハ行

▶ナ行

▶タ行

▶サ行

▶カ行

索引

▶ア行

監訳者・訳者紹介

監訳者

福本　修（ふくもと　おさむ）

1958年生れ。

1982年東京大学医学部医学科卒。2000年タヴィストック・クリニック成人部門精神分析的精神療法訓練課程修了。現在、恵泉女学園大学名誉教授、代官山心理・分析オフィスほか勤務。

著　書　『現代クライン派精神分析の臨床：その基礎と展開の探究』金剛出版 2013、『精神分析の現場へ：フロイト・クライン・ビオンにおける対象と自己の経験』誠信書房 2015、『精神分析から見た成人の自閉スペクトラム：中核群から多様な拡がりへ』（共編著）誠信書房 2016、『発達障害の精神病理 Ⅳ－ADHD編』（共著）星和書店 2023、他

訳　書　ビオン『精神分析の方法Ⅰ』法政大学出版局 1999、ビオン『精神分析の方法Ⅱ』（共訳）法政大学出版局 2002、モーソン編『W・R・ビオンの三論文』岩崎学術出版社 2023、モーソン編『ウィルフレッド・ビオン未刊行著作集』誠信書房 2024、他

訳　者

立川水絵（たちかわ　みずえ）〔旧姓　武部〕

1964年生れ。

1987年　東京外国語大学外国語学部インド・パーキスターン語学科ヒンディー語専攻卒業

日本貿易振興会（JETRO、現・日本貿易振興機構）海外調査部アジア大洋州課、シンガポール・センター、総務部広報課等での勤務を経て、2011年よりフリーランス日英翻訳者として活動。

著　書　『USA発信、女性のアントレプレナーシップ（起業家精神）』（日本貿易振興会 1991年）

英訳書　『あすへの話題　Topics for Tomorrow』［和英合本］（渡辺修著、日本経済新聞出版社日経事業出版センター 2009年）

著者紹介

著　者

ウィルフレッド・R・ビオン（Wilfred Ruprecht Bion）

1897年イギリス領インド帝国マトゥーラにて生、1979年オックスフォードにて没。
イギリスの精神分析者。50歳で資格取得後、重要論文、著作を発表、英国精神分析協会の役職を歴任。1968年、ロサンゼルスに移住。代表的な四冊は、『セヴン・サーヴァンツ』（邦訳名は『精神分析の方法』）にまとめられている。彼はフロイト、クライン以後の精神分析の発展に大きな貢献を果たし、その死後も国際的評価は高まり、彼の切り開いた領域は研究され続けている。その試みは、集団精神力動の理解から精神病世界の研究・心の世界の成立発展過程・人間の知ることの性質の探究に及んでいる。8歳でイングランドの寄宿学校へ入学し、19歳で志願して従軍、戦車大隊で第一次世界大戦を経験した、彼の数奇な人生は、『長い週末』および『我が罪を唱えさせよ』に詳しい。

ウィルフレッド・R・ビオン　長《なが》い週末《しゅうまつ》
——1897-1919

2024年11月25日　初版第1刷発行

編　者　クリス・モーソン
監訳者　福本　修
訳　者　立川水絵
発行者　宮下基幸
発行所　福村出版株式会社
〒104-0045　東京都中央区築地4-12-2
電話 03-6278-8508　FAX 03-6278-8323
https://www.fukumura.co.jp
印　刷　株式会社文化カラー印刷
製　本　本間製本株式会社

ISBN978-4-571-24122-2　C3011　Printed in Japan